Band **14** der Reihe
Stadt · Planung · Geschichte
Herausgegeben von
Gerhard Fehl, Juan Rodríguez-Lores und Volker Roscher
Lehrstuhl Planungstheorie
an der RWTH Aachen

Das Erscheinen dieses Bandes wurde u.a. ermöglicht durch die großzügige Förderung und Unterstützung der folgend aufgeführten Personen und Institutionen, denen an dieser Stelle dafür ausdrücklich und
herzlich gedankt sei:

acadGraph CAD Studio, München
A.P.B., Architektengruppe Planen & Bauen – Beisert · Findeisen ·
Galedary · Grossmann-Hensel · Wilkens, Architekten BDA, Hamburg
Axel Springer Stiftung, Berlin
Erik Blumenfeld, Hamburg
Dresdner Bank A.G., Hamburg
Iduna Vereinigte Lebensversicherung, Hamburg
Kanadische Botschaft, Bonn
Kleffel · Köhnholdt · Gundermann, Architekten BDA, Hamburg
Dieter Krüger, Architekt BDA, Hamburg
Markovic · Ronai · Lütjen, Architekten BDA, Hamburg
PPL, Planungsbüro Professor Laage, Architekten BDA und Partner,
Hamburg
Schramm · von Bassewitz · Huperts und Partner Limbrock, Architekten
BDA, Hamburg
Martin Streb, Architekt BDA, Hamburg

Hans Blumenfeld, Stadtplaner

«...es sei denn, sie bauen eine humane Stadt»
Autobiographie 1892–1988

herausgegeben von Volker Roscher

aus dem Englischen von Karen Nölle-Fischer,
Hans Blumenfeld und Volker Roscher

Birkhäuser Verlag
Basel · Berlin · Boston

Hans Blumenfeld hat in Kanada ebenfalls eine Autobiographie vorgelegt. Diese erschien bei Harvest House in Montreal 1987 unter dem Titel: Hans Blumenfeld, «Life Begins at 65. The Not Entirely Candid Autobiography of a Drifter».
Die Herausgeber haben sich mit Harvest House 1987 in Montreal darüber verständigt, daß Hans Blumenfeld jeder Partei für ihr Land eine Autobiographie eingereicht hat und jede Partei diese dort nach ihrem Dafürhalten veröffentlicht.
Die Herausgeber dieses Bandes danken Maynard Gertler herzlich für seine Verständigungsbereitschaft.

Die hier vorgelegte Autobiographie verfaßte Hans Blumenfeld auf Wunsch der Herausgeber. Sie wurde von diesen stillschweigend in historischen Daten, Namen und Orten wenn nötig korrigiert sowie zur Erläuterung der geschichtlichen Hintergründe annotiert. Als Ergänzung wurden ein Verzeichnis der Schriften von und über Hans Blumenfeld sowie eine Kurzbiographie und Dokumente in Faksimiles angefügt.

Die Übersetzung des Textes von Seite 78, Abs. 2 bis 274 besorgte Karen Nölle-Fischer; den übrigen Text übersetzten Hans Blumenfeld und Volker Roscher.

Anmerkungen von Volker Roscher, soweit nicht anders gekennzeichnet.

Umschlagfotos: Hans Blumenfeld vor dem Meßberghof (vorn, Foto Stephan Wallocha)
und in dem von ihm entworfenen Treppenhaus des Meßberghofs (hinten, Foto Volker Roscher)
in Hamburg, 1986.

Die Deutsche Bibliothek – CIP-Einheitsaufnahme

Blumenfeld, Hans:
Hans Blumenfeld, Stadtplaner : «... es sei denn, sie bauen eine humane Stadt» ; Autobiographie 1892–1988/hrsg. von Volker Roscher. Aus dem Engl. von Karen Nölle-Fischer, Hans Blumenfeld und Volker Roscher. – Basel ; Berlin ; Boston : Birkhäuser, 1993
    (Stadt, Planung, Geschichte ; Bd. 14)
    ISBN 3-7643-2764-2
NE: Roscher, Volker [Hrsg.]; HST; GT

© 1993 Birkhäuser Verlag Basel
Printed in Germany
ISBN 3-7643-2764-2

Inhalt

Anhang

Realismus und Utopie
Zur Einführung

«Es gibt Wichtigeres zu tun!» war Hans Blumenfelds gängige Antwort, wenn wir ihn baten, doch seine Autobiographie niederzuschreiben. Aus seiner Lebenssicht mochte das richtig sein, denn er engagierte sich tätig bis an sein Lebensende in vielen Lebensbereichen – dabei galt sein Interesse einem allumfassenden, dem alltäglich friedlichen und gedeihlichen Zusammenleben der Menschen auf dieser Erde.[1] Beruflich versuchte er dieses Ziel stets in seinen Planungen[2] zu verwirklichen – privat in seinem lebenslangen Friedensengagement, was sicher auf häusliche Sozialisation – besonders durch seine Mutter – zurückzuführen ist, jedoch auch auf die Teilnahme am Ersten Weltkrieg und den frühen Kriegstod seines Bruders Franz.

Viel Aufhebens machte Hans Blumenfeld nicht um sich. Eine Berichterstattung über seine Person[3] empfand er meist eher etwas peinlich. «Ich habe schließlich immer nur getan, was mich interessierte», gehörte ebenso zu seinen Standardabwehrreaktionen wie die ständige Ablehnung der Aufzeichnung seines Lebensweges.[4] Aber vielleicht ist es ja gerade das, was uns so an Hans Blumenfeld fasziniert hat. «Interessiert» hat ihn fast ausschließlich sein Engagement für eine bessere Welt. Wenn sich dies nicht mit dem Beruf verbinden ließ, dann gab er die berufliche Stellung auf. Das hätte er allerdings nicht auch von anderen Menschen in gleicher Weise verlangt. Bei einem Verhör in den McCarthy-Jahren der USA hatte ihn ein Beamter – in Anwesenheit einer Aufsichtsperson des US-State Departments – einmal mit seinen eigentlich bereits bekannten Friedensaktivitäten konfrontiert, was dieser hinterher unter vier Augen bedauerte. Hans Blumenfeld hatte Verständnis: «Er hatte Frau und Kinder zu ernähren!»

Sein Verständnis, ja seine stets tiefe Überzeugung von den Leistungen seiner Mitmenschen und den Qualitäten der Welt – die für andere manches Mal den Anschein der Naivität annahm – führt er uns in seiner vorliegenden Autobiographie stets aufs neue vor, wenn er wiederholt in Superlativen spricht. So beschreibt er häufig Personen, die er trifft, als den «intelligentesten Menschen», den «besten Handwerker» oder die «einfühlsamste Person» und spricht von dem «schönsten Gebäude» oder der «schönsten Stadt» etc.[5] Das Erlebnis der Welt war ihm eine Lust, für die er fast allem anderen abgeschworen hatte.

---

1 Noch an seinem Todestag, dem 30. Januar 1988, hatte er mit einer Friedensgruppe zusammengesessen und einen Aufruf formuliert. Brief von Maynard Gertler vom 20. April 1988 an den Herausgeber.
2 Wer dichtere Schilderungen zur Stadtplanung in der hier vorgelegten Lebensbeschreibung von Hans Blumenfeld lesen möchte, kann dieses besonders in den Kapiteln über Wien, Moskau, Philadelphia, Metropolitan Toronto Planning Board, Gedanken zur Stadtplanung.
3 vgl. Literaturliste «Publikationen über Hans Blumenfeld»
4 Als ihm 1985 ein Buch gewidmet wurde, schrieb er an den Herausgeber zurück: «Du übertreibst den gefährlichen ‹Kult der Person›».

Eine frühe Lust war ihm auch die Architektur, und das kam sicher auch nicht von ungefähr, denn in seiner wohlhabenden Verwandtschaft waren bedeutende Kunsthistoriker und brachten somit die Nähe zum Thema in die Familie ein. Die Architektur – und hier interessierte ihn anfangs nur die historisch bestehende – begriff er sehr bald als durch die Gesellschaften ihrer Zeit entstandene. Es mag an der Zeit gelegen haben, in der sich Ansprüche an und Konkurrenzen um die Nutzung der Fläche der Stadt und der Umwelt so dringlich stellten, und natürlich an seinen späteren Lehrern, die auch schon mit diesem Problem konfrontiert waren – wie Theodor Fischer oder A. E. Brinckmann – daß er sich nicht nurmehr mit Einzelbauten und Ensembles beschäftigte, sondern mit der Entstehung der Stadt, anfänglich allerdings nur mit dem Bild der Stadt. Auch dieses wußte er bald gesellschaftlich zu interpretieren.

Während seiner Berufsausübung als Architekt bemerkte er jedoch nach und nach, daß er nicht «innerlich voller Figur» war, wie es Albrecht Dürer von Architekten und Künstlern gesagt hatte. Das Thema seines Lebens war das Leben der Menschen in der Stadt. Und zunehmend mehr Menschen lebten und leben in Städten der industriellen Länder. Die Gesellschaft wurde immer mehr zur städtischen Gesellschaft, ebenso in der sog. Dritten Welt. Die Fähigkeiten für die Stadtplanung waren bei ihm vorhanden, da war er ganz sicher, denn die drei von ihm in seiner «Kindheit entwickelten Hauptinteressen trafen darin zusammen: Kunst und Architektur, Geographie und sozio-ökonomische Probleme. Weiterhin ist für einen Stadtplaner außerordentlich wichtig, daß er sich in Wort und Schrift klar auszudrücken vermag», resümiert er in seinem hier vorgelegten Lebensbericht. Das gesellschaftliche Engagement kam bei ihm jedoch noch hinzu.[6]

In dem einzigen uns bekannten und sehr persönlichen Portrait Hans Blumenfelds, das Lotte Schwarz verfaßte, nennt sie ihn, um Distanz aufzunehmen, «Thomas», der «kanadische Professor». «Thomas ist Städteplaner. Eine unmögliche und fesselnde Aufgabe. Aus allen Wissenschaften und allen Chimären zusammengesetzt. Planen: das bedeutet, sich für alle Menschen ein erträgliches Leben vorzustellen, jedoch in dem Wissen, daß niemals etwas endgültig ist.»[7]

Als Stadtplaner wurde er uns schließlich auch persönlich bekannt.[8] Die Kanadische Botschaft in Bonn hatte uns nach einem kurzen Anruf einen knappen Brief an die Hochschule in Aachen geschickt, darin standen acht Zeilen Kurzbiographie, der

---

5   Von seiner Heimatstadt Hamburg sprach er stets ausnehmend zurückhaltend, wie von allem, was ihm besonders naheging. «Es sind die Bäume», sagte er in einem Gespräch zu Robert Koch im September 1986 in Hamburg, «es ist gut, daß die noch da sind.» Und bei seinem Vortrag vor dem BDA Hamburg am 5. September 1986 äußerte er, nach dem Stadtbild gefragt: «Das Vorhandensein der fünf (Kirch-) Türme ist sehr wichtig für die Identität der Stadtstruktur und die Identifikation der Menschen mit ihrer Stadt. Es schadet dabei nicht, daß die Türme mehrfach neu gebaut werden mußten!»

6   Dieses drückte er häufig als Appell aus, wenn er von den Planern forderte, daß sie neben dem selbstverständlichen «know how» auch das «know why», also neben dem Fachwissen gesellschaftliche Handlungskompetenz erwerben müßten.

7   Lotte Schwarz, Nichts als Alte, in: Die Tode des Johannes, Erzählungen, Bremen 1986, S. 111, französisch, «Les morts de Johannes», Arles 1983

8   Die erste Begegnung hatte der Herausgeber mit Hans Blumenfeld in Form von dessen Buch «The Modern Metropolis», welches er im Soziologiestudium auf der Literaturliste eines Seminars über die Soziologie der Stadt vorfand (1971).

Termin der Ankunft und der Abreise von Hans Blumenfeld.[9] Der kurzfristig anberaumte Vortrag war nicht nur «innerlich voller Figur», sondern das Thema Stadtplanung «voller Leben». Die Themenvielfalt war – so schien es uns – nahezu unermeßlich, und die Stationen seines Lebens waren verflochten mit den Stationen der Geschichte des Jahrhunderts und der Geschichte der Planung: Deutschland, Österreich, UdSSR, USA und Kanada. Wir bemerkten auch bald, Hans Blumenfeld war nicht nur einer der «hervorragenden Beobachter»[10] der Entwicklung der Städte und ihrer Planung – dies für über siebzig Jahre seines beruflichen Engagements –, sondern eine der «treibenden geistigen Kräfte der Stadt- und Regionalplanung des zwanzigsten Jahrhunderts»[11] und immer noch aktiv. Sein Planungsverständnis war ungewöhnlich breit angelegt, und so hat er gleich in vier Feldern – Stadtentwicklung und Wohnen, Verkehr, Umwelt und Methodik – Schwerpunkte ausbilden können und hier schon als «klassisch» zu bezeichnende Beiträge vorgelegt, in einem Bereich, in dem andere – wenn überhaupt – höchstens ein bis zwei Felder abzudecken vermögen.[12] Beachtlich ist die Dauerhaftigkeit der Aussagen seiner Beiträge. Dies ist besonders bemerkenswert in einem «Bereich wie Planung, der bekannt dafür ist, daß Launen und Moden hier manchmal sehr schnell wechseln».[13]

Uns interessierte die Vielfältigkeit der Person Hans Blumenfelds, seines Lebens, seiner Berufsausübung und die Verflechtung mit der Geschichte der Gesellschaften und Kulturen, in denen er gelebt und gearbeitet hat, wie die Dimensionen seines Umgehens mit ihnen. Dieses, so meinten wir, könne vermitteln, daß der gesellschaftlich historische Prozeß – dessen Ergebnis auch wir sind – nicht nur einfach und gradlinig mechanisch abläuft, sondern auch Resultat der aktiven Teilnahme und Lebensäußerung von Individuen ist. Es ist und war stets ein wesentliches Anliegen der Herausgeber dieser Reihe, den Zusammenhang menschlicher Tätigkeit und historischer Ereignisse zu verdeutlichen. Planung steht für uns in diesem Kontext, ja ist vielleicht eine der grundlegenden Ableitungen daraus. Wir haben oft versucht Hans Blumenfeld zu vermitteln, daß seine Biographie unter dieser Perspektive von großer Bedeutung ist. Trotzdem dauerte es lange, bis der Anruf kam und er verhalten vorsichtig, eher etwas peinlich, einleitete: «Übrigens, es wird dich sicher interessieren, ich habe angefangen meine Autobiographie niederzuschreiben.»

Hans Blumenfeld ist das Beispiel eines Menschen, der aktiv an der gesellschaftlichen Entwicklung teilgenommen hat, weil er sich immer – wie Lotte Schwarz sagt – «für alle Menschen ein erträgliches Leben vorstellen» konnte und weil er sich überhaupt vorstellen konnte, dieses eines Tages zu erreichen. Er hat dabei viele Rückschläge erlitten, die ihn jedoch nur zum weiteren Vorwärtsgehen motivierten. Ein Beispiel: «Er hat nach dem Krieg gesagt, geschrieben und wieder gesagt: Platz den Fußgängern

---

9 Schreiben der Kanadischen Botschaft in Bonn vom 17.1.1979

10 John Hitchcock, Introduction, in: The Metropolis, Proceedings of a Conference in Honor of Hans Blumenfeld, edited by John R. Hitchcock and Anne McMasters with assistance of Judith Kjellberg, University of Toronto, November 4–5, 1983, University of Toronto 1985, p. 1

11 Norman E.P. Pressman, Hans Blumenfeld: Humanist and Urban Planner, in: Plan Canada March/mars 1976, p. 32

12 vgl. Hitchcock, a.a.O., p. 6–7

13 vgl. Hitchcock, ebenda, p. 3

... Und überall in der Welt wurde er wenig gehört. Aber so ist es nun einmal. Die Dialektik der Geschichte hat sich eingemischt – und die Bodenspekulation. Den Fußgängern vorbehaltene Straßen? Sehr gut. Das hebt den Wert der Gebäude. Wir werden sie ein bißchen renovieren und die Mieten verdreifachen. Adieu, Bewohner von ehedem, diese Viertel sind euch heute untersagt. Und in den Straßen blühen Luxusrestaurants, promenieren anonyme Touristen. Thomas gibt Gegendampf und propagiert andere Lösungen. Realismus und Utopie sind keine Widersprüche.»[14]

Hans Blumenfeld lebte in dem Widerspruch, unter den Praktikern der Theoretiker und unter den Theoretikern der Praktiker zu sein.

Theoretiker: Als er 1938 in die USA kommt, wird er unmittelbar mit der dort gerade praktizierten «Mode» der Kahlschlagsanierung konfrontiert. Robert Moses legte einen Plan für den Abriß der von ihm definierten «Slums» vor und präsentierte ein kühnes Neubauprojekt. Eine Kommission wurde gebildet, in der er u.a. mit so profilierten Persönlichkeiten wie Clarence Stein und Clarence Perry das Projekt begutachten soll-te. Die Mehrheit billigt den Plan. Hans Blumenfeld opponiert mündlich und schriftlich, denn die «Wohnsituation der minderbemittelten Bevölkerung» würde «radikal verschlechtert werden». Wenn man schon unvernünftigerweise bestehende Viertel abbreche, dann müßte erstens mindestens Mieterschutz garantiert und zweitens ein massives Programm für öffentliche Mietzuschüsse aufgelegt werden. Bedauerlicherweise bestätigte die folgende Praxis seine Theorie auf die sozial schlechteste Art und Weise.

Praktiker: Der Staat Pennsylvania befürchtete 1944, daß die bald heimkehrenden Kriegsteilnehmer in die Krise und Massenarbeitslosigkeit zurückkämen, und sah in der Stadterneuerung in Form der Kahlschlagsanierung ein wirksames Gegenmittel. Als technischer Sachverständiger wurde Hans Blumenfeld zum Entwurf eines hierfür notwendigen Grundlagengesetzes hinzugezogen. Er betrachtete die Maßnahme als «sozial schädlich», nahm jedoch trotzdem an der Formulierung des Gesetzes teil, um «wenigstens Schutzmaßnahmen gegen die schlimmsten Folgen einzubauen». Seine formulierten Schutzmaßnahmen waren gut, jedoch hatten sich die Behörden in der Praxis dann nicht unbedingt an die Vorschriften gehalten. Der Praktiker versuchte neue Schutzmaßnahmen zu erfinden.[15]

Freimütig erzählt er uns über diese Niederlagen und seine neuen Anläufe und Ansätze, auch kleinste Verbesserungen herbeizuführen, jedoch die persönlichen Opfer erwähnt er nicht. Ob er nun 1919 in München ein Erbteil dafür ausgibt, daß er eine Rechtshilfestelle für bedürftige Arbeiter betreiben kann, oder 1979 in Toronto größte finanzielle Anstrengungen auf sich nimmt, als er für das Parlament kandidiert, nur damit er sein Anliegen zum Frieden und die Möglichkeiten für Abrüstung in den Medien vortragen kann.

Artikel hat er immer nur publiziert, weil er die Diskussion vorantreiben wollte. Geordnet hat er sie nie und es blieb immer anderen überlassen, wenn sie aus Interesse gerade an deren Aussagenreichweite seine Arbeiten noch einmal der Öffentlichkeit

14 Lotte Schwarz, a.a.O., S.112
15 vgl. Hans Blumenfeld, Vom Kampf gegen den Kahlschlag, in: Deutsches Architektenblatt 10/89, S.1461 f, (posthum veröffentlicht)

zugänglich machen wollten.[16] Der Ruhm und die Karriere kamen erst sehr spät – konnten ihn in seinem ausgesprochen bescheidenen Lebensstil gleichwohl nicht korrumpieren – und vor allem ungewollt, konventionell gesprochen, erst an seinem Lebensabend; der jedoch gar keiner war, weil er sich nicht zur Ruhe gesetzt hatte. «Meine Autobiographie», so schrieb er noch 1982 an Lotte Schwarz, «wird den Titel tragen: ‹Das Leben beginnt mit fünfundsechzig›, nur schade, daß ich sie niemals schreiben werde.»

Er nannte sie dann im Untertitel in Kanada: «Die nicht ganz aufrichtige Autobiographie eines Wanderers»[17], um dann noch einmal seine Sicht von menschlichen Lebensläufen zu erklären:

«Der Mangel an Aufrichtigkeit beginnt mit dem Titel.

Das Leben vor 65 war natürlich viel intensiver und wichtiger; was nach 65 begann, war nur der sogenannte ‹Erfolg›: Anerkennung, Ehren, mehr Geld als ich brauche.

Ich habe den Titel gewählt als Kriegserklärung gegen die absurde Neigung, das Leben in drei Teile zu verpacken: im ersten wird gelernt aber nicht gearbeitet, im zweiten gearbeitet aber nicht gelernt, und im dritten weder gearbeitet noch gelernt. So ist mein Leben nicht verlaufen.

In der Erzählung meines Lebens habe ich mich auf mein Gedächtnis verlassen. Ich habe nie Tagebuch geführt und Dokumente sind kaum vorhanden.

Das Gedächtnis trügt. Der Leser wird Berichte finden über meine klare Voraussicht und Vorhersage kommender Ereignisse.[18] Zweifellos haben die Ereignisse weit häufiger meine Erwartungen widerlegt – aber das habe ich bequemerweise vergessen.

Goethe hat seine Erinnerungen ‹Dichtung und Wahrheit› genannt – und damit der Dichtung Vorrang über die Wahrheit gegeben. Ich vermute, daß das gleiche für diese – und jene – Autobiographie gilt.»

Wir haben diese Niederschrift[19] von Hans Blumenfelds Lebenserinnerungen stillschweigend und möglichst behutsam bearbeitet. Vieles mußten wir übersetzen oder

---

16 Paul D. Spreiregen kommt das unendliche Verdienst zu, Hans Blumenfelds Arbeiten zum Thema Stadt und Planung zusammengetragen zu haben, zu sichten und schließlich in den beiden Sammelbänden herausgegeben zu haben: «The Modern Metropolis» (1967) und «Metropolis ... and beyond» (1979), vgl. Literaturliste zu Hans Blumenfeld.

17 «Life beginns at 65, The not entirely candid autobiography of a drifter», formulierte er auf Englisch. Ins Deutsche ist der Titel kaum zu übertragen. Auch nach gemeinsamer langwieriger Suche nach einem treffenden deutschen Titel wurden wir nicht fündig. Auf Fragen des Herausgebers zur Aussage des gewählten Untertitels antwortete er nur knapp: «Es ist jetzt Mode geworden, immer alles mögliche auszuplaudern, das muß nicht sein». Wir haben oben bereits beschrieben, daß Hans Blumenfeld sehr wohl über persönliche Niederlagen sprach, jedoch nicht über persönliche Opfer. In diesem Bezug steht auch seine Aussage über den gewählten Untertitel.

18 Die Früherkennung von gesellschaftlichen Prozessen in der Stadt war eine seiner Spezialitäten, und so stand er häufig allein gegen einen ganzen Strom von Planungsideologien. Eine seiner wohl bedeutendsten Voraussagen war in seinem Aufsatz «A Neglected Factor in Estimating Housing Demand» von 1944 (vgl. Literaturliste zu Hans Blumenfeld), in dem er auf die stark steigende Nachfrage nach Wohnfläche durch Einpersonenhaushalte hinwies und auf den bedeutenden Einfluß dieser Tatsache für die Städte aufmerksam machte. Wir haben in Deutschland heute Städte mit mehr als 50% Einpersonenhaushalten.

19 Anne Muth danken wir für die unschätzbare Arbeit der Abschrift der teils nur schwer lesbaren Handschrift von Hans Blumenfeld.

die Übersetzung begrifflich richtigstellen. Einige Daten und Namen haben wir korrigiert oder anfügen müssen. In seine Interpretationen von zu seinen Lebzeiten bestehenden Gesellschaftsordnungen und deren Möglichkeiten haben wir uns bewußt nicht eingemischt, da auch diese zu seinen ganz persönlichen Hoffnungen und Niederlagen gehörten, die ihn allerdings erneut zu Zukunftskonstruktionen beflügelten. Es sei darauf hingewiesen, daß er die Niederschrift seines Textes vor Entstehen der sog. «Neuen Weltordnung» beendete. Bei der Bearbeitung haben wir uns weitgehend darauf beschränkt, nur mit Hans Blumenfeld oder seiner Situation in einem Bezug stehende Personen und Ereignisse historisch für die Leserschaft zu relativieren und dies in Fußnoten zum Text gestellt, so daß wir hoffen, seine manchmal verblüffend einfache Sprache nicht zu stören.

Diese bewußt unkomplizierte Sprache war ein wesentlicher Teil von ihm, denn er versuchte stets, komplexe Zusammenhänge für möglichst viele verständlich darzustellen. Das war gegen den Trend, entsprach jedoch seinem Anliegen, das er bis zuletzt nicht aufgeben wollte, «...es sei denn, sie bauen eine humane Stadt»[20].

Der Herausgeber

---

20 Das Verdienst, diesen so kongenial formulierten Titel für Hans Blumenfelds Autobiographie gefunden zu haben, kommt Martina Düttmann zu, nach dem Studium seines Lebens und einem Zitat aus seinem Artikel «Scale in Civic Design» (vgl. Literaturliste zu Hans Blumenfeld), «Can man design a city, if it is not the City of Man?», ebenda, S. 46.

Im Nest
1892–1911

Vorfahren

Nach der Familien-Überlieferung ist die Familie meines Vaters, die Blumenfelds, wie die meiner Mutter, die Warburgs, aus Venedig im 16. oder 17. Jahrhundert nach Deutschland gekommen. Meine väterlichen Vorfahren ließen sich in Bad Mergentheim nieder, im französischen Nordosten des Landes Württemberg-Baden. Mergentheim war die Seite des Großmeisters des Deutschen Ordens, der auch eine wichtige Niederlassung in Venedig unterhielt – meine Vorfahren waren vermutlich «Ordens-Juden». Dem Orden gehörte auch der Ort Blumenfeld bei Überlingen; möglicherweise haben sich meine Vorfahren dort aufgehalten und darum den Namen angenommen, als am Ende des 18. Jahrhunderts die Juden zivilrechtliche Familiennamen erhielten.

Meiner Mutter Vorfahren ließen sich in Warburg in Westfalen nieder und leiteten ihren Namen von dort ab.

Gegen Ende des 18. Jahrhunderts wanderten beide Familien weiter nach Norden, die Blumenfelds nach Münster und Osnabrück und die Warburgs nach Altona und Hamburg. Beide Familien gründeten Banken.

Die Familie Blumenfeld

Mein Urgroßvater Nathan Blumenfeld baute sein Haus im Herzen von Osnabrück, gegenüber der Bischofs-Kanzlei. Im Erdgeschoß war das Geschäft, im ersten Stock und in der Mansarde die Wohn- und Schlafzimmer. Nathan war sehr stolz auf seine Initialen N.B. – Napoleon Bonaparte – und brachte sie über der Haustür an, über der Jahreszahl 1810.

Nach den napoleonischen Kriegen war ein britischer Offizier im Hause einquartiert und wurde ein Freund der Familie. Bei seiner Abberufung nach England schenkte er Nathan eine silberne Schnupftabaksdose; auf der einen Seite sieht man Windsor Castle, auf der anderen die Initialen N.B. Ich muß immer lachen, wenn ich dieses Erbstück ansehe.

Mein Großvater Aaron, der das Geschäft erbte und ein Bruder, der Arzt wurde, heirateten zwei Schwestern, Caroline und Henriette Maas. Die Maas waren eine kultivierte Frankfurter Familie. Ich habe einen Teil der Bibliothek eines Urgroßonkels geerbt, die eine hundertbändige Voltaire-Ausgabe von 1792 enthielt, vierzig handkolorierte Bände Buffon, und andere wissenschaftliche Werke des 18. Jahrhunderts, alle auf französisch. Nur ein Voltaire-Band hat den Krieg überlebt.

Zu den Freunden der Familie Maas zählte Gabriel Riesser, ein Führer des Reform-Judentums und Abgeordneter der National-Versammlung in der Paulskirche. Die liberal-demokratischen Traditionen von 1848 sind in meines Vaters Familie lebendig geblieben.

Die Maas hatten ein Einfuhrgeschäft in Brüsseler Spitzen. Die Krise von 1837 und eine Änderung der Mode führte zum Bankrott. Die Maas zogen zu ihren Schwiegereltern in Hamburg, wo meine Großmutter aufwuchs.

Ich kann mich noch gut an meinen Großvater erinnern, obgleich ich bei seinem Tod erst fünf Jahre alt war. Er war ein großer, kräftiger, wagemutiger Mann, der mich bei unseren jährlichen Weihnachts-Besuchen in Osnabrück auf Spaziergänge mitnahm. Er war nie im Leben krank. Als er im Bett bleiben mußte, sah er auf den blühenden Birnbaum vor dem Fenster und sagte: «Die Birnen werde ich nicht mehr essen.» Drei Tage später verschied er.

Meine Großmutter war im Gegensatz zu ihrem Mann klein, vorsichtig und fromm. Sie führte das Geschäft zusammen mit ihrem Mann und hat es wahrscheinlich davor bewahrt, durch seine Neigung zum Risiko ruiniert zu werden. Sie überlebte ihn noch sechs Jahre, aber verkaufte das Haus.

Ich habe im Gedächtnis, daß ich in dem alten Haus im Bett lag und hörte, wie die große Glocke des Doms das zwanzigste Jahrhundert einläutete. Was es bringen würde, ahnte ich nicht.

Mein Vater, Martin Jacob, hatte zwei Brüder. Der jüngere, Louis, starb als Student an einer Lungenentzündung, die er sich beim Löschen eines Feuers an einem Wintertag zugezogen hatte. Der ältere, Carl, übernahm die Bank. Er hatte vier Kinder; mit meinen Geschwistern waren wir sieben kleine Blumenfelds, die großen Spaß hatten, jedes Weihnachten zusammen in Osnabrück zu spielen. Ihre Nachkommen leben jetzt in Schweden. Meines Großvaters Bruders Nachfahren leben in Hamburg als Besitzer einer Großhandels- und Schiffahrts-Gesellschaft.

Die Familie Warburg

Im Jahre 1798 gründete Moses Marcus Warburg in Hamburg die Bank M. M. Warburg & Co., die noch in den Händen der Familie ist. Hamburg litt etwas unter Napoleons Kontinentalsperre, der Einverleibung in Frankreich und der zähen Verteidigung unter Napoleons Marschall Davout, die noch nach dem Einzug der Verbündeten in Paris im Jahre 1814 standhielt. Es ist daher kaum verwunderlich, daß die Warburgs Nathan Blumenfelds Napoleonkult nicht mitmachten. In meinem großväterlichen Haus in Hamburg waren die Wände bedeckt mit Farbdrucken, die Hamburgs Befreiung durch Tettenborns Kosaken verherrlichten. Das Warburgsche Geschäft hat aber anscheinend während der Franzosenzeit geblüht – ich vermute, daß es den patriotischen Schmuggel zwischen dem britischen Helgoland und Hamburg finanzierte. Im allgemeinen waren die Warburgs konservativ in politischen wie in religiösen Angelegenheiten.

Mein Urgroßvater Abraham heiratete Sara Warburg. Nach allen Berichten war sie ein herrschender Matriarch, die in der Bank wie im Haushalt alle Entscheidungen traf. Nach ihres Mannes Tod mußten ihre beiden Söhne, mein Großvater Siegmund und sein jüngerer Bruder Moritz ihr jeden Abend genaue Rechenschaft über das Geschäft geben.

Abraham war ganz anders. Von ihm habe ich offenbar die Neigung geerbt, Entscheidungen zu verschieben. Eine hübsche Geschichte wird in der Familie erzählt. Einmal weckte ihn Sara mitten in der Nacht mit dem Ruf «Aby, das Haus brennt!» Er legte die Hand an die Wand, stellte fest «ist nocht nicht heiß» und legte sich auf die andere Seite.

Mein Großvater Siegmund Warburg heiratete Theophile Rosenberg aus Kiew. Die Rosenbergs stammten aus Chotin in Bessarabien; die Stadt liegt an dem Punkt, an dem die Reiche des Sultans, des Zaren und der Habsburgs zusammenstießen. Es war eine ideale Lage für Schmuggel, und anscheinend hat diese nützliche Tätigkeit den Grundstock gebildet für das Familien-Vermögen und also zu meiner Erziehung beigesteuert. Jedenfalls waren die Rosenbergs in Kiew und die eng versippten Günzburgs in St. Petersburg, eine der wenigen vom Zaren geadelten Familien, sehr reich. Die Mitglieder der Warburg-Rosenberg-Günzburg Sippe waren eng verknüpft durch Briefwechsel, häufige Besuche und zahlreiche endogene Heiraten; sie spielten eine viel größere Rolle in meiner Kindheit als die Verwandten meines Vaters, die weniger Wert auf Familienbande legten.

Siegmund und Theophile hatten sieben überlebende Kinder, zwei Knaben und fünf Mädchen. Die Männer, beide sehr gutherzig, waren keine Geistesriesen; die Frauen, vor allem meine Mutter, waren wirkliche Persönlichkeiten. Umgekehrt hatte meines Großvaters Bruder Moritz zwei Töchter und fünf Söhne. Der älteste, Aby M. Warburg[1] wurde ein führender Kunsthistoriker und Begründer des Warburg Instituts in London[2]. Die anderen vier wurden namhafte Bankiers, Max und Fritz in Hamburg und Paul und Felix in New York.

Mein Großvater Siegmund starb zwei Jahre vor meiner Geburt; ich kenne ihn nur vom Hörensagen. Anscheinend war er der erste Warburg, der sich zu einer offenen humanistischen Denkart durchrang und sie seiner Lieblingstochter, Anna, meiner Mutter, vermittelte. Später wurde ihre Weltanschauung bestimmt durch ihren Geschichtslehrer, einen glühenden Anhänger des demokratischen Ideals der Revolution von 1848, den meine Mutter noch häufig zitierte.

Meine Großmutter Theophile habe ich oft gesehen, aber kaum gekannt. Sie war eine willensstarke, in Paris erzogene Grande Dame. Wenn ich mich nicht täusche, war ihre strenge Befolgung jüdischer Gesetze und Gebräuche weniger eine Sache des Glaubens als bürgerlicher Achtbarkeit. Freitagabend und die jüdischen Feiertage wurden würdig zelebriert. Weihnachten wurde ignoriert.

---

1 Aby M. Warburg, 1866–1929, gilt als Mitbegründer der neueren Kunstgeschichte, die sich nicht mehr allein auf Stilideologien bezieht, sondern auf soziale Kontexte eingeht; vgl. z.B. Hofmann, Syamken, Warnke, Die Menschenrechte des Auges, Über Aby Warburg, Frankfurt/M. 1980.

2 Das heutige Warburg Institut in London ist aus der persönlichen Bibliothek von Aby M. Warburg hervorgegangen, die er seit den 1880er Jahren systematisch aufbaute und die zum Mittelpunkt für Hamburgs internationale Gelehrte wurde. Zur Gründung der Bibliothek hält sich beharrlich die Legende, daß Aby seinem jüngeren Bruder Max schon als Dreizehnjähriger sein Erstgeborenenrecht offerierte, wenn dieser ihm zeitlebens alle Bücher kaufen würde, die er brauche. 1925/26 wurde der Bibliothek auf dem Nachbargrundstück von Aby M. Warburgs Wohnhaus in Hamburg, in der Heilwigstraße 116, ein eigenes Gebäude errichtet (Architekt: Gerhard Langmaack). Die Bibliothek wurde durch regelmäßige Vortragsveranstaltungen und Öffnung nach außen zum Forschungsinstitut.

Nachdem mein Onkel Carl starb und seine Witwe und Kinder nach Hamburg zogen, gab es für uns Kinder auch kein Weihnachten mehr.

Meine Großmutter lebte in einem großen fünfstöckigen Vierfenster-Haus, etwa 30 Meter tief, mit einem großen Mustergarten; es hatte freien Ausblick auf die Außen-Alster. Sie wohnte dort allein, mit einem Diener und einer weiblichen Hausangestellten.

Nach ihrem Tod kam das Haus, mit dem treuen Diener Hermann, in den Besitz meines Onkels Aby, der die orthodoxen Gebräuche streng innehielt, einschließlich unserer Anwesenheit am Freitagabend und an Feiertagen. Bei solchen Gelegenheiten verließ ich mich auf den Diener Hermann, der mir ins Ohr flüsterte, wie ich mich bei den verschiedenen Zeremonien zu benehmen hatte.

Unsere engere Familie

Mein Vater sagte oft, daß er sieben Jahre um meine Mutter geworben habe, wie sein Namensvetter Jacob um Rachel. Während der Verlobungszeit schrieb er meiner Mutter, daß er, auf die Gefahr, sie zu verlieren, ihr gestehen müsse, daß er ungläubig sei. Er war endlich erleichtert, als sie antwortete, daß sie seine Ansichten teile.

Mein Vater war ein konsequenter Atheist, ein Anhänger von Büchner und Moleschott. Meine Mutter sah sich als Pantheistin und sprach von «Zukunfts-Religion», «Menschheits-Religion» und «göttlichem Funken». Ich habe nie im Leben gebetet und kann mich nicht erinnern, je an Gott geglaubt zu haben. Ich war von Kindheit an mit biblischen Geschichten vertraut, aber sie müssen ihre Realität für mich verloren haben, wie die Märchen von Aschenbrödel und Rotkäppchen.

Mein Atheismus hat mich nicht gehindert, Religionen zu achten und fasziniert zu sein von ihren mannigfachen Äußerungen, denen wir den besten Teil menschlicher Kunstschöpfungen verdanken. Aber ich bin fest überzeugt, daß Religion nichts mit Ethik zu tun hat – außer dazu zu dienen, zu heiligen, was immer Menschen tun wollen, sei es gut oder böse.

Ich hatte zwei Geschwister, Franz, ein Jahr älter, und Margaret, zwei Jahre jünger. Wir waren keine Kinder mehr, als mein Vater im Dezember 1908 an Leukämie starb. Als in den fünfziger Jahren eine jüngere Schwester meiner Mutter zu Margaret sagte: «Du weißt ja, daß Deiner Mutter Ehe nicht glücklich war», war Margaret wie aus den Wolken gefallen und fragte mich, ob ich das jemals vermutet hätte. Ich hatte es nie vermutet, obwohl ich bei meines Vaters Tod sechzehn Jahre alt war. Viel später hatte ich unfreiwillig eine Unterhaltung meiner Mutter mit ihrer Freundin angehört; auf meine Nachfrage antwortete sie: «Ich habe meinen Mann geachtet, aber nie geliebt.»

Zeitgenossen mögen es mißbilligen, daß Eltern die Wahrheit vor ihren Kindern verbergen; ich bin meinen Eltern dankbar dafür. Mein Vertrauen in sie hat sicherlich beigetragen zu der größten Wohltat – größer noch als die Vorteile vorzüglicher formaler und informaler Erziehung –, die Menschen wie ich dem Privilegium verdanken, in einer Familie in sicherem Wohlstand in der (scheinbar) sicheren Welt von vor 1914 aufzuwachsen: ein unerschütterliches, wenn auch völlig irrationales Selbstvertrauen.

Mein Vater

Mein Vater hatte, zusammen mit einem Sozius, eine Rechtsanwaltspraxis in Hamburg; in Amerika hätte man ihn als erfolgreichen «corporation lawyer» eingestuft.

Er erklärte mir, daß er immer versuche, durch Verhandlungen mit der Gegenpartei zum Ziel zu kommen, und wenn er das Gericht anrief, den Richter als Vermittler betrachte. Blunck, Justizminister in der Weimarer Republik[3], der bei meinem Vater als Referendar gearbeitet hatte, sagte mir, daß er von meinem Vater seine Berufsethik erlernt habe.

Einer der wichtigsten Fälle meines Vaters war ein langjähriger Kampf einer unabhängigen Ölgesellschaft gegen das Monopol, das die Standard Oil zusammen mit der Deutschen Bank anstrebte. Dies entsprach seinem starken «Manchester»-liberalen Glauben an Freihandel.

Als ich ihn während eines Bergarbeiterstreiks in der Ruhr fragte, auf welcher Seite er stehe, antwortete er, er sei im Prinzip sowohl gegen Unternehmenskartelle wie Gewerkschaften als Beschränkungen der Handelsfreiheit; er gäbe aber zu, daß gegenüber den Schlot-Baronen die Arbeiter sich organisieren müßten.

Ich entsinne mich einer weiteren politisch gefärbten Geschichte. Nach einem Bruch mit der Zentrums-Partei, den «Schwarzen», hatte Reichskanzler v. Bülow[4] den Reichstag aufgelöst und eine konservativ-liberale Koalition zusammengebracht. Durch gegenseitige Unterstützung dieser beiden bisher verfeindeten Parteien hatten sie in der Stichwahl den Sozialdemokraten eine Anzahl Sitze abgenommen und v. Bülow die Mehrheit verschafft.

Als ich meinen Vater nach seiner Meinung über diese Ereignisse fragte, antwortete er: «Als ich ein kleiner Junge war, nahm mich mein Vater zum Jahrmarkt mit, zu einer Schießbude. Mit meinem ersten Schuß traf ich einen roten Hahn, zum Beifall meines Vaters und aller Umstehenden. ‹Aber Vater›, sagte ich, ‹ich habe ja gar nicht auf den roten Hahn gezielt, sondern auf das Zentrum der Zielscheibe!› Mein Vater antwortete: ‹Mein Junge, es ist schön, daß du ehrlich bist – aber Reichskanzler wirst du nie werden›.»

Mein Vater nahm seine liberal-demokratische Überzeugung ernst. Als ich ihn einmal fragte, wieviel Einkommensteuer er zahle, nannte er einen erheblichen Prozentsatz, etwa ein Viertel, aber er fügte hinzu, daß er gern mehr zahlen würde, wenn die Regierung indirekte Steuern und Zölle abschaffe.

Mein Vater war in jeder Weise ein «Victorian gentleman», der immer mit Zylinderhut zur Stadt ging.

Er zeigte niemals irgendwelche Emotionen, und für mich war es selbstverständlich, daß ein erwachsener Gentleman sie niemals zeigt oder überhaupt hat. Ich war höchst

---

3 A. Blunck (DDP) war Justizminister unter Reichskanzler Hermann Müller (MSPD), 27. März 1920–25. Juni 1920.

4 Bernhard v. Bülow, Reichskanzler von 1900–1909, verkörperte außenpolitisch den Drang des industriellen Deutschlands zur Weltgeltung, seine Politik der «freien Hand» führte zur außenpolitischen Isolierung; innenpolitisch befestigte er die alten Machteliten; Blumenfeld spielt offensichtlich auf die Gründung des konservativ-liberalen Bülow-Blocks im Reichstag an.

erstaunt, meinen Vater erblassen zu sehen, als mein Bruder einmal nach einem Schlittenunfall bewußtlos dalag.

Wahrscheinlich ist diese Einstellung verantwortlich für meine eigenen Ausdruckshemmungen. Ich kann an meinen fünf Fingern die Fälle zählen, in denen ich als Erwachsener jemanden angeschrien habe oder in Tränen ausgebrochen bin.

Mein Vater stand spät auf und ging spät zu Bett. Infolgedessen sahen wir ihn an Schultagen niemals zum Frühstück. Er aß mittags in der Stadt, ging dann zur Börse und oft zu einer Partie Schach, welches er gut spielte. Er kam nicht vor halb acht nach Hause und wir Kinder wurden immer früh ins Bett geschickt. So sah ich meinen Vater hauptsächlich sonntags und in den Ferien. Zurückblickend muß ich sagen, daß ich meinen Vater nie wirklich gekannt habe.

Meine Mutter

Meine Mutter stand mir immer sehr nah. Sie war eine außerordentliche Frau, eine starke Persönlichkeit. Ohne jemals aggressiv zu sein, setzte sie sich immer durch. In ihrer Jugend sehr schön und eine leidenschaftliche und gute Reiterin, war sie nie wirklich gesund zu meinen Lebzeiten. Sie hätte gerne Medizin studiert, aber in ihrer patrizischen, orthodoxen Familie war das undenkbar. Sie war hochintelligent und begrüßte neue Ideen und deren Träger. Ihre Generosität war unbegrenzt, nicht nur in bezug auf Geld, sondern auch in persönlichen Bemühungen. Sie hatte nie eine bezahlte «Arbeit», aber ein sehr tätiges Leben, voller Initiativen. Sie nahm aktiven Anteil an Wohlfahrts- und Frauenrechts-Organisationen und unterstützte viele fortschrittliche Bestrebungen. Vor allem verabscheute sie preußischen Militarismus und war eine überzeugte Pazifistin. Lange Jahre hoffte sie, daß ein Bündnis von Deutschland, England und den Vereinigten Staaten den Weltfrieden herstellen und sichern werde. Sie sah die Gegenwart – vor dem Ersten Weltkrieg – als Übergangsperiode zu einer besseren, gerechteren und menschlicheren Welt und hatte eine gewisse Sympathie für sozialistische Ideen. Durch ihr warmherziges Verständnis und ihren guten Rat hat sie vielen Menschen in seelischen Bedrängnissen entscheidend geholfen. Sie war immer bemüht, Leute zu versöhnen. Mein Vater sagte, sie habe ihren Beruf verfehlt; sie hätte Faillíten-Buchhalter[5] werden müssen.

Seltsamerweise vereinbarte sie mit ihren demokratischen und egalitären Idealen einen starken Glauben an Menschen aus «guter Familie»; insbesondere war sie sehr stolz auf ihre eigene Familie Warburg. Einmal sagte ihr eine Bekannte: «Ich habe eine Ihrer Verwandten getroffen, eine Frau Warburg aus Magdeburg.» Meine Mutter: «In Magdeburg gibt es keine Warburgs.» Die Bekannte: «Entschuldigen Sie, die Dame war aus Magdeburg.» Meine Mutter: «Ach, ich weiß schon, das sind keine Warburgs, die heißen nur Warburg.»

Meine Mutter formulierte das menschliche Lebensziel als «sich und anderen Freude zu bereiten», Geld hatte nur Wert, wenn es zu diesem Zweck ausgegeben wurde. Ihre Verherrlichung der Lebensfreude enthielt tiefe Verachtung für bloße «Vergnügen».

---

5 Konkursverwalterin

Dagegen umfaßte sie die Lobpreisung wahrer Liebe zwischen Mann und Frau, einschließlich der Geschlechtlichkeit. Geschlecht ohne Liebe war für sie nicht menschenwürdig. Diese Einstellung hat meine Haltung jahrelang bestimmt und zu seltsamen Verdrängungen geführt – sehr im Gegensatz zu den Absichten meiner Mutter, die Sigmund Freud persönlich kannte und schätzte, obwohl sie gegenüber seinen Theorien skeptisch blieb.

Ich hatte nie gewußt, wie sehr das Leben meiner Mutter voller Entsagung war. Erst während ihrer Todeskrankheit, erfuhr ich, daß es von zwei Fällen großer unerfüllter Liebe beherrscht war. Die erste, zu ihrer Mutter jüngerem Bruder, Marc Rosenberg, begann in ihrer Kindheit und dauerte ein Leben lang. Marc Rosenberg war Kunsthistoriker, lehrte an der Technischen Hochschule in Karlsruhe und war eine Autorität über die Geschichte der Goldschmiedekunst. Er war eine bemerkenswerte Persönlichkeit von unerschöpflicher Vitalität. Als Achtzigjähriger sagte er mir, nachdem er alle seine Schicksalsschläge aufgeführt hatte – den Tod seiner ersten und zweiten Frau und seiner drei hochbegabten Kinder, das Niederbrennen seines schönen Hauses im Schwarzwald, den Diebstahl und das Einschmelzen seiner einzigartigen Kunstsammlung, den Verlust seines Vermögens – «und immer noch bin ich ein glücklicher Mensch». Er, ebenso wie meine Mutter und zwei seiner Geschwister, lebten bis hoch in ihre achtziger Jahre. Wenn meine Langlebigkeit erblich bedingt ist, muß sie von den Rosenbergs stammen.

Die zweite Liebe meiner Mutter war Giovanni (Iwan) Stepanoff. Der Sohn eines Medizinprofessors in Moskau war als Gymnasiast aus Gesundheitsgründen nach Italien geschickt und Italiener geworden.

Nach mannigfachen Studien wurde er Kunsthistoriker. Er hatte sich mit meinem Bruder in seiner Freiburger Studentenzeit angefreundet, trotz des Altersunterschieds.

Meine Mutter, die als junges Mädchen mehrere Winter mit ihrer Mutter in Pegli bei Genua verbracht hatte, liebte Italien und die Italiener, eine Liebe, die ich teile. Wenn möglich, lebte sie im Winter in Italien.

Im Jahre 1914 hatte sie unsere Hamburger Mietswohnung[6], in die wir nach meines Vaters Tod gezogen waren, aufgegeben, und wollte mit Giovanni in dem Haus leben, das er in Capri gebaut hatte. Der Krieg zerstörte diesen Traum.

Meine Eltern folgten der Erziehungstheorie Herbert Spencers[7], die Erziehung zur Selbständigkeit fordert: Kinder müssen von ihren eigenen Erfahrungen lernen, selbst entscheiden und für sich verantwortlich sein.

Was mich anbetrifft, ist das meinen Eltern besser gelungen, als sie wohl gewünscht hätten. Ich habe mich immer unbedingt geweigert, von Menschen, Dingen oder Gewohnheiten abhängig zu werden – sogar auch von meinen eigenen Absichten und Plänen. Als professioneller Planer bin ich bereit, alles zu planen – mit Ausnahme meines eigenen Lebens.

---

6   in der Sierichstraße
7   Herbert Spencer, 1820–1903, englischer Philosoph, strebte nach einem übergreifenden, wissenschaftlich fundierten, systematischen Weltbild; er versuchte die Ableitung menschlicher Kulturen und Staatsformen von der Evolution biologischer Arten herzuleiten. Seine «Erziehungslehre» erschien 1861.

Infolge der Erziehungstheorie meiner Eltern waren wir Kinder selbstverantwortlich für Erfolg in der Schule. Meine Mutter sagte, es genüge ihr, wenn wir nicht sitzen blieben; die Gefahr bestand für keinen von uns.

Mein Bruder Franz

«Franz-und-Hans» war ein Begriff und eine Einheit. Vielleicht habe ich in meinem ganzen Leben niemandem so nahe gestanden. Wir schliefen und lebten immer im gemeinsamen Zimmer und taten alles zusammen. Als Franz in die Schule kam und lesen lernte, nahm ich sofort seine Fibel, um mir das Lesen beizubringen. Ich teilte seine Klassenfreunde, aber er nicht meine.

Wir waren sehr verschieden. Franz und auch meine Schwester waren gute Kinder; ich war schwierig, eigensüchtig und neigte zu Wutausbrüchen. Franz hatte nichts übrig für körperliche Betätigung; ich liebte jeden Sport, obwohl ich in keinem gut war. Er war extrovertiert und aktiv; ich war «Hans der Träumer» und «Hans der Schweiger». Es war immer Franz, der die Initiative ergriff, aber niemals ohne mich zu fragen.

Meine Mutter erzählte mir später, daß er oft sagte: «Ich muß Hans fragen, Hans ist so klug.» Es war das klassische Verhältnis von Führer zu Stabschef. Viel später im Leben entdeckte ich, durch Traumanalyse, daß dieses Verhältnis unwiderruflich mein Verhältnis zu Mitarbeitern bestimmt hat. Ich habe mich nie gescheut, Vorschläge zu machen und zäh zu verteidigen, aber ich brauchte immer einen «Großer-Bruder-Ersatz», um die endgültige Entscheidung zu treffen.

Ich verdanke es sicherlich dieser vorgeformten Einstellung, daß ich später sehr leicht unter Vorgesetzten arbeiten konnte, die halb so alt waren, wie ich: Edmund N. Bacon[8] in Philadelphia und Murray V. Jones[9] in Toronto seien nur als Beispiele genannt.

Mein Bruder studierte Jura, Staatswissenschaft und Philosophie an mehreren deutschen Universitäten und in Lausanne und Cambridge. In Cambridge befreundete er sich mit C.K. Ogden, der später bekannt wurde als einer der Begründer der Semantik und als Erfinder des «Basic English». Ogden nahm ihn mit zu den Vorlesungen des damals nur in Fachkreisen bekannten Bertrand Russell[10]. Franz schrieb meiner Mutter: «Ich weiß, daß es albern klingt, aber ich glaube, er ist wirklich ein zweiter Newton.»

---

8 Edmund N. Bacon war der Verwaltungsleiter der Planungsbehörde, bei der Hans Blumenfeld in Philadelphia gearbeitet hat; er war außerdem internationaler Planning Consultant und wurde international bekannt durch sein Buch «Design of Cities», London 1967, deutsch «Städtebau von Athen bis Brasilia»; Friedhelm Fischer bezeichnet ihn als den «urban design» Papst.

9 Murray V. Jones war Verwaltungschef der Planungsbehörde von Toronto, als Hans Blumenfeld dort als «deputy» arbeitete.

10 Bertrand Russell, 1872–1970, britischer Mathematiker und Philosoph mit starkem persönlichen Engagement für Frieden und gegen jegliche Art von Unterdrückung. 1916 wurde er inhaftiert wegen Aufrufs zur Kriegsdienstverweigerung. 1950 erhielt er den Literaturnobelpreis für seine wissenschaftliche Prosa. Er prägte die englische und US-amerikanische Philosophie des 20. Jhs. entscheidend. Die öffentliche Meinung bezog sich auf seine populärwissenschaftlichen und sozialkritischen Schriften. 1963 wurde das Bertrand-Russell-Friedensinstitut in London gegründet. Große Teile der internationalen Friedensbewegung beziehen sich auf Grundlagen von Bertrand Russell. Die sog. Russell-Tribunale beschäftigten sich mit übergreifenden Fragen von sozialer Unterdrückung und politischer Willkür einzelner Staaten. Russell ging u.a. davon aus, daß eine «Weltregierung» zu objektiven Maßstäben finden und zu einer emanzipierten menschlichen Gemeinschaft beitragen könne.

Vor dem Ersten Weltkrieg war Ogden unser Gast während der Sommerferien. Später habe ich ihn ein paar Mal in London besucht; er hatte den schärfsten Intellekt, der mir je begegnet ist.

Meine Schwester Margaret

Margaret litt als die «kleine Schwester» – jahrelang «Baby» genannt –, die vom Leben ihrer Brüder ausgeschlossen war. Das heißt nicht, daß wir nicht auch viel miteinander spielten, ich mit ihren Puppen und sie mit meinen Soldaten.

Zu einer gewissen Zeit, ich muß fünf oder sechs gewesen sein, war Margaret das gläubige Publikum für meine Erzählungen von den Heldentaten, die ich als großer König und Eroberer in einer «anderen Welt» vollbracht hatte. Mein Bruder wollte wissen, wann ich denn eigentlich von dieser prosaischen Welt abwesend gewesen war. Ich antwortete: während einer Sekunde um Mitternacht, die in der anderen Welt 24 Stunden dauerte, während die dortige Mitternachts-Sekunde hier 24 Stunden entsprach. Meiner Relativitätstheorie wurde mit der gleichen Skepsis begegnet wie der konkurrierenden Einsteins.

Die Stadt Hamburg

Um den Kokon der Familie lag die Freie Hansestadt Hamburg. Mit ihren Schwester-städten Bremen und Lübeck und ein paar Schweizer Kantonen war es eine der letzten überlebenden mittelalterlichen Stadtrepubliken. Im Kaiserreich war ihre rechtliche Stellung die gleiche wie die Preußens oder Bayerns.

Es war eine stolze Stadt: stolz auf ihre bis zu Karl dem Großen zurückreichende Geschichte, stolz auf ihren Reichtum, stolz auf ihre Rolle als «Deutschlands Tor zur Welt». Beim Lesen von Thomas Manns Schilderungen Lübecks erinnert mich vieles an meine Kindheit in Hamburg. Der Lehrer, der einmal in der Woche von Hamburg nach Lübeck kam, um Tonio Kröger Tanzen und feines Benehmen beizubringen, ist unverkennbar der Herr Knoll, der mich in diese edlen Künste eingeführt hat.

Aber während Thomas Mann Lübeck eine «enge Stadt» nennt, war Hamburg weltoffen, eine kosmopolitische Stadt. Mein erster Schulfreund war in Valparaiso geboren; die Freunde, die ich mit meinem Bruder teilte, stammten aus Panama und aus England. Später bildete ich eine Dreierbande mit Jungen, die in Amsterdam und Cincinnati geboren waren. Der einzige Katholik in meiner Klasse, mit dem ich schwimmen ging, während unsere Mitschüler in der Religionsstunde schwitzten, war in San José, Puerto Rico, geboren. Ich habe nicht auf das Radio warten müssen, um zu wissen, daß ich in einem «globalen Dorf» lebe, noch auf Raumsonden, um das «Raumschiff Erde» zu entdecken. Ich bin im Bewußtsein der Einheit der Menschheit aufgewachsen, wenn-gleich mit eurozentrischer Verzerrung.

Die Hamburger waren deutsche Patrioten, aber an ihrer Sonderexistenz hielten sie fest. Holländischer Einfluß war seit dem Mittelalter stark gewesen; man konnte ihn noch verfolgen in den Abmessungen der Ziegelsteine und Balken, identisch mit holländischen waren, verschieden von den in Deutschland üblichen.

Als ich in Hamburg aufwuchs, war England das Vorbild für den Lebensstil des Großbürgertums, von Häusern und Gärten zu Kleidung und Sport und zu den Schwänen auf der Alster. Sogar die Vornamen hatten englische Form: meine Onkel wurden Aby und George[11] genannt, und meine Schwester hieß Margaret, nicht Margarethe. Das Hamburg meiner Kindheit war eine Kopie von London, bis zu solchen Einzelheiten wie Lage und Ausstattung der WC. Auf Berlin sahen wir herab wie auf einen Parvenue. Es gab Sympathie für Wien, die alte Kaiserstadt. Von Wien holte Hamburg sich den Direktor für sein neues Schauspielhaus und den Direktor und mehrere Lehrer für die neu gegründete Kunstgewerbe-Schule. Eine verwitwete Tante meiner Mutter war auf die Wiener «Neue Freie Presse» abonniert, die an unser Haus weiterging und die ich eifrig las.

Es gab in Hamburg keine Universität, weil die guten Bürger kein «akademisches Proletariat» züchten wollten. Hamburg war Deutschlands reichste Stadt, aber es war auch die «roteste». Von 1897 an schickte es immer drei Sozialdemokraten in den Reichstag; einer war August Bebel, Mitbegründer und Führer der Partei. Die Regierung des Stadtstaates, die aus komplizierten und ungleichen Wahlen hervorging, war im allgemeinen konservativ. Aber es waren Konservative des britischen Typs, die mit der deutschen konservativen Junker-Partei nicht viel gemein hatten. Adlige waren im Mittelalter aus der Stadt verbannt worden und gehörten nie wirklich dazu. Bismarck wurde aber verehrt, vor allem seit er nach seinem Rücktritt im benachbarten Friedrichsruh lebte.

Trotz des Mangels an einer Universität fehlte es nicht an geistigem Leben in Hamburg. Es gab erstklassige Musik – Gustav Mahler war hier mehrere Jahre Dirigent – und wachsendes Interesse an bildender Kunst.

Hamburg war und ist eine sehr schöne Stadt, obgleich große Architektur vollkommen fehlt und wenige Bauten älter als von 1842[12] erhalten sind. Wasser und Bäume prägen ein einzigartiges Stadtbild; «qui peint cela?» rief Monet aus, als er die Stadt besuchte.

Wir lebten erst in einer Mietwohnung im ersten Stock, nicht weit vom Zentrum, das noch immer kenntlich ist durch den Lauf der – geschleiften – Befestigung von 1616 bis 1625, die die Stadt vor den Verwüstungen des Dreißigjährigen Krieges beschützt und dadurch die Grundlage für den Wohlstand der folgenden Jahrhunderte gelegt hat. Nach der Geburt meiner Schwester kauften meine Eltern ein Haus in dem Stadtteil Harvestehude[13] etwa zwei Kilometer von der Stadtmitte. Das Gelände war kurz vorher erschlossen worden als ein großbürgerliches Wohngebiet auf einem Raster breiter, baumbepflanzter Straßen. Die meisten Bauten waren zwei- bis dreistöckige Einfamilienhäuser, aber es gab auch drei- und vierstöckige Mietshäuser mit Läden im Erdgeschoß. Mein Schulweg zur Stadt führte an einer Kuhweide vorbei. Fünf Minuten von unserem Haus gab es drei Parks mit alten Bäumen, Vermieter von Ruder- und Segelbooten auf der Alster, Tennisplätze, die im Winter zur Schlittschuhbahn wurden,

---

11 englisch ausgesprochen
12 Datum des Hamburger Brands, nach dem die Stadt in großen Teilen neu strukturiert und aufgebaut wurde.
13 Rothenbaumchaussee 140

ein Hockey-Feld, eine Reitbahn und ein Velodrom; eine ideale Umgebung für einen heranwachsenden Jungen.

Unser Haus hatte einen baumbestandenen Vor- und einen großen Hintergarten, in dem wir tagelang spielten, zusammen mit den Kindern aus den Nachbargebäuden, die, bezeichnenderweise, in Wien und Mexico geboren waren. Im Kellergeschoß befanden sich eine große gekachelte Küche mit Nebenräumen und zwei Schlafzimmer, Bad und WC für die Köchin und zwei Dienstmädchen. In den oberen zweieinhalb Geschossen lagen zehn Zimmer, Bad und zwei WC, mit Veranden und Balkonen. Das Grundstück war ungewöhnlich tief, so daß man von der Gartenseite nur Bäume sah, keine Häuser.

Das Haus steht noch, umgewandelt in Bureau und Mietwohnung, aber äußerlich unverändert. Das Nachbarhaus ist jetzt ein kleines Hotel, und dort wohne ich bei meinen Besuchen in Hamburg. Hamburg ist immer noch meine Heimatstadt.

In dieser Umgebung bin ich aufgewachsen. Unser Haushalt war typisch für den «upstairs-downstairs»-Haushalt kultivierter Familien zur Zeit der Königin Victoria. Ab und zu gab es festliche «Diners», bei deren Gelegenheit wir Kinder vom zweiten Stock aus die Gäste im Treppenhaus beobachteten. Wenn die Familie allein war, drehte sich das Gespräch um Familie und Freunde – ohne Klatsch – und um öffentliche Angelegenheiten, Literatur und Kunst. Über Geld oder Essen wurde nicht gesprochen. Der einzige Unterschied zu London war besseres Essen. In dieser Beziehung hielten sich die wohlhabenden Hamburger Kaufleute an ihr altes Vorbild, Amsterdam; im Gegensatz zu den meisten deutschen Gegenden essen sie gut. Als der führende Hamburger Restaurateur[14] und Küchenchef Pfordte[15] auf der Pariser Weltausstellung 1900 ein Restaurant aufmachte, wurde es der kulinarische «clou» des Jahres.

Ich wußte natürlich, daß nicht jedermann so gut lebte wie wir, daß es arme Leute gab, denen man helfen mußte. Zum Teil bestand diese Hilfe aus gelegentlichen kleinen Wohltaten, wie in der folgenden bezeichnenden Geschichte. Eines Abends traf mein Vater vor der Haustür einen Mann, der ein Paar Stiefel in der Hand trug. «Wer hat Ihnen die Stiefel gegeben?», fragte mein Vater. – «Die Dame.» – «Was kostet Sie so ein Paar alte Stiefel?» – «Drei Mark.» «Hier haben Sie drei Mark und geben Sie mir meine alten Stiefel wieder.» Zum Entsetzen meiner Mutter kam mein Vater ins Haus mit seinen alten Stiefeln, die natürlich bequemer waren als neue.

«Gott ist nicht allmächtig», sagte Franz, «er kann keine alten Stiefel machen.»

Wie die andere Hälfte – in der Tat neun Zehntel – lebte, kam mir erst zum Bewußtsein, als ich etwa vierzehn war. Eine tränenselige Broschüre, der «Brockenhannes»[16], fiel mir anläßlich des Weihnachtsaufrufes einer Wohltätigkeitsorganisation in die Hand, die abgelegte Kleidung und alte Möbel sammelte und an Arme verteilte. Sie beschrieb das Elend der Arbeitslosen. Arbeit war für mich etwas, wovor man sich möglichst

---

14 Gastronom
15 Begründer des Hotel Atlantic
16 Der Name kann aus der Handschrift Blumenfelds nicht mehr sicher entziffert werden.

drückte. Ich fand es moralisch ungeheuerlich, daß jemand der arbeiten wollte, es nicht durfte. Ich finde das auch heute noch.

Frühe Kindheit

Ich bin nicht in Hamburg geboren. Im Jahre 1892 wurde Hamburg heimgesucht von einer Choleraepidemie, die 8 000 Opfer forderte. Meine Mutter zog zu ihren Schwiegereltern nach Osnabrück[17], und dort kam ich zur Welt in dem gleichen Hause wie mein Vater und Großvater, für mich eine Quelle törichten, aber beharrlichen Stolzes. Die Cholera ging vorbei. Aber da meine Mutter mit Franz, der Keuchhusten hatte, nach Cuxhaven ging, wurde ich mit einer Amme in meines Vaters Bureau einquartiert. Leider hat diese frühe Verbindung mit dem Rechtsberuf weder juristische Begabung noch Gesetzestreue hinterlassen.

Einige meiner Erinnerungen gehen in mein drittes Lebensjahr zurück, aber besonders lebendig ist noch die Ankunft unserer englischen «Nanny», die unser deutsches Kindermädchen ersetzte, als Margaret ein und ich drei Jahre alt waren. Ich sehe sie noch eintreten in unser großes Spielzimmer mit dem eisernen Ofen in der Ecke, wo wir drei auf dem Boden saßen. Sie war eine fromme Katholikin, völlig den ihr anvertrauten Kindern ergeben. Ich liebte sie innig und vergoß heiße Tränen als meine Eltern entschieden, daß wir längst über das «Nanny»-Alter hinaus gewachsen waren; Margaret war sechs und ich acht, als sie uns verließ. Sicherlich verdanke ich ihr einen guten Teil meiner Erziehung, wenn es ihr auch nicht gelungen ist, aus mir einen «perfect gentleman» zu machen. Wahrscheinlich ist das Verschwinden meiner Wutausbrüche ihrer unerschöpflichen Geduld und Güte zuzuschreiben.

Ich erinnere mich auch noch lebhaft an die erste Frau meines Onkels Aby, Olga Leonini aus Mailand, die in meinem vierten Lebensjahr starb. Vielleicht war es eine frühe Regung meines Interesses an Architektur, daß ich noch ein deutliches Bild von zwei Räumen ihrer Wohnung habe: ein sonniges «Boudoir» mit einem Kanarienvogel und ein ziemlich dunkles Speisezimmer, holzvertäfelt und ringsherum Majoliken auf einem umlaufenden Bord.

Am lebhaftesten sind meine Erinnerungen an die Sommerferien, die wir in den Bergen oder am Meer verbrachten. Als ich fünf Jahre alt war, hatten wir ein Haus am Timmendorfer Strand gemietet. Damals stand ich früh auf – eine schlechte Gewohnheit, die ich mittlerweile heroisch überwunden habe. Der Nachbarjunge, vier Jahre älter, forderte mich auf zu einer Expedition zu einem nahen Hühnerstall und befahl mir, ein paar Eier zu stehlen. Es war mir nicht ganz geheuer, aber wenn ein zehnjähriger Großer es sagt, muß es wohl in Ordnung sein. Ich hatte niemals rohe Eier gegessen und mochte sie nicht, als ich es probierte. Ich steckte die Eier in die Hosentasche und ging nach Hause. Da war natürlich große Aufregung über das verlorene Kind, und meine Nanny nahm mich gleich in ihre Arme – während das Eigelb an meinen Hosenbeinen hinunter lief. Das war der frühe Anfang meiner Verbrecherlaufbahn.

---

17 Das ist keine Ausnahme, denn alle werdenden Mütter wohlhabender Familien zogen damals wegen der Cholera zur Geburt ihrer Kinder vorübergehend aus der Stadt hinaus.

Erste Schuljahre

Während der ersten drei Jahre besuchte ich eine fünf Minuten entfernte Privatschule. Das Lernen fiel mir leicht, ich war immer der Zweite. Ich las viel, auch Bücher über Geographie – ich war fasziniert von Karten und Globen – und über Geschichte. Von meinem zweiten Schuljahr an nannten meine Kameraden mich «Professor».

Aber ich war alles andere als ein Bücherwurm. Ich organisierte eine Bande, die sich damit befaßte, unser «Mal» zu verteidigen und andere zu erobern. Aber meine Bande hatte auch ein geheimes Ziel, das ich nur meinen zwei vertrautesten Kameraden enthüllte: nichts weniger als die Wiederherstellung des Hansebunds und die Umwandlung Deutschlands in einen Bund von Stadtrepubliken! Ich finde das auch heute noch eine gute Idee.

Als ich acht Jahre alt war, verbrachten wir einen Sommer in Paramé, in der Bretagne. Mein Vater hatte ein von einem Osnabrücker geleitetes Hotel gefunden. Die kleine Bibliothek enthielt neben französischen und englischen auch einige deutsche Bücher. Ich entdeckte ein kleines geographisches Handbuch mit Bildstatistiken und war fasziniert. Tagelang studierte ich die Symbole, die Gebiet und Bevölkerung aller Nationen, ihre Handelsflotten, Stahlproduktion und anderes darstellten. Das Interesse an Statistik ist mir geblieben und hat mir in meiner beruflichen Arbeit gut gedient. Ich bin sicherlich der einzige Mensch, der achtzig Jahre lang mit Statistiken gespielt hat.

Ein Dokument dieser kuriosen Mischung von Kindlichkeit besaß ich noch lange: ein Exemplar jenes Handbuchs, mit der handgeschriebenen Ergänzung zu der Liste der Staatsoberhäupter: «Hans I., König des Hansebundes».

Mein viertes und fünftes Schuljahr verbrachte ich in einer anderen Privatschule. Eine peinliche Erinnerung habe ich nie ganz überwunden.

K., ein sehr netter Junge, war der Jüngste von fünf Söhnen eines wohlhabenden Müllers in einem nahen Dorf. Ich verstand es damals nicht, aber der Besitzer und Leiter der Schule, der natürlich fünf Honorare gern einkassierte, ärgerte sich über die Anwesenheit dieses Dorfjungen in seiner «feinen» Anstalt. Eines Tages fuhr der etwas schwerhörige Leiter mit seiner Klasse, die neben unserer lag, fort, nachdem die Glocke geläutet hatte. Wir hatten, wie üblich, Spaß während der Pause, und K. lachte laut auf. Wütend kam der Leiter zur Tür hinein, drohte K. wegen Disziplinverletzung zu strafen, kam während der nächsten Stunde in unsere Klasse und verprügelte K. erbarmungslos. Ich war entrüstet, daß der Klassenlehrer ihn nicht verteidigte, wollte schreien «aber K. hat doch nichts getan!», aber brachte kein Wort heraus. Bis zum heutigen Tag schäme ich mich meiner Feigheit.

Vielleicht hat dieses Erlebnis etwas zu tun mit meiner tiefen Abscheu gegen absichtliche Mißhandlung eines menschlichen Wesens, ebensosehr wie der Einfluß meiner Mutter, die jede Körperstrafe leidenschaftlich ablehnte. Sie sagte mir später, daß sie während ihres ersten Ehejahres lange Diskussionen mit meinem Vater hatte, der glaubte, daß man Knaben nicht ohne eine gelegentliche Tracht Prügel erziehen könnte. Die Frage wurde nie aktuell in unserer Familie; wenn ich in Wut geriet, sperrte mich meine Mutter einfach in meinem Zimmer ein.

Meine Abneigung gegen Wehtun bedeutete keineswegs, daß ich Prügeleien vermied; ich suchte sie. Eine Zeitlang war ich eng verbunden mit einem Schulkameraden ausschließlich durch unsere gemeinsamen Faustkampf-Angriffe auf dem Schulhof. Ich weiß nicht, wann oder warum ich diese Tätigkeit einstellte; aber ich entsinne mich an meinen Schrecken, als ich einen von mir niedergeschlagenen Schulkameraden sich kreidebleich in Schmerzen winden sah.

Ich teilte auch nicht die Auffassung meiner Mutter, die eine Ohrfeige als eine Verletzung der Menschenwürde ansah. Es machte mir nichts aus, gelegentlich eine von einem Lehrer zu bekommen, und oft habe ich sie provoziert, um als Held in den Augen meiner Kameraden zu gelten. Ich habe meine Lehrer gefoltert; «noch so klein und schon so frech», sagte einer von ihnen in Verzweiflung.

Ich war immer der kleinste Junge in meiner Klasse und stolz darauf. Kleine Statur ist in der Tat eine sehr gute Sache. In der Schule, wo wir am Ende der Pause der Größe nach antraten, bedeutete es längere Freizeit. Später, im Ersten Weltkrieg, konnte ich im Schützengraben aufrecht gehen, während meine Kameraden sich bücken mußten. Vor allem bin ich überzeugt davon, daß meine kleine Statur viel zu meiner wunderbar guten Gesundheit beigetragen hat: ich brauche nicht eine unnütze Masse von Fleisch und Knochen herumzuschleppen, zu füttern und in Gang zu halten.

Mein Bruder Franz war von normaler Größe, aber schwacher Gesundheit. Meine Mutter fand, daß es für Franz' Gesundheit und mein Wachstum gut wäre, einen Winter in St. Moritz zu verbringen – so verbrachten wir dort zwei Winter, von Dezember bis März, in der wunderbaren Höhensonne, mit Schlittschuh- und Skilaufen, Eishockey und Rodeln. Mein Vater und Margaret kamen für kürzere Zeit.

Ich verliebte mich in die umgebenden Berge, die ich täglich von meinem Fenster aus bewunderte, die «Drei Schwestern» und Piz Languard bei meinem ersten Aufenthalt und Piz Bernina beim zweiten. Wahrscheinlich waren die zwei Winter in St. Moritz die glücklichsten der vielen glücklichen Zeiten meines Lebens.

Erwachsenwerden

Von meinem sechsten Schuljahr an besuchte ich das Realgymnasium. Meine Mutter, begeistert für das klassische Griechenland, hätte das Gymnasium gewählt, mein Vater die Oberrealschule; das Realgymnasium war ein Kompromiß. Schon in meinen letzten Schuljahren hätte ich gerne Griechisch gekonnt, und ich habe später einige Ansätze gemacht, es zu lernen – ohne Erfolg. Immerhin haben meine Versuche mir ein wenig geholfen bei Reisen in Griechenland und auch, um einige Sätze im englischen Text des Herodot besser zu verstehen, als ich ihn viel später in der zweisprachigen Loeb-Ausgabe las.

Je älter ich wurde, desto mehr wurde mir die Schule zuwider – sie hat mich nicht bedrückt, aber mehr und mehr gelangweilt. Im allgemeinen verachtete ich meine Lehrer; sie schrien und wurden rot im Gesicht – sie waren keine Gentlemen. Ich achtete nur meinen Mathematik- und Physiklehrer Böger. Er versuchte, Geometrie der Lage[18] in das Kurri-

_____
18 Topologie

26

kulum einzuführen, hatte ein Lehrbuch dafür geschrieben und lehrte dieses Feld, als er unsere Klasse übernahm. Ich griff dieses neue Fach schnell auf. Böger freute sich über diesen Beweis für die Eignung der Geometrie der Lage für den Schulunterricht, besonders weil mein früherer Mathematiklehrer mir ein schlechtes Zeugnis gegeben hatte. Ich enttäuschte ihn jedoch, als es zu ernsterer Arbeit kam.

In der Physikklasse führte Böger einmal ein Experiment vor, an das ich mich gut erinnere. Er setzte einen Kreisel in eine Waagschale – sie blieb oben. Er drehte den Kreisel – die Waagschale ging herunter. Er bemerkte, daß Gewicht und Masse vielleicht das Produkt der Bewegung kleinerer Teile innerhalb der Atome seien. Offenbar wußte er etwas von der beginnenden Kernphysik.

Hausarbeiten machte ich kaum; nur wenn ein mathematisches Problem oder ein Aufsatzthema mich interessierten, arbeitete ich bis in die späte Nacht. Einmal forderte der Deutschlehrer uns auf, die nächste Woche selbst ein Aufsatzthema zu wählen. Ich hatte mir nichts überlegt, und als die Reihe an mich kam, sagte ich : «Freihandel und Schutzzoll». Der Lehrer fragte: «Verstehen Sie was davon?», was ich mit einem «Nein» beantwortete, das natürlich lautes Gelächter auslöste. Der Lehrer setzte mich vor die Tür, aber sagte sonst nichts. Ich vertiefte mich in die Bücher über die Frage, schrieb eine lange Abhandlung und bekam eine Eins. Die Frage hatte natürlich zu tun mit Politik, die sowohl meinen Bruder wie mich sehr interessierte. Wir lasen das Erfurter Programm[19] der Deutschen Sozialdemokraten und waren einverstanden.

Ich verfolgte aufmerksam die Kriege dieser Zeit und entsinne mich noch an den Spanisch-amerikanischen Krieg, in dem ich mich mit König Alfonso identifizierte, weil er ein kleiner Junge war wie ich. Wichtiger war der Burenkrieg, der mich zum ersten Mal lehrte, eine abweichende Meinung zu vertreten und gegen den Strom zu schwimmen. Meine Klassenkameraden, wie jedermann in Deutschland, waren für die Buren – ehrliche Bauern, die ihr Land gegen den Angriff einer Bande goldgieriger Millionäre verteidigten. Aber ein Neffe meiner geliebten Nanny war britischer Soldat, und das war für mich entscheidend. Vermutlich waren Kaiser Wilhelm und ich die einzigen in Deutschland deren Sympathien auf der britischen Seite waren, beide aus persönlicher Treue, ich zu meiner «Nanny» und er zu seiner «Granny».

Im Russisch-japanischen Krieg war ich wieder auf der unpopulären Seite, wegen meiner russischen Verwandten. Von der darauf folgenden Russischen Revolution verstand ich nichts.

Ein anderes Interesse – außer Sport und Ausflügen zu Fuß oder Fahrrad zur Erkundung der Stadt und ihrer Umgebung – war Kunst und Kunstgeschichte. Mit einem geliebten Onkel und einem gleichaltrigen Vetter in diesem Beruf war meine Mutter lebhaft an Kunstgeschichte interessiert. Es gab viele Bücher über Kunst und Kunstgeschichte in der großen Bibliothek unserer Eltern, zu der wir freien Zugang hatten, und ich studierte sie eifrig. Von früh auf war ich besonders an Architektur interessiert. Es wurde damals in Hamburg viel gebaut, und ich beobachtete alles mit kritischem Blick. Ich erinnere mich an eine Episode; ich muß damals etwa elf Jahre alt gewesen sein.

---

19 Erfurter Programm, 1891, nach Aufhebung der «Sozialistengesetze» Bismarcks 1890, von der nun «Sozialdemokratische Partei Deutschlands» (SPD) genannten Arbeiterpartei aufgestellt.

Meine Mutter hatte einen wöchentlichen «Jour», wenn Damen ihres Kreises zum Tee kamen. Ich war oft anwesend. Eines Tages priesen die Damen Jugendstil-Bauten. Ich war nicht einverstanden und wurde gefragt, welche Häuser ich mochte. Ich erwähnte vier kleine identische Häuser, die ich auf meinem Schulweg passierte; sehr einfache Biedermeier-Bauten. Sie würden auch heute noch meine Wahl sein.

Ich las viel – infolge meiner englischen Erziehung las ich die typischen englischen Jugendbücher, von «Ten Little Nigger Boys» über «Tom Brown's Schooldays», «Black Beauty» und «Little Lord Fontleroy» zu «Ivanhoe». Ich war stark beeindruckt von Carlyles «Heroes and Hero Worship»[20]. Eine andere – und lebenslängliche – Vorliebe gehörte den «Weltgeschichtlichen Betrachtungen»[21] des Schweizer Histori- kers Jacob Burckhardt. Ich las auch mit Genuß französische Romane im Original, insbesondere Anatole France, ein damals moderner, heute unterschätzter Autor. Seine humane Skepsis sagte mir zu, wie die seines größeren Landsmanns Michel de Mon- taigne, den ich jedoch erst viel später entdeckte, während des Ersten Weltkrieges.

In der Schule versuchten die Lehrer natürlich, uns offiziellen Patriotismus beizubrin- gen. Einmal behauptete ein Lehrer, gestützt auf das Römische Prinzip «si vis pacem, para bellum» («wenn du Frieden willst, bereite den Krieg vor»), daß Europa die lange Friedenszeit seit 1871 nur der militärischen Stärke Deutschlands verdanke: wenn die Staaten der Entente diese Macht bedrohlich fänden, sei dies nur ein Vorwand für ihre eigenen Angriffsabsichten. Ich wandte ein, daß sie das, was wir als unsere Verteidigung betrachteten, unvermeidlich als Angriffsdrohung ansahen, der sie durch Stärkung ihrer eigenen Verteidigung begegnen mußten. Der daraus folgende Rüstungswettlauf könne nur zum Krieg führen; wenn man Frieden will, muß man den Frieden vorbereiten durch Abkommen für Begrenzung der Rüstung.

Stellungnahme gegen «si vis pacem, para bellum» ist mehr und mehr zum Leitmotiv meines Lebens geworden. Mit ein paar Klassenkameraden organisierte ich einen politi- schen Diskussionsclub. Ich eröffnete unser erstes Treffen, das in einem Café stattfand, mit einer umfassenden Kritik aller Seiten der kaiserlichen Politik, Innen-, Außen- und Kulturpolitik. Als die Schulbehörde von unserem Club erfuhr, verbot sie ihn.

Es gab jedoch auch seit langem einen Schülerverein «Formica», in den erst mein Bruder und dann ich gewählt wurden. Den üblichen Biergelagen ging immer eine «Wissen- schaftliche Mitteilung» eines Mitglieds voraus. Meine erste handelte über «die Ent- wicklung des Britischen Weltreichs», eine zweite über «Verschiebung des geschicht- lichen Schwerpunkts von warmem zu kühlerem Klima» – eine Theorie, die auf meinem eigenen Mist gewachsen war –, eine dritte über das «Hamburger Kontorhaus», ein im übrigen Deutschland nicht vertretener Bautyp.

In gewisser Weise war ich vorzeitig entwickelt, als ich die Schule mit achtzehn Jahren beendete. Ein Freund der Familie, der Maler Bruck, bemerkte, daß ich das Jünglings- alter übersprungen hätte und direkt von der Kindheit in das Mannesalter gesprungen sei. Er hatte nur teilweise recht; verspätete Adoleszenz hat mich bis in meine dreißiger Jahre verfolgt.

---

20 1841, deutsch: «Über Helden, Heldenverehrung und das Heldentümliche in der Geschichte».
21 in Deutschland 1905

Oben: Wohnhaus der Familie Blumenfeld (ab ca. 1895) in Hamburg-Harvestehude, Rothenbaum-chaussee 140. Das Wohnhaus links im Bild; seine Entsprechung rechts daneben, Nr. 138, ist die Pension «Beim Funk», hier wohnte Hans Blumenfeld, wenn er nach 1945 nach Hamburg kam.
Unten: Haus Haynstraße 2–4 in Hamburg-Eppendorf, betreuender Architekt wohl Hans Blumenfeld im Architekturbüro der Gebrüder Gerson.

Aufbruch ins Leben
1911–1914

Erste Universitätsjahre

Mulus
Meine Eltern hatten immer betont, daß mit der besten Erziehung, die sie uns geben könnten, wir schließlich auf eigenen Füßen stehen und unseren Lebensweg selber wählen und gestalten müßten.

Schon einige Jahre vor dem Ende der Schulzeit hatte ich mir in den Kopf gesetzt, Architekt zu werden, aber erst ein paar Monate vor dem Abiturium kam ich mit diesem Vorschlag heraus. Er war nicht willkommen. Irgendwie war immer angenommen worden, wahrscheinlich schon vor meiner Geburt, daß die männlichen Familienmit-glieder in einer oder der anderen Weise dem Bankhaus M.M. Warburg beitreten würden. Franz war schon als unheilbarer «Idealist» aufgegeben worden, aber ich war weltlicher und anscheinend passendes Material.

Mein Vater lebte nicht mehr. Meine Mutter, deren Lebensanschauung weitgehend meine Wahl bestimmt hatte, fand sich ein wenig in der Rolle der Henne, die ein Entlein ausgebrütet hat. Sie bezweifelte, daß ich das Zeug dazu hätte, ein bedeuten-der Architekt zu werden, worin sie natürlich vollkommen Recht hatte. Sie zeigte mir einen Brief von meinem Onkel, Marc Rosenberg, dessen Rat sie erbeten hatte. Marc schrieb: «Wie ich Hans kenne, ist es besser für ihn zu M.M. Warburg zu gehen, wo er ein gemachtes Bett vorfindet.» Wohl bewußt, daß ich ein Faulpelz war, sah ich, daß ich mich in diesem Bett zur Ruhe legen würde – und fand das keinen würdigen Lebenszweck.

Der eigentliche Leiter der Bank, Max M. Warburg, Vetter meiner Mutter, versuchte mich in einem langen Gespräch zu überreden. Schließlich wurde ein Kompromiß gefunden: in meinem ersten Semester würde ich mich als Jurastudent einschreiben, aber bei einem Architekten arbeiten. Der Mann der jüngsten Schwester meiner Mutter, Dr. Otto Kaulla, Landrichter in der Universitätsstadt Tübingen, unternahm die nötigen Schritte. Der Plan wurde vor meinem Onkel Aby und den anderen Teilhabern von M.M. Warburg geheim gehalten.

Zwischen dem Abiturium im Februar 1911 und dem Anfang des Universitätssemesters Ende April war ich ein «Mulus»[1] und machte meine Sprünge. Herbert Knöhr, der katholische Junge, mit dem ich während der Religionsstunden zum Schwimmen gegangen war, hatte von seinen Eltern eine Reise nach Neapel geschenkt bekommen, auf einem Dampfer der Ost-Afrika-Linie, und forderte mich auf mitzukommen.

---

1 lateinisch Maulesel, scherzhaft jedoch jemand zwischen Abschluß des Abiturs und Anfang des Studiums

Meine Mutter hatte unsere Wohnung in Hamburg aufgegeben – ich hatte die letzten Monate vor Schulschluß bei meinem Onkel Aby gewohnt – und wohnte in einem Hotel in Lausanne, wo Franz studierte und Margaret ihr Französisch vervollkommnete. Ich suchte meine Mutter zu überzeugen, daß es nur ein kleiner Umweg zwischen Hamburg und Lausanne sei, über Rotterdam, Lissabon, Tanger und Marseille, die das Schiff anlaufen würde. Meine Mutter war nicht sonderlich überzeugt, aber erlaubte mir die Reise.

Von Rotterdam machte ich einen Abstecher nach Den Haag, wo ich im Mauritshuis Museum Jan Vermeer und den weniger bekannten Carel Fabritius[2] entdeckte, deren Werke für mich auch heute noch die höchste Vollkommenheit in der Kunst der Malerei bedeuten. Aber der große Eindruck war Lissabon – aus dem grauen Nebel von Hamburg und Rotterdam fand ich mich auf einmal versetzt in den vollen Glanz des südlichen Frühlings, mit Magnolien in voller Blüte. Die mit Azulejos[3] bekleideten Hausfassaden, der großartige Raum der Plaza da Commércio, die phantastische Dekoration von Belem und der Korkeichenwald auf dem Wege nach Cintra hinterließen einen unauslöschlichen Eindruck. Ebenso unvergeßlich ist das Stadtbild von Tanger und eine Nacht im Mittelmeer, in der das Schiff umspielende Delphine phosphoreszierende Umrisse der Wellen hervorzauberten.

Es waren noch andere junge Männer unter den Passagieren, ein brasilianischer Freund von Knöhr und zwei preußische Junker von der Potsdamer Militärakademie. Sie fuhren alle nach Neapel und redeten mir zu, die zusätzlichen 25 Mark aufzuwenden, um dorthin weiter zu fahren. Ich ließ mich gern überreden.

Von Marseille machte ich einen Abstecher nach Aix-en-Provence, durch Felder voller blühender Mandelbäume. Aix mit dem Cours Mirabeau bezauberte mich so sehr, daß ich fast mein Schiff versäumte, das gerade beim Ablegen war, als ich den Quai in Marseille erreichte.

Wir drei, Knöhr, der Brasilianer und ich, besuchten die Sehenswürdigkeiten und Museen von Neapel und Pompei – die Führer bestanden darauf, uns die «geheimen» Erotica-Abteilungen aufzuschließen – und auch den Vesuv, Capri und die Halbinsel von Sorrent. Nach einer Woche in Neapel fuhr ich auf einem von Indien heimkehrenden englischen Schiff nach Genua und von dort nach Lausanne.

Ich blieb vier Wochen in Lausanne und begann italienisch zu lernen. Es ging erstaunlich leicht, anscheinend vollzog ich in vier Wochen den tausendjährigen Übergang von Latein zu Italienisch.

Meine Mutter war im Vorjahr mit Franz nach Rom gefahren und hatte dieselbe Reise mit mir machen wollen. Aber da sie von meiner Neapel-Eskapade nicht erbaut war, beschloß sie, die Reise auf Norditalien zu beschränken. Sie hatte an Venedig gedacht, aber stimmte meinem Vorschlag für Florenz zu.

Unser erster Aufenthalt war Mailand, wo wir einen Abend in der Familienloge der Leonini in der Scala saßen; Toscanini dirigierte Gounods Faust. Florenz und die toskanische Landschaft übertrafen meine Erwartungen. Am ersten Abend ging ich

---

2 Schüler von Rembrandt
3 Kacheln

spazieren. In der noch nicht von Motorrädern erschütterten Abendstille hörte man von Mandolinen begleiteten Gesang.

Die trüben Straßenlaternen wurden vom Vollmond überstrahlt. Ich wollte mir die Sehenswürdigkeiten für den nächsten Tag vorbehalten, aber fand mich plötzlich auf der Piazza della Signoria – und war überwältigt. Ich habe seitdem herausgefunden, daß räumliche Eindrücke bei Nacht stärker sind als im Tageslicht und habe eine Theorie darüber entwickelt. Ich habe diese Theorie als Teil eines Artikels in «Scale in Civic Design» («Maßstab im Städtebau») vierzig Jahre später veröffentlicht. Dieser Artikel hat anscheinend weitere Verbreitung gefunden als irgend eine andere meiner Veröffentlichungen. Kollegen an den Lehrstühlen in Budapest und Shanghai sagten mir, daß sie Übersetzungen für ihre Studenten haben machen lassen.

Nach vier unvergeßlichen Wochen kehrte meine Mutter nach Lausanne zurück und ich ging nach Tübingen.

Zwei Jahre später ging meine Mutter mit uns dreien nach Rom. «Rom ist die ganze Welt, und die ganze Welt ist Rom», sagte Joachim du Bellay im sechzehnten Jahrhundert. Am Ende des Aufenthalts in Rom fuhr ich nach Paestum, allein. Ich kam im Morgengrauen an; es war vollkommen einsam, nur ein Hirtenjunge weidete seine Ziegen. Als die Sonne aufging, erwachte der Tempel langsam zum Leben und tönte feierlich wie eine Fuge von Bach. Es war die unvergeßlichste architektonische Erfahrung meines Lebens.

Tübingen

Tübingen, damals eine Stadt von weniger als 20000 Einwohnern, hatte weitgehend seinen mittelalterlichen Anblick bewahrt. Ich wohnte bei meinem Onkel und arbeitete in einem kleinen Architektenbüro. Herr Staehle war ein netter Mann und ein erfahrener Architekt. Er führte mich in alle Seiten der Berufsarbeit ein, ich mochte sie alle und fühlte mich ihnen gewachsen. Die Rechte studierte ich nicht, aber ich hörte Vorlesungen über Kunstgeschichte, Literatur und Volkswirtschaft. Über Volkswirtschaft las Robert Wilbrandt, der einzige Sozialist, der in Deutschland einen Lehrstuhl in dieser Disziplin innehatte. Er war ein bemerkenswerter Mann, später der erste Wirtschaftsminister der Weimarer Republik.[4]

Eines Tages kam mein Onkel Aby zu Besuch zu den Kaullas. Seine erste Frage war, «wo ist Hans». «Bei seinem Architekten», antwortete der ehrliche Otto – das Geheimnis war heraus.

Im folgenden Sommer kehrte ich nach Tübingen zurück, um als Zimmermannslehrling zu arbeiten. Die deutsche Mittelstandsjugend meiner Generation lehnte die bürgerliche Jagd nach Geld, Karriere und Stellung ab. Sie fand ihren Ausdruck in der

---

4 Das ist so nicht ganz korrekt dargestellt. Der erste Wirtschaftsminister war Robert Wissell. Robert Wilbrandt war Mitglied der sog. «Sozialisierungskommission», die schon Anfang Dezember 1918, noch vom Vorgänger der ersten Regierung der Weimarer Koalition, dem Rat der Volksbeauftragten, «aus taktischen Gründen gebildet worden (war), um den auf die Sozialisierung drängenden Arbeitern den Eindruck zu vermitteln, daß etwas geschehe.» Vgl. Erdmann, K.D., Die Weimarer Republik, 4. Aufl., München 1983, S. 60 f.

«Wandervogelbewegung», die die Rückkehr zur Natur und Volksgemeinschaft verherrlichte, Gemeinschaft mit Arbeitern und Bauern. Schon in Hamburg hatte erst mein Bruder und dann auch ich in einem «Volksheim» abends gearbeitet. Ich wollte für eine Zeit Leben und Arbeit der Arbeiterklasse teilen. Ich dachte, ich könnte dabei zwei Fliegen mit einer Klappe schlagen, gleichzeitig etwas über Bauausführung lernen, indem ich auf einer Baustelle statt in einer Fabrik arbeitete.

Da ich nicht wußte, wie man so eine Stellung findet, wandte ich mich an Herrn Staehle, der sie leicht fand. Ich verbrachte dort zwei schöne Monate, aber keines meiner Ziele wurde erreicht. Das Zimmern hat mich nicht zu einem besseren Architekten gemacht, meine Kameraden behandelten mich freundlich lächelnd, aber ich gehörte nicht dazu.

Während dieser zwei Sommer in Tübingen erforschte ich auch das schöne Schwabenland. Ich kannte es schon ein wenig. Mein Onkel George hatte Landwirtschaft studiert und hatte einen «Rittergut Uhenfels» genannten Besitz auf der Rauhen Alb erworben, und wir hatten einige Sommerferien dort verbracht. Fünf Minuten vom Hof hatte der Bruder des früheren Besitzers, ein Bildhauer, sich eine Imitation eines mittelalterlichen Schlößchens erbaut, sehr attraktiv und wohnlich, auf einem Felsen mit schönem Blick ins Tal. Wir wohnten in diesem «Schlößle». Uhenfels ist für mich verbunden mit der Erinnerung an Friedrich Huch, der mit uns dort einmal die Ferien verbrachte.

Nachdem «Nanny» uns verlassen hatte, kamen ihre Nachfolgerinnen, erst ein englisches junges Mädchen und dann eine Französischlehrerin aus einer Hugenottenfamilie, zur Verbesserung unserer Sprachkenntnisse. Danach waren wir alt genug, so daß wir keine Aufsichtsperson benötigten, und meine Eltern dachten nicht daran, jemanden zu suchen.

Meine Mutter hatte Friedrich Huchs ersten Roman «Peter Michel» gelesen und geschätzt. Huch lebte in Hamburg als Hauslehrer der Söhne von Frau Laeisz, Besitzerfamilie einer großen Schiffsreederei[5]. Die gestrenge Frau Laeisz fand, daß ein Mann, der die Liebe zweier unverheirateter Personen verherrlichte, kein guter Einfluß für ihre Söhne sei, und entließ ihn. Aby M. Warburg, der Kunsthistoriker, sprach mit meiner Mutter über Huchs schwierige Lage. Meine Mutter sagte: «Aufgrund dieses Buches würde ich ihn anstellen.» Aby M.: «Tu es doch.»

Meine Mutter, die, wie ihre Schwester Elsa sagte, «nie etwas halb tat», tat es; mein Vater stimmte zu, wie üblich. So zog Friedrich Huch zu uns und blieb etwa zwei Jahre. Die einzige Bedingung für seine Anstellung war, daß er sich nicht um unsere Schularbeiten kümmere. Statt dessen ging er mit uns Schwimmen und Tennis spielen und erzählte uns etwas über Botanik und Zoologie, die am Realgymnasium nicht gelehrt wurden.

Friedrich Huch gehörte zum Kreis um Stefan George, der in den ersten Jahren des Jahrhunderts eine beträchtliche Rolle im geistigen Leben Deutschlands spielte. Durch ihn traf meine Mutter, und später auch ich, mehrere Mitglieder dieses Kreises in München.

---

5   und Stifter der Hamburger Musikhalle

München

Ich hatte die Technische Hochschule München gewählt, weil Theodor Fischer[6] dort unterrichtete; ich verehrte ihn auch als Mensch und Architekt. Es klappte nicht; Fischer unterrichtete nur die höheren Semester. Ich schwänzte Vorlesungen in Mathematik und anderen Wissenschaften und widmete mich den Übungen. Aber ich hörte auch Heinrich Wölfflins[7] Vorlesungen über Renaissance und Barock an der Universität.

Meine Mutter blieb während meiner ersten Monate ebenfalls in München. Sie bat Ludwig Klages, einen der Begründer der Graphologie, meine Handschrift zu analysieren. Er fand, daß mein ästhetisches Empfinden hoch entwickelt war, aber daß Hemmungen zwischen Hirn und Hand künstlerisches Schöpfen verhinderten. Er hatte den Nagel auf den Kopf getroffen, aber damals war ich nicht bereit, seine Folgerungen anzunehmen.

Das Jahr in München war fruchtbar. Mehrere meiner Hamburger Schulkameraden waren auch in München, vor allem Richard Tüngel[8], der damals Malerei studierte, aber bald zur Architektur umsattelte. Über Gläsern von Tiroler Wein hatten wir endlose Diskussionen über Gott und die Welt; und an Wochenenden wanderten wir im Isartal oder ruderten auf dem Starnberger See.

Im Winter gingen wir Skilaufen in den Alpen und stürzten uns begeistert in den Fasching, manchmal wurde 24 Stunden hindurch getanzt und Ski gelaufen.

Ich verbrachte viel Zeit in Museen und Kunstausstellungen. Damals wurden Kandinskys Werke und Schriften über abstrakte Kunst viel diskutiert. Der Begriff war mir nicht neu. In Hamburg hatte ich darüber viel diskutiert mit Gertrud Bing[9], eine gleichaltrige Verwandte von meines Vaters Seite, die mein Interesse an bildender Kunst teilte; sie wurde später Referentin von Aby M. Warburg in Hamburg und am Warburg-Courtauld Institut in London. Wir waren uns einig darüber, daß die Malerei, in ihrer Entwicklung fort vom «Objekt» und seiner Bedeutung, der Musik in ihrer Entwicklung zu «reiner» Kunst folgen würde. Das ist seitdem geschehen und hat mich veranlaßt, meine Ansicht zu modifizieren. «Nicht-gegenständliche» Kunst ist zwei-

---

6 Theodor Fischer, 1862–1938, Mitbegründer und 1. Vorsitzender des Deutschen Werkbundes am 5.10. 1907 in München, war einer der bedeutendsten frühen Städtebauer in Deutschland und Bezugspunkt der aufbrechenden Moderne. Bekannt geworden ist er durch seine Planung der ersten deutschen Gartenstadt Gminderdorf (bei Reutlingen), seine «Sechs Vorträge zur Stadtbaukunst» (1920) wurden zu einer Art Handbuch. Sie wurden 1917/18 für die Hochschulkurse für die VI. Armee niedergeschrieben, konnten 1918 in Tournay jedoch kriegsbedingt nicht gehalten werden. Erst im »Zwischensemester» 1919 wurden sie gehalten und auf Wunsch der Studenten publiziert. Vgl. auch Ulrich Kerkhoff, Eine Abkehr vom Historismus oder Ein Weg zur Moderne, Theodor Fischer, Stuttgart 1987; Winfried Nerdinger, Theodor Fischer, Der Lehrer und seine Schüler, in: Baumeister 11/1988, S. 15ff

7 Heinrich Wölfflin, 1864–1945, damals einflußreicher Kunsthistoriker mit der Tendenz, den morphologischen Aspekt der Baukunst zu betonen. Sein Hauptwerk, «Kunstgeschichtliche Grundbegriffe», wurde 1915 publiziert. Der Hauptprotagonist der Architektur-Moderne, Sigfried Giedion, hat 1922 in München bei ihm promoviert.

8 Richard Tüngel war nach dem Zweiten Weltkrieg Mitbegründer der in Hamburg herausgegebenen Zeitschrift «Die Zeit».

9 Unter der Leitung von Gertrud Bing bezog das Warburg Institut 1954–1959 seinen heutigen Sitz am Woburn Square in London und wurde in die Universität London integriert.

fellos echte Kunst, aber ihre Möglichkeiten sind beschränkt. Es scheint, daß bildende Kunst, wie der Antaeus der griechischen Sage, ihre Kraft verliert, wenn sie nicht von Zeit zu Zeit die Erde berührt – die sichtbare Natur erforscht.

Mit meiner Mutter besuchte ich auch den «Salon» Karl Wolfskehls, eines Mitglieds des George-Kreises. Eine Dame von asketischer Schönheit, Anna Maria Derleth, unterhielt sich dort mit mir und forderte mich auf, sie und ihren Bruder Ludwig zu besuchen.

Die Geschwister Derleth waren fromme Katholiken. Ludwig war ein Dichter, der, wie Friedrich Nietzsche und Stefan George, modernen «Fortschritt» verachtete und das «heroische» Leben verehrte. Ich hatte mit ihm stundenlange Gespräche, die einen dauernden Eindruck hinterließen.

Ludwig versuchte nie, mich zu bekehren, aber Anna Maria drang in mich, eine Pilgerfahrt nach Alt-Ötting zu unternehmen. Ich hatte die katholische Kirche seit langem bewundert, aus zwei Gründen: die große Kunst, die sie in anderthalb Jahrtausenden geschaffen hatte und ihre (anscheinende) Fähigkeit, die Klassengegensätze zu überbrücken. Ich ging nach Alt-Ötting, kniete vor dem Altar und versuchte, um Verleihung des Glaubens zu beten. Plötzlich störte ein lauter Krach die Stille des Heiligtums: das große Skizzenbuch, das ich unter meinen Rock gesteckt hatte, war auf den Marmorboden gefallen. Es wurde mir plötzlich klar, daß ich mir Theater vorspielte; ich stand auf und verließ die Kirche. Es war mein erster und letzter Versuch religiös zu werden.

Ich besuchte Ludwig Derleth später noch einmal im Januar 1919. Er teilte in keiner Weise meine Hoffnung auf eine sozialistische Revolution, sondern war tief pessimistisch. Mit erstaunlicher Genauigkeit beschrieb er, was wir später als den totalitären Staat kennenlernten. Ich sehe noch den Ausdruck seines Gesichts, als er, mit in die Ferne gerichtetem Blick langsam sagte: «Scheußlich, scheußlich!»

Karlsruhe

Mein Onkel, Marc Rosenberg, der gerade von seinem Lehrstuhl in Karlsruhe zurücktrat, beschrieb mir den Kursus im Entwerfen, den Ostendorf[10] dort eingeführt hatte. Es war genau das, was ich suchte, und ich beschloß, meine Studien in Karlsruhe weiter zu treiben.

Ostendorf war kein großer Architekt, aber ein ausgezeichneter Lehrer. Er glaubte an die Fortführung der großen Tradition, die vom alten Rom durch die italienische Renaissance zur französischen Baukunst des 18. Jahrhunderts geführt hatte und durch historisierende Eklektik unterbrochen worden war. Er lehnte Versuche, einen «neuen

---

10 Friedrich Ostendorf, 1871–1915, wurde damals von der sog. modernen Bewegung zu den Konservativen gezählt und applizierte seine Architektur von außen mit Neo-Renaissancemerkmalen. Er hinterließ die «Sechs Bücher vom Bauen», Berlin 1914, von denen lediglich zwei zu seinen Lebzeiten erschienen sind, wandte sich darin jedoch deutlich gegen den formalen, historisierenden «mittelalterlichen» Städtebau, z.B. von Camillo Sitte, ohne diesen jedoch zu nennen. Unter entwerfen verstand er: «Die einfachste Erscheinungsform zu finden, wobei ‹einfach› natürlich mit Bezug auf den Organismus und nicht auf das Kleid zu verstehen ist».

Stil» zu schaffen, ab mit der Bemerkung: «Man braucht keine neue Sprache, um neue Gedanken auszusprechen»; die Sprache der Architektur werde sich allmählich wandeln in Anpassung an neue Bedürfnisse und neue Bauweisen. Das Ziel war immer die größtmögliche Einheit und Einfachheit.

Meines Onkels Nachfolger war A.E. Brinckmann[11], der erste Kunsthistoriker, der einen Kursus über Städtebau an einer deutschen Hochschule einführte. Diesen beiden Lehrern verdanke ich viel.

Nach zwei Jahren gab es ein Vorexamen. Ich hatte ursprünglich beabsichtigt, mich nicht um ein Diplom zu bemühen, aber auf Ostendorfs Rat wählte ich den normalen Studiengang. Aber nach wie vor schwänzte ich Kurse, die mich nicht interessierten. Als das Examen herannahte, nahm ich mir Zeit, intensive private Vorbereitungsklassen zu nehmen.

Der letzte Friedens-Sommer

Am letzten Abend des Faschings fand ich doch noch Zeit, tanzen zu gehen. Das Publikum war sehr spießbürgerlich; zwei Schwestern in gleichen Kostümen erregten meine Aufmerksamkeit, und eine von ihnen mehr als Aufmerksamkeit. Wir tanzten; dann führte sie mich an ihren Tisch und stellte mich ihrem Mann vor. Ich muß ein recht dummes Gesicht gemacht haben, ich hatte ihr Alter auf siebzehn geschätzt, aber sie war 24, zwei Jahre älter als ich.

Gertel Stamm und Oscar Hagemann waren beide Maler. Sie hatten ein Jahr vorher geheiratet, um ihre Beziehung zu schützen, ohne die Absicht, etwas von ihrer Freiheit aufzugeben. Gertel war eine ungewöhnliche Persönlichkeit. Klein, aber wohl proportioniert, mit einem wunderschönen strahlenden Gesicht und den Händen einer gotischen Mutter Gottes. Ihre Abstammung war ungewöhnlich. Ihr Vater, Gymnasialdirektor, stammte aus einer rheinischen Beamten- und Pastorenfamilie; ihre Mutter war die Tochter eines Schwarzwälder Bauernburschen, der dank seiner künstlerischen und geschäftlichen Fähigkeiten vom Lehrling zum Besitzer einer Keramikfabrik aufgestiegen war und die Tochter des Vorarbeiters geheiratet hatte. Sie hatten sich getroffen, als der Vater, ein guter Geigenspieler, mit einigen Mitstudenten in dem Schwarzwälderdorf, in dem die Fabrik lag, ein Konzert gegeben hatte.

Gertels Mutter war eine leidenschaftliche Frau, «grenzenlos in ihrer Liebe und grenzenlos in ihrem Haß», wie Gertel es in einem Gedicht sagte. Glücklicherweise schloß

---

11 A.E.(eigentlich Albert Erich, verwendete in seinen zahlreichen Publikationen jedoch stets A.E.) Brinckmann, 1881–1958, Kunsthistoriker, lange Zeit mit ausgeprägtem Schwerpunkt auf Städtebau und Stadtbaukunst. Trotz seiner Ausbildung bei Heinrich Wölfflin (vgl. Anmerkung ebenda) und der Verwendung seines morphologischen Repertoires stellte er die Form nicht als historisches Vorbild dar, sondern versuchte aus der Kenntnis der Geschichte, «...werdendem Neuen die gewordenen Werte nicht unwert werden zu lassen». So ist auch sein einflußreiches Buch «Deutsche Stadtbaukunst in der Vergangenheit», Frankfurt 1911, als durchaus in die Zukunft gerichtet zu verstehen, wenn er auf die Erwägungen «sozialer und wirtschaftlicher Notwendigkeiten» hinweist. Seine Arbeiten wurden in Architekturkreisen vielfach rezipiert und enthielten sich nicht der Kritik an formalen und historisierenden Lösungen, wie z.B. von Camillo Sitte in seinem Buch «Der Städtebau nach seinen künstlerischen Grundsätzen», Wien 1889.

sie mich ein in ihre grenzenlose Liebe zu Gertel, dem Liebling unter ihren vier Kindern.

Gertel konnte die Schule nicht ertragen, nach ein paar Wochen nahmen ihre Eltern sie heraus und erzogen sie zu Hause. Es war vielleicht dieser ungewöhnlichen Erziehung zu danken, daß sie sich eine Spontaneität und Freiheit bewahrt hatte, die man in der modernen Welt kaum noch findet. Sie floß über von Liebe zu allen Kreaturen, Tieren wie Menschen. Uhrzeit gab es für sie nicht, ihr Leben folgte seinem eigenen Rhythmus. Sie war unendlich schöpferisch, ihre Hände ruhten selten, schufen Zeichnungen, Silhouetten, Bilder und Skulpturen. Sie sang und spielte die Flöte und schrieb Gedichte. Ihr feiner und wacher Intellekt ging seine eigenen Wege, die nicht jene konventioneller Logik waren. Sie war die große Liebe meines Lebens, bis über ihren Tod hinaus.

Auf dem Faschingsball hatten Oscar und Gertel mich zum folgenden Sonntag eingeladen, die Einladung sollte schriftlich bestätigt werden – da bis Samstag abend keine Post gekommen war, ging ich am Sonntag mit einem Mitstudenten auf einen Ausflug. Als ich am Abend heimkam, fand ich Gertels Einladung (in jenen Tagen kam die Post auch am Sonntag).

Ich war verzweifelt, dachte, ich würde sie nie wiedersehen. Aber als ich zwei Tage später auf einem Straßenbahnwagen stand, entdeckte mich Gertel und lud mich zum nächsten Sonntag ein.

Oscar und Gertel wohnten in einem Flügel des aus dem 16. Jahrhundert stammenden Schlosses Grötzingen. Als ich zur Tür kam, öffnete ein Diener und bat mich, auf die Heimkehr meiner Gastgeber zu warten. Ich sah mich um in einem Hause voller alter Möbel und Kunstwerke, meist Bauernkunst. Im Haus waren zwei große dänische Doggen und ein Papagei, der frei herumhüpfte. Nach kurzer Zeit kam Gertel, wir aßen zusammen, unterhielten uns lebhaft, ich könnte nicht sagen worüber, und beschlossen, uns wiederzusehen.

Schloß Grötzingen war mir nicht unbekannt. Es gehörte dem Malerehepaar Fikentscher. Zusammen mit ihren zwei Söhnen und zwei Töchtern, die ungefähr in meinem Alter waren, hatten sie es zu einem Gemeinschaftshaus für Wandervogel-Jugend gemacht, mit einem «völkischen» Einschlag. Später, in den zwanziger Jahren, führte sie dies zum Antisemitismus, aber damals war nichts davon zu spüren. Sie vermieteten Teile des weitläufigen Baus und einer ihrer Mieterfreunde war Walter Schwarz aus Hamburg, ein Jude, der nahe meinem Hause aufgewachsen war; er wurde ein guter Freund.

Ich hatte von Schloß Grötzingen durch meinen Freund Walter Kössler gehört. Kössler aus Straßburg, mein bester Freund unter meinen Mitstudenten, hatte mir zugeredet, dorthin zu ziehen. Ich hatte gezögert wegen der Entfernung von der Hochschule, aber mein Treffen mit Gertel machte diesem Zögern ein Ende.

Bald nachdem ich in Grötzingen eingezogen war, ging ich mit Gertel zu einer Aufführung von Beethovens Missa Solemnis. Oscar, der schwerhörig war, war nicht mitgekommen, aber wollte Gertel am Ausgang treffen.

Ich war überrascht, als Gertel es nicht eilig hatte, sich von mir zu trennen und das Wiedersehen mit ihrem Mann hinausschob. Ich war so glücklich, daß ich die ganze Nacht kein Auge zumachte und in der Morgendämmerung zu einem langen Waldspaziergang aufstand.

Mit meinem Kopf voller Gedanken an Gertel kamen meine Examensvorbereitungen zu kurz, und ich fiel in mehreren Fächern durch. Die Wiederholung meiner Examina machte es notwendig und Gertels Anwesenheit machte es mehr als wünschenswert für mich, in Karlsruhe zu bleiben. Aber ich wollte nicht auf meinen früher gefaßten Plan verzichten, das Sommersemester unter Theodor Fischer in München zu studieren.

Ich wußte, daß es illegal ist, sich zur gleichen Zeit an zwei Hochschulen einzuschreiben. Ich stellte mich in München vor, um meine anderthalb Jahre vorher unterbrochenen Studien wieder aufzunehmen. Die Frage des Registrators nach meiner Tätigkeit in der Zwischenzeit beantwortete ich mit der schamlosen Lüge, ich sei auf Reisen gewesen. Er verlangte ein Dokument und schlug mir vor, ein Führungszeugnis von meiner Heimatbehörde vorzulegen. Ich erbat von der Polizei in Osnabrück das benötigte Dokument, mit genauen Angaben über Ort, Zeit usw. meiner Geburt und fügte hinzu, daß ich die ersten drei Wochen meines Lebens in Osnabrück verbracht hatte. Prompt erhielt ich das erbetene Dokument, mit genauer Wiedergabe aller von mir angegebenen Einzelheiten, einschließlich des dreiwöchigen Aufenthalts und mit dem weiteren Satz: «Während dieser Zeit hat besagter Hans Blumenfeld sich keiner strafbaren Handlung schuldig gemacht und nichts Nachteiliges ist über ihn bekannt geworden.»

Als ich dieses Papier dem Registrator vorlegte, sagte er: «Da ha'm wir ja was» und immatrikulierte mich sogleich. Gepriesen sei der heilige Bürokratius!

Ich mietete ein Zimmer in der Münchner Altstadt und pendelte wöchentlich zwischen Karlsruhe und München, mit Umwegen, um schöne Architektur zu sehen, vor allem die wunderbaren Kirchen und Klöster des süddeutschen Spätbarocks. Die Arbeit unter Theodor Fischer war sehr interessant und lehrreich.

An einem Junimorgen, als ich wieder mit Gertel spazieren ging und wir uns ins Gras gesetzt hatten, sagte sie mir, daß ich auf Verlangen ihres Mannes meine Besuche einstellen solle. Sie war überrascht, als ich mich glatt weigerte. Es blieb dabei und unser Leben ging unverändert weiter.

Der Sommer von 1914 war wunderschön. Während eines Teils meiner Karlsruher Zeit studierte Franz in Freiburg, wo ich ihn manchmal an Wochenenden besuchte. Franz, und in der Folge auch ich, nahmen teil an «Arbeiter-Unterrichts-Kursen», in denen Studenten unentgeltlich Abendklassen aus verschiedenen Gebieten lehrten. Einmal, auf einem Skiausflug im Schwarzwald, merkte ich an, daß die Kurse eine Brücke zu den Arbeitern sein könnten, wir aber überhaupt keinen Kontakt mit Bauern hätten. Offenbar waren Unterrichtskurse dazu nicht geeignet; ich schlug eine studentische Wanderbühne vor. Franz griff den Gedanken auf und organisierte eine solche Bühne, die erfolgreiche Vorstellungen in den Dörfern um Freiburg gab.

Franz war ein hervorragender Organisator. Er sagte, man müsse dabei zwei Leitlinien befolgen: Erstens: «Tu' nichts selbst, übertrage jede Aufgabe an jemand anderen.» Zweitens: «Was du nicht selbst tust, wird nie getan.» Ich weiß von keiner besseren Regel.

Krieg und Revolution
1914–1919

Kriegswolken

In den ersten Jahren dieses Jahrhunderts, als sich die Teilung Europas in zwei gegeneinander stehende Bündnisse festigte, wurde zunehmend von Krieg geredet. Mehrere Krisen wurden durch Kompromisse beigelegt, aber jeder Kompromiß hinterließ einen bitteren Nachgeschmack. Auf beiden Seiten behaupteten «starke Männer», daß die andere Seite nachgegeben haben würde, wenn nur die eigenen Diplomaten «fest geblieben» wären.

Während der zweiten Marokko-Krise, im Jahre 1911, war mein Onkel Otto Kaulla, wie alle seine Kollegen, für Festigkeit. Ich war nicht einverstanden, ich fand, daß gute Beziehungen zu Frankreich für Deutschland wertvoller waren als Marokko. Der Streit war ausgebrochen, weil ein deutsches Konsortium eine Konzession für den Abbau von Eisenerzen im Rif-Gebirge zu erlangen suchte. Mein Bruder Franz fragte einen anderen unserer Onkel, der als Inhaber einer Stahl-Großhandelsfirma Mitglied des Konsortiums war, ob die Sache wirklich so wichtig sei.

Die Antwort war überraschend. «Uns ist es gleich», sagte er, «wenn es deutsch wird, machen wir eine Aktiengesellschaft in Berlin, und wenn französisch, eine Société Anonyme in Paris. Wir machen nur Lärm, weil die Regierung es will.» Zum mindesten in diesem Fall waren die Beziehungen zwischen Geschäft und Regierung eine Umkehrung jener der Theorie Lenins.

Häufig diskutierten wir darüber, wie der drohende Krieg verhindert werden könne. Einmal, als wir mit unserem gemeinsamen Freund Fritz Solmitz in einem Freiburger Wirtshausgarten zusammen saßen, sagte Franz, die Soldaten müßten ihre Gewehre gegen ihre Offiziere umkehren. Fritz erwiderte, daß deutsche Soldaten das nie tun würden. Ich stimmte beiden zu: die Soldaten sollten, aber würden es nicht tun.

Fritz Solmitz wurde später Redakteur der sozialdemokratischen Zeitung in Lübeck. Lübeck war die einzige Stadt in Deutschland, in der die Sozialdemokraten dem Ruf der Kommunisten zum Generalstreik folgten als Hindenburg Hitler zum Reichskanzler ernannte. Die Nazis verhafteten Fritz und nach Monaten der Tortur ermordeten sie ihn im Gefängnis, im Jahr 1933. Nach dem Ende des Dritten Reiches wurde die schuldige Wachmannschaft vor Gericht gestellt. Der Richter konnte nicht feststellen, welcher von ihnen den Mord begangen hatte, und die «geringeren» Verbrechen der Mißhandlung waren verjährt; so wurden alle freigesprochen.

Etwas später diskutierten Franz, K.C. Ogden und ich die Möglichkeit, den Krieg durch Generalstreik in allen kriegführenden Ländern im Keim zu verhindern; das war die Politik, welche die Sozialistische Internationale auf ihrem Stuttgarter Kongreß angenommen hatte, weitgehend unter dem Einfluß von Lenin und Rosa Luxemburg.

Ogden meinte, ein Krieg werde das Ende der Deutschen Sozialdemokratie bedeuten. Ich bestritt das und sagte, sie würden den Krieg unterstützen. «Das wäre ihr Ende», antwortete Ogden.

Wenige Wochen später brach die «Zabern-Affäre» aus. In der elsässischen Garnisionsstadt Zabern (Saverne) hatte ein Leutnant einen Arbeiter erschossen, der die unter seinem Kommando exerzierenden Soldaten verhöhnte. Am Abend versammelten sich die Bürger von Zabern zu einem friedlichen Protest. Der die Garnison kommandierende Oberst ließ alle verhaften und über Nacht im Keller der Kaserne einsperren. Ein Sturm der Entrüstung brach aus im Reichstag und in fast der gesamten Presse mit der Forderung, die schuldigen Offiziere zu bestrafen. Aber am Ende wurde der Oberst lediglich in eine andere Garnison versetzt, und der Leutnant wurde freigesprochen auf Grund von «Putativ-Notwehr». Binnen zwei Wochen ließen alle, mit Ausnahme der Sozialdemokraten, die Sache fallen, um «die Ehre des Heeres aufrechtzuerhalten».

Ich sah die ganze Sache an als Probe-Mobilmachung für den Krieg – die bewiesen hatte, wie weit man die öffentliche Meinung umkehren kann, indem man die Fahne schwingt – und war alarmiert. Zum ersten Mal in meinem Leben ging ich zu einer von der sozialdemokratischen Partei einberufenen Versammlung. Der Sprecher, Rechtsanwalt und Reichstagsabgeordneter, behandelte nur die juristische Seite der Sache, mit keinem Wort ihre politische Bedeutung. Die zahlreichen Zuhörer, meistens Arbeiter im Sonntagsanzug, waren damit zufrieden, ich nicht. Zu meiner größten Überraschung fand ich, daß ich radikaler war als die Sozialdemokraten.

Die Schüsse von Sarajewo lösten eine Welle von Forderungen nach Bestrafung der serbischen Regierung aus. Wenige wollten auf meinen Hinweis hören, daß kein Beweis für ihre Mitschuld vorliege (in der Tat waren sie beteiligt und rühmten sich später dessen).

Im Sommer 1914 weilten meine Mutter, ebenso wie ihre Schwester Rosa aus St. Petersburg, in Travemünde an der Ostsee, wo ihr Bruder Aby ein Haus gebaut und ein benachbartes für seine Gäste gekauft hatte. Als ich am Ende des Sommersemesters in den Zug stieg, um zu meiner Mutter zu fahren, reichte mir ein zufällig im Abteil sitzender Bekannter eine Zeitung mit dem österreichischen Ultimatum an Serbien. «Das bedeutet Krieg», sagte er, «und wir werden drin sein.»

Wie ich es vorher geplant hatte, unterbrach ich meine Reise nach Travemünde in einigen kleineren Städten, um alte Architektur anzuschauen. Überall waren an den Bahnhöfen patriotische Lieder singende Menschenmassen. In mehreren Städten wurden Pferde gemustert; Krieg lag in der Luft.

Einige Tage später wurde «Kriegszustand» (nicht Krieg selbst) erklärt. Die drei Frauen der Familie erschienen zum Abendessen alle in Trauerkleidung. Sie hatten sich nicht verabredet, alle drei fühlten denselben tiefen Schmerz.

Mein Onkel teilte die Meinung der Geschäftswelt, daß der Krieg bis Weihnachten vorbei sein werde; ich sagte, er könne zwei Jahre dauern. Auf seine Frage: «Wo soll das Geld herkommen?» erwiderte ich, daß das Geld zur Regierung zurückfließen würde in Form von Steuern und Anleihen; solange Männer und Material verfügbar seien, könne der Krieg weiter gehen. Ich glaubte nicht, daß er mehr als zwei Jahre dauern würde, weil darüber hinaus Kriegsverluste jeden denkbaren Siegergewinn überwiegen würden.

Ich verstand noch nicht, daß es viel schwieriger war, einen Krieg zu beenden als zu beginnen. Regierungen, die ihren Völkern unermeßliche Opfer auferlegt haben, wagen nicht, ihnen zu sagen, daß alles umsonst war.

Eine Gruppe meiner Karlsruher Mitstudenten, unter Führung eines Lehrers, beendete gerade eine Studienreise norddeutscher Städte in Lübeck. Ich traf sie dort zum Abendessen. Auf die Bemerkung des Lehrers: «Sie werden sich natürlich als Kriegsfreiwilliger melden», antwortete ich schroff: «Das weiß ich noch nicht.»

Am nächsten Abend kam die Gruppe nach Travemünde. Ich war so angewidert von ihrem lärmenden Patriotismus, daß ich hinausging. Auf der Strandpromenade traf ich meinen elsässischen Freund Walter Kössler und einen Schweizer Studenten; wir drei waren die einzigen, die nicht mitmachten.

Deutschland erklärte Krieg an Rußland und Frankreich am 2. August, England an Deutschland am vierten. Meine Mutter sagte darauf: «Also verloren.» Übrigens reagierte der Kaiser ebenso; eine Randbemerkung lautet: «Der tote Eduard besiegt mich, den Lebenden.»

Franz und ich werden Kriegsfreiwillige

Meine Mutter wollte, daß ich in das neutrale Dänemark gehe. Ich weigerte mich. Da ich nichts getan hatte, um den Krieg zu verhindern, fand ich, daß ich mich nicht drücken dürfe; ich mußte das Schicksal meines Volkes teilen. Entweder mußte ich den Krieg offen bekämpfen, indem ich die Soldaten zur Meuterei aufrief, oder ich mußte selbst Soldat werden. Das erste erschien völlig donquichotisch; ich hatte keinerlei Fühlung mit irgend einer kriegsfeindlichen Gruppe. Ich las in den Zeitungen vermutlich entstellte Berichte über die Haltung linker Sozialisten wie Rosa Luxemburg gegenüber dem Krieg. Aber ihre Deutung des Krieges als kapitalistischer Klassenkrieg lief allem zuwider, was ich mit eigenen Augen sah. Die Arbeiter schrien Hurrah auf allen Straßen, während meine Mutter und meine zwei Tanten, beide Bankiersfrauen, trauerten; ich wußte auch, daß Albert Ballin, Direktor der Hamburg-Amerika-Linie, einer der führenden Kapitalisten Deutschlands, tief verzweifelt war. Es gab noch einen weiteren Grund: ich verdankte es nur einem Klassenprivileg, daß ich nicht Frontsoldat war.

Deutsche Jungen wurden mit neunzehn Jahren eingezogen für zwei Jahre Militärdienst. Jungen, die das «Einjährigen-Examen» bestanden hatten, konnten ihr Regiment selbst wählen – wenn sie die Universität besuchten, konnten sie den Dienstantritt bis zu sechs Jahren vertagen. Ich hatte von diesem Privileg Gebrauch gemacht. Die deutschen Gymnasien waren damals reine Klassenschulen, man fand dort keine Arbeiterkinder. Es wäre eine Schande gewesen, dieses ungerechte Klassenprivileg auszunutzen, um mein Fell zu sichern, während Familienväter den Kopf hinhalten mußten.

Ich mußte meiner Mutter zugestehen, daß auch weniger edle Motive, wie Abenteuerlust, zu meiner Entscheidung beitrugen. Sie erinnerte mich auch daran, daß ein Soldat nicht nur sein eigenes, sondern auch das Leben anderer aufs Spiel setzt. Ich erwiderte, daß meine Erwägungen auch für die andere Seite gültig seien. Ich war wirklich besorgt, daß mein russischer Vetter Fedja Günzburg, der gerade in Deutschland war, rechtzeitig herauskäme, um in seinem Lande seine Pflicht zu tun, wie ich in meinem.

Franz, der politisch viel reifer und aktiver war als ich – er hatte mit Begeisterung an dem internationalen Friedenstreffen Weihnachten 1913 im Münster zu Basel teilgenommen – hatte sich in Freiburg als Freiwilliger gestellt, aufgrund im wesentlichen gleicher Erwägungen; nur meine Abenteuerlust war seiner ernsten Natur fremd.

Gertel, die in Heidelberg zufällig in eine Kriegsdemonstration hineingeraten war, war zeitweise von der allgemeinen Begeisterung mitgeschwemmt worden. Auf ihren darüber berichtenden Brief antwortete ich, daß ich ihre Gefühle keineswegs teilte.

Ich sagte, daß der Krieg Deutschland nur ruinieren könne, materiell, wenn wir verlieren, und moralisch, wenn wir siegen. Ich fand damals und blieb dabei, daß der am wenigsten schädliche Ausgang ein Friede ohne Sieger und Besiegte wäre.

Kriegsbegeisterung herrschte nicht nur in Deutschland, sondern in allen kriegführenden Ländern, sogar in Rußland. Bertrand Russell, der sie in London erlebte, war tief entsetzt und deutete es als einen Durchbruch primitiver Aggression durch die dünne Kruste der Zivilisation. Mein Bruder mag der Wahrheit näher gekommen sein. Franz schrieb: «Was den meisten als außerordentlich erscheint, ist der große ernste Hintergrund, das Gefühl der Gemeinschaft mit dem ganzen Volk und das Bewußtsein, eine große Verantwortung zu tragen.» Er fügte hinzu, daß er nicht für den Krieg begeistert sei, weil er sich immer seiner Verantwortung für die Gemeinschaft bewußt sei. Wahrscheinlich war die tiefste Wurzel der Kriegsbegeisterung das Gefühl, wichtig zu sein.

Als ich viele Jahre später William James'[1] Schrift über «Das moralische Äquivalent des Krieges» las, erkannte ich es als eine wahrheitsgetreue Darstellung der Haltung vieler der Besten der europäischen Jugend von 1914: Verachtung für spießbürgerliche Ziele wie Geld und Bequemlichkeiten und Sehnsucht nach Heldentum und Opferwillen. «Opferwille ist wichtiger als die Sache, für die das Opfer gebracht wird», schrieb mein Bruder damals. Heute weiß ich, daß er und ich im Irrtum waren.

Ich trat ein in ein Feldartillerie-Regiment in dem damaligen Hamburger Vorort Bahrenfeld. So ziemlich alle zurückgestellten Studenten meldeten sich freiwillig, wie auch viele Gymnasiasten. Es gab fast zwei Millionen junge Männer, die nicht gedient hatten, weil in den vergangenen zehn Jahren die Zahl der Dienstpflichtigen größer war, als die planmäßige Stärke der Armee. Die Armee war auf diese Flut nicht vorbereitet. Es gab nicht genug Betten in den Kasernen, so durften wir uns eigene Zimmer mieten. Die Ausbildung war höchst oberflächlich. Es gab zwei Kategorien von Artilleristen, «Kanoniere» und «Fahrer». Für jedes Geschütz gab es fünf Kanoniere unter einem Unteroffizier und drei Fahrer, um die sechs Pferde zu reiten, die jede der vier Kanonen und der vier Munitionskarren zogen. Der Mechanismus der Kanonen und das Anschirren der Pferde wurde uns demonstriert, aber da die Menge

---

1 William James, 1842–1910, US-amerikanischer Philosoph und Psychologe, einflußreicher Vertreter des Pragmatismus.

groß war und ich klein, sah ich praktisch nichts davon. Aber ich genoß die gelegentlichen Ritte und lernte Pferde zu pflegen.

Da die Freiwilligen ähnlicher Herkunft waren, kamen sie gut miteinander aus; mit Ausnahme zweier Raufbolde, die sich freiwillig gemeldet hatten, um ihre Gefängnisstrafe abzukürzen. Wir bekamen viel Stadturlaub. Die Monate in Bahrenfeld waren ein angenehmes Idyll, aber keineswegs eine Vorbereitung für Frontdienst.

Mein Bruder war in Freiburg in ein Feldartillerie-Regiment eingetreten und wurde im November 1914 an die Front geschickt. Er war tief entsetzt über die Rohheit seiner Kameraden und schrieb: «Ich fürchte meinen Glauben an die Menschen zu verlieren, an mich selbst, an das Gute in der Welt. Was nützt es, wenn die Kugeln und Granaten mich verschonen, aber ich nehme Schaden an meiner Seele? So hätte man es früher ausgedrückt.» Später besserten sich seine Beziehungen zu seinen Kameraden, aber er war entsetzt über das Abschlachten. Er schrieb meiner Mutter: «Du weißt, daß ich immer gegen den Krieg war, aber jetzt, da ich ihn erlebt habe, habe ich mich entschlossen, mein Leben der Arbeit für den Frieden zu widmen, wenn ich je zurückkomme.» Er kam nie zurück. Am Weihnachtsabend teilte ein Brief seines Unteroffiziers uns mit, daß eine Granate ihn in Contalmaison an der Somme getroffen habe.

Als ich in den sechziger Jahren sein von dem Unteroffizier beschriebenes Grab suchte, fand ich, daß es verschüttet war von Gräbern kanadischer Soldaten, die später im Krieg gefallen waren.

Gegen Ende des Krieges veröffentlichte ein Freiburger Literaturprofessor eine Sammlung von Briefen im Krieg gefallener Studenten. In den zwanziger Jahren druckte die Nouvelle Revue Française einige von diesen ab, einschließlich aller von Franz. André Gide fügte Betrachtungen hinzu, die sich fast ausschließlich mit meines Bruders Worten befaßten, die ihn tief berührt hatten.

«Der Krieg verschlingt die Besten.» Aby M. Warburg, der Kunsthistoriker, schrieb meiner Mutter: «Wir heizen mit Klavieren.» Für meine Mutter war es ein furchtbarer Schlag, eine unheilbare Wunde.

Die ersten Schlachten

Kaum zwei Wochen später wurde ich an die Front in Ostpreußen geschickt und kam gleich in Kämpfe. Es war bitter kalt, und wir fanden wenig Schlaf. Aber das Schlimmste war die Feindlichkeit und Verachtung seitens meiner Kameraden. Natürlich konnte ich nicht mit meinen Aufgaben als Fahrer fertig werden, sie schüttelten den Kopf über meine abgründige Dummheit und nahmen es mir verständlicherweise übel, daß ich nicht meinen Teil tat. Ich konnte ihre Beleidigungen nicht ertragen, wenn wir zum Essen anstanden, und fügte meinen übrigen Entbehrungen Hunger hinzu. Ich war so erschöpft, daß ich die vielen Toten und die verbrannten Dörfer ohne jedes Gefühl ansah.

Jene drei Wochen waren die schlimmsten meines Lebens. Sie endeten auf höchst unheroische Weise: beim Brotschneiden hatte ich mir in die Hand geschnitten und die Wunde war infiziert. Der Bataillonsarzt bestellte mich für den nächsten Tag zur Operation. Aber für mehrere Tage waren wir weit vom Bataillonsstab, und als der

Arzt mich wieder sah, war der ganze Arm geschwollen, und er schickte mich ins Lazarett. Lastwagen nahmen mich mit nach Augustowo. Das Feldlazarett war in der Synagoge, wo hunderte von verwundeten Soldaten lagen. Ich wandte mich mit Entsetzen ab, und zum ersten Mal in meinem Leben machte ich mir mein Judentum zunutze. Ich bat einen jüdischen Schneider, mich für die Nacht aufzunehmen, und er umgab mich mit liebevoller Sorgfalt. Am nächsten Tag erreichte ich das Krankenhaus in Rastenburg. Der Chirurg operierte sofort; er sagte mir, daß es in 24 Stunden zu spät gewesen wäre.

In Rastenburg erfuhr ich, daß die russische Besetzung sehr zivilisiert gewesen war. Die Soldaten hatten alles bezahlt, was sie genommen hatten, und nichts war zerstört worden, außer dem Geschirr im Offizierskasino, das betrunkene russische Offiziere zerschlagen hatten, bevor sie abziehen mußten. Der Krieg von 1914 war wohl der letzte, in dem nur die bewaffneten Streitkräfte als Feind behandelt wurden und die Zivilbevölkerung nicht. Diese Regel wurde uns streng eingeprägt. Der einzige Fall der standrechtlichen Erschießung eines deutschen Soldaten, der mir persönlich berichtet wurde, war der eines Mannes, der eine polnische Frau vergewaltigt hatte. Der einzige, von dem ich direkt weiß, war von einem Mann in meiner Batterie, der eine russische Ladeninhaberin beraubt hatte; er wurde zu Zuchthaus verurteilt. Wenn wir einquartiert wurden, ließen wir die Einwohner im Haus – sie mußten zusammenrücken – und nahmen nur Nahrungsmittel und Futter für unsere Pferde, in verlassenen Häusern nahmen wir auch Dosen und andere notwendige Dinge, aber wir «befreiten» nicht andere Sachen. Dies war wohl nicht überall der Fall, aber im allgemeinen war der preußische Militarismus, krank wie er war, doch nicht Hitlers Drittes Reich.

Nach meiner Entlassung aus dem Krankenhaus kam ich in Garnison in Schwerin in Mecklenburg; die Stadt ist eingebettet in die schöne Seenlandschaft. Dort und in der Folge im Lager Zossen lernte ich meine proletarischen Kameraden besser verstehen und wurde mehr und mehr einer von ihnen. Meine Mutter und auch Gertel besuchten mich in Zossen, und Gertel gab mir zwei kleine Silhouetten, von sich und von meiner Mutter, die ich den Krieg hindurch immer auf dem Herzen trug. Sie wurden für mich ein Talisman, den ich bis heute bewahre.

Lettland

Anfang November 1915 kam ich wieder an die Front bei Dünaburg in Lettland. Ich wurde Kanonier Nr. 4, am vierten Geschütz. Ich hatte unglaubliches Glück, mein Geschützführer, Hannes Clausen, war einer der besten Charaktere, die mir je begegnet sind: gerade an Leib und Seele, ohne die leiseste Spur von Falschheit oder Selbstsucht. Dank seiner war das vierte Geschütz immer eine gute Familie.

Das galt nicht für die Batterie als Ganzes. Unsere dritte Batterie war in der ganzen Division verrufen als diebisch; Doppelposten wurden aufgestellt, wenn wir in der Nähe waren.

Es fiel mir dort und später auf, wie schnell eine Gruppe von zufällig zusammengewürfelten Männern sich als «wir» gegen «die anderen» stellt. Später nannte ich diesen offenbar tief verwurzelten Zug «A-noi-ismus», nach einem Plakat, das ich in Musso-linis Italien Anfang 1930 sah. Es zeigte einen an die Wand gelehnten jungen Burschen, der offensichtlich nichts mit sich anzufangen wußte, und eine Schar marschierender Schwarzhemden, die ihm mit der gedruckten Losung «A-noi» («zu uns») zuwinkten. Sie fühlten sich als wer.

Von Dünaburg wurden wir in eine andere Stellung verschoben, wo die Verpflegung, die im allgemeinen 1915 noch reichlich war, nicht ankam, wahrscheinlich wurde sie von Etappenschweinen gestohlen und auf dem Schwarzmarkt verkauft. Wir halfen uns, indem wir unseren Pferden ihre Melasse stahlen. Ich träumte von Beefsteaks und ärgerte mich über diese Herrschaft meines Magens über mein Gehirn. Aber die Erfahrung lehrte mich, das endlose Gerede meiner Kameraden über Essen nicht mehr zu verachten.

Als unsere Pferde verreckten, wurden wir in ein lettisches Dorf zurückgezogen. Etwas später wurde ich zu einem Abhörzug abkommandiert, der die Aufgabe hatte, Abhör-türme zu errichten, um die Position der feindlichen Artillerie akustisch-trigonome-trisch zu ermitteln. Ein Teil der Aufgabe bestand im Aufstellen von Dreifußstativen an den Schützengräben. Sobald dies geschah, knatterten die Maschinengewehre von der anderen Seite. Die Infanteristen waren wütend, daß ich ihren stillschweigenden Waffenstillstand störte und drohten, mich zu verprügeln. Sie schossen nie auf die russischen Soldaten, die weithin sichtbar auf den Feldern am anderen Düna-Ufer arbeiteten. Niemand haßte den «Feind»; unsere Feinde waren unsere Offiziere. Noch verhaßter waren die Etappenschweine und die Kriegsgewinner, aber am meisten die Journalisten und Geistlichen, die fortfuhren, den Krieg zu verherrlichen. Für uns war es alles andere als herrlich. Niemand sagte «dieser Krieg», immer sagte man «dieser Scheißkrieg».

Es wird behauptet, die Deutschen seien «geborene Soldaten». In unserer Batterie waren die besten Soldaten auf jeder Stufe Nicht-Deutsche. Auf der Offiziersstufe war es ein Litauer. Als Arbeiter hatte er kein «Einjährigen-Examen» gemacht und konnte darum nicht Offizier werden; sein Titel war «Offiziersstellvertreter». Aber der Haupt-mann, ein Berufsoffizier, überließ ihm die Führung der Batterie in Kampfhandlungen ebenso wie die tägliche Verwaltung. Beide Aufgaben löste er glänzend. Auf der Unteroffiziersstufe war der beste Mann ein Französisch-Lothringer. Wenn alle ande-ren niedergeschlagen waren, blieb er heiter. Jeder hatte ihn gern, er fiel im Kampf. Auf der Mannschaftsstufe war der beste Soldat ein Elsässer, ein klassenbewußter Metall-arbeiter.

Später standen wir vor Riga, und jeden Abend sah ich von meinem Wachposten aus die Türme der alten Hansestadt, die so sehr denen Hamburgs ähnelten.

Rumänien

Es ging auf den Winter zu, und wir waren froh, auf einen nach Süden fahrenden Zug verladen zu werden, der in schönstem Septemberwetter langsam durch Polen, Mähren, Ungarn, Serbien und Bulgarien nach Warna am Schwarzen Meer fuhr. Von Warna marschierten wir nach Norden durch die Dobrudscha in die Schlacht bei Konstanza.

Dann wurden wir verschoben nach Svishtov, auf dem bulgarischen Donau-Ufer und setzten über den Fluß ohne jeden Widerstand – vermutlich war der rumänische Befehlshaber bestochen worden – und marschierten auf Bukarest.

Während der Kämpfe in Rumänien hatten wir eines Abends ein paar Schüsse von einer Anhöhe abgefeuert und schliefen dann in dem von der Anhöhe gedeckten Tal. Die Anhöhe war für den Feind voll sichtbar und unser Offiziersstellvertreter wollte unsere Geschütze in eine andere, gedeckte Stellung bringen. Aber ein dummer junger Leutnant, der während des Urlaubs unseres Hauptmanns den Befehl innehatte, wollte es besser wissen und befahl uns, in der Stellung zu bleiben. Am nächsten Morgen, als wir zu unseren Geschützen zurückkehrten, wußten wir alle, was bevorstand. Hannes Clausen ließ sofort einen Graben ausheben, um die Munition aus dem Wagen zu nehmen und dort zu verstauen. Eine Minute später traf eine Granate den Munitionswagen hinter dem wir hockten. Clausens Voraussicht hatte mein Leben gerettet, aber zwei meiner Kameraden wurden getroffen. Einer war sofort tot, noch mit einem Lächeln auf seinem Knabengesicht. Der andere wand sich in Schmerzen, ich versuchte, ihn fortzutragen, aber er war zu schwer und hieß mich laufen. Nachdem das Feuer aufgehört hatte, trugen die Sanitäter ihn ins Tal. Ich hielt ihn in meinen Armen, seine Eingeweide hingen heraus. Er wiederholte unaufhörlich: «Meine arme Frau, meine armen Kinder.»

Dieses Ereignis machte mir völlig klar, welches Verbrechen der Krieg ist. Das war es, was ich den Menschen auf der anderen Seite antat.

Bevor wir Bukarest erreichten, erkrankte ich an Gelbsucht und wurde in das Krankenhaus in Nisch in Serbien geschickt. Zu jener Zeit wurde in Deutschland der unbeschränkte U-Boot-Krieg lebhaft debattiert, und die an die Kranken verteilte «Deutsche Tageszeitung» war heftig dafür.

Es ist eine merkwürdige Erscheinung, daß Staaten im Kriege, wenn ihnen der Sieg entgleitet, eine Macht herausfordern, die noch stärker ist als ihre vorhandenen Gegner. Als Deutschland die Entente nicht besiegen konnte, provozierte es Amerika; als Hitler England nicht erobern konnte, fiel er in die Sowjetunion ein; und als Japan China nicht unterwerfen konnte, griff es die Vereinigten Staaten an. Wie unrealistisch sind «Szenarien» die annehmen, daß Staaten in der Hitze des Krieges Kompromisse akzeptieren werden, die sie in der kühleren Atmosphäre vor Kriegsbeginn ablehnen!

Ich kehrte zu meiner Batterie zurück, die nun an der Moldau stand. Im Frühjahr 1917 wurde ich mit drei anderen Deutschen abkommandiert zu einer türkischen Fliegerabwehrbatterie, um Telefonmeldungen zwischen der Batterie und dem Hauptquartier der deutschen Division, der sie zugeteilt war, zu vermitteln. Ich sprach nicht türkisch, und der die Batterie kommandierende armenische Leutnant verstand kein Deutsch. Aber wir benutzten Französisch als unsere Verkehrssprache. Er behandelte uns Deutsche als Gentlemen, eine willkommene Abwechslung.

Ich mochte die türkischen Soldaten. Sie waren sehr gutmütig, die unter deutschen Soldaten so häufigen Streitereien kamen kaum vor. Sie waren aber auch sehr passiv. Ich hatte gelernt, die Initiative und Erfindungsgabe zu bewundern, mit denen meine deutschen Kameraden unsere Unterstände und ihre Umgebung wohnlich machten. Den Türken genügte jedes Erdloch.

Unsere Batterie war sehr primitiv. Sie bestand aus zwei Feldgeschützen, die auf hölzerne Gestelle montiert waren und nicht höher als 60 Grad gerichtet werden konnten. Sobald ein Flieger direkt über der Batterie war, waren wir hilflos. Das geschah einmal: die Bomben explodierten überall, aber wie durch ein Wunder wurde niemand getroffen. Wie ich meiner Mutter, die sich natürlich ständig um mich sorgte, schrieb: «Es ist soviel mehr Platz daneben.»

Dieser Angriff hatte jedoch eine tragische Folge. Der wachhabende türkische Soldat, der den Flieger nicht rechtzeitig bemerkt hatte, wurde mit einer brutalen Bastonade bestraft, die mich entsetzte. Am nächsten Tag verschwand er. Das vermutlich wahre Gerücht war, daß er desertiert, von der türkischen Militärpolizei aufgegriffen und erschossen worden war.

Wir waren nur ein paar Kilometer von Braila, wo eine russische Kusine meiner Mutter mit einem rumänischen Großkaufmann verheiratet war. Ich besuchte sie oft. Als der Waffenstillstand mit Rumänien geschlossen wurde, kam ihr Sohn herüber von Galatz, wo er als Marineoffizier diente. Seine Langrohrgeschütze hatten es mir bei den Türken oft sehr ungemütlich gemacht. Er war entrüstet, daß ich nicht Offizier war.

Meine Mutter hatte für mich die «London Times» abonniert, sowie Clemenceaus «L'homme enchaîné» und den italienischen «Secolo». Diese «feindlichen» Zeitungen wurden mir getreulich von der deutschen Feldpost ausgeliefert. Ein türkischer Offizier griechischer Herkunft besuchte unsere Batterie, um sie von mir zu entleihen.

Im Herbst mußte ich von den Türken Abschied nehmen, mit Bedauern und dekoriert mit dem türkischen Halbmond. Ich hatte gelernt, ein bißchen Türkisch zu sprechen und türkischen Kaffee zu kochen.

Ich kehrte zu meiner Batterie zurück, aber wurde bald mit einer neurorheumatischen Krankheit in das Krankenhaus in Bukarest geschickt, wo ich mich schnell erholte. Bei der Entlassung wurde ich für «nicht Frontdienst tauglich» befunden und zum Bewachungsdienst in einem Kriegsgefangenenlager in Buzau geschickt, auch in Rumänien. Zu meinen Pflichten gehörte die Meldung der Ein- und Auslieferung. Ich fand einen Zivilisten, einen alten rumänischen Bauern, der während der Arbeit für die deutsche Armee erkrankt und in das Gefängnishospital eingeliefert worden war.

Das Hospital hatte ihn längst entlassen, aber er war immer noch im Lager, weil es keine Entlassungsvorschriften für einen solchen Fall gab. Ich manipulierte seine Entlassung. Ich freundete mich mit dem russischen Übersetzer an, einem ukrainisch-jüdischen Medizinstudenten. Er war ein Menschewik, ich war für die Bolschewiken, und wir hatten lange Diskussionen. Ich geleitete ihn in die Stadt zu Besuchen bei seinem Mädchen und wartete diskret im Vorzimmer.

Es gehörte zu den Pflichten des Feldwebels, die Behörden zu benachrichtigen, wenn Gefangene entwischten, aber er vertrieb sich lieber die Zeit mit rumänischen Mädchen und überließ mir diese Aufgabe. Ich schob die Meldung immer 24 Stunden hinaus. Für die Rumänen, die immer sofort nach Hause gingen, gab das nur eine Nacht mit ihren Frauen oder Bräuten; aber einige Russen, die sich deutsche Uniformen beschafft hatten, wurden nie gefaßt.

In Buzau hatte ich auch meine erste Gefängniserfahrung. Ich hatte mehrmals durch meine Mutter den Austausch von Nachrichten zwischen meiner Verwandten in Braila und ihrer Mutter in Genf vermittelt. Nach einer Krankheit meinte meine Verwandte, ihre Mutter würde sich über ihren Gesundheitszustand beruhigen, wenn sie ihre Handschrift sähe. So schickte ich denn ihren handgeschriebenen Brief an meine Mutter. Der Zensor öffnete den Brief und ich bekam fünf Tage Arrest. Ich tat Kants «Prolegomena» in einen Schuh und ein selbstgefertigtes Schachspiel in den anderen und genoß das Leben auf dem sonnigen Gefängnishof.

Die russischen Revolutionen

Je mehr der Krieg sich in die Länge zog, desto mehr wuchs die Opposition. Ich hatte mit Interesse 1915 das Treffen der sozialistischen Parteien gegen den Krieg in Zimmerwald in der Schweiz verfolgt. Bei diesem Treffen war Deutschland vertreten durch die Unabhängige Sozialdemokratische Partei Deutschlands (USPD), die sich von den «Kaiser-Sozialisten», der Sozialdemokratischen Partei Deutschlands (SPD), abgespalten hatte.

Nachdem ihre Hoffnungen auf ein Leben in Italien mit Stepanoff zunichte geworden waren, hatte meine Mutter ihren alten Wunsch verwirklicht, an einer Universität zu studieren. Sie wohnte in einem guten Hotel in Heidelberg und besuchte Seminare von Hans Driesch, dem führenden Vertreter des «Vitalismus» in der Biologie, und von dem bekannten Philosophen Karl Jaspers. Beide wurden gute Freunde ihrer ungewöhnlichen Studentin.

Meine Mutter hatte Fühlung mit Anti-Kriegs-Organisationen und erhielt deren Literatur. Sie war beeindruckt von einer Flugschrift, welche die Soldaten zur Dienstverweigerung aufrief; sie gab sie ihrer Coiffeuse. Eine polizeiliche Untersuchung folgte. Die Militärbehörden befahlen meiner Mutter, nach Hamburg zurückzukehren und ihre Heimatstadt nicht zu verlassen.

Im folgenden Jahr studierte meine Schwester in Heidelberg. Sie trat einer von Ernst Toller geführten studentischen Anti-Kriegs-Gruppe bei. Sie wurde auch aus Heidelberg ausgewiesen und setzte ihre Studien in Berlin fort, wo sie nach dem Krieg den Doktortitel in Volkswirtschaft erhielt.

Der Sturz des Zaren im Februar 1917[2] ermutigte revolutionäre Anti-Kriegs-Bewegungen in anderen Ländern. Im Sommer 1917 meuterte die österreichische Flotte in Cattaro und die deutsche Flotte in Wilhelmshaven; in der französischen Armee brach auch eine ernste Meuterei aus. Alle drei Meutereien wurden unterdrückt, aber während Clemenceau hunderte von französischen Soldaten erschießen ließ, wurden nur zwei Führer der Meuterei von Wilhelmshaven zum Tode verurteilt, die übrigen nur zu Zuchthausstrafen.

In Rußland führte die Provisorische Regierung unter Kerenski den Krieg fort. Nach Lenin Rückkehr verbreiteten die Bolschewiken die Losung «Friede ohne Sieger und Besiegte, ohne Annexionen und Kriegsentschädigungen, auf der Grundlage des Selbst-

---

2 Die Demonstrationen zum Internationalen Frauentag am 23. Februar (8. März) 1917 in Petrograd mündeten vier Tage später in den allgemeinen Arbeiter- und Soldatenaufstand. Am 2. (15.) März unterzeichnete Zar Nikolaus II. die Abdankungsurkunde. Das war die sog. Februarrevolution.

bestimmungsrechts aller Nationen». Ich war froh, daß nun eine starke Partei mein Ziel eines Friedens «ohne Sieger und Besiegte» sich zu eigen gemacht hatte und sympathisierte mit den Bolschewiken, ohne ihrem Ziel der «Diktatur des Proletariats» völlig zuzustimmen.

Als die Boschewiki im November 1917[3] die Macht ergriffen und als erste Regierungshandlung ihren Aufruf «An alle, an alle, an alle!» aussandten, den Krieg sofort zu beenden, und als sie einseitig ihre Armee auflösten, war ich begeistert. Als die deutsche Regierung einem Waffenstillstand zustimmte und in Brest-Litows Friedensverhandlungen[4] mit der jungen «Sozialistischen Republik der Arbeiter- und Bauernräte» («Sowjets» auf Russisch) aufnahm, war meine Freude groß.

Umso größer war meine Enttäuschung und Entrüstung, als es sich herausstellte, daß die kaiserliche Regierung unter «Selbstbestimmung» ihr Recht verstand, in den besetzten Gebieten des Zarenreichs und darüber hinaus Marionettenregierungen einzusetzen. Sie brachen die Verhandlungen in Brest-Litowsk ab und fielen in die Sowjetunion ein.

Dies machte meinem Zögern endgültig und für immer ein Ende. Dies war kein Verteidigungskrieg, es war verbrecherische, nackte Aggression, und ich mußte ihr widerstehen. Ich schrieb zwei Briefe an meine Schwester – einen gab ich in Buzau zur Post, den anderen einem Urlauber mit nach Deutschland – in denen ich sie bat, mich als Mitglied der USPD einzuschreiben. Natürlich kam keiner an; Margarets Post wurde zensiert.

Ich machte einen schwachen Versuch, Wehrdienstverweigerung zu organisieren, und sprach mit ungefähr einem Dutzend meiner Kameraden. Nur einer war bereit mitzumachen – vorausgesetzt, daß ich wenigstens zehn andere fände. Ich fand keinen. Sie waren froh, daß sie in der Etappe in Sicherheit waren, und wollten nicht ihr Fell riskieren.

Krim

Im Frühjahr wurde mein Gesundheitszustand überprüft. Da ich ein Herzgeräusch hatte, war der Arzt geneigt, mich weiterhin für nicht felddiensttauglich zu erklären. Aber ich versicherte ihm, wahrheitsgemäß, daß das Geräusch harmlos sei, ich wollte nicht dauernd ein Etappenschwein sein. Ich wurde zu meiner Batterie nach Simferopol auf der Krim geschickt und als Gefreiter beauftragt, zwei andere Soldaten mitzunehmen. Der eine war ein Idiot und der andere ein Verbrecher; wir kamen gut miteinander aus.

Meine Cousine in Braila gab mir zwei Adressen auf der Krim; für ihre Schwester in Feodosia und für den Verwalter der ausgedehnten Günzburgschen Be-

---

3 Am 25. Oktober (7. November) 1917 besetzten die bolschewistischen Truppen und Arbeitermilizen ohne nennenswerte Gegenwehr alle wichtigen Zentren Petrograds. In der nächsten Nacht wurde das Winterpalais gestürmt und die anwesenden Mitglieder der Provisorischen Regierung verhaftet. Trotzki erklärte die Provisorische Regierung für abgesetzt und das Militärrevolutionäre Komitee des Petrograder Sowjets zum Träger der Staatsgewalt. Das war die sog. Oktoberrevolution.
4 3. März 1918

sitzungen auf der Krim, der in Simferopol lebte. In Simferopol besuchte ich den Verwalter und fragte ihn aus, über die Herrschaft der Bolschewiki, die er natürlich entschieden ablehnte. Ich war überrascht, daß alle Luxusläden und Restaurants intakt waren, keine Scheibe eingeschlagen. Er bestätigte, daß die Bolschewiki sie in Ruhe gelassen hatten. Ich war auch überrascht, daß die russischen Staatseisenbahnen weiter funktionierten; auf meine Frage, wer sie betrieb, war die Antwort: «Die Eisenbahn.» Der Verwalter sagte mir, daß sie unter der Bolschewikenherrschaft in ständiger Furcht gelebt hätten; aber als ich fragte, was ihnen oder Bekannten widerfahren sei, gab es nichts. Diese Erfahrung habe ich später wiederholt gemacht: Jeder erzählte Greuelgeschichten, aber immer von irgendwo anders.

Der Verwalter bat mich, nach Feodosia einen Schinken mitzunehmen, den ein Pächter als Geschenk für die Herrschaft gebracht hatte. Ich brachte den Schinken zu meinen Verwandten. Der Sohn der Familie, er war russischer Offizier, ging mir höflich aus dem Wege. Mutter und Tochter empfingen mich herzlich. Sie sagten, daß sie dank der Hilfe ihrer ergebenen alten «Nanya» die Bolschewikenzeit gut überstanden hatten; in Moskau und Petrograd müsse es schrecklich hergehen. Fünfzig Jahre später traf ich die Tochter in Israel wieder: Unsere Begegnung in Feodosia war ihr in ebenso lebhafter Erinnerung wie mir.

In Simferopol erfuhren wir, daß unsere Batterie nach Evpatoria an der Westküste der Krim verlegt worden sei. Ich reiste mit meinen zwei «Untergebenen» nach Evpatoria, nur um zu erfahren, daß die Batterie jetzt in Armjanski Bazarskoje, an der Nordküste, war. Wir waren nicht in Eile, schwammen im Schwarzen Meer, und ich betrachtete mit Bewunderung den schönen Bau der Moschee im türkischen Stil. Wir reisten gemächlich nach Armjanskoje und ließen uns von einem deutschen Dorf zum nächsten im Bauernwagen fahren. In einem Dorf waren die Bauern nicht Deutsche, sondern Tschechen. Umgeben von Tataren und Russen identifizierten sie sich mit den Deutschen aufgrund des protestantischen Glaubens und der mitteleuropäischen Kultur.

Die wohlhabenden deutschen Bauern waren natürlich der Revolution feindlich gesinnt. Aber sie alle sagten, die Bolschewiki seien nicht so schlimm gewesen; sie hatten gelitten unter Übergriffen der Anarchisten und der «Krasnogartsi» («rote Herzen»), einer sonst unbekannten Gruppe. Einmal jedoch traf ich einen armen deutschen Landarbeiter, der sagte, die Bolschewiki hätten viel Gutes getan; er sah sich dabei ängstlich um.

Die Deutschen, die auf der Krim eine Marionetten-«Tataren-Republik» eingesetzt hatten, verfolgten die «Roten» unbarmherzig. Einmal rühmte sich vor mir ein reizender sechzehnjähriger Tatarenjunge, wie er ihnen die Köpfe abgeschlagen habe. Ich konnte ihn nicht hassen, er war so unschuldig wie ein Löwe, der eine Gazelle frißt; er wußte nicht, was er tat. Aber ich geriet fast in eine Schlägerei mit einem deutschen Soldaten, der grinsend über die Verprügelung eines «Roten» durch die Militärpolizei berichtete.

In Armjansk war ich eingeteilt, das Telefon zu bedienen. Andere Soldaten sollten Schmuggel zwischen den neugebackenen «unabhängigen Staaten» der Ukraine und der Krim kontrollieren. Meine Kameraden teilten den Gewinn ehrlich mit den Schmugglern.

Nach einigen Wochen dieses idyllischen Lebens wurden wir wieder in Marsch gesetzt, durch die ganze Länge der Krim nach Jalta. In Jalta hatten viele wohlhabende «weiße» Russen Zuflucht gefunden und führten ein Leben wie in einem eleganten Kurort. Mitten drin stand ich mit meiner Kanone auf der Kurpromenade, um das Schwarze Meer zu überwachen.

Eines Tages kam ein deutscher Offizier auf mich zu und fragte sehr höflich um Erlaubnis, durch mein Fernrohr zu sehen. Das war natürlich vorschriftswidrig, aber das war mir einerlei. Dieser Offizier hatte sich vorgestellt als «Fürst Reuss» und war im Offizierskasino als Mitglied eines regierenden Hauses gefeiert worden.

Als entdeckt wurde, daß er ein «roter» Spion war, versuchte er auf einem Motorrad zu fliehen, aber wurde niedergeschossen. Ich hatte ein bißchen russisch gelernt und verbrachte viel Zeit damit, als Dolmetscher meiner Kameraden bei ihren Schwarzmarktgeschäften zu dienen.

Im September marschierten wir nach Sebastopol über die schöne Küstenstraße. Die erste Nacht waren wir im Zarenpalast von Livadia einquartiert, der später als der Sitz der Jalta-Konferenz von 1945[5] berühmt wurde. Wir soffen den ausgezeichneten Wein des kaiserlichen Kellers.

Als ich wieder zu meiner alten Truppe stieß, warf ich ihnen vor, daß sie gegen die Bolschewiki gekämpft hatten, mit denen die meisten von ihnen sympathisierten. Sie antworteten: «Wir haben nicht gekämpft; die einzigen Schüsse, die wir abgefeuert haben, waren über den Bug von zwei russischen Kriegsschiffen, die aus dem Hafen von Sebastopol auszulaufen versuchten.»

Die Schiffe waren zurückgekehrt und von den Deutschen interniert worden, aber blieben unter dem Kommando ihrer gewählten Matrosenräte. Ich war neugierig und mietete ein Ruderboot, um sie mir näher anzusehen; sie sahen blitzblank aus. Als ich in den dreißiger Jahren versuchte, in Moskau herauszufinden, was aus diesen Schiffen geworden war, leugnete jeder, den ich fragte, daß ein Schiff der Roten Flotte sich jemals den Deutschen ergeben habe; sie waren alle in Noworossijsk versenkt worden, um nicht in Feindeshand zu fallen. Das war die Parteilinie, und mein Augenzeugnis zählte nichts.

Mazedonien

In Sebastopol wurden wir auf ein Schiff verladen. Wir dachten, wir würden in den Kaukasus kommen, wo die Deutschen mit Zustimmung der menschewistischen Regierung von Grusinien (Georgien) gelandet waren, um auf die Ölfelder von Baku zu marschieren. Statt dessen wurden wir in Warna ausgeladen und mit der Bahn nach Mazedonien gebracht.

---

5 Jalta-Konferenz, 4.–11. Februar 1945, zwischen Churchill (Großbritannien), Roosevelt (USA) und Stalin (UdSSR) abgehaltene Gipfelkonferenz zum Zweck der Vereinbarung politischer und militärischer Maßnahmen zur Beendigung des Zweiten Weltkrieges; u.a. Gründung der UN, Kriegseintritt der UdSSR gegen Japan, wofür diverse Territorien an die UdSSR gingen; Festlegung der Aufteilung Deutschlands in vier Besatzungszonen und der Oder-Neiße-Linie u.a.m.

Meine Mutter hatte, gegen meinen Willen, für mich erwirkt, als einziger Sohn einer Witwe vom Frontdienst befreit zu werden. Der Hauptmann fragte mich, ob ich freiwillig auf dieses Privileg verzichten wolle, ich sagte nein. So mußte ich meine Familie am vierten Geschütz verlassen und mußte statt dessen den Wasserwagen führen, unterstützt von alten Freunden, dem Idioten und dem Verbrecher. Es ist zweifelhaft, ob ich dem Feuer weniger ausgesetzt war, wenn ich meinen Wagen über offene Felder fuhr, als an meinem Geschütz. Dort war ich wenigstens nie in Gefahr gewesen, verprügelt zu werden. An den wenigen Brunnen standen immer hunderte von durstigen bulgarischen Soldaten, die wütend wurden, wenn ihnen ein deutscher Wasserwagen den Weg versperrte. Ich mußte alle meine diplomatischen Künste ins Spiel bringen, um mit ihnen auszukommen.

Bald verschwanden die Bulgaren, als ihre Regierung einen Sonderfrieden abschloß. Die wenigen deutschen und österreichischen Truppen mußten schnell zum Rückzug blasen. Bei Vranje (Jugoslawien) wurden wir von den Franzosen eingekreist; ich traf später einmal in Montreal einen französichen Helden dieser Schlacht. Es gelang mir, meinen wackeligen Wasserwagen durchzubringen, aber drei von unseren vier Geschützen mußten von ihrer Mannschaft im Stich gelassen werden. Das vierte Geschütz wurde als vermißt gemeldet. Ich fürchtete, daß meine Familie tot war und hoffte, daß sie gefangen seien.

Unsere Pferde waren noch da und zogen leere Munitionswagen. Ich hatte genug von langen Märschen und erbat – unter Berufung auf mein Herzgeräusch – vom Arzt eine Bescheinigung, daß ich fahren müsse. Zu meiner großen Überraschung schickte er mich zurück nach Deutschland ins Krankenhaus. Ich vermute, daß die Offiziere, in Furcht vor der drohenden Revolution, froh waren, diesen verdächtigen Burschen loszuwerden.

Überfüllte Züge brachten mich nach Elbing (jetzt Elblag) in Westpommern. Da ich völlig gesund war, wurde ich nach ein paar Tagen in das Lager Zossen entlassen.

Bei meinem ersten Stadturlaub meldete ich mich in Berlin bei der USPD an. Ich suchte auch Otto Freundlich auf, einen Maler und Freund meiner Mutter. Er war ein Kommunist der sein erstes Atelier in Paris mit Picasso geteilt hatte. Er war überzeugt, daß die Revolution schon im Gange war. In der Tat hatten an diesem Tage, dem 4. November (1918), die Matrosen der kaiserlichen Marine in Kiel die Macht ergriffen und einen Arbeiter- und Soldatenrat errichtet. Drei Tage später ergriffen Arbeiter- und Soldatenräte die Macht in Hamburg, Braunschweig und München.

Am 8. November berichtete mir ein Soldat meiner Batterie, den ich in Zossen wiedergetroffen hatte, von Plänen, das Lager am nächsten Tag durch einen Soldatenrat zu übernehmen; wollte ich mitmachen? Allerdings. Am 9. November versammelten sich Tausende von Soldaten auf dem Exerzierplatz, um den Soldatenrat zu wählen. Während der Ansprachen kam die Nachricht von der Abdankung des Kaisers, die mit ohrenbetäubendem Jubel begrüßt wurde.

Für Deutschland war der Krieg zu Ende. Die Alliierten schlossen den Waffenstillstand erst am elften. Tausende von Soldaten sind auf beiden Seiten in diesen zwei Tagen getötet worden.

Ich hatte den Krieg heil überstanden. Die Soldaten an der Ostfront hatten viel weniger Verluste, als die im Westen; sie litten mehr unter Kälte, Hunger und Läusen.

Läuse hatten mich beim Lesen gestört, für das mir der Krieg viel Zeit ließ. Ich las Kant, Schopenhauer, Montaigne, aber auch Romane von Flaubert, Dostojewski, Strindberg, Heinrich Mann und anderen.

Als ich eine neue deutsche Übersetzung von Homers Odyssee las, war ich überrascht, als ein Kamerad, ein mecklenburgischer Landarbeiter, der nur sechs Jahre zur Schule gegangen war, es mit großem Vergnügen las. Er las es als eine Geschichte von Seemannsabenteuern – die es wirklich ist.

Ich hatte im Krieg einiges gelernt. Ich hatte gelernt, im Lärm zu lesen und zu schlafen. Ich hatte gelernt, Schikanen zu begegnen, indem ich mir nichts anmerken ließ. «Du hast die Ruhe weg», sagten meine Kameraden.

Vor allem hatte ich gelernt zu verstehen, was Klassenkampf bedeutet; ich hatte ihn in der vereinfachten «Soldat gegen Offiziere»-Form erlebt. Von da an habe ich mich mit der Arbeiterklasse identifiziert. Ich war mir jedoch bewußt, daß mir meine Erziehung eine andere Kultur gegeben hatte, die ich keineswegs aufgeben wollte.

Das Schlimmste im Krieg war die Langeweile. Als ich nach dem Krieg Anti-Kriegs-Filme sah, fühlte ich, daß es ihnen nicht gelingen würde, junge Männer vom Krieg abzuschrecken. Junge Männer, die der Hafer sticht, werden angezogen von Gefahr, auch wenn sie schrecklich ist. Wenn man doch nur einen Film drehen könnte, der die Langeweile des Krieges zeigt! Aber wer geht schon ins Kino, um gelangweilt zu werden?

Ich suche meinen Weg

Ich war überzeugt, daß die Revolution notwendig und berechtigt war, um den Krieg zu beenden und Militarismus umzustürzen. Die Russen hatten den Weg gezeigt, wir und auch die Österreicher waren gefolgt, nur zu spät. Aber wie sah die neue Gesellschaft aus, die wir bauen wollten?

Sie mußte sowohl sozialistisch wie international sein. Aber was kam zuerst? Für eine kurze Zeit spielte ich mit dem Gedanken: «Erst Internationalismus, dann Sozialismus.» Ich fürchtete, daß eine nationale Staatswirtschaft einen noch heftigeren Nationalismus erzeugen würde als eine «laissez-faire»-Wirtschaft.

Die Entwicklung seitdem in sozialistischen wie in kapitalistischen Ländern – in denen die Rolle des Staates in der Wirtschaft auch stark gewachsen ist – hat meinen Befürchtungen Recht gegeben.

Es wurde mir jedoch bald klar, daß eine friedliche kapitalistische Ordnung ein Traum war. Diese Einsicht wurde gefördert durch das Lesen von Lenins «Staat und Revolution» und «Imperialismus», die erste marxistische Literatur, die ich kennenlernte, abgesehen vom Kommunistischen Manifest von 1848 und dem Erfurter Programm. Ich beschloß, daß der Aufbau des Sozialismus sofort beginnen müsse, zugleich mit der Entwicklung internationaler Solidarität. Dies war auch die Ansicht der USPD, deren Mitglied ich jetzt war. Über alles weitere gab es viele verschiedene Ansichten in der Partei, vom Revisionismus Eduard Bernsteins zur äußersten Linken. Ich war und bin überzeugt, daß dies notwendig ist, für die Gesundheit einer sozialistischen Partei, an der Macht noch mehr als in Opposition.

Besonders lebhaft wurde in der USPD die Frage diskutiert, wer die Wirtschaft leiten solle, die politischen Arbeiter- und Soldatenräte oder eine unabhängige Föderation von Produzenten (Arbeiter und Bauern) und Konsumkooperativen, mit Vertretung der Produzenten durch Betriebsräte und Industriegewerkschaften, mit zentraler Planung und lokaler Verwaltung. Ich bevorzugte noch immer die zweite Lösung. Mit der Mehrheit der USPd sah ich die Arbeiter- und Soldatenräte als eine provisorische Regierung an, die durch ein frei gewähltes Mehrparteien-Parlament ersetzt werden würde.

Am 9. November hatte in Berlin eine riesige Anti-Kriegs-Demonstration stattgefunden, an der auch meine Schwester teilgenommen hatte. Karl Liebknecht hatte vom Balkon des Kaiserlichen Schloßes die Deutsche Räterepublik proklamiert und wenige Stunden später verkündete der «Kaiser-Sozialist» Scheidemann die Deutsche Republik. Eine Versammlung von Delegierten der Arbeiter- und Soldatenräte trat zusammen, um eine Regierung von «Volkskommissaren» zu wählen.

Karl Liebknecht und Rosa Luxemburg waren die Führer des Spartakus-Bundes der innerhalb der USPD entstanden war, aber sich getrennt hatte, um eine dritte Partei zu bilden, die bald den Namen Kommunistische Partei Deutschlands (KPD) annahm. Die Versammlung wollte eine Koalition der drei sozialistischen Parteien, aber die Spartakisten weigerten sich mit den «Kaiser-Sozialisten», der SPD, zusammenzuarbeiten. So wurde der Rat der Volksbeauftragten[6] aus je drei Führern der SPD und der USPD gebildet, mit dem SPD-Führer Friedrich Ebert als Vorsitzendem.

Ich bewunderte Liebknecht und Luxemburg, die sich von Anfang an gegen den Krieg gestellt hatten und im Gefängnis gewesen waren, als Märtyrer der Revolution. Aber ich wurde abgestoßen durch die Sprache ihres Organs «Rote Fahne», vor allem durch den Ausspruch: «Mißtrauen ist die erste revolutionäre Tugend» (tatsächlich ein Marx-Zitat, HB). Ich war und bleibe überzeugt, daß Mißtrauen die Haupttriebfeder des Krieges ist, mehr noch als Gier nach Macht und Reichtum.

Lange Zeit bezweifelte ich die Anschuldigung der Kommunisten, daß die SPD die Revolution am Ende des Krieges verraten hätte, wie den Internationalismus an seinem Anfang. Jedoch, einige Jahre später erklärte Ebert voller Stolz, daß er als seine erste Regierungshandlung als Volkskommissar Hindenburgs Hauptquartier in Frankreich insgeheim angerufen hatte, um ihn aufzufordern, in Deutschland die «Ordnung wiederherzustellen».

«Ordnung» wurde in der Tat in den ersten Monaten des Jahres 1919 hergestellt. «Der Kaiser ging, die Generäle blieben», wie der Titel eines Romans von Theodor Plivier lautet, eines Führers des Kieler Matrosenaufstands. In der Armee, die unter Hindenburgs Kommando von Frankreich heimmarschierte, wurden die alten Linien der Auto-

---

6 Der «Rat der Volksbeauftragten» existierte vom 10. November 1918 bis zum 10. Februar 1919. Friedrich Ebert (SPD), der tags zuvor vom provisorischen Reichskanzler Prinz Max von Baden die Wahrnehmung der Geschäfte des Reichskanzlers übertragen bekommen hatte, wurde neben u.a. Philipp Scheidemann (SPD) und Hugo Haase (USPD) Mitglied. Ebert wurde von der am 19. Januar 1919 gewählten Nationalversammlung auf deren erster Sitzung in Weimar zum vorläufigen Reichspräsidenten gewählt. Die tragische Problematik lag in Eberts guten Kontakten zur Obersten Heeresleitung, mit Hilfe derer er gegenüber der Arbeiterbewegung für «Ruhe und Ordnung» sorgen ließ.

rität aufrecht erhalten. In den bewaffneten Streitkräften in Deutschland und im Osten, auch in der Zivilregierung, übten die Arbeiter- und Soldatenräte die Autorität aus.

Dies war in der Tat die «Zerschlagung des bürgerlichen Staats», die Lenin proklamiert hatte. Es bedeutete nicht, wie ich gefürchtet hatte, die Zerschlagung von Schädeln oder Eigentum. «Zerschlagen» waren nur die Linien der Autorität.

Das «Zerschlagen» ging aber nicht sehr weit. In der Zivilregierung, und erst recht in der Privatwirtschaft, war die Autorität der Arbeiterräte in den meisten Fällen nur nominal. Ein unsicheres Gleichgewicht herrschte vor.

Ich war mir von Anfang an der Gefahr einer Wiederherstellung des Militarismus durchaus bewußt. Unmittelbar nach der großen Versammlung in Zossen am 9. November forderte ich meine Kameraden auf, sofort Fühlung mit benachbarten Garnisonen aufzunehmen, um eine Armee zur Verteidigung der Revolution aufzustellen. Sie lachten mich aus; der Militarismus sei für immer erledigt, meinten sie. Sie interessierten sich mehr für die Vorräte an Speisen und Getränken in den Offizierskasinos.

Ich teilte ihren Optimismus nicht. Ich wußte, daß Revolution und Sozialismus nur leben können, wenn ihre Anhänger willens sind, ihr Leben einzusetzen, wenn nötig im bewaffneten Kampf.

Ich blieb in Zossen und suchte zu verhindern, daß die Vorräte gestohlen und auf dem Schwarzmarkt verkauft würden. Aber alles löste sich auf, und nach drei Wochen warf ich die verhaßte Uniform ab, um nach Hamburg heimzukehren, wo meine Mutter in einer hübschen Pension wohnte.

Ich nahm Fühlung mit der USPD auf, propagierte ihr Programm und gewann einige Anhänger – aber das war offenbar nicht genug, um die Situation zu retten.

Schwerin

Ein Freund meiner Mutter, der Schriftsteller Ernst Fuhrmann, sprach zu mir über eine Gruppe junger Leute in Schwerin, die eine revolutionäre Aktion für Weihnachten vorbereiteten. Ich fuhr nach Schwerin, fand heraus, daß kaum jemand ihnen folgte, und kam zu dem Schluß, daß sie Abenteurer seien. Ich fuhr nach Hamburg zurück. Weihnachten geschah nichts in Schwerin.

Ich erfuhr von Fuhrmann, daß die Aktion auf den 6. Januar 1919 vertagt worden war. Ich war von Zweifeln geplagt. Die Schweriner waren Putschisten, aber wer sonst tat irgendetwas? Ich fragte den Redakteur der Hamburger USPD-Zeitung um Rat. Er riet mir, nach Schwerin zu fahren, aber im wesentlichen, um einen Bericht für seine Zeitung zu bekommen. Ich blieb unentschlossen; erst am Nachmittag des 5. Januars entschloß ich mich, nach Schwerin zu fahren. Durch einen seltsamen Zufall hörte ich, wie die Frau, die uns die Fahrkarten in Schwerin abnahm, meinem Vordermann zuflüsterte: «200 Volksmarine-Leute in R.», einem Schweriner Vorort. Dies stärkte mein Vertrauen.

Die «Volksmarine-Division», unter Führung des Marinehauptmanns Paasche, war die stärkste der revolutionären bewaffneten Einheiten, die hier und da in Deutschland entstanden waren.

Ich nahm Fühlung mit einem der Verschwörer auf, dem Anwalt B. Er bestellte mich für den nächsten Morgen. Der Putsch war während der Nacht gelungen, und B. beauftragte mich, auf dem Amt die Ferngespräche zu überwachen. Ich band mir ein rotes Armband um und übernahm, unbewaffnet, den Befehl über das Fernsprechamt. Ich hörte alle Ferngespräche ab und berichtete selbst an die Hamburger Zeitung.

Der Erfolg des Putsches war von kurzer Dauer. Ich hörte, wie das Gewehr- und Maschinengewehrfeuer näher kam und war mir klar, daß er gescheitert war. Aber ich setzte meine Überwachung fort, denn ich hatte gelernt, daß ein Soldat niemals seinen Posten verläßt.

Einige Soldaten kamen in das Amt und verhafteten mich. Einige Zivilisten wollten mich verprügeln, aber die Soldaten erlaubten es nicht. Sie brachten mich in einen Kasernenkeller, wo ich mich in Gesellschaft von etwa vierzig Volksmarine-Matrosen fand. Ich vermied es, mit ihnen zu sprechen, aber es bedrückte mich, zu hören, daß zwei von ihnen ihr Leben verloren hatten.

Meine Lage war nicht ungefährlich. Als der einzige Zivilist und als Student konnte man mich für den «geistigen Urheber» des Putsches halten und standrechtlich erschießen. Nach einigen Stunden wurden wir durch einen langen Gang voller Zivilisten abgeführt. Es gelang mir, in der Menge unterzutauchen. Ich sprang aus einem Fenster und ging auf den nahegelegenen Wald zu. Gewehrfeuer wurde eröffnet, und ich fand Deckung.

Da ich die Schweriner Gegend kannte, wußte ich, daß ich auf einer etwa 12 km langen Insel war, die man über zwei Brücken verlassen konnte. Wenn die Behörden mich fangen wollten, brauchten sie nur einen Posten auf jede Brücke zu stellen. Ich beschloß, die Nacht auf der Insel zu bleiben; am Morgen würde man sich beruhigt haben. Niemand hielt mich auf, als ich über die nördliche Brücke zur nächsten Bahnstation ging und den Zug nach Hamburg nahm.

Wohl infolge der kalten Januarnacht im Walde lag ich ein paar Tage mit einer Grippe im Bett. Am ersten Abend, an dem ich zum Essen kam, empfingen mich zwei Herren, die sich als Mitglieder der Schweriner Polizei auswiesen. Sie zeigten mir ein Photo von B., und ich bestätigte, daß ich ihn kannte und, auf weiteres Befragen, bei Fuhrmann getroffen habe. Ich war überzeugt, daß B. in Haft war, und traute Fuhrmann zu, mit der Polizei fertig zu werden.

Tatsächlich war B. entkommen und bei Fuhrmann versteckt, wo er verhaftet wurde. Am nächsten Morgen stand die Geschichte in allen Zeitungen. Mein armer Onkel Aby war sehr verlegen, als ihn seine Geschäftsfreunde an der Börse mit Fragen über seinen roten Neffen bombardierten. Aber noch verlegener war ich, als mir klar wurde, daß ich dummerweise nur an meine eigene Sicherheit gedacht hatte. Die Folgen waren nicht so schwer, wie ich befürchtete. In Schwerin war die Rechtsprechung noch in den Händen des Arbeiter- und Soldatenrats, und B. und die anderen verhafteten Führer wurden freigesprochen.

Ohne es zu wissen, hatte ich an dem historischen Spartakus-Aufstand teilgenommen. An Weihnachten hatten Regierungstruppen die Volksmarine-Division aus dem Schloß vertrieben, nach kurzem Kampf. Am 6. Januar hatten Spartakisten den «Vorwärts» besetzt, das Zentralorgan der SPD. Der Vorwärts war Eigentum der Berliner Ortsgruppe der SPD, die gegen den Krieg war. Während des Krieges hatte das

Pro-Kriegs-Zentralkomitee mit Hilfe der Militärbehörden ihn den Berlinern gestohlen; die Spartakisten reklamierten ihn für die revolutionären Berliner Arbeiter.

Die Spartakus-Revolte war mit dem Verlust von Tausenden von Menschenleben niedergeworfen worden. Rosa Luxemburg und Karl Liebknecht, die gegen den Aufstand gewesen waren, aber den Mehrheitsbeschluß ihrer Partei angenommen hatten, wurden einige Tage später brutal ermordet. Dies war der Wendepunkt der deutschen Revolution; von da an ging die Restauration schnell voran.

Münchener Republik

Ich hatte geplant, in ein paar Tagen nach München zu fahren; der Besuch der Polizei beschleunigte meine Abreise. Ich fuhr erst zu Gertel, die ich seit Jahren nicht gesehen hatte. Deutsche Frontsoldaten hatten alle neun Monate Anspruch auf zwei Wochen Heimaturlaub; aber ich hatte nur einen Urlaub in drei Jahren gehabt.

Bei der Gelegenheit hatte ich geplant, Gertel zu sehen, aber unvorhergesehene Umstände hatten es verhindert. Gertel hatte mir einen bitter enttäuschten Brief geschrieben. Der Brief hatte mich sowohl froh wie traurig gemacht; traurig, weil es mir nicht gelungen war, sie zu sehen, und froh, weil er zeigte, wie viel ihr noch an mir lag.

Oscar und Gertel Hagemann hatten Grötzingen kurz nach Kriegsausbruch verlassen und lebten nun mit Gertels älterer Schwester, die «Tinny» genannt wurde, und einer Hausangestellten in einem im 16. Jahrhundert erbauten Schloß in Sommerau im Spessart. Schloß Sommerau war romantisch, umgeben von einem Wassergraben, zugänglich nur durch Tore und Brücken am Ende einer schattigen Allee. Gertel konnte dort ihrer Tierliebe freien Lauf lassen; sie hatte ein Pony, einen Esel, einen Hund und zwei Papageien, zu denen sich zeitweise andere vierbeinige und gefiederte Kreaturen gesellten. Ich blieb dort eine zauberhafte Woche.

Tinny, Gertel und ich fuhren auch für zwei Tage nach Frankfurt, wo wir, wie bei späteren Besuchen, im Baseler Hof abstiegen. Abends saß ich stundenlang an ihrem Bett; wir sprachen, und ab und zu streichelte ich ihr goldenes Haar. Es kam mir nicht in den Sinn «weiter zu gehen». So unglaublich es klingen mag, mit 26 Jahren war ich noch «unschuldig»; meine Sexualität lag noch in tiefem Schlaf.

In München nahm ich mein Studium bei Theodor Fischer wieder auf. In Bayern war die Macht noch in den Händen des Arbeiter- und Soldatenrats, mit dem USPD-Führer Kurt Eisner als Präsident einer Koalitionsregierung der SPD und USPD. Es herrschte noch eine revolutionäre Atmosphäre mit vielen Versammlungen und Demonstrationen. Es gab auch eine große und aktive sozialistische Studentengruppe, die mich als einen ihrer Delegierten zum Arbeiter- und Soldatenrat wählte. Unter den von der Gruppe eingeladenen Sprechern war auch Max Weber, der kein Sozialist war, sondern ein Mitbegründer der (Deutschen) Demokratischen Partei (DDP)[7]. Ich war durchaus nicht mit ihm einverstanden, aber war stark beeindruckt von diesem großen Denker.

---

7   DDP, 1918 gegründet durch Friedrich Naumann und Max Webers jüngeren Bruder Alfred; Max trat nach anfänglichem Zögern bei, bereits im Herbst spaltete sich ein rechter Flügel (Gustav Stresemann) als Deutsche Volkspartei (DVP) ab und vereinigte bald den größeren Stimmenanteil auf sich.

Eisner, der parlamentarischen Demokratie ergeben, rief zu Wahlen auf. Das Ergebnis war eine vernichtende Niederlage der USPD. Mit seiner Rücktrittsrede in der Tasche wurde Eisner von einem Fanatiker der Rechten erschossen. Das löste eine Massenprotestbewegung aus. Der Arbeiter- und Soldatenrat vertagte das Parlament. Es gab im Rat lange und hitzige Debatten über die Forderung der Kommunisten, die Räterepublik auszurufen.

Eine starke Mehrheit von SPD, USPD, Anarchisten und Parteilosen stimmte dagegen. Ich war mit Gertel übereingekommen, sie im Hause ihrer Freundin in Pforzheim bei Karlsruhe zu treffen. Ich rief sie nun an, um ihr zu sagen, daß ich in dieser kritischen Situation München nicht verlassen wolle. Sie kam nach München und nahm ein Zimmer in einem der besten Hotels, ich auch. In dieser Nacht wurden wir Liebende. Ich sagte zu Gertel: «Nun mußt du bei mir bleiben.»

Sie war überrascht, es schien ihr eine Phantasie. Ich bestand darauf, daß sie ihrem Mann alles sage. Bei unserer nächsten Zusammenkunft sagte sie mir, sie hätte nichts gesagt, aber er habe verstanden. Oscar und ich mochten uns wirklich gerne, aber das Schicksal hatte uns zu Rivalen gemacht, und ich fühlte, daß «wen Gott getrennt hat, soll der Mensch nicht vereinigen», und beobachtete eine gewisse Distanz.

In München stieg die Spannung und die Forderung nach der Räterepublik gewann Anhang; schließlich waren sogar die SPD-Delegierten dafür. Nun wandten sich die Kommunisten dagegen. Die Mehrheit, ich eingeschlossen, war über diesen Schwenk entrüstet. Tatsächlich verstanden die Kommunisten besser als die Mehrheit, daß die Lage sich außerhalb Bayerns im letzten Monat sehr verschlechtert hatte, überall in Deutschland und auch in Österreich und Ungarn.

Am 7. April (1919) wurde die Bayerische Räterepublik ausgerufen. Vorsitzender war der Anarchist Gustav Landauer, ein reiner Idealist. Sobald mich die Nachricht erreichte, nahm ich Fühlung mit den anderen Mitgliedern der sozialistischen Studentengruppe an der Technischen Hochschule auf. Wir suchten Landauer auf und erhielten die schriftliche Vollmacht, einen revolutionären Hochschulrat ins Leben zu rufen. Ich ging zu Theodor Fischer und bat ihn, die Führung des Professorensektors des Rats zu übernehmen; ich hoffte, er werde die Gelegenheit ergreifen, um seine Ideen über die Reform der Architektenausbildung[8] in die Praxis zu übersetzen. Er antwortete: «Ich bin kein Revolutionär.» Ich war enttäuscht, aber achtete seine Entscheidung. Ein Professor des Maschinenbaus stimmte zu, die Rolle zu übernehmen.

Wir beriefen eine Studentenversammlung ein, um von ihr ein Mandat zu erhalten. Es war eine stürmische Versammlung. Als ich in meiner Rede die Wendung «unser Volk» gebrauchte, ertönten Zwischenrufe «welches Volk». Antisemitismus begann Fuß zu fassen. Ich sagte: «Da meine Person anscheinend ein Hindernis ist, trete ich zurück.» Zu meiner Überraschung bewirkte dies einen Umschwung der Stimmung, und die sozialistischen Kandidaten wurden von der Mehrheit bestätigt.

---

8   vgl. Theodor Fischer, Die Erziehung des Architekten, München 1919; auch wieder abgedruckt in Ulrich Kerkhoff, Eine Abkehr vom Historismus oder Ein Weg zur Moderne, Theodor Fischer, Stuttgart 1987, S.324–330; in diesem Zusammenhang vgl. auch den im Anhang faksimilierten ersten Aufsatz von Hans Blumenfeld, Student und Lehrling, in: Studentische Nachrichten, Darmstädter Hochschulzeitung, vom 27. November 1919, Nummer 12, VIII. Jg.

Wir hatten angenommen, daß die Unterstützung der SPD-Delegierten im Arbeiter- und Soldatenrat bedeutete, daß die Regierung dem Rat die Macht übergeben werde. Die Regierung ging jedoch nach Nürnberg und rief Truppen anderer deutscher Staaten herbei, um ihr bei der Niederwerfung der Münchner «Roten» zu helfen.

Es war mir klar, daß die «Bayerische Räterepublik» eine Fehlgeburt war, und erhoffte eine friedliche Auflösung. Am Sonntagmorgen erfuhr ich, daß sie durch einen Rechtsputsch gestürzt worden war.

Gertel hatte mich über die Osterferien nach Sommerau eingeladen. Wenn ich zum zweiten Mal ihrer Einladung nicht folgte, fürchtete ich, sie zu verlieren. So nahm ich den nächsten Zug nach Sommerau. Zwei Wochen vergingen wie im Traum.

In München hatten am Tage meiner Abreise die Kommunisten die Arbeiter mobilisiert und die Rätemacht unter ihrer mehr militanten und realistischen Führung wiederhergestellt. Ich war hin- und hergerissen; ich fand, daß mein Platz in München sei, aber konnte mich von Sommerau nicht trennen.

Ich erreichte München, einen Tag nachdem die Räterepublik in blutigem Kampf gestürzt worden war. Der weiße Terror hatte eingesetzt. Der Eisenbahnverkehr nach München war noch nicht wiederhergestellt, und ich mußte fünf Kilometer zu meiner Wohnung gehen. Ein halbes Dutzend Mal hielten mich Soldaten an, um meine Papiere zu prüfen.

Die USPD arbeitete legal, und ich bot meine Mitarbeit an. Die Parteileitung wurde überschwemmt mit Berichten von Übergriffen aller Art, einschließlich Mord der «Weißen», und beauftragte mich, die Berichte zu prüfen und Bericht zu erstatten. Mein erster Bericht, der sofort in der Parteizeitung veröffentlicht wurde, war über den Tod Gustav Landauers, der brutal niedergeknüppelt worden war. Die am nächsten Tag veröffentlichte Antwort der Militärbehörde war das seltsamste Dokument, das ich je gelesen habe. «Es war nicht eine Keule, sondern ein schwerer Stock und der ihn schwang, war ein Feldwebel, nicht ein Offizier.»

Beschwerden kamen von allen Seiten. Ich rief eine «Rechtsschutzstelle» der USPD ins Leben. Wir brauchten Geld, um ein Büro zu mieten, um Notleidenden zu helfen und Rechtsanwälte zu honorieren. Ich hatte Geld geerbt, ein Viertel war in Hypotheken. Ich war überzeugt, daß sie bald ihren Wert durch Inflation verlieren würden, und beauftragte die Bank, sie sofort zu verkaufen und mir das Geld zu schicken. Die Bank riet dringend ab, aber ich bestand auf meiner Forderung und finanzierte die Rechtsschutzstelle. Ich erhielt auch kleine Geldbeträge und freiwillige Mitarbeiter von der USPD und der nun illegalen KPD.

Die Arbeit beanspruchte alle meine Zeit. Als die Hochschule, die lange geschlossen war, weil viele Studenten in den weißen Garden dienten, wieder eröffnet wurde, hatte ich keine Zeit zum Studieren.

Die Rechtsschutzstelle wurde von dem «Kommissar», den die sozialdemokratische Regierung mit meinen Aufgaben ähnlichen Rechtsschutzfunktionen beauftragt hatte, offiziell anerkannt. Ich erhielt die Erlaubnis, die politischen Gefangenen zu besuchen. Ich fand ihre Behandlung ganz anständig, abgesehen von der Versorgung mit Nahrungsmitteln, an denen es überall in Deutschland mangelte. Ich sprach mit Ernst

Toller, Erich Mühsam und anderen Führern der Münchener Revolution. Aber ich fand auch, daß eine Anzahl nicht Angeklagter gefangen gehalten wurde.

Als ich den für die politischen Gefangenen verantwortlichen Offizier, Major Seisser, ersuchte, die nicht angeklagten Gefangenen zu entlassen, schien er geneigt zuzustimmen; Achtung für Recht und Gesetz war noch nicht tot in Deutschland. Aber nachdem sein Assistent, ein Hauptmann Roth, den Kopf schüttelte, lehnte er ab. Viel später, im Jahr 1934, als Hitler zugleich mit den Führern der SA auch viele unbequeme Konservative umbringen ließ, war Seisser einer von den Opfern. Roth machte Karriere unter den Nazis. Der Fall illustriert den fundamentalen Unterschied zwischen Konservativen und Nazis, ein Unterschied, der von meinen linken Freunden zu oft übersehen oder unterschätzt wurde.

In ganz Deutschland war die proletarische Revolution niedergeworfen. Die Struktur der Macht hatte sich behauptet: Grundbesitzer, Industrieherren, das Offizierskorps, die Beamten, Richter, akademische Würdenträger. Die USPD-Mitglieder des «Rats der Volksbeauftragten» waren zurückgetreten, die Rumpfregierung der drei SPD-Mitglieder hatte Wahlen ausgeschrieben. Der neue Reichstag, noch in Furcht vor den Berliner Arbeitern, trat in Weimar zusammen und nahm eine Verfassung an sowie die Farben der Revolution von 1848. Aus der SPD, den Demokraten (DDP) und der katholischen Zentrumspartei wurde eine Koalitionsregierung gebildet.

Die Weimarer Republik war nicht das Kaiserreich. Die in den ersten Monaten der Revolution durchgeführten Reformen konnten nicht leicht rückgängig gemacht werden. Es waren die von der Russischen Revolution durchgeführten Reformen: der Acht-Stunden-Arbeitstag (vorher nur in Queensland, Australien), die Arbeitslosenversicherung (vorher nur in Großbritannien), bezahlter Urlaub für Arbeiter. Wichtiger noch war die rechtliche Anerkennung der Arbeiterbewegung, der Gewerkschaften und Betriebsräte. Das kulturelle Leben, das in den vorhergehenden zwei Jahrzehnten viele Knospen getrieben hatte, kam zu voller Blüte unter der Republik.

Die Frage «Reform oder Revolution?» ist falsch gestellt. Wesentliche Reformen werden immer nur zugestanden, um eine befürchtete Revolution abzuwenden. Andererseits besteht eine Revolution lediglich aus einer Reihe von Reformen, die, wenigstens im Prinzip, auch ohne Revolution hätten durchgeführt werden können. Aber Revolutionen beschleunigen Reformen; sie sind, in Marx' Worten, die Lokomotiven der Geschichte.

Die Opposition der Rechten, welche die Niederlage Deutschlands nicht wahrhaben wollte und die volle Wiederherstellung des Kaiserreichs ersehnte, gewann Anhänger durch ihre Agitation gegen den «Schandvertrag von Versailles». Ihre Hauptwaffe war Terror – Liebknecht, Luxemburg, Landauer, Paasche und Eisner waren nicht die einzigen Opfer. Es gab viele mehr, darunter den Führer der USPD, Hugo Haase. Die Presse der Westmächte berichtete wenig über den Terror; es waren ja «nur Rote, die da ermordet wurden». Erst als ein Führer der Zentrumspartei, Erzberger, der als Finanzminister die Einkommenssteuer eingeführt hatte, ein Opfer wurde, merkten sie auf. Damals und dort wurde das Saatkorn des Nazismus gepflanzt.

Bayern war – und ist – Deutschlands reaktionärster Staat, und Hitler nahm seinen Start in München. Damals aß er im vegetarischen Restaurant «Ethos», wo ich auch oft mittags aß. Ich habe ihn wahrscheinlich oft gesehen, aber er hat keinen Eindruck hinterlassen.

«Mörderzentrale Blumenfeld»

Ich wohnte in einem möblierten Zimmer einer kleinen Wohnung in einem Münchner Arbeiterviertel. Meine Wirtin, eine ältliche Witwe, war fromm katholisch.

Eines Tages im August 1919 erschien, zum Entsetzen der guten Frau, ein Polizist, um mich zu verhaften. Im Polizeipräsidium wurde ich verhört. Nachdem man meine Fingerabdrücke genommen hatte, schickte man mich ins Gefängnis Stadelheim unter dem Verdacht der «Teilnahme am Mord».

Was war geschehen? Unter den vielen Leuten, die zur Rechtsschutzstelle für finanzielle Unterstützung kamen, war einer der Beharrlichsten, ein gewisser Blau. Einer meiner Mitarbeiter, H., hatte Verdacht gefaßt, Blaus Koffer durchsucht und schlüssige Beweise gefunden, daß er ein Spitzel der «Garde-Kavallerie-Schützen-Division» war, einer der bewaffneten Formationen des rechten Flügels, die in Deutschland im Jahr 1919 wie Pilze aus dem Boden gesprossen waren, entgegen den Bestimmungen des Friedensvertrags von Versailles, aber unter schweigender Duldung der Weimarer Republik. Später wurde bekannt, daß die Garde-Kavallerie-Schützen-Division über vierhundert Spitzel beschäftigt hatte!

Am Tage nach meiner Verhaftung verkündete eine dicke Überschrift im «Bayerischen Kurier», dem Organ der regierenden Partei: «Kommunistische Mörderzentrale aufgedeckt!» Die Zentrale war von einem Studenten namens Blumenfeld geleitet worden, der nun sicher hinter Schloß und Riegel war; die guten Bürger Bayerns konnten in Ruhe schlafen.

In ebenso großer Ruhe schlief ich. Auf «Teilnahme am Mord» stand Todesstrafe, aber ich war unbesorgt. Ordentliche Gerichtsverfahren waren in Deutschland wiederhergestellt, und die ganze Geschichte war absurd. H. hatte mir gesagt, daß er Blau auf dessen Wunsch nach Berlin begleiten werde. Etwas später war Blau auf einer Versammlung der kommunistischen Jugend als Spitzel entlarvt und totgeschlagen worden. H. war später wieder in München erschienen, hatte mir Blaus Tod berichtet und gesagt, daß er unter Verdacht stand, obgleich er nichts damit zu tun hatte. Ich kannte ihn als einen ehrlichen Mann und glaubte ihm.

Die Anklage behauptete, ich hätte die Ermordung Blaus geplant und organisiert, mit H. als Mittelsmann. Während ich im Gefängnis war, wurde ich dem mit dem Fall Blau befaßten Berliner Untersuchungsrichter vorgeführt. Er konfrontierte mich mit einem Mann namens Schreiber, der auch einer der Klienten der Rechtsschutzstelle gewesen war; ich hatte ihn sogar eine Nacht auf meinem Zimmer beherbergt. Schreiber sagte aus: «Ich habe ihn und fünf andere Männer zum Dienst in der ungarischen Roten Armee angeworben und beim Schein einer auf einem Dreifuß brennenden roten Flamme vereidigt.»

Ich sagte dem Richter, daß meine Wirtin bezeugen könne, daß kein Dreifuß in meinem Zimmer war und daß ich niemals gleichzeitig mehrere Besucher hatte. Nachdem ich meine Aussage vorgetragen hatte, vereidigte mich der Untersuchungsrichter. Ein Zeuge kann nicht vereidigt werden, wenn Verdacht auf Verwicklung in den Fall besteht.

Es war deutlich, daß die Mordanklage ein Vorwand war; der Zweck meiner Verhaftung war, den unbequemen Enthüllungen der Rechtsschutzstelle ein Ende zu setzen. Das gelang; die Rechtsschutzstelle hörte auf zu existieren. Als mein Anwalt den Polizei-präsidenten um meine Entlassung ersuchte, war die Antwort: «Wir werden ihn entlassen, wenn er seine Tätigkeit einstellt.»

Mein Anwalt erwiderte: «Sie meinen seine Tätigkeit als Mörder?» – Die Antwort blieb aus.

Nach fünf Wochen wurde ich entlassen, mit dem Befehl, Bayern binnen dreier Tage zu verlassen. Es war natürlich rechtswidrig, einen deutschen Staatsbürger von deutschem Gebiet zu verbannen. Am vierten Tag kam ein Polizist in meine Wohnung, befahl mir meine Sachen zu packen, begleitete mich zum Bahnhof und setzte mich in den nächsten Zug nach Darmstadt.

Gefängnis ist kein Vergnügen, aber die fünf Wochen in Stadelheim waren ganz erträglich. Die Wächter behandelten mich anständig, sogar höflich. Ich vermute, ihr Gedankengang war: «Man weiß nie, wie sich der Wind dreht; die USPD hat gerade bei den Stadtratswahlen sehr gut abgeschnitten, das Pendel könnte wieder nach links ausschlagen; im Vorjahr hatten sie einen Gefangenen gehabt, der bald darauf Justiz-minister wurde; vielleicht würde dieser Blumenfeld ihr nächster Vorgesetzter.» Was immer der Grund war, ich wurde gut behandelt. Meine Schwester, die nach München gekommen war, durfte mich besuchen und mir Wäsche, Lebensmittel und Bücher bringen. Endlich kam ich dazu, Karl Marx' «Kapital» zu lesen, und war beeindruckt von der Weite und Tiefe seines Denkens. Ich las auch Oswald Spenglers «Untergang des Abendlandes», das viele treffende historische Betrachtungen enthält, die nichts mit dem Titel zu tun haben.

Letzte Studentenjahre
1919–1921

Darmstadt

Ich hatte Darmstadt nicht wegen seiner Fakultät, sondern wegen seiner Lage gewählt. Es war nahe bei Sommerau und auch bei Heidelberg, wo meine Mutter ihre Studien wieder aufgenommen hatte. Ich war 27 und fand, daß es Zeit war, sobald wie möglich mein Studium abzuschließen und in die Praxis zu gehen.

Politische Arbeit setzte ich fort. Die Ortsgruppe der USPD wählte mich in ihren Vorstand. Ich war auch Vorsitzender der kleinen sozialistischen Studentengruppe, die eng mit der ebenso kleinen demokratischen Gruppe zusammenarbeitete; es gab noch eine etwas größere Gruppe katholischer Studenten, aber die große Mehrheit der Studenten stand rechts. Es stellte sich heraus, daß die einzigen Teilnehmer an einem kunsthistorischen Seminar die Führer der rechten, der katholischen Gruppe und ich waren.

Es ist bezeichnend für die trotz der politischen Spannungen noch vorherrschende zivilisierte Atmosphäre, daß unsere persönlichen Beziehungen sehr freundschaftlich waren; in privaten Unterhaltungen suchten wir die Anschauungen des anderen zu verstehen.

Der Kapp-Putsch

Im März 1920 unternahm die Rechte den «Kapp-Putsch»[1]. General Lüttwitz, Kommandeur des Berliner Bezirks, hatte dort die Macht ergriffen und eine «Regierung der Fachleute» unter Führung des erzkonservativen Präsidenten[2] von Ostpreußen, Kapp, proklamiert. Die Zuverlässigkeit der Kommandeure anderer Bezirke war zweifelhaft.

---

1 Auch Kapp-Lüttwitz-Putsch genannt, 13.–17. März 1920. Nach aufgeregten Angriffen der Rechten auf Matthias Erzberger (Zentrum), der Urheber der Friedensresolution war, als Ankläger gegen die deutsche Führung im Weltkrieg galt (Rede im Juli 1919 in der Nationalversammlung) und als Finanzminister der Schöpfer der später nach ihm benannten Finanzreform, die die wichtigsten Steuern zunächst dem Reich zur Verfügung stellte im Gegensatz zu vorher, wo die Länder Matrikularbeiträge ans Reich leisteten, wurde er als die Personifizierung der Weimarer Koalition und somit Hauptfeind von den Rechten angesehen. Das gipfelte in einem Prozeß, den er mit dem deutschnationalen Karl Helfferich durchzustehen hatte. Am Tag nach der Urteilsverkündung versuchten der alldeutsche ostpreußische Generallandschafts-direktor Wolfgang Kapp und General Walter v. Lüttwitz mit Hilfe der von ihm befehligten Marinebrigade Ehrhardt (sie war schon gegen die Münchener Räterepublik eingesetzt worden) einen Putsch und besetzten das Berliner Regierungsviertel. Die Regierung floh nach Stuttgart. Der Putsch scheiterte am passiven Widerstand der Ministerialbürokratie und am Generalstreik der Gewerkschaften. Im Vorlauf zu der aufgeheizten Kampfstimmung stand auch die sog. «Dolchstoßlegende» (vgl. Anmerkungen ebenda).

2 Generallandschaftsdirektor

Die sozialdemokratische Regierung Hessens unterstützte natürlich die Weimarer Regierung, aber die Lage in Darmstadt war gespannt.

Sobald die Nachricht von dem Putsch in Darmstadt eintraf, wurde eine Versammlung im Gewerkschaftshaus einberufen. Es wurde beschlossen, eine «Arbeiterwehr» aufzustellen unter Führung einer Gruppe aus je drei Vertretern der SPD und der USPD und einem der KPD, die in Darmstadt nur sieben Mitglieder hatte. Die KPD-Gruppe schlug ihren lokalen Führer vor, einen Mann, der wegen Unterschlagung aus der USPD ausgeschlossen worden war.

Natürlich lehnte ihn die Versammlung ab. Carlo Mierendorff, ein Darmstädter Mitglied der USPD, der in Heidelberg studierte, flüsterte mir zu, daß der ebenfalls in Heidelberg studierende Theodor Haubach in Darmstadt sei. Ich schlug vor, ihn als Vertreter der Kommunisten zu wählen, die Versammlung stimmte zu.

Haubach hatte in einer glänzenden Streitschrift Ludendorffs «Dolchstoß-Legende»[3] widerlegt. Es stellte sich heraus, daß Haubach durchaus nicht, wie ich geglaubt hatte, Kommunist war; er sagte zu mir: «Der Bolschewismus ist eine rein asiatische Angelegenheit.» Auf jeden Fall bestand die Führung der Arbeiterwehr nun aus sieben Mitgliedern, drei SPD, drei USPD (einschließlich meiner Person) und Haubach. Vorsitzender war SPD-Mitglied Leuschner, Führer der hessischen Gewerkschaften. Ich war beeindruckt von seinen Fähigkeiten.

Mierendorff und Haubach wurden später Reichstagsabgeordnete. Haubach wurde der Gründer und Führer des «Reichsbanner Schwarz-Rot-Gold», der paramilitärischen Organisation der Weimarer Koalition.

Später waren es diese drei Darmstädter, Leuschner, Haubach und Mierendorff, welche die Sozialdemokratie in dem «Kreisauer Kreis» vertraten, der versuchte, Hitler zugunsten eines demokratischen Deutschlands zu stürzen. Sie wurden Opfer des Faschismus.

Zur Zeit des Kapp-Putsches requirierte eine Zehnergruppe der Arbeiterwehr, der Carlo Mierendorff und ich angehörten, ein Dutzend Gewehre von einem Posten der «Heimwehr»; die drei Mitglieder des Postens leisteten keinen Widerstand, obwohl wir bis auf Mierendorffs alten Browning unbewaffnet waren. Die «Heimwehr» war überall in Deutschland mit Billigung der Weimarer Regierung aufgestellt worden, um «Gesetz und Ordnung» gegen die «Roten» zu schützen. Sie rekrutierten sich aus dem Mittelstand; viele, obwohl nicht alle, Mitglieder gehörten zum rechten Flügel und waren keineswegs bereit, die Republik gegen den Kapp-Putsch zu verteidigen.

---

3 Mit der «Dolchstoßlegende» versuchte sich die Führung der unterlegenen deutschen Armee zu rechtfertigen. Sie behauptete, daß dunkle, verräterische Kräfte im Spiel seien. Dies seien die Revolution – «Novemberverbrecher» war das Schlagwort – und die Parteien, die zum Verständigungsfrieden gemahnt hatten, solange er noch zu erreichen war. Diese Kräfte machten die Rechten jetzt wieder in der Weimarer Koalition aus. Die Niederlage sei also ein Dolchstoß von hinten gewesen und keine vor dem äußeren Feind. Sie unterschlugen dabei, daß nach einer Kette von Niederlagen seit August 1918 die Oberste Heeresleitung Ende September zu der Einsicht gelangt war, der Krieg sei verloren, und Hindenburg und Ludendorff es waren, die den sofortigen Abschluß des Waffenstillstands gefordert hatten. Die Ablehnung der Waffenstillstandsbedingungen hat dann dazu geführt, daß der Krieg nach Deutschland hinein getragen wurde sowie zur Zerschlagung des deutschen Heeres und zur bedingungslosen Kapitulation.

Andere Gruppen der Arbeiterwehr gingen ebenso vor wie unsere. Am Abend war eine Arbeiterwehr von dreihundert mit Gewehren bewaffneten Männern in der Lage, alle kritischen Punkte in der Stadt zu besetzen.

Ähnliche Arbeiterwehren waren überall in Deutschland gebildet worden und waren an Orten, wo die Lage kritischer war als in Darmstadt, entscheidend für die Niederwerfung des Putsches, der binnen einer Woche zusammenbrach. Sobald die Weimarer Regierung die Macht wieder fest in der Hand hatte, befahl sie den Reichswehrgenerälen, von denen viele während des Putsches eine zweideutige Haltung eingenommen hatten, die Arbeiter zu entwaffnen. Die SPD und Haubach waren willig zu folgen, wir von der USPD mißtrauten der Reichswehr. Während wir noch diskutierten, änderte sich die Lage. Die Franzosen besetzten Darmstadt, und wir stimmten der Entwaffnung der Arbeiterwehr zu.

Die Mitglieder der USPD trieben genug Geld und Material auf – ich lieh einen elektrischen Motor, um damit die Druckerpresse anzutreiben – um eine Wochenzeitung unter dem Namen «Arbeiter-Zeitung für Südhessen» herauszugeben. Ein Ingenieur, Fritz Löw, übernahm die Redaktion während seiner Freizeit. Bald darauf nahm Löw eine Stellung in einer anderen Stadt an. Die Partei ernannte mich zum Nachfolger. Es war keine leichte Aufgabe; oft mangelte es an geeignetem Material, und manchmal mußte ich die vier Seiten fast ausschließlich mit meiner eigenen Schreiberei füllen.

Lenin hatte die Dritte Internationale, die «Komintern», gegründet, und in der USPD war die Stimmung stark für den Anschluß als Zeichen der Solidarität mit der Russischen Revolution, die über die schwersten Hindernisse gesiegt hatte, wo wir gescheitert waren. Viele andere waren gegen den Anschluß, weil sie die überzentralisierte Struktur ablehnten; Anschluß an die Dritte Internationale bedeutete Anschluß an die Deutsche Kommunistische Partei (KPD). Ich schrieb mehrere Artikel, in denen ich die Argumente beider Seiten analysierte. Als ich das Frankfurter Organ der USPD besuchte, fragte mich einer der Redakteure: «Sind sie für oder gegen den Anschluß?» – «Haben Sie meine Artikel nicht gelesen?» – «Darum frage ich.» Wie die meisten Mitglieder der USPD bevorzugte ich eine dezentralisierte Parteistruktur als demokratischer, fand aber, daß internationale Solidarität die entscheidende Frage sei.

Im Dezember 1920 trat der Parteitag der USPD in Halle zusammen. Sinowjew, damals Führer der Komintern, machte wesentliche Zugeständnisse in der Frage der Parteistruktur. Eine starke Mehrheit stimmte für die Verschmelzung mit der KPD. Die Minderheit bestand noch etwa zwei Jahre als USPD fort und vereinigte sich dann[4] wieder mit der SPD.

Gerade vor dem Kongreß in Halle verschwand der Geschäftsführer unserer Zeitung mit einigen tausend Mark. Die Zeitung war tief verschuldet und mußte liquidiert werden. Dies beendete meine Laufbahn als Journalist. Ich nahm meinen Motor, um mit ihm in dem Bauernhaus, das wir gerade gekauft hatten, die bislang handgetriebene Wasserpumpe zu betreiben.

---

4   im September 1922

Brunstorf

Seit wir 1914 unsere Hamburger Wohnung aufgegeben hatten, hatte meine Mutter in Hotels und Pensionen gewohnt. Als unser ererbtes Vermögen sich mit der Inflation verflüchtigte, fürchtete ich, daß sie diesen Lebensstil nicht lange würde weiterführen können. Ich wollte für sie eine gute Wohnung und angemessene Ernährung sicherstellen und sah einen Bauernhof als die beste Lösung an. Ich dachte auch daran, ihn vielleicht selbst zu bewirtschaften, falls die Aussichten für Architekten weiter trübe blieben.

Meine Mutter war nicht voll überzeugt von meinem Vorschlag, aber stimmte zu. Ich fuhr nach Hamburg, nahm Fühlung mit einem Makler auf und sah mir verschiedene zum Verkauf stehende Bauernhöfe in der Hamburger Gegend an. Ich fand das Richtige in Brunstorf, 32 km östlich von Hamburg, am Rande des großen und schönen Sachsenwaldes, der im frühen Mittelalter die Sachsen von den Slawen abgegrenzt hatte. Zu meinem Hof gehörten vier Morgen Wald, die in der herkömmlichen Weise über die Dorfmark verstreut waren.

Mein Hof war einer der acht «Vollbauern»-Höfe in Brunstorf. Die Bauern sahen herab auf die «Handwerker», die ihrerseits die Landarbeiter verachteten. Der Pastor gehörte zu den Bauern, der Lehrer zu den Handwerkern. Die Klassenstruktur war im Dorf viel schärfer ausgeprägt als in der Stadt.

Die einzigen Städter in Brunstorf waren die Mitglieder der Familie eines pensionierten Offiziers, von dem ich den Hof kaufte. Er hatte das Haus mit einem Badezimmer und mit neuer Küchenausstattung modernisiert. Es war ein typisches niedersächsisches Bauernhaus, wohl hundert Jahre alt, Fachwerk mit Ziegeln unter großem Strohdach, nur das östliche Giebelende, geschützt vor dem herrschenden Westwind, war Wohnung. Der viel größere westliche Teil gehörte den Tieren, mit Kühen und Pferden an den beiden Seiten der großen Tenne unter dem Heuboden. Die bewohnten Räume gingen nach Osten auf den großen Garten hinaus. An der Südseite war die Straße, im Norden der Hof mit Schweine- und Hühnerstall.

Ein fähiger und zuverlässiger Landwirt, Herr Graff, der auch das Kirchenland bewirtschaftete, wurde mein Pächter. Da ich die Geldentwertung voraussah, sah unser Vertrag nur Lieferungen von Naturalien vor; erst später, nach der Stabilisierung der Mark[5], verwandelten wir die Pacht in Geldzahlung.

Wir teilten das Haus mit den Graffs; sie wohnten im Erdgeschoß und wir im Obergeschoß, das ich durch einen Dachausbau um drei Zimmer erweiterte. Ich machte dafür keine Zeichnung, sondern arbeitete mit den Handwerkern direkt vor Ort. Dieser Umbau fand erst 1921 statt, nachdem die früheren Bewohner das Haus geräumt hatten.

Sommerau

Im Jahre 1920 war ich noch in Darmstadt. Die meisten Wochenenden verbrachte ich mit Gertel in Sommerau. Wir wanderten oder ritten zusammen durch den Spessart.

---

5   Die Stabilisierung der Mark setzte im Prinzip mit Einführung der Rentenmark am 13. Oktober 1923 ein. Am 30. August 1924 wurde dann die Reichsmark eingeführt.

Gertel liebte es, wenn ich ihr vorlas, während sie arbeitete. Wir machten auch mehrtägige Ausflüge in alte Städte oder Klöster. Mit meiner Kenntnis der Kunstgeschichte war ich ein guter Führer, aber Gertel erlebte die Schönheit viel tiefer. Als wir Tilman Riemenschneiders (Marien-) Altar[6] in Creglingen bei Rothenburg besuchten und allein in der kleinen Kapelle vor diesem Meisterwerk der Holzschnitzerkunst standen, brach sie in Tränen aus. «Wenn ich das nur machen könnte!» seufzte sie. Sie hatte auf mein Drängen hin mit Holzschnitzarbeiten begonnen; aber da sie nur ein Küchenmesser benutzte, fand sie die Arbeit körperlich schwer.

Gertel erfand auch neue Techniken der Malerei. Für einige Zeit hatte sie bayerische Heiligenbilder gesammelt, die auf die Rückseite von Glasscheiben gemalt waren; sie bestanden aus einer einzigen Farbschicht. Gertel wendete das mehrschichtige Verfahren der Ölmalerei auf die Hinterglasmalerei an. Es ist eine schwierige Technik, weil die oberste Schicht zuerst aufgebracht werden muß; aber sie meisterte sie vollkommen, dank ihrer wunderbaren Vorstellungskraft, die ebenso exakt wie träumerisch und phantasievoll war.

Viele von diesen Bildern hängen jetzt an den Wänden meiner Wohnung in Toronto. Gertel war immer großzügig im Verschenken ihrer Werke an Freunde, aber sie weinte wie um ein verlorenes Kind, wenn eines verkauft wurde.

Eines Tages, nach einer kurzen Abwesenheit von Darmstadt, fand ich einen Brief vor von Tinny, Gertels älterer Schwester. Sie schrieb, daß sie in Sommerau allein und krank sei, und bat mich sofort zu kommen. Als ich anrief, antwortete Gertel, die mittlerweile heimgekehrt war, daß ich nicht vor dem Wochenende zu kommen brauche.

Seit geraumer Zeit hatte Tinny weniger und weniger Nahrung zu sich genommen und war zu einem Skelett abgemagert. Eines Abends, ein paar Wochen nach dem Brief, bat sie Gertel, Schuberts «Der Tod und das Mädchen» zu singen. Gertel begleitete sich auf dem Klavier, ich schlug die Noten um. Als ich mich umsah, erschrak ich: Tinny starrte mit aufgerissenen Augen ins Nichts. Als sie aufstand, um ins Bett zu gehen, bat sie mich, nach meinem Abschied von Gertel zu ihr zu kommen. Als ich in ihr Zimmer kam, hieß sie mich an ihr Bett sitzen und sagte: «Versprich mir, Gertel nie zu verlassen.» Für mich war ein Leben ohne Gertel undenkbar, und ich versprach. Sie bat mich dann, für die Nacht an ihrem Bett zu bleiben. Ich war erstaunt, aber willigte ein. Als Tinny sah, daß mir die Augen zufielen, sagte sie mit einem Seufzer: «Du bist müde, geh' zu Bett.» Ich ging zu Bett und fiel in einen tiefen Schlaf.

Als ich am nächsten Morgen herunter kam, war das Haus in Aufruhr. Tinny war gestorben, allein; ich hatte sie in ihrer letzten Stunde verlassen. Niemand hatte ihren Tod bemerkt; nur Gertels kleiner grüner Papagei saß an ihrem Bett, was er sonst nie getan hatte. Fühlen Tiere tiefer als Menschen?

Tinny war nicht krank gewesen; anscheinend hatte sie sich bewußt zu Tode gehungert. Warum? Jahre später, als ich ihren seltsamen Brief wieder las und überdachte, was ich sonst über sie wußte, wurde mir klar, daß sie mich geliebt hatte. Hatte sie die Erde

---

6 Tilman Riemenschneiders Marienaltar ist nicht genau zu datieren, 1502–1505 oder 1505–1510. Er steht in der Herrgottskirche in Creglingen.

verlassen, um die Liebe zwischen Gertel und mir nicht zu stören? War ich der Grund ihres Todes? Ich werde es nie wissen.

Im Herbst verließen Oscar und Gertel Sommerau und kehrten nach Karlsruhe zurück. Ich fuhr Gertels Ponywagen nach Karlsruhe, eine dreitägige Reise durch die herbstliche Landschaft.

Krisenjahr 1921

Die «März-Aktion»

Ich war nun Mitglied der vereinigten Kommunistischen Partei Deutschlands (KPD). In den ersten Monaten änderte dies nichts, da die alte KPD nur sehr wenige Mitglieder in Darmstadt gehabt hatte.

In Mitteldeutschland, der Hochburg der Partei, hatten viele Arbeiter ihre Waffen behalten. Als die Weimarer Republik die Reichswehr entsandte, um sie zu entwaffnen, brachen Kämpfe aus. Der Komintern folgend, rief die KPD zum Generalstreik auf. Die Führung in Darmstadt, mit Verhaftung bedroht, tauchte unter und beauftragte mich mit der Führung der Partei während ihrer Abwesenheit. Ich bereiste unsere wichtigsten Ortgruppen, einschließlich der Opel-Werke in Rüsselsheim, mit einem Rucksack voller Flugblätter. Überall weigerten sich die Arbeiter zu streiken; sie waren gescheit genug, um zu verstehen, daß die «Aktion» nicht gelingen konnte und zu einem Rückschlag führen mußte.

Diesen Standpunkt nahm auch Paul Levi[7] ein, der Führer der Partei, der sich von Anfang an der Aktion widersetzt und sie nach ihrem Scheitern scharf kritisiert hatte. Diese Haltung war von Clara Zetkin geteilt worden, die von jedermann der internationalen Arbeiterbewegung, auch von Lenin, hoch geachtet wurde. Als Fritz Heckert, im Auftrag der KPD-Führung, Lenins Zustimmung zu Zetkins Ausschluß zu erlangen suchte, soll Lenin geantwortet haben: «Ich würde Ihnen Ihren Kopf vor die Füße legen – wenn Sie einen hätten.» Dies war nicht ganz gerecht gegen Heckert, den ich später in Moskau traf. Er war kein Geistesriese, aber der Sache der Arbeiterklasse ehrlich ergeben.

Maulbronn

Während des Wintersemesters in Darmstadt besuchte ich Gertel oft in Karlsruhe; wir unternahmen auch Wochenendreisen. Im April 1921 besuchten wir das Kloster Maulbronn. Gertels Freundin hatte uns eingeladen, die folgende Nacht in ihrem Haus in Pforzheim zu verbringen. Als wir ankamen, erwartete uns Oscar an der Haustür, ließ mich stehen und ging mit Gertel ins Haus. Gertels Freundin kam heraus und riet mir, bis zum nächsten Morgen zu warten. Ich nahm ein Zimmer in einem Hotel nebenan. Es ergab sich, daß ich von meinem Fenster in das Zimmer des Hauses sah, in dem Oscar und Gertel miteinander sprachen; von Zeit zu Zeit nickte Gertel oder schüttelte mit dem Kopf. Am nächsten Morgen erfuhr ich, daß sie nach Karlsruhe zurückgekehrt

---

7 Paul Levi war Weggefährte von Rosa Luxemburg und u.a. Vorsitzender der KPD, kam 1922 über den Umweg der USPD zurück zur SPD.

waren. Ich nahm den nächsten Zug, stieg ab in einem Hotel nahe Gertels Wohnung und schrieb einen Brief an Oscar, daß ich seine Gefühle verstand, aber ihn sprechen wolle. Er kam in mein Hotelzimmer. Er sagte: «Ich will nicht eine Frau mit zwei Männern.» Ich sagte, daß Gertel ihre Wahl treffen müsse. Er stimmte zu, und wir gingen zusammen zu seinem Haus.

Als wir Gertel unseren Beschluß mitteilten, warf sie ein: «Ich liebe euch beide.» Als wir beide auf einer Antwort bestanden, schwieg sie lange und sah von einem zum anderen. Schließlich legte sie ihre Hand in meine.

Später sagte sie mir, sie habe in unserer beider Augen gesehen; Oscars waren kalt und hart und meine warm und zärtlich, und das habe ihre Entscheidung bestimmt.

Ich hatte Gertel gewonnen; aber was nun? Ich konnte sie nicht in mein kleines möbliertes Zimmer in Darmstadt nehmen; ich konnte sie nicht bitten, ihr liebevoll gepolstertes Nest mit einem kalten Hotelzimmer zu vertauschen. Oscar und Gertel gingen ins Nebenzimmer. Nach einer Stunde kam Gertel zurück. Sie sagte: «Ich kann ihn nicht so allein lassen.» Ich wußte, daß sie Recht hatte; Oscar hatte niemanden in der Welt außer Gertel. Er hatte keine Freunde, und die Beziehung zu seiner Mutter war kühl. Seine Liebe zu Gertel war echt und tief.

Oscar schlug mir vor, Gertel drei Monate Bedenkzeit zu lassen, während derer ich sie nicht sehen würde. Ich stimmte zu, ich war sicher, daß drei Monate nichts ändern würden. Spät in der Nacht fuhr ich nach Darmstadt zurück.

Während mein Herz von Gertel in Anspruch genommen war, mein Geist vom politischen Kampf und mein Körper von der Suche nach einem Bauernhof, hatte ich meine Vorbereitung zum Examen vernachlässigt. Nicht unerwartet fiel ich in mehreren Fächern durch, aber einige Wochen später kam ich knapp durch.

Befreit von dieser Last, konnte ich meiner Wanderlust frönen. Ich ging erst nach Uhenfels, wo meine Mutter zu Besuch war, und dann weiter nach Süden, um mir alte Städte, Kirchen und Klöster anzuschauen. Ich hatte meine Wanderpläne einer Mitstudentin mitgeteilt. Leonie P., eine der wenigen Kommunisten unter den Studenten. Sie war geneigt mitzukommen, worauf ich kühl reagiert hatte. Sie war offensichtlich in mich verliebt, aber für mich gab es keine Frau außer Gertel. Leonie war willkommen als Freundin und Genossin; wie üblich setzte ich meinen Willen durch.

Leonie kam in Uhenfels an, als ich es gerade verlassen hatte, aber fand mich am nächsten Aufenthaltsort. Wir wanderten als gute Freunde gen Süden durch die Matten und Wälder des voralpinen Hügellandes. Ich war entzückt von dieser Landschaft und ganz zufrieden, die Alpen als fernen Hintergrund zu haben. Aber Leonie, die Wienerin war, wollte in die Berge wandern. Zu meiner Überraschung erhielt ich die Einreiseerlaubnis nach Österreich ohne Schwierigkeiten. Während und nach dem Kriege war es schwierig, das Land zu verlassen, und ich fühlte mich eingesperrt. Sobald ich herausgefunden hatte, daß die Grenzen nicht mehr so dicht waren, kam die Sehnsucht nach Italien wieder hoch, und ich entschloß mich, nach Verona und Venedig zu fahren, eine Reise, die ich 1912 in München geplant, aber damals vertagt hatte. Wir wanderten ein paar Tage in den Vorarlberger Alpen. Dann, an einem Freitagmorgen, begann ich die 60 Kilometer Wanderung nach Innsbruck, aber das italienische Konsulat hatte eine Stunde vor meiner Ankunft geschlossen.

Wieder einmal im Gefängnis

Lieber als bis Montag auf ein ungewisses Visum zu warten, beschloß ich, einen illegalen Grenzübertritt zu riskieren. Falls ich abgefangen wurde, erwartete ich, mit einer Geldstrafe oder ein paar Tagen Haft durchzukommen. Die Strafe war in der Tat eine Woche Haft, aber es dauerte einen Monat, bis die Entscheidung von Rom eintraf.

Ich hatte die Grenze unbeobachtet überschritten, aber auf dem Bahnsteig verlangte ein italienischer Soldat meine Papiere und verhaftete mich. In Begleitung dieses recht netten jungen Mannes bestieg und verließ ich den Zug wie geplant in Brixen (Bressanone), wo ich im Bezirksgefängnis landete.

Einschließlich der paar Stunden in der Schweriner Kaserne war dies meine vierte Gefängniserfahrung und die unangenehmste. Das war durchaus nicht bösem Willen zuzuschreiben. Die von der österreichischen Zeit übernommenen Wächter waren sehr freundlich und ließen uns stundenlang im sonnigen Gefängnishof schwatzen oder spielen. Meine Mitgefangenen waren nette Leute, meistens junge Deutsche oder Österreicher, die, wie ich, versucht hatten, die Grenze illegal zu überschreiten. Am besten jedoch gefiel mir ein Mann, der wegen Totschlags verurteilt war, ein Landarbeiter, der seinen Brotherrn im Streit erschlagen hatte.

Aber die Betten waren voller Ungeziefer, und die Verpflegung ließ einen hungrig. Wir waren zu zweit in geräumigen Zellen. Mein erster Partner, ein junger Österreicher, war ein frommer Katholik. Ich war erstaunt über die Heftigkeit seines Hasses gegen die Reichen; unter sozialistischen und kommunistischen Arbeitern war mir ein so intensiver Haß nie begegnet. Weil sie die Klassenstruktur der Gesellschaft verstanden, begriffen sie, daß ihre Klassenfeinde handelten, wie es ihre Rolle verlangte, nicht aus persönlicher Bosheit. Es ist nicht gerade das geringste Verdienst des Marxismus, daß er die Unterdrückten und Ausgebeuteten vor dem fressenden Gift persönlichen Hasses bewahrt. Nach einer Woche wurde mein Zellenpartner entlassen; seinen Platz nahm ein junger deutscher Arbeiter ein.

Ich hatte etwas Geld und kaufte täglich ein kleines Brot, das ich natürlich mit ihm teilte. Eines Tages warf er sein Stück auf den Tisch mit den Worten: «Ich will dein Brot nicht, wenn du auf jeden Bissen guckst.» Ich bestritt seinen Vorwurf, wußte aber, daß es stimmte, und schäme mich dessen noch heute. Er war stolz und launisch, und es war Trauer in seinen Augen, als ich entlassen wurde und von ihm Abschied nahm.

Verglichen mit dem, was viele meiner Freunde und Genossen durchgemacht hatten und vor allem in den folgenden Jahrzehnten durchmachen würden, waren meine Gefängniserfahrungen ein Witz. Aber sie haben mich gelehrt zu verstehen, was Gefängnis einem Menschen antun kann; und die Abschaffung der Gefängnisse scheint mir wichtiger als die Abschaffung der Todesstrafe. Ich wage nicht, es vorzuschlagen, weil ich keinen Ersatz für die allgemein abschreckende Wirkung weiß; aber wir müssen alles tun, um einen zu finden, und auf jeden Fall weniger Menschen ins Gefängnis schicken.

Heimkehr

Nach meiner Entlassung sah ich mir Innsbruck an und auch das alte Kloster Stams in Tirol. Als ich den Bau skizzierte, fragte mich ein siebzehnjähriger Bursche, der Kuhhirt des Klosters, ob ich nicht seine Lieblingskuh porträtieren könne. Ich tat es, das Proträt gefiel ihm und er gab mir ein paar Schillinge. Es ist das einzige Geld, das ich jemals durch mein künstlerisches Talent verdient habe.

Ich kehrte zurück nach Darmstadt und bald darauf nach Brunstorf, wo ich meine Diplomarbeit beendete. Ich schickte sie an die Hochschule und erhielt mein Diplom. Ich hatte mit dem Gedanken gespielt, meinen Doktor zu machen über das Thema «Eine funktionale Morphologie der Stadt».[8] Das Thema hat mich stets begleitet, obgleich ich gelernt habe, daß die Beziehung nicht so eindeutig ist, wie ich einst dachte. Der erste Artikel über Städtebau, den ich in Amerika 1943 veröffentlichte, heißt: «Form and Function in Urban Communities» (Form und Funktion städtischer Gemeinden), und ich bin wiederholt auf das Thema zurückgekommen. Meiner Meinung nach ist die wechselseitige Beziehung von Form und Funktion das Kernproblem des Städtebaus.

Aber im Herbst 1921 war ich beinahe dreißig Jahre alt, und es war Zeit, endlich mit der praktischen Arbeit zu beginnen und auf eigenen Füßen stehen zu lernen.

Ich fand eine Stellung in einem kleinen Architekturbureau in Hamburg. Am Ende der ersten Woche kam ein Brief von meinem Chef, der mir mitteilte, er habe keine Zeit, Lehrlinge auszubilden; ein Scheck war nicht dabei. Es war kein vielversprechender Anfang. Ich nahm mir den Wink zu Herzen und arbeitete bei einem anderen Architekten als Lehrling. Er führte mich sehr gründlich und gewissenhaft in die Architekturpraxis ein.

Als ich von Darmstadt heimgekehrt war, hatte ich meiner Mutter gesagt, daß ich mit Gertel leben wollte; sie war darüber nicht glücklich. Sie hatte Gertel nach meiner ersten Nacht in München getroffen und mochte sie sehr gerne, und Gertel liebte meine Mutter. Aber meine Mutter wollte nicht, daß ich Gertel heirate. Ich war in der Tat weder wirtschaftlich noch gefühlsmäßig reif für die Ehe. Meine Aussichten auf Anstellung waren auch nicht gut.

Ich würde nicht hungern, dafür sorgte meine Mutter. Meine Mutter ihrerseits, eingedenk dessen, daß ihr Vater ihr einen gleichen Anteil des in der Bank investierten Familienvermögens vermacht hatte wie ihrem Bruder, fühlte sich berechtigt, einen Teil des Bankeinkommens zu beanspruchen, und ihr Bruder Aby überwies ihr immer Geld, wenn sie es brauchte. Aber wie konnte ich als Kommunist von der Wohltätigkeit eines Bankkapitalisten leben.

Es gab weitere Schwierigkeiten. Gertel wollte von mir ein Kind haben. Da sie in ihrer Kindheit bei einem Fall vom Pferde ihre Hüfte gebrochen hatte, erforderte dies einen Kaiserschnitt. Gertel scheute davor zurück, in einem Scheidungsprozeß vor Gericht zu erscheinen.

Mit unbegrenztem Mut und völliger Verachtung vor Konventionen wollte sie einfach mit mir leben. Ich wußte, was das im Deutschland, der zwanziger Jahre heißen würde, und war auch nicht gewillt, ein Kind zu haben, das gesetzlich einen anderen zum Vater hatte. Schließlich fürchtete ich, daß jemand ‚der so intensiv lebte wie Gertel, kein langes Leben erwarten könne. Ich hatte bemerkt, daß viele intensiv lebende Künstler, sowohl Maler als auch Musiker, um ihr siebenunddreißigstes Lebensjahr herum gestorben

---

8 Der Titel erscheint ganz in der Tradition Wölfflins und A.E. Brinckmanns (vgl. Anmerkungen ebenda).

waren: Giorgione, Raffael, Watteau, Géricault, Van Gogh, Mozart, Mendelssohn-Bartholdy, Bizet – und Gertel war 31. Tatsächlich starb sie mit 49 Jahren unerwartet an einem Schlaganfall.

Mit all diesen Gedanken war es kein Wunder, daß ich deprimiert war. Meine Mutter suchte Gertel auf und sagte ihr, ich sei nicht glücklich, wie man es von einem Bräutigam erwarte. Am Ende blieb Gertel bei Oscar, und unsere Beziehung blieb unverändert. Aber statt der 100 Kilometer zwischen Karlsruhe und Darmstadt waren wir durch fast 1 000 Kilometer getrennt, und ich war an eine Sechs-Tage-Woche gebunden. So kamen wir nur selten zusammen.

Gertel besuchte uns in Brunstorf. Meiner Mutter gefiel das Leben dort schließlich, und ich liebte es. Gertel liebte es ebenso; sie sagte, es vereine größte Einfachheit mit höchster Kultur. Im September verbrachten wir eine Woche ungestörten Glücks in Kampen auf Sylt. Es war nach der «Saison», ein starker Westwind blies, und wir beide liebten die stürmische Nordsee.

Wohnhaus in Kalifornien, eines der ausgeführten Gebäude von Hans Blumenfeld, entstanden während seines Aufenthaltes in den USA 1924–1927.

Architekt auf Reisen oder
Arbeit in verschiedenen Architekturbureaus
1921–1930

Hamburg

Nach vier Monaten Lehrzeit fand ich schließlich meine erste richtige Stellung bei den Architekten Hans und Oskar Gerson[1]. Ich verdankte sie nicht meinen Verdiensten; die Brüder Gerson hatten den Auftrag, die Warburg-Bank zu erweitern.

Ich mochte Hans und Oscar Gerson sowohl persönlich als auch als Architekten. Es war eine mittelgroße Firma mit etwa einem Dutzend Angestellten. Mit Ausnahme der Schreibkräfte waren wir alle «Architekten» auf gleicher Ebene. Spezialisierung beherrschte noch nicht das Feld. Wir alle hatten mit allen Seiten der Praxis zu tun: entwerfen, zeichnen, Baubeschreibung, Verhandlungen mit Auftraggebern, Handwerkern und Behörden sowie Bauführung. Die meisten von uns waren junge Leute, die die Technische Hochschule absolviert hatten. Aber es waren da auch einige etwas ältere Leute, die auf der sehr guten Baugewerbeschule ausgebildet waren. Wir Akademiker fragten sie oft um Rat; sie brauchten unseren nie.

Im allgemeinen mochte ich meine Arbeit. Den größten Teil meiner Zeit beanspruchte die Bauführung eines Genossenschaftswohnhauses mit zehn Sechs-Zimmer-Wohnungen und Dienstbotenzimmern im Dachgeschoß.[2]

Die Inflation wuchs zusehends, Material war knapp und Preise unberechenbar. Der Bauunternehmer, ein Mann von gutem Ruf, ließ fünf gerade sein und benutzte minderwertigen Zement. Sobald ich das bemerkte, ließ ich die Arbeit einstellen. Der Unternehmer und seine Vertreter luden mich in eine benachbarte Kneipe ein, «um die

---

1 Das Architekturbureau der Brüder Gerson gehört rückblickend zu den bedeutenderen im Kontorhausbau in Hamburg. Architekturbeispiele sind: das Ballin Haus (1923), das seit 1933 von den Nazis Meßberghof genannt wurde. Hier hat Hans Blumenfeld durch Zufall den Treppenhausentwurf realisiert. Weil er die Zeichnung für dieses abends im Büro fand und sie ihm nicht gefiel, hat er das Treppenhaus nachts neu gezeichnet und auf dem Platz des bearbeitenden Architekten liegenlassen. Dieser glaubte am anderen Morgen, eine Korrektur seines Chefs vor sich zu haben, und übernahm die Skizze in die Ausführungspläne. Erst als der Chef sich lobend über den Treppenhausentwurf äußerte, klärte sich die Situation auf; der Thalia Hof (1921/22), die expressionistische Fassade zeichnet sich durch besondere Leichtigkeit aus. Hier hatten die Gersons auch ihr Büro, es liegt schräg gegenüber dem Bankhaus Warburg, dessen Erweiterung von Martin Hallers Bau (1912/13) sie 1923 ausführten; der Sprinkenhof, wohl neben dem Chilehaus (Architekt Fritz Höger) eines der bedeutendsten und das größte Kontorhaus Hamburgs, den sie zusammen mit Höger ausführten, den Mittelteil 1927/28, den westlichen Teil 1930/32. Den östlichen Teil realisierte Höger allein, weil Oskar Gerson aus rassischen Gründen das Bauen durch die Nazis verboten und Hans Gerson 1931 verstorben war. Daneben realisierten die Gersons noch diverse Geschoßwohnungsbauten.

2 Es ist möglich, daß Hans Blumenfeld das Mietshaus Haynstraße 2–4 meint, es gehört zu den sog. «Mietergesellschaftshäusern» und ist 1923 enstanden. Zu seinen Lebzeiten war er immer der Meinung, daß es der Gersonsche Geschoßwohnungsbau in der Schlüterstraße 6 gewesen sei, lehnte nach Konfrontation mit Fotos jedoch ab, die vorhandene Tür entworfen zu haben, obwohl die zeitgenössische noch vorhanden ist. Die Bauzeit (1921) entspricht auch nicht der Zeit seiner Mitarbeit bei den Gersons.

Lage zu besprechen». Sie gossen mir ein «Bier und Köm» nach dem anderen ein, offenbar in der Absicht, mich sinnlos betrunken zu machen. Ich ging fort, schluckte ein paar Tassen schwarzen Kaffee und ging zur Baustelle zurück, wo, wie ich vermutet hatte, die Arbeit wieder im Gang war. Ich stellte sie wieder ein und rief die Baupolizei herbei, die meine Entscheidung bestätigte. Für mehrere Tage lag die Baustelle still, während Löhne natürlich weiter gezahlt werden mußten.

Ich ließ auch, in proletarischer Solidarität, die Zimmerleute wissen, daß der Unternehmer den Maurern Prämien zahlte. Sie verlangten und erhielten das Gleiche. Bald nachdem der Bau beendet war, machte der Unternehmer Bankrott und gab mir daran die Schuld. Vielleicht stimmte das, und es tat mir leid. Aber ich hätte nicht anders gehandelt, auch wenn ich diese Folge erwartet hätte.

Alle künftigen Bewohner oder ihre Frauen wollten irgendwelche Änderungen der Pläne für ihre Wohnungen. Für jede Änderung mußte ich eine Bauzeichnung machen, einen Kostenvoranschlag erstellen und die Ausführung überwachen. Am Ende mußte ein Berg von Rechnungen von den einzelnen Mitgliedern an ihre Kooperative bezahlt werden. Ich hatte die Aufgabe, den Berg zu sortieren und die Schulden jedes Teilhabers zu addieren. Es war eine sinnlose Aufgabe, da während der Bauzeit die Inflation den Wert der Mark auf ein Zehntel reduziert hatte. Ich fand es unsinnig, wochenlang leere Ziffern zu addieren, und kündigte meine Stellung.

Ich hatte Hoffnung auf einen Auftrag. Ich war befreundet mit Fritz Saxl[3], einem Wiener Kunsthistoriker, der Direktor der Bibliothek – sie hieß noch nicht Institut – von Aby M. Warburg war. Saxls Schwiegervater, der in London lebte, hatte ihm 400 Pfund geschickt, um ein Haus zu bauen. Saxl hatte ein Grundstück gesichert und beauftragte mich, sein Architekt zu sein.

Ich entwarf die Pläne, fand einen zuverlässigen Unternehmer mit dem Saxl einen Vertrag abschloß. Der Unternehmer war mit dem Preis einverstanden, aber wollte lieber Dollar haben als englische Pfunde; so wechselte Saxl seine Pfunde gegen Dollar ein. Beide Parteien unterzeichneten den Vertrag. Ich kaufte auch, um der Inflation zuvorzukommen, von einem Kollegen im Gerson-Bureau die benötigte Menge Zement.

Das Haus ist nie gebaut worden, glücklicherweise, muß ich sagen. Es wäre ganz wohnlich gewesen, aber die Architektur war weniger als mittelmäßig.

Saxl hatte genug von den unerwarteten Schwierigkeiten des Hausbaus und beschloß, lieber ein fertiges Haus zu kaufen. In gütlicher Übereinkunft wurde der Bauvertrag annulliert, und Saxl verzichtete mit einem kleinen Geldverlust auf den Grundstückskauf. Er verlor viel mehr, als er seine Dollars wieder in Pfunde verwandelte, um sie seinem Schwiegervater zurückzuzahlen. Churchill hatte gerade diesen Zeitpunkt ausgesucht, um den Kurs des Pfundes gegenüber dem Dollar in die Höhe zu treiben. Gleichzeitig fiel der Preis für Zement. Mit vieler Mühe wurde ich meinen Hort zu reduziertem Preis los. So war das Resultat meines ersten Auftrags: Haus nicht gebaut, Bauherr verliert Geld, Architekt verliert Geld.

---

3 Fritz Saxl war seit 1913 Assistent in der Kulturwissenschaftlichen Bibliothek Warburg (KBW), organisierte deren Umzug nach London vor der Machtergreifung der Nazis und war dort bis 1948 deren Leiter.

Es war das Ende meiner Karriere als selbständiger Architekt. Ich war weiterhin ein aktives Mitglied der KPD. In meiner Gewerkschaft, dem «Bund der technischen Beamten und Angestellten (Butab)», führte ich die kleine linke Opposition. Wir hatten scharfe Diskussionen, aber sie schwächten nicht unsere Solidarität. Ich betrachtete die Sozialdemokraten, die in der Mehrheit gewannen, als verirrte Brüder, die wir auf den wahren revolutionären Weg zurückführen mußten, den ihre Führer seit Beginn des Krieges verlassen hatten.

In der Partei traf ich Rudolf und Edith Hommes. Er war Gymnasiallehrer, aber seit Jahren arbeitslos und war der stellvertretende Vorsitzende der Hamburger Partei; sie unterrichtete in einer Handelsschule.

Beide wurden lebenslange Freunde. Durch Hommes traf ich Ernst Thälmann, der drei Jahre später der nationale Führer der KPD werden sollte. Zu jener Zeit arbeitete er noch auf einer Schiffswerft und war der Vorsitzende der Hamburger KPD. Ich mochte Ernst Thälmann und das Gefühl war gegenseitig – überraschend bei seinem Mißtrauen gegen Intellektuelle. Ich wohnte am Rande des Arbeiterviertels[4], in dem er wohnte. Nach der Rückkehr von seiner ersten Reise in die Sowjetunion war ein Anschlag auf sein Leben verübt worden, und auf einer Versammlung unserer Bezirksorganisation war beschlossen worden, daß drei von uns seine Wohnung bewachen sollten. Als Thälmann heimkam, sagte er: «Jungs geht nach Hause, ich kann mich selbst verteidigen.» Wir schwatzten, er war tief beeindruckt von Lenin. Von der Sowjetunion meinte er: «Ich weiß nicht, ob ich dort leben möchte.» Später, Anfang 1924, als ich ihm sagte, ich führe nach Amerika, sagte er: «Es wird dir gefallen, es ist ein gutes Land.» Ich fragte erstaunt: «Warst du dort?» Er berichtete, daß er als Seemann sein Schiff verlassen und als Schauermann in Brooklyn gearbeitet hatte. Er erklärte mir auch die Tricks, mit denen die Hamburger Schauerleute Kisten aufbrechen und den geplünderten Inhalt durch den Zoll schmuggeln. Ich kannte ihn als warmen, gefühlvollen Menschen voller Humor, nicht als den roten Heiligen offizieller Biographien. In jeder Beziehung, einschließlich seiner Vergnügungen, war er ein typischer Arbeiter und hatte ein außerordentliches Feingefühl für die voraussehbare Reaktion der Arbeiter; er hatte einen sehr wachen Verstand. Vor allem hatte er unbeugsamen Mut. Die Nazis verhafteten ihn in den ersten Wochen nach ihrer Machtergreifung. Zwölf Jahre lang folterten sie ihn, um von ihm ein Wort zu ihren Gunsten zu erpressen. Er gab nicht nach, und sie ermordeten ihn kurz vor ihrem Sturz.

Im Jahre 1922 war Joseph Wirth Reichskanzler.[5] Er war Erzbergers[6] Nachfolger als Führer des linken Flügels der katholischen Zentrums-Partei und wurde Parteiführer. Das Zentrum war die einzige Partei, die an allen Regierungen der Weimarer Republik teilnahm. Später bevorzugte es Koalitionen mit der Rechten, weitgehend unter dem

---

4 in der Reimarusstraße am Hafen
5 Joseph Wirth war Reichskanzler in der VI. Regierung vom 26. Oktober 1921 bis 22. November 1922 und in derselben Funktion auch schon in der V. Regierung vom 10. Mai 1921 bis 26. Oktober 1921.
6 Matthias Erzberger, geb. 1875, am 26. August 1921 von rechten nationalistischen Ex-Offizieren ermordet; zu Erzberger vgl. auch Anmerkung zum Kapp-Putsch.

Einfluß des klugen und mächtigen päpstlichen Nuntius, Kardinal Pacelli, dem späteren Papst Pius XII.

Außenminister in Wirths Kabinett war der Demokrat Walter Rathenau, eine bemerkenswerte und umstrittene Figur. Mein Freund, der Kunsthistoriker Erwin Panofsky, der eine scharfe Zunge hatte, nannte ihn «Jesus im Frack». Er war Multimillionär, Chef der AEG, die zusammen mit Siemens die deutsche Elektroindustrie beherrschte. Er war der wichtigste Organisator der deutschen Kriegswirtschaft gewesen. Er war für Staatskapitalismus und schrieb darüber. In einem seiner Bücher sagte er: «Niemand wird viel besitzen, nur einer wird unermeßlich reich sein, der Staat.» Es war nicht eben ein Standpunkt, um sich bei den besitzenden Rechten beliebt zu machen. Aber sein größtes Verbrechen in ihren Augen war der Vertrag von Rapallo[7], abgeschlossen von Rathenau, der Jude war, mit der angeblich von Juden beherrschten Sowjetunion. Er wurde von einem Fanatiker im (24.) Juni 1922 erschossen.

Die Ermordung Rathenaus löste eine mächtige Protestwelle aus mit der Forderung an die Regierung endlich gegen die rechten Terror-Gruppen einzuschreiten. Millionen Anhänger der SPD, USPD und KPD marschierten durch die Straßen aller deutschen Städte in Demonstrationen, denen sich auch nicht-sozialistische Demokraten anschlossen. Die Bewegung war frei von Gewalttaten, aber zu stark, um ignoriert zu werden. Wirth versuchte die USPD in die Regierung einzubeziehen, aber die Verhandlungen scheiterten.

Wirth ist seinen links-demokratischen Überzeugungen treu geblieben. Nach dem Zweiten Weltkrieg, den er überlebte, unterstützte er als Mitglied der Christlich-demokratischen Partei die Deutsche Demokratischen Republik (DDR).

Die Protestbewegung gegen den Rathenau-Mord war die letzte der großen Wellen der deutschen anti-militaristischen Bewegung, nach dem Sturz des Kaisers im November 1918 und der Niederwerfung des Kapp-Putsches im (17.) März 1920. Diese Welle verebbte noch schneller als ihre beiden Vorgänger.

Im (22.) November 1922 übernahm die gemäßigt rechte Cuno-Regierung die Macht. Sie weigerte sich, die im Versailler Vertrag festgelegten Reparationen zu zahlen und forderte deren Herabsetzung. In Vergeltung besetzten die Franzosen die Ruhr. Die Mark brach völlig zusammen. Die Unruhe wuchs, Hitlers Partei erzielte ihre ersten Erfolge. Der Zynismus der Nazi-Demagogie wird immer noch unterschätzt. Rassismus ist unzweifelhaft ein wesentlicher Bestandteil der Nazi-Ideologie.

Aber zu jener Zeit sah ich mit eigenen Augen Nazi-Plakate in den Hamburger Straßen, die die Ruhr-Arbeiter aufriefen, mit den schwarzen und weißen französischen Proletariern im Waffenrock im gemeinsamen Kampf gegen den französischen Imperialismus zu fraternisieren!

Westliche, vor allem amerikanische Konzerne hatten in Deutschland nach dem Kriege viel investiert. Sie wollten Deutschland wieder in die Weltwirtschaft integrieren und

---

7 Vertrag von Rapallo, 16. April 1922, deutsch-sowjetischer Sondervertrag auf der Grundlage gegenseitiger Gleichberechtigung. Verzicht auf Erfüllung von Artikel 116 des Versailler Vertrages, d.h. alle Ansprüche aus der Zeit des Krieges zwischen Deutschland und dem früheren Rußland galten als erledigt.

ihm wieder auf die Beine helfen. Ein Kompromiß für die Reparationen, der Dawes-Plan[8], wurde ausgearbeitet. Im August wurde Cuno von Stresemann abgelöst.

Die Franzosen räumten die Ruhr. Ich sah dies als das Ende der Nachkriegszeit und den Beginn einer langen Periode kapitalistischer Stabilisierung in Deutschland und Europa an. Meine Einschätzung war richtig, was ich übersah, war, daß mehrere Monate vergehen würden zwischen der Entscheidung, Deutschland auf eigene Füße zu stellen und ihrer Durchführung, und daß in dieser Zeit Inflation und Spannung ihren Höhepunkt erreichen würden.

Für fast fünf Jahre hatte ich mich verpflichtet gefühlt, mich bereit zu halten für den Fall, daß revolutionäre Entwicklungen meine volle Teilnahme fordern würden.

Für den Sozialismus zu arbeiten war so wichtig wie je, aber für viele Jahre würde es in politischer Erziehung und Organisation bestehen, einer Arbeit, die Platz ließ für längere Perioden der Lebenserfahrung und Reflexion. Ich war nicht mehr länger gebunden durch meine Verpflichtung als Staatsbürger.

Ich war noch weniger durch Berufsarbeit gebunden. Ich war arbeitslos, ohne eine Stellung in Sicht und verbrachte meine Tage müßig in Brunstorf. Es war ein angenehmes Leben. Ich hatte reichlich Zeit zum Wandern und zum Lesen. Aber war das ein Leben für einen Mann von 30, auf der Höhe seiner Kraft? Meine Rastlosigkeit wuchs. Heute glaube ich, daß vermutlich sexuelle Frustration auch viel mit meiner Rastlosigkeit zu tun hatte. Was auch immer die Gründe waren, verspätete Adoleszenz machte sich bemerkbar, und ich beschloß, auf Wanderschaft zu gehen. Meine Mutter war natürlich besorgt über meinen Entschluß, aber, wie immer, ließ sie mich gewähren.

Intermezzo: Auf der Walz

Deutschland

Ich konnte zwei bewußte Motive – oder Rationalisierungen – für meine Wanderlust anführen, die einander weitgehend widersprachen. Ich wollte Italien wiedersehen; und ich wollte als Proletarier leben, von der Arbeit meiner Hände statt von ererbtem Geld oder den Früchten der Erziehung, die das Geld gekauft hatte. Das erste Motiv verlangt keine weitere Erklärung, aber das zweite mag einer Erörterung wert sein.

Aufgrund einer mehr tolstojanischen als marxistischen Einstellung wollte ich das Leben der Arbeiterklasse teilen. Ich hatte meiner Mutter weh getan, indem ich Einladungen meiner wohlhabenden Verwandten in Hamburg ablehnte; nicht weil ich sie nicht mochte, sie waren nette Leute. Aber ich fand es unangebracht für einen Kommunisten, in bürgerlichem Luxus zu schwelgen. Ich habe natürlich diese besondere Form der Torheit längst abgelegt, es bleiben genug andere.

Aber ich bin noch immer kritisch gegenüber Sozialisten und Kommunisten, die viel

---

8   Dawes-Plan, benannt nach Charles Gates Dawes, dem US-Währungsexperten und US-Vizepräsidenten von 1925–1929, datiert auf den 9. April 1924. Er leitete eine neue Reparationspolitik der USA ein, «Business not Politics» genannt; die Rückzahlung der europäischen Schulden an die USA wurde durch sichere Grundlagen der deutschen Zahlungsfähigkeit sichergestellt, trat am 1. September 1924 in Kraft.

Geld für ihre persönlichen Bedürfnisse ausgeben, selbst wenn sie das Geld durch eigene Arbeit erworben haben, wie z.B. Pablo Picasso.

Geld ausgeben bedeutet Sklaven kaufen; oder, nüchterner ausgedrückt, anderen befehlen, Arbeiten auszuführen, die sie lieber nicht machen würden. Andere Männer und Frauen schwitzten, um mich mit Nahrung, Wohnung usw. zu versorgen; wieviel Arbeit verrichte ich für sie? Ich bestehe nicht auf völliger Gleichheit; aber wenn ich zehn- oder hundertmal soviel Arbeit kaufe, als ich verrichte, beute ich zweifellos viele Mitmenschen aus. Ich bin immer überrascht, daß andere, insbesondere Marxisten, das nicht sehen.

An einem schönen Augustmorgen begann ich meine Wanderung zu dem hübschen Städtchen Lauenburg an der Elbe, gekleidet in Kordhosen und Jacke, mit Sandalen an den Füßen und einem Rucksack, der nicht viel mehr als Zahnbürste und Rasierapparat enthielt. Ich fühlte mich glücklich und frei.

Von Lauenburg nahm ich die Eisenbahn, zunächst bis Lüneburg, dann weiter nach Celle, zwei weitere mittelalterliche Städtchen, in denen ich Bauwerke besichtigte und ein paar Skizzen anfertigte. Die Lust daran, die Schönheiten der Welt in mich aufzunehmen, seien sie menschengemacht oder natürlich, hat meine Reiselust lebenslang beflügelt.

Auf die Walz zu gehen hat in Deutschland eine lange, ehrenwerte Tradition, die auf die Handwerksgesellen im Mittelalter zurückgeht. Jede Stadt, groß und klein, war durch das Gesetz verpflichtet, Wandersmännern kostenlos ein Dach über dem Kopf zu gewähren; für Frauen gab es keine vergleichbare Regelung. In Celle war die Herberge, wie in Städten üblich, ein solider Bau mit großen Schlafsälen. Die Betten waren schmal und die Matratzen dünn, aber die Laken waren sauber und Duschen waren auch vorhanden. Ich schlief fest und war glücklich. In dem kleinen Dorf, in dem ich die nächste Nacht verbrachte, kam ich in einer kleinen Scheune auf einem Heulager unter und wusch mich im nahegelegenen Bach; die frische Luft sagte mir sehr viel mehr zu als ein Waschraum.

Meine Mutter hatte darauf bestanden, mir an einen verabredeten Ort etwas Geld zu schicken. Dieser Ort war die westfälische Stadt Paderborn mit ihren berühmten romanischen Kirchen. Als das Geld eintraf, war es freilich im Wert gesunken. Mir fiel auf, daß für den letzten Abendzug keine Gepäckträger eingeteilt waren. Und ich verdiente mir ein bißchen Kleingeld, indem ich den Spätankömmlingen die Koffer trug. Es reichte für ein Dachzimmer in einer kleinen Pension und zu Brot und Kartoffeln, um Leib und Seele zusammenzuhalten.

Ich begab mich ins Arbeitsamt und wurde auf einen Bauernhof geschickt, wo man mir ein ordentliches Schinkenbrot und Kaffee auftrug. Ich hätte nur allzu gern auf dem Hof gearbeitet, aber als ich mich nach dem Lohn erkundigte, wäre ich mir wie ein Streikbrecher vorgekommen, wenn ich für ein so symbolisches Entgelt gearbeitet hätte, und machte mich daher wieder auf den Weg.

Auf der Wanderung entstand in meinem Kopf das einzige ernsthafte Gedicht, das ich in meinem Leben geschaffen habe, ein Lobgesang auf die Schönheit der Welt.

Ich klopfte bei Bauern an und bat um Arbeit. Die Antwort lautete immer gleich: «Arbeit haben wir nicht, aber Sie werden Hunger haben»; und man gab mir Brot, Suppe oder Milch. Bald ließ ich die Geschichte mit der Arbeitssuche und bat abends einfach um eine Mahlzeit und ein Bett für die Nacht. Ich wurde niemals abgewiesen. Einmal kam ein Bauer heraus und sagte: «Ich habe Ihnen Butter aufs Brot geschmiert, weil Sie so höflich gefragt haben.» Ein andermal zog ein junger Kerl, der in einer Ecke der Bauernküche herumsaß, eine ungarische Fünf-Forint-Note aus der Tasche und schenkte sie mir; damit kam man damals, wie mit jeder stabilen Währung, recht weit. Wenn ich zu einem Schuster oder Schneider ging und um Nadel und Faden bat, weil ich meine Sandalen oder Kleider flicken wollte, nahmen sie sie mir bald aus der Hand, um die Arbeit ordentlich zu machen. Wenn ich am Fluß meine Wäsche waschen wollte, nahmen mir geübte Frauenhände die Arbeit ab. Wann immer ich Hilfe brauchte, war jemand da, oft ohne daß ich darum bitten mußte.

Diese Erfahrung bestärkte mich zutiefst und für alle Zeiten in meinem Vertrauen in die Menschheit. Sie fegte die letzten Überbleibsel des bürgerlichen Aberglaubens beiseite, daß man nicht ohne Geld leben könne. Gertel hatte oft, wenn ich mir Sorgen um meine Zukunft als Architekt machte, gesagt: «Der morgige Tag wird für das Seine sorgen.» Ich übernahm ihre Philosophie jetzt rückhaltlos.

Ich muß natürlich zugeben, daß Geld wichtig ist – aber nur wenn man keins hat. Wenn man genug hat, um den Wolf von der eigenen Tür fernzuhalten, jagt man mit den Ziffern auf dem Konto einer bloßen Abstraktion nach. Erwin Panofsky hat einmal gesagt, er möge die Bankiers, weil sie die letzten seien, die sich treu an die Philosophie der mittelalterlichen Scholastiker hielten, die mit Plato an die höhere Wirklichkeit von Ideen und Symbolen, wie die sie enthaltenden Worte, glaubten. Merkwürdigerweise bezeichneten die Scholastiker sich als «Realisten»; und wieviel merkwürdiger ist es, daß sich ihre zeitgenössischen Nachfolger, die glauben, daß Geld wirklicher und wichtiger sei als das Leben, ebenfalls so bezeichnen.

Von anderen Wandergesellen erfuhr ich, daß es auf der Baustelle für einen Staudamm mit Kraftwerk am Fluß Lenne bei Plettenberg Arbeit gab. Ich wurde eingestellt und bewarb mich um ein kleines Zimmer, das in einem Arbeiterhaus zu mieten war. Die Wirtin fragte: «Sind Sie katholisch oder evangelisch?» Ich antwortete: «Ich bin Jude.» «Aber Juden arbeiten nicht!» rief sie aus. Ich lachte und sagte: «Ich schon.» Ich bekam das Zimmer.

Ich mußte Zementsäcke schleppen, Zement anrühren und die Verschalungen abbauen, wenn die Bauteile ausgehärtet waren. Es war keine schwere Arbeit. Einmal spielte sich ein Bursche auf, indem er sich zwei Zementsäcke auf einmal auflud – zur allgemeinen Bewunderung und Belustigung. Wie später so oft, fiel mir damals auf, daß viele Menschen – wenn auch sicher nicht alle – mehr Freude an ihrer Arbeit haben, als sie sich und vor allem ihrem Chef eingestehen wollen.

Unterdessen war die Inflation auf und davon galoppiert. Die Löhne wurden jeden Abend ausgezahlt, und alles eilte in die Geschäfte. Meine Miete zahlte ich ebenfalls jeden Abend.

Nach zehn Tagen siegte die Wanderlust wieder; ich wollte vor Wintereinbruch in Italien sein. Ich fuhr mit dem Zug nach Frankfurt, um meine Schwester zu besuchen. Die Fahrpreise konnten nicht mit der Inflation Schritt halten, und man zahlte nur noch einen nominellen Betrag. Margaret machte Forschungsarbeiten für den Deutschen Verein für öffentliche und private Fürsorge. Sie hatte sich in Hamburg mit Alfred

Plaut, einem Pathologen, verlobt. Alfred war nach Amerika gegangen,[9] und sie sollte nachkommen, was sie kurz nach meinem Besuch tat. Sie heirateten in New York.

Ich fuhr mit dem Zug weiter nach Nürnberg, wo ich drei Tage mit Gertel verbrachte. Ich begleitete sie auf der Bahnfahrt zurück nach Karlsruhe, stieg aber noch in Eschenbach, Bayern, aus. Von dort ging es zu Fuß bis Meran in Italien, eine Entfernung von ungefähr 300 Kilometern Luftlinie. Ich packte meine Sandalen in den Rucksack und marschierte barfuß. Bald waren meine Fußsohlen so abgehärtet, daß mir harte Böden keinerlei Schwierigkeiten machten – ausgenommen Stoppelfelder, wie ich bald herausfand. Ich nahm alte Städtchen, Kirchen und Klöster mit und schlief und aß bei Bauern. Ich blieb zwei Tage bei Gertels Eltern, die in einem Vorort von München ihren Ruhestand verlebten. Ich wurde herzlich aufgenommen; ihr Vater spielte Beethoven und Schubert auf der Geige, und ihre Mutter und ich sprachen über das Thema, das uns am meisten am Herzen lag: Gertel.

Auf dem Weg nach Süden durchwanderte ich das sanfte, für seine Milchprodukte so berühmte Alpenvorland. Die frisch gemolkene Abendmilch schmeckte unvergleichlich viel besser als alle Milch, die ich vorher oder nachher je zu trinken bekam. Ich überquerte die österreichische Grenze nach Nordtirol. Eines Abends fand ich, als es gerade anfing zu regnen, Arbeit auf einem Bauernhof. Ich arbeitete ungefähr eine Stunde, bekam ein frisches Bett und ein reichliches Abendessen und Frühstück. Morgens lachte die Sonne wieder, und ich sagte dem Bauern, daß ich weiterziehen wollte. Er lachte herzlich und sagte: «Ich wußte gleich, daß Sie nicht bleiben würden.»

Italien

Ich überquerte die Wasserscheide zwischen Inn und Etsch und stieg ins Tal hinab. Italien hatte seine Grenzen bis an die Wasserscheide ausgedehnt, und die deutschsprachigen Einwohner von Südtirol, die immer auf die Italiener herabgesehen hatten, waren wenig begeistert. Die Südtiroler waren sehr stolz auf ihre Geschichte. Sie waren die einzigen Deutschen, die sich 1809 in einem lange währenden Partisanenkrieg spontan gegen Napoleon erhoben hatten. Der Führer des Aufstands, der Bauer Andreas Hofer, war ein beliebter Nationalheld, der allein mit dem Schweizer Wilhelm Tell zu vergleichen ist. Stolz war man außerdem auf die Tatsache, daß die Tiroler Jäger bei weitem die besten Soldaten in der österreichischen Armee gewesen waren.

Sie empfingen jeden Österreicher oder Deutschen mit offenen Armen. Ich wurde von einer wohlhabenden Bauernfamilie aufgenommen. Sie hatten von der Inflation in Deutschland aus der Zeitung erfahren, ihre Neugier war geweckt, sie luden mich zu Tisch und bestürmten mich mit Fragen; dann durfte ich die Nacht in ihrem Gästezimmer verbringen.

Am nächsten Tag folgte ich dem Etsch nach Meran und stieg auf den Hügel, um das gut erhaltene mittelalterliche Schloß der Grafen von Tirol zu besichtigen, die dem

---

9 1923 erreichte die Zahl der aus Deutschland ausgewanderten Personen über 130 000, von denen der überwiegende Teil in die USA ging.

Land den Namen gegeben hatten. Im Dorf, das ebenfalls den Namen Tirol trug, fand ich Arbeit bei der Weinernte. Unter der milden Oktobersonne Wein zu lesen war ein Vergnügen. Der Besitzer der Weinberge unterhielt ein Gasthaus; seine Frau war gelernte Köchin, die schon in Paris gearbeitet hatte. Die von ihr aufgetischte Mischung österreichischer und französischer Küche, heruntergespült mit großen Mengen Wein aus eigenem Anbau, hätte jedem erstklassigen Restaurant Ehre gemacht. Ich teilte mir ein blitzsauberes, großes, sonnenhelles Zimmer mit einem weiten Blick über das schöne Tal mit dem anderen Landarbeiter, einem angenehmen jungen Burschen, der stets zu Späßen aufgelegt war. Abends tanzten wir mit den Dorfmädchen. Ein schöneres Leben konnte ich mir nicht denken.

Die Ernte war nach einer Woche eingebracht, aber sie behielten mich noch ein paar Tage für andere Hilfsarbeiten am Hof. Dann nahm ich Abschied und bestieg mit meinem Geld in der Tasche den Zug nach Verona. Es war ein sehr bescheidener Betrag, aber im Gegensatz zu den vergänglichen Papiermillionen in Deutschland war es echtes Geld.

Endlich war ich in Italien; endlich wieder in Italien! Das wunderschöne Verona wurde eine meiner Lieblingsstädte und ist es bis heute geblieben.

Weiter ging es, 120 Kilometer zu Fuß nach Venedig. Die Bauern in Italien waren genauso gastfreundlich wie in Deutschland und Österreich, nur viel ärmer. Anstatt auf weichem Heu schlief ich auf hartem Stroh, und statt Milch oder Suppe gab es trockene Polenta, die ich selbst bei meinem gesunden Appetit nur schwer herunterbekam. Aber es war mir gleich. Ich war in Italien.

Ich bewunderte Palladios Paläste und seine einzigartige «Basilika» in Vicenza sowie die Meisterwerke der Architektur, Bildhauerei und Malerei in Padua. Dann wanderte ich am Fluß Brenta mit seinen venezianischen Renaissancepatriziervillen entlang. An der Mündung der Brenta fand ich einen kleinen Kahn, der Gemüse nach Venedig bringen sollte. Ich half dabei, die Körbe an Bord zu tragen, und sie nahmen mich mit über die Lagune nach Venedig. Der Kahn durchfuhr die Giudecca, bog um die Doganaspitze, und plötzlich lag vor uns die Riva dei Sciavoni mit dem Dogenpalast, den Säulen der Piazetta, der Libreria mit dem Campanile und den goldenen Kuppeln von San Marco. So, über die herrliche Wasserfront, muß man nach Venedig kommen, anstatt durch den Hintereingang hereinzuschleichen, wie alle, die den Weg per Bahn oder Auto wählen.

Die Inselstadt der Kanäle zog mich sogleich in ihren Bann, und ich wanderte stundenlang durch die Straßen. An einem Punkt ging mir plötzlich auf, daß ich eine ganze Zeitlang kein Wasser gesehen hatte, der Bann aber nicht gebrochen war. Ich merkte, daß er nicht nur vom Wasser und den Bauwerken ausging, sondern in erster Linie davon, daß die Straßen von Venedig ausschließlich für Fußgänger entworfen und gebaut sind. Der Fahrzeugverkehr per Gondel, «vaporetti» und einer streng begrenzten Anzahl von Wassertaxis verlief auf einer tieferen Ebene, auf den Kanälen.

Von Stund an wußte ich, daß die Trennung der Verkehrsarten das Geheimnis für guten Städtebau ist. Leonardo da Vinci hatte das schon vor fünfhundert Jahren entdeckt, aber Generation um Generation von Städtebauern hatte seine prophetische Vision ignoriert. Die Venezianer sind nicht die Erfinder der Trennung der Verkehrsarten; sie erbten das Prinzip von den Pfahlbaubewohnern an Gewässern. Ja, Venedig ist die letzte, größte und prächtigste der Wasserstädte. Dadurch ist sie zur schönsten aller Städte geworden.

Die Fußgängerstraßen von Venedig sind frei von allen Einschränkungen, die die Planung von Straßen für den Fahrzeugverkehr beherrschen. Sie werden breiter und schmaler; sie winden sich und gehen um Ecken. Die Bewegungsrichtungen wechseln nicht nur horizontal, sondern auch vertikal: Treppenstufen führen auf die gewölbten Brücken, die die Kanäle überspannen. Das Bild verändert sich von Stufe zu Stufe und regt zu immer neuen Entdeckungen an.

In jüngeren Jahren ist es modern geworden, «Fußgängerstraßen» einzurichten. Aber mit wenigen Ausnahmen sind diese Straßen viel zu breit, zu lang und zu gerade, um attraktive Straßen für Fußgänger zu sein; ihnen fehlt die Abwechslung, es gibt nichts zu entdecken.

Mir ist selbstverständlich bewußt, daß Autos keine Gondeln sind, daß eine Stadtautobahn kein Canale Grande ist und daß Autos und Lieferwagen vor jeder Tür halten können wollen. Wenn man aber ein dichtes Netz von Verkehrsadern auf einer Ebene unterhalb des allgemeinen Straßensystems baute, wären nur wenige, kurze Fahrten auf dem Nebenstraßensystem nötig, und die Geschwindigkeit könnte durch die Planung des Straßenverlaufs, wie in den niederländischen «woonerfs», auf maximal 15 Stundenkilometer reduziert werden. Wohnstraßen könnten wieder zu kommunalen Wohnbereichen werden, wo Nachbarn ihren Schwatz halten und Kinder an der frischen Luft spielen wie in Venedig. Kinder in Venedig fallen kaum je in einen Kanal, und wenn ihr Ball hineinfällt, wirft der nächste vorbeigleitende Gondoliere ihn wieder zurück.

Wäre eine Großstadt ganz neu zu bauen, fiele es nicht schwer, ein solches System mit zwei Ebenen einzuführen; aber Brasilia und Chandigarh haben die Gelegenheit ungenutzt verstreichen lassen.

Venedig war in meinen Augen ein Paradies, meinem restlichen Körper erging es weniger gut. In der Stadt war es viel schwerer, Unterkunft und Verpflegung zu finden, als auf dem Lande. Die erste Nacht verbrachte ich noch in einem Bett in einem kleinen «albergo», die zweite in einer Gondel, die dritte auf einer Bank und die beiden folgenden im städtischen Asyl. Es war bei weitem nicht so komfortabel wie eine deutsche Herberge, denn es gab weder Matratzen, noch Decken, Kissen oder Duschen, und nackte 100-Watt-Glühbirnen schienen mir die ganze Nacht in die Augen.

Meine Mutter hatte Giovanni gebeten, mir aus Rom etwas Geld zu schicken, aber die Post brauchte lange. Ich stellte mich zu hunderten erbärmlich armen Leuten in die Schlange am städtischen «Monte di Pieta», um meine Armbanduhr zu verpfänden, aber viel Kaufkraft gewann ich dadurch nicht. Ich mußte zurück auf das Festland. Ich stellte bei der Post einen Nachsendeantrag nach Treviso und machte mich daran, über den Damm zurückzuwandern, mußte aber feststellen, daß auf dem Damm nur Schienen waren, kein Fußgängerweg. Also mußte ich eine Zugkarte kaufen, aber meine Taschen waren leer. Wieder einmal nutzte ich die Tatsache aus, daß ich Jude war. Ich begab mich ins Ghetto, erklärte jedem, der bereit war zuzuhören, meine Not und bettelte um Geld. Die Reaktionen waren nicht überwältigend; ich brauchte über eine Stunde, um genügend «soldi» für die paar Kilometer Bahnfahrt nach Mestre zusammenzubekommen. Ich nahm die Straße nach Treviso und fand vor den Ausläufern der Stadt Unterkunft und Polenta. Am nächsten Tag war es kalt und nieselte; ich trug Sandalen. Ein Knabe von 14 oder 15 Jahren hielt mich an und fragte: «Suchen Sie Arbeit?» – «Ja, natürlich.» Wir liefen zusammen auf die Stadt zu; er blickte auf meine Füße und sagte stirnrunzelnd: «Haben Sie keine Strümpfe?» Ich zog sie an, um gesellschaftsfähig auszusehen.

Die Arbeit bestand darin, Maschinenteile von Plattformwagen auf Lastwagen umzuladen, und dauerte nicht viel länger als eine Stunde. Angenehm überrascht war ich vom Lohn, der mehr als großzügig war und Unterkunft und Verpflegung für mehr als einen Tag deckte. Erst Jahre später, als ich eine ähnliche Szene in einem Film sah, dämmerte mir, daß ich mein Geld dafür bekommen hatte, daß ich mich an einem riskanten, wenn auch gewaltlosen Eisenbahnraub beteiligt hatte.

Mehrmals am Tag fragte ich im Postamt von Treviso nach. Schließlich fragte das Mädchen am Schalter, worauf ich wartete. Ich erklärte ihr meine Lage. Sie hatte Mitleid und gab mir etwas Geld. An meinem dritten Tag in Treviso traf mein Geld ein.

Die Sonne schien wieder, als ich mir die von Palladio gebaute und von Paolo Veronese dekorierte Villa Maser anschaute. Diese beiden Künstler hatte ich vorher nie miteinander in Verbindung gebracht. Hier zu sehen, wie sie von der gleichen Vision inspiriert waren, vertiefte mein Verständnis der italienischen Hochrenaissance.

Ich wanderte über die Dolomiten nach Trento; die Novemberregenfälle hatten eingesetzt, und ich sah nichts von den Bergen. Von Trento brachten mich Bahn und Boot nach Konstanz, wo mein Freund Walter Koessler wohnte.

Am Tag nach meiner Ankunft in Konstanz war die deutsche Inflation zu Ende: eine Milliarde alte Reichsmark konnten gegen eine neue Rentenmark eingetauscht werden. Niemand glaubte daran, daß die neue Währung ihren Wert behalten würde, aber so war es. Dieses «Wunder» schrieb man der «Hexerei» von Hjalmar Schacht zu, dem Chef der Reichsbank. Natürlich war es in Wirklichkeit auf die solide Unterstützung der amerikanischen und britischen Banken zurückzuführen. Ich lieh mir von Walter Geld und reiste nach Karlsruhe zu Gertel, dann weiter nach Hamburg.

Ich war wieder zu Hause in Brunstorf; meine drei Monate auf der Walz waren vorüber. Ich hätte sie um nichts auf der Welt missen mögen; sie hatten meinen Blick auf das Leben erweitert. Auf der Straße war ich unter anderem einem unermüdlichen Wandergesellen begegnet, der sich über zunehmende Belästigungen, am schlimmsten in der «freien» Schweiz, beschwerte. Seiner Ansicht nach waren die einzigen noch freien Länder Europas die Türkei und Griechenland. Vormoderne, «despotische» Regimes betrachten heimatlose arme Menschen wie Tiere des Waldes; es ist ihnen gleich, ob sie leben oder sterben, und sie mischen sich nicht ein. Für mich war diese Vorstellung von «Freiheit» neu, so ganz anders als die liberal-demokratische Vorstellung, mit der ich aufgewachsen war, und wahrscheinlich ebenso berechtigt.

Warten

Als ich in Verona eingetroffen war, hatte ich in der Zeitung gelesen, daß es in Hamburg einen Kommunistenaufstand gegeben hatte, der am gleichen Tag abgebrochen war. Ich war überrascht und beunruhigt.

Folgendes war geschehen: in den Ländern Sachsen und Thüringen, dem «roten Herzen» Deutschlands, waren sozialistisch-kommunistische Koalitionsregierungen an die Macht gekommen. Sie waren vollkommen rechtmäßig auf Mehrheiten in frei gewählten Parlamenten gegründet. Sie führten einige kleinere, sanfte Reformen durch. Aber sie fühlten sich von der Regierung in Berlin bedroht, und man sprach vielerorts von der Notwendigkeit, proletarische Schutztruppen zu organisieren. Das sah die Nationalregierung als Verfassungsbruch und drohte offen mit ihrem Eingriff. In Bayern, wo die rechte Regierung ihre «Heimwehr» aufgebaut hatte, hatten sie nie mit ihrem Eingreifen gedroht, und sie hatten auch die Sturmtruppen der Nazis toleriert. Die Forderungen nach einem bewaffneten Schutz für Sachsen und Thüringen wurden lauter, und die Kommunisten versprachen, ihnen durch eine konzertierte Aktion bewaffneter Aufstände in ganz Deutschland Nachdruck zu verleihen.

Am Vorabend der Besetzung von Sachsen und Thüringen durch die Reichswehr berief man eine Versammlung in Dresden ein. Die sozialdemokratischen Regierungschefs der beiden Länder beschlossen vernünftigerweise, keinen Widerstand zu leisten. Kuriere verbreiteten in ganz Deutschland die Nachricht, daß die Aktion abgeblasen war. Aus unerfindlichen Gründen informierte der Hamburger Kurier, der erst spät abends eintraf, die KP erst am nächsten Morgen. Zu der Zeit war der Aufstand schon in vollem Gange, und man hatte bereits alle Schlüsselpositionen in der Stadt besetzt. Die Obrigkeit war vollkommen überrumpelt. Kein einziger der 4000 Beteiligten hatte etwas durchsickern lassen, ein Tribut an Ernst Thälmanns fast unheimliche Menschenkenntnis. Sobald die Dresdner Entscheidung bekannt wurde, erteilte man den Befehl, den Aufstand abzubrechen. Aber es kam zu Kämpfen mit Opfern auf beiden Seiten.

Als ich nach Hamburg zurückkehrte, saßen die meisten lokalen Anführer in Haft oder hielten sich versteckt, aber die Partei arbeitete noch legal. Ich wurde von der provisorischen Führung beauftragt, den geheimen Kampfbund wieder aufzubauen. Meine Anweisungen sollte ich von einem Mann erhalten, den ich an einer verabredeten Stelle im Park treffen sollte. Als nach anderthalb Stunden niemand erschienen war, ging ich erleichtert fort. Für mein Empfinden war der ganze Plan angesichts der bevorstehenden Stabilisierung absurd, zum Scheitern verurteilt und konnte der Partei großen Schaden zufügen. Die KPD-Führung gelangte zur gleichen Ansicht, von dem Plan hörte man nie wieder etwas.

Während ich unterwegs war, hatte meine Mutter, ohne mir davon zu erzählen, eine Stelle für mich in Amerika gefunden, bei einem Architekten in Little Rock, in Arkansas, einem Staat im Süden der USA. Er war ein Angehöriger der Familie Solmitz. Ernst Solmitz, ein Bankier, war schon vor seiner Hochzeit der engste Freund meines Vaters gewesen. Die beiden älteren Solmitz-Kinder, Olga und Robert, waren in unserem Alter, und die fünf Kinder der beiden Familien wuchsen fast wie Geschwister auf. Unsere Häuser lagen nur wenige Minuten voneinander entfernt, und wir spielten wechselseitig in unseren Häusern und Gärten und in den Wiesen und dem Heuschober des gemeinsamen Grundstücks in Borstel, wo wir auch zusammen in den Gemüse- und Erdbeerbeeten arbeiteten.

Für mich war und blieb Olga eine Schwester. Ich wehrte mich lange dagegen zu erkennen, daß ihre Gefühle mir gegenüber anders waren. Ihre Liebe zu mir war tief und beständig und schwankte nicht von ihrer Kindheit bis zum Tod. Für sie war ich der einzige Mann auf Erden – und für mich war Gertel die einzige Frau.

Das machte ihr Leben zu einer langen verzweifelten Tragödie. Es gab Männer, vor allem einen, der um sie warb und sie ihres Lebens hätte froh machen können. Ich versuchte sie zu überreden, ihn zu heiraten, aber sie wollte nichts davon wissen. Es war für sie ebenso unmöglich, sich von ihrem Traum einer Ehe mit mir zu lösen, wie es für mich unmöglich war, ihn zu erfüllen.

Meine Mutter wünschte sich sehr, daß ich Olga heiratete, und sie gab die Hoffnung nie auf. Sie liebte Olga, und Olga liebte meine Mutter. Olga verbrachte mehr Zeit bei ihr in Brunstorf als im eigenen Elternhaus.

Durch die Verbindung mit Familie Solmitz war ich an die Stelle in Little Rock gekommen, besser gesagt an die feste Zusage, denn nach amerikanischem Gesetz war es verboten, jemanden aus dem Ausland anzuwerben. Amerika reizte mich nicht sehr und Little Rock schon gar nicht. Aber es war meine einzige Chance, wieder als Architekt zu arbeiten. Ich sah ein, daß ich einiges daraus lernen konnte, in dem Land des größten technischen Fortschritts zu arbeiten. Außerdem hatte ich das Gefühl, eine Zeitlang über meine politische Einstellung nachdenken zu müssen. Ich hatte den Kapitalismus in Deutschland nur in verzerrter Form kennengelernt; es war nur gerecht, ihn in der Heimat seiner größten Leistungen zu studieren. Ich beschloß, mich während meines Amerikaaufenthalts von jeglicher politischer Arbeit und Kontakten fernzuhalten. Auf den Gedanken, daß mein Besuch von Dauer sein könnte, kam ich nicht.

Freilich reichte es nicht, daß ich die USA akzeptierte; die USA mußte bereit sein, mich aufzunehmen. Die Quote für Deutsche war voll. Ich wußte, daß Ingenieure von der Quotierung ausgenommen waren. Ich fragte eine Bekannte aus dem amerikanischen Konsulat, ob das auch für Architekten gelte; sie verneinte. Also mußte ich einen anderen Weg finden.

Ernst Fuhrmann, der Mann, durch den ich die Schweriner Revolutionäre kennenge-lernt hatte, war mittlerweile Leiter des angesehenen Folkwang-Verlags in Darmstadt, der Kunstbücher über ferne Regionen wie Afrika und Java herausgab. Fuhrmann gab mir einen Brief, der mich zum Folkwang-Repräsentanten in den USA machte, sowie die Anschriften einiger führender Buchhändler in New York, mit denen er in Kontakt stand. Ich bekam mein Visum.

Im März 1924 verließ ich Hamburg. Mein Ticket ging über London nach Liverpool, wo ich auf einem Schiff der White Star Line an Bord gehen sollte. Ich verbrachte ein paar Tage in London, wo ich überrascht war, daß die größte Stadt der Welt fast ausschließlich aus kleinen Häusern bestand. Auch die ungeheure Tüchtigkeit der Engländer erstaunte mich. Besonders beeindruckt war ich von der Schönheit von

Raymond Unwins[10] Arbeit in Hampstead Garden Suburb[11]. Ich traf Ogden und noch ein paar Freunde von Franz aus Cambridge. Einer von ihnen empfahl den Roman «Main Street» von Sinclair Lewis als gute Vorbereitung auf Amerika, und das bestätigte sich für mich.

Die Überfahrt auf dem Meer genoß ich gerade wegen, nicht etwa trotz des stürmischen Wetters. Für mich sind Schiffe die einzigen zivilisierten Reisemittel. Es ist eine Schande, daß man heutzutage den Atlantik nur noch eingeklemmt auf einem engen Flugzeugsitz überqueren kann.

In Cork kamen ungefähr 300 Männer an Bord, IRA-Kämpfer aus den sechs Counties im Norden. Ich unterhielt mich lange mit ihnen, denn ich hatte nicht gewußt, wie tief das irische Nationalgefühl und der Haß auf die britischen Herren saßen. Sie gingen in Halifax von Bord, aber alle hatten fest vor, irgendwie den Weg in die Vereinigten Staaten zu finden.

Im Morgennebel fuhr das Schiff in den Hafen von New York ein. Ich spähte durch den Nebel nach den Wolkenkratzern von Manhattan. Plötzlich erblickte ich sie, im Sonnenschein über dem Nebel. Es war ein herrlicher Anblick.

Amerika

Ellis Island

Wir gingen auf Ellis Island von Bord. Ich saß stundenlang mit Hunderten von anderen Neuankömmlingen auf einer Bank in einem großen, kahlen Raum, von Zeit zu Zeit wurde jemand aufgerufen. Ich fragte mich, was das heißen sollte; ich hatte ein gültiges Visum – worauf wartete ich noch? Damals wußte ich noch nicht, daß die Regierungsbehörden in den Vereinigten Staaten ihren sportlichen Ehrgeiz dafür einsetzen, einander die jeweiligen Kompetenzen streitig zu machen. Das Department of Labor

---

10 Raymond Unwin, 1863–1940, hatte Ingenieur und Architekt studiert und 1896 ein Architekturbüro mit Barry Parker gegründet. Er wurde bekannt mit der ersten Planung einer «Gartenstadt» ca. 56 Kilometer nördlich von London (Letchworth, 1903/4), die nach Ebenezer Howards Vorstellungen realisiert wurde. Dieser hatte sie bereits 1898 in seinem Buch «Tomorrow: A Peaceful Path to Real Reform», später als «Garden Cities of Tomorrow» wiederveröffentlicht, niedergelegt. Unwin und Parker planten noch weitere «Gartenstädte» im Sinne Howards und entwickelten diesen Gedanken weiter. Unwin legte in seiner Schrift «Nothing Gained by Overcrowding» (um 1903 und 1912) dar, daß der Bedarf nach öffentlichem Freiraum abhängig sei von der Anzahl der Bewohner auf einer vorhandenen Fläche, höhere urbane Dichte also illusorisch sei. Er fand das Maß von 50–60 Menschen/Acre (4046,8 m^2). Dieses Maß wurde in England für den öffentlichen Wohnungsbau der 1920er und 30er Jahre verbindlich. Unwin wurde 1931–33 mit einem Planungsgutachten für London betraut, in dem er großmaßstäbliche Dezentralisierung von Menschen und Arbeitsstätten in Satellitenstädten um London vorsah, ganz nach dem intendierten Muster von Howard. Dieser Plan ist quasi als Kern des bekannt gewordenen Regionalplanes von Patric Abercrombie, dem «Greater London Plan» (1944), anzusehen. Unwin war einer der führenden Planer seiner Generation. Seine Erfahrungen in der Planung, die damals erst im Aufbruch war, hat er in seinem Buch «Town Planning in Practice» (1. Aufl. 1909) niedergelegt, welches auf starkes Interesse im Fach stieß. Hans Blumenfeld hatte dieses Buch bereits 1913 gelesen.

11 Hampstead Garden Suburb, errichtet 1905–1909, war eine starke Reduktion von Howards Idee des «harmonischen Gleichgewichts», daß Wohnhäuser und Industrie ein Sechstel des verfügbaren Geländes der Gartenstadt einnehmen müßten und die Landwirtschaft den Rest der Fläche. Schon bei Letchworth wurde der «Landwirtschaftsgürtel» um mehr als die Hälfte reduziert, und Hampstead Garden Suburb wurde – wie der Name schon sagt – mehr zu einem «Schlafvorort», der seine Existenz der 1907 eröffneten U-Bahnlinie verdankte.

(Arbeitsbehörde) war für Immigranten zuständig und hatte keinesfalls vor, sich vom Außenministerium vorschreiben zu lassen, wer ins Land der großen Freiheit einreisen durfte. Ein Visum von denen (Außenministerium) bedeutete nichts gegenüber der Arbeitsbehörde. Niemand erfuhr, warum, nicht einmal daß sie nicht zugelassen worden waren. Für die Wachen waren wir Vieh; sie bellten uns an und kommandierten uns herum. In keinem der Gefängnisse, in denen ich gewesen war, hatte man jemals die Insassen mit vergleichbarer Menschenverachtung behandelt.

Bei Abenddämmerung trieb man uns in einen großen Saal mit aberhundert Etagen-betten, die Frauen in einen anderen. Die Laken waren sauber, und es gab Duschen, aber das Wasser war entweder siedend heiß oder eiskalt. Das uns servierte Essen war zufriedenstellend, aber man trieb uns während der Mahlzeit zur Eile an, und die Hocker standen so eng, daß man die Ellbogen nicht bewegen konnte.

Den größten Teil des Tages verbrachten wir in einer anderen großen Halle. Wie kaum anders zu erwarten war, herrschte Hochspannung, überall stritten sich Leute und brüllten einander an, ab und zu gab es Schlägereien. Ich hatte den Eindruck, die gesittetsten unter den vielen Nationalitäten seien die Engländer; bis ich eine kleine Gruppe Chinesen entdeckte, die ruhig in einer Ecke saßen. Einer von ihnen, ein Student, sprach englisch. Ich fragte, ob die anderen auch Studenten seien. Nein, es seien Seeleute, deren Schiffe in New York be- und entladen würden. Während ihre Schiffskameraden bei ihrem Landgang die üblichen Freuden genossen, waren sie in diese trostlose Halle eingesperrt – weil ihre Hautfarbe gelb war.

Ein gebildeter Inder, Angehöriger einer hohen Kaste, saß auch mit in der Halle. Er hatte in Oxford studiert und hatte eine Zulassung zur Columbia-Universität. Mit ihm führte ich lange, interessante Gespräche; er war ein außerordentlich intelligenter Mann. Wahrscheinlich hatte er später eine wichtige Position in der indischen Regie-rung inne. Er war so empört darüber, wie die Amerikaner Ausländer behandelten, daß er beschlossen hatte, im Falle seiner Einreiseerlaubnis Columbia den Rücken zu kehren und wieder nach Oxford zu gehen. «Wie man sich doch Freunde macht und Einfluß über seine Mitmenschen gewinnt.»

Meinem guten Englisch hatte ich es zu verdanken, daß ich unter den Wachen einen anständigen Menschen fand, der mich zu meinen Koffern brachte und mich meine Zahnbürste und dergleichen herausholen ließ. Keinem meiner Mitgefangenen war das gleiche Glück beschert.

Es gab Schlimmeres. Unter den bei ihren Müttern internierten Kindern war eine Scharlachepidemie ausgebrochen; viele Kinder kamen um. Die Väter bekamen weder die Kinder vor ihrem Tod, noch ihre trauernden Frauen hinterher zu sehen.

Eines Abends führte man uns in eine große, mit amerikanischen Fahnen geschmückte Halle. «Die Töchter der amerikanischen Revolution» hießen uns im Land der Freiheit willkommen und führten den Chor an, als wir die Nationalhymne «Oh Say, Can You See» sangen.

Ausgang in den Hof hatten wir nicht, durften aber auf langen Terrassen mit über drei Meter hohen Zäunen frische Luft schnappen. Von dort aus beobachteten wir die Wachen, wie sie ein seltsames Stammesritual mit einem Ball vollzogen. Mit ein paar Grundkenntnissen der Völkerkunde konnte jeder sogleich erkennen, daß die rätselhaften Bewegungen der Zeremonie auf einen Geheimkult zurückgingen. Wie hoch die Amerikaner den Wert dieser Zeremonie einschätzten, bestätigte sich nach dem Zweiten Weltkrieg, als die Amerikaner Baseball für das beste Mittel hielten, ihre deutschen Schüler zur Demokratie umzuerziehen.

Es stellte sich heraus, daß ich als Architekt nicht der Quotierung unterlag. Deshalb konnte meine Schwester nach siebzehn Tagen meine Freilassung durchsetzen.

New York

Meine Schwester Margaret lebte mit ihrem Mann Alfred in einer Zwei-Zimmer-Wohnung am Broadway zwischen der Achtzigsten und der Neunzigsten Straße. Als ich dort aus der Untergrundbahn stieg, in die ich an der «Battery» eingestiegen war, erschrak ich: wo war die Straße? Zwischen ein- und zweigeschossigen Häusern und unbebauten Grundstücken standen verstreut eine Menge Wolkenkratzer, aber einen definierten Straßenraum, wie ich ihn aus Europa kannte, gab es nicht. Sollten wir in den Städten heute noch Straßenräume bauen? Oder sollten wir, wie Le Corbusier propagierte, die «Korridorstraße» zugunsten neuer und anderer Formen städtischer Schönheit aufgeben? Die Frage bleibt umstritten.

Die Architektur in New York sagte mir großenteils zu. Sie war eklektisch wie die jüngere Architektur in Europa häufig auch, aber von weit höherem Standard. Die von der italienischen Renaissance entliehenen Profile und Details der Gebäude waren viel feiner. Das mag mit dem wunderschönen Licht in New York zu tun haben. Ich bewunderte einige der Bauten von McKim, Mead und White: Pennsylvania Station und die Morgan-Bibliothek. (Das Gebäude der Bank of Montreal in Montreal, das meiner Ansicht nach das Meisterwerk dieser berühmten Firma ist, entdeckte ich erst dreißig Jahre später.)

New York hielt auch andere Überraschungen bereit. Beim Überfliegen der Arbeitsangebote für Hilfskräfte in der New York Times fand ich eine, die mir vielversprechend aussah, und zeigte sie Alfred. Er sagte: «Da kannst du nicht hingehen.» – «Warum nicht?» – «Da steht ‹gentiles only›.» – «Was heißt das?» – «Die stellen keine Juden ein.» In Hamburg wußte man von einigen Architekten, daß sie keine Juden einstellten, aber die hätten niemals daran gedacht, ihre Intoleranz öffentlich bekanntzugeben. Zumindest in dieser Hinsicht war der Antisemitismus in den USA stärker als in Deutschland.

Ich hatte erwartet, daß in dem Land mit dem größten technischen Fortschritt der Welt alles moderner sein würde als in Europa. Statt dessen verbrannte man den Müll vielfach noch auf der Straße, und Frachtwaggons wurden durch Stadtstraßen rangiert – Dinge die längst aus deutschen Städten verschwunden waren. Manhattans Piers waren nach Hamburger Maßstäben vollkommen veraltet, zu schmal und nicht mit Portalkränen ausgerüstet. Bald merkte ich, daß man gute Bleistifte aus Deutschland oder Böhmen importieren mußte und daß die amerikanische Industrie noch nicht hinter das Geheimnis zur Herstellung brauchbarer Radiergummi oder einfacher Heftzwecken gekommen war. Ich lernte, daß technischer Fortschritt ungleichzeitig, von Industrie zu Industrie unterschiedlich verläuft und daß es recht irreführend sein kann, das technologische Niveau eines Landes anhand einiger ausgewählter Produkte zu beurteilen.

Ich merkte, daß ich nicht als technischer Zeichner arbeiten konnte, ohne mich mit nicht-metrischen Maßeinheiten und amerikanischen Zeichenverfahren auszukennen, die sich grundlegend von den mir bekannten unterschieden. Ich übte also in freien Stunden in meinem möblierten Zimmer und verdiente meinen Lebensunterhalt mit Aushilfsarbeiten. Ich hatte mehrere Anstellungen als Tischlergehilfe, aber jeweils nur für ein paar Tage. Einen Tag lang arbeitete ich als Schauermann und war überrascht, daß mir die Arbeit leicht fiel. Eine Woche lang arbeitete ich für die Telegrafengesellschaft Western Union, hängte die Stelle aber dann an den Nagel, weil ich mich von ihrem rätselhaften Akkordlohnsystem betrogen fühlte. Ich lieferte nachts in der Umgebung des Times Square Telegramme aus. Meine Kunden zerfielen in zwei deutlich getrennte Gruppen: reiche Weiße in Luxuswohnungen und arme Schwarze in heruntergekommenen Mietskasernen. Die armen Schwarzen gaben mir immer Trinkgeld; die reichen Weißen nie.

Am längsten hielt ich es auf einer Stelle bei Gimbels im Keller aus, wo ich abends Pakete einzuwickeln hatte. Meine Kollegen waren Oberschulkinder und Studenten, und wir schwatzten und alberten die ganze Zeit über. Da blieb ich, bis ich eine reguläre Stelle als Zeichner in einem Architekturbüro fand, das sich auf den Bau von Kinos spezialisierte, ein Feld, das mir neu war. Danach arbeitete ich in einem Büro, das Mietshäuser entwarf. Ich hatte schon in Deutschland im Wohnungsbau gearbeitet, aber hier ging man ganz anders vor. Während teilweise höhere Standards herrschten, waren andere, die mit Licht, Luft und Sonne zu tun hatten, weitaus niedriger. Ich lernte meinen Dogmatismus vergessen. Die Idee, nach Little Rock zu gehen, gab ich auf.

Ich weiß noch, wie überrascht ich war, als einer meiner Kollegen von «meiner Heimatstadt» sprach. Ich war nie daraufgekommen, daß eine amerikanische Stadt ein Heimatort sein könnte. Ich hatte sie lediglich als Stätten zum Geldverdienen angesehen – «Geldgräbersiedlungen» hießen sie später bei mir.

Auf Reisen

Als meine zweite Stelle als Zeichner auslief, beschloß ich, mich auch außerhalb von New York nach einer neuen Stelle umzuschauen. Ich fuhr per Autostop nach Philadelphia; dort hatte ich kein Glück, die Monotonie der langen Straßen endloser Reihenhäuser deprimierte mich. «In dieser Stadt will ich nie leben», sagte ich mir. Später lebte ich vierzehn Jahre lang dort und wurde sogar heimisch.

Ich fuhr nach Baltimore weiter, wo ich eine Stelle als Zeichner fand. Am Wochenende machte ich einen Ausflug nach Washington und Annapolis und fand beide in ihrer ganzen Verschiedenartigkeit viel schöner als erwartet.

Baltimores gemächlicher südländischer Lebensstil sagte mir zu, und ich verbrachte eine Menge Zeit in der öffentlichen Bücherei. Mein Vertrag lief nach vier Monaten aus, und anschließend kehrte ich nach New York zurück. Ich sehnte mich nach Gertel, wollte meine Mutter wiedersehen und hoffte, es gäbe vielleicht eine Möglichkeit, zu Hause zu arbeiten. Da ich mir die Überfahrt über den Atlantik kaum leisten konnte, beschloß ich, auf einem Schiff nach Hamburg anzuheuern. Die Chance war gering, aber wieder einmal blieb das Glück mir treu. Als ich an den Piers der Hamburg-Atlantiklinie herumlungerte, begrüßte mich ein Mann. Es war Alfred Plauts Laborassistent. Als er von meinem Vorhaben erfuhr, sagte er: «Ich glaube, ich kann Ihnen helfen; ich habe mal auf der Thuringia gearbeitet, die hier festgemacht hat, und ich will gerade meine alten Schiffskameraden besuchen.» Er stellte mich dem Zweiten Maschinisten vor, der mich zum üblichen fiktiven Lohn von einem Dollar für die Reise anheuerte. Ich mußte Hilfsarbeiten machen: streichen, Messing polieren, Müll an Deck und über Bord hieven. Es war Anfang Januar 1925 und stürmisch, aber ich genoß die zehntägige Reise.

Als ich meinen Freund Richard Tüngel, der in der Hamburger Stadtplanungsbehörde angestellt war, nach Arbeitsmöglichkeiten für Architekten und Planer fragte, sagte er, die Lage sei aussichtslos. Ich hätte vielleicht trotzdem versucht, in Deutschland Arbeit zu finden, aber mein Freund Walter Koessler war von Konstanz nach Los Angeles gezogen und schrieb glühende Briefe, in denen er mich drängte, doch nachzukommen. Also entschloß ich mich, es mit Kalifornien zu versuchen.

Gertel besuchte mich für eine Woche in Brunstorf; wir verbrachten die letzte Woche vor meiner Abfahrt zusammen in Paris. Es war mein erster Besuch in der großartigen Stadt. An unserem letzten Tag, als wir uns auf den Weg machten, uns von unserem liebsten bunten Kirchenfenster in Notre Dame zu verabschieden, brach sie plötzlich in Tränen aus. Ich verstand die Tiefe ihrer Verzweiflung nicht recht. Sie konnte die Aussicht nicht ertragen, ein zweites Mal viele Monate von mir getrennt zu sein.

Die Aquitania brachte mich in fünf Tagen nach New York. Als ich an Bord der Thuringia gewesen war, hatte Olga Solmitz den Ozean in umgekehrter Richtung überquert, um meine Schwester zu besuchen, in erster Linie aber, um mich zu sehen. Sie war bitter enttäuscht, als sie erfuhr, daß ich abgereist war, aber sie wartete meine Wiederkehr ab. Ich blieb etwa zehn Tage und fuhr dann nach Westen weiter. Ich reiste tagsüber mit dem Zug und übernachtete in billigen Absteigen in Chicago und St. Louis. Von beiden Städten war ich einigermaßen entsetzt. Dagegen hüpfte mein Herz vor Freude beim Anblick von Santa Fe und den nahegelegenen Pueblo-Dörfern auf dem sonnenhellen Hochplateau. Ich stand lange schweigend am Rand des Grand Canyon in Colorado. Es gibt auf dieser Welt Dinge, die man gesehen haben muß, um sie nicht zu glauben. Das gleiche Gefühl hatte ich später bei zwei weiteren Gelegenheiten: beim Anblick des Registan in Samarkand und der Pyramiden von Gizeh. Alle drei kannte ich gut von Photographien; es dauerte eine ganze Weile, bis ich begriff, daß dies die Wirklichkeit war.

Los Angeles

In Los Angeles hatte ich endlich die Möglichkeit, in kleinen Büros selbständig an Entwürfen zu arbeiten, statt lediglich als Zeichner. Fast ein Jahr lang arbeitete ich für einen Mann namens Munro, der kein Architekt war und mir das Entwerfen fast ganz überließ. Ich entwarf Häuser im andalusischen Stil. Das Büro lag in Beverly Hills, und ich mietete mir ein Zimmer in einem kleinen Landhaus am Strand von Santa Monica.

Jeden Morgen sprang ich direkt nach dem Aufstehen in den Pazifik und schwamm ausgiebig.

Munro war Quartalssäufer. Er bezahlte mich acht Wochen nicht und begründete das damit, daß er auf das Geld von einem Rechtsanwalt wartete, für den ich ein großes, um ein Patio gebautes Haus entworfen hatte, das er sofort mit einem Gewinn von $10 000 weiterverkauft hatte. Schließlich begab ich mich selbst zu dem Anwalt, der mir versicherte, er habe längst bezahlt. Ich konfrontierte Munro mit dieser Tatsache, worauf er entgegnete, er habe das Geld nicht. Ich wandte mich an das Labor Relations Board, und Munro wurde vorgeladen. Er sagte, er könne im Moment nur $ 100 bezahlen, und versprach, den Rest später. Er zahlte nie, und ich war über $ 400 in den Miesen.

Ich war von Santa Monica nach Beverly Hills mit der Southern Pacific Electric Railroad gependelt. Zwar hatte ich etwas gegen die langen Wartezeiten, aber es gefiel mir, daß ich immer einen Fensterplatz bekam. Beides lag natürlich an viel zu geringer Auslastung. Man konnte der Southern Pacific Gesellschaft kaum vorwerfen, daß sie die Konzession verkaufte, noch General Motors, daß sie sie kauften und für fünf Jahre die Verpflichtung übernahmen, einen Busverkehr einzurichten. In diesen fünf Jahren gelang es GM, durch den Verkauf von Bussen an ihr Subunternehmen und durch den Verkauf der Schienenrechte, die zum Netz der Southern Pacific gehörten, Profit zu machen. Als ihr Fünfjahresvertrag abgelaufen war, ließen sie die Konzession wieder an die Stadt fallen, die bis heute den Busverkehr in Gang hält.

Bis heute erzählt man sich in vielen Büchern und Artikeln die Geschichte, wie eine tief verwurzelte Verschwörung von General Motors das hervorragende öffentliche Nahverkehrssystem von Los Angeles ruiniert hat, um die widerstrebenden Angelinos zu zwingen, ihre Autos zu kaufen. Das ist ein Mythos; für GM war es ein einfaches Geschäft. Verantwortlich gemacht werden muß die Stadt Los Angeles, denn sie hat das außerordentlich reizvolle elektrische Nahverkehrssystem aufgegeben. Ich fühle mich als Apologet der Großindustrie nicht sehr wohl, aber «magnus amicus Plato, magis amica Veritas» (Plato ist ein großer Freund, die Wahrheit ein größerer).

Es ist traurig, aber wahr, daß das Auto bei Fahrten von Tür zu Tür praktisch immer schneller ist als öffentliche Verkehrsmittel. Das wurde mir deutlich, als ich nach meinem Weggang von Munro wieder auf Arbeitssuche war: Die Stellen waren immer gerade schon an jemanden vergeben, der ein paar Minuten vor mir da war. Ich beschloß, daß ich ein Auto brauchte, um mithalten zu können, und kaufte für $ 100 einen Ford Model-T, den ich später für fünfzig wieder verkaufte. Das Autofahren machte mir Spaß, ich war stolz darauf, die berauschende Geschwindigkeit von 60 Stundenkilometern ausfahren zu können. Aber die Ausgaben für Reparaturen und Reifen rissen ein weiteres Loch in meine Ersparnisse.

Meine letzte und beste Stelle in Kalifornien hatte ich bei einem Bauunternehmer in Pasadena, der eingeschossige Häuser im spanischen Stil baute, und zwar nicht mit einem Balkenwerk aus Holz, sondern aus nicht bewehrtem Leichtbeton, einem Material, das dem Lehm der Vorbildbauten sehr viel näher war. Es machte mir Freude, diese Häuser zu entwerfen.

Kurz vor Weihnachten 1926 war es auch mit dieser Stelle vorbei. Die sich in Europa entwickelnde «moderne» Architektur lockte mich nach Hause.

Ich hatte mich an meinen Vorsatz gehalten, mich in Amerika von jeglicher Politik fernzuhalten. Nur zweimal besuchte ich eine Versammlung der Kommunistischen Partei, eine, auf der William Z. Foster sprach, und eine andere mit «Mother» Ella Reeve Bloor. Beide machten einen guten Eindruck auf mich.

Amerika hatte mich nicht zum Kapitalismus bekehrt, es hatte mich auf Umwegen sogar in meinem Glauben an den Kommunismus bestärkt. Der nach Marx zweite, höchste Stand des Kommunismus – wenn der Einzelne in seinem Verbrauch nicht mehr durch das Eigentumsrecht eingeschränkt ist, sondern lediglich durch Sitte und Moral – war für mich zu einem entfernten «Ideal» geworden, auf das man sich zubewegt, ohne die Hoffnung, es je erreichen zu können. Die enorme Produktivität der modernen Industrie zusammen mit der laufend wachsenden Verschwendung menschlicher Arbeitskraft auf die Verteilung – die Verkaufsanstrengung – schienen das Ideal in größere Nähe zu rücken.

Das Leben in Amerika war leichter als in Europa, und ich kam mit meinen Kollegen immer gut aus. Ich war überrascht, daß ich als Ausländer immer derjenige war, den sie fragten: «Wie schreibt man das?» Es muß in einem Schulsystem etwas im Argen liegen, das seinen Zöglingen in zwölf bis sechzehn Jahren weder beibringen kann, eine Fremdsprache zu lesen noch die eigene zu schreiben.

Ich kam zu dem Schluß, daß Amerikaner und Deutsche die gleichen schlechten Eigenarten haben – sie sind beide Schulmeister, die davon besessen sind, anderen zu sagen, wie sie zu leben haben – daß ihre guten Eigenschaften aber gegensätzlich sind: das Gute an den Amerikanern ist, daß sie die Dinge leicht nehmen, und das Gute an den Deutschen ist, daß sie sie nicht leicht nehmen.

Ich hatte Amerika nicht ins Herz geschlossen. Mir schien da etwas sehr Wesentliches zu fehlen; das Leben war nicht ganz wirklich. Ich fühlte mich an Odysseus' Besuch auf jener weit westlich im Atlantik gelegenen Insel erinnert, der Toteninsel. Die Leute dort sahen wie Menschen aus, bewegten sich wie Menschen, redeten wie Menschen; aber sie waren nur Schatten.

Kaum etwas aus den drei Jahren in Amerika hat sich mir wirklich eingeprägt. Emotionale Tiefe wächst mit dem Alter. Aber aus den folgenden zwölf Jahren in Europa bleiben mir viele bewegende Erinnerungen.

Mein Gefühl der fehlenden Tiefe in Amerika ist natürlich subjektiv, aber womöglich nicht ganz eigenwillig. In den siebziger Jahren erzählte mir ein Kollege in Toronto, der 1956 aus Ungarn emigriert war, daß ihm, bei aller Bequemlichkeit und allem Erfolg in Kanada, in seinem Leben etwas zu fehlen schien. Als ich ihm mit meiner Geschichte von Odysseus antwortete, leuchteten seine Augen auf. «Das ist es. Das ist es», sagte er.

Rückkehr nach Europa

Eine lange Heimreise

Ich fuhr mit dem Schiff von Los Angeles nach San Francisco, und nach einigen Tagen in der schönsten aller amerikanischen Städte bestieg ich einen schwedischen Frachter, der etwa zwanzig Passagiere an Bord nahm. Ich war keineswegs in Eile, wieder zu arbeiten. Ich habe die vielen Phasen von Arbeitslosigkeit in meinem Leben immer bestens zu nutzen gewußt.

Fünf Wochen auf See waren ein Traum. Auf der Fahrt entlang der Küste von Mexiko und Zentralamerika sah man tagsüber die Berge und nachts das Feuer der Vulkane. Das Meer war voller Leben; wir begegneten Walen und Riesenschildkröten, und ab und zu landeten fliegende Fische auf Deck. Ich machte Bekanntschaft mit den Matrosen und lernte genügend schwedisch, um eine Kurzgeschichtensammlung zu lesen, die mir einer von ihnen geliehen hatte. Außerdem fing ich an, ein Buch, das mich beeindruckt hatte, ins Deutsche zu übersetzen: «Dollar Diplomacy» von Joseph Freeman und Scott Nearing. Später mußte ich feststellen, daß jemand anderes schon die deutschen Rechte für das Buch gekauft hatte. Meistens schlief ich an Deck auf den Ladeluken; die Sonnenaufgänge in den Tropen boten ein unvergleichliches Schauspiel. Das Schiff nahm in vielen kleinen Häfen in Guatemala und El Salvador Kaffee als Ladung auf. Ich schaute zu, wie die Schauerleute die Säcke von ihren schaukelnden Booten über die Schiffsleiter schleppten. Die Arbeit verlangte weit mehr Geschicklichkeit und Kraft als meine Arbeit im Dock von Staten Island (New York). Ich erkundigte mich nach dem Lohn: 80 Cents für einen Zehn-Stunden-Tag. Dies sei ein guter Lohn, erfuhr ich, die Männer, die den Kaffee ernteten, bekämen nur 40 Cents am Tag. Ich hatte als Hafenarbeiter 42 Cents in der Stunde verdient. Ich mußte an die Tasse Kaffee zu 5 Cents denken, die ich mittags getrunken hatte. Nur ein winziger Teil davon gelangte an die Erntearbeiter, aber was das anging, hatte ich eine Stunde meiner Arbeit gegen zehn Stunden ihrer Arbeit eingetauscht. Das war schlicht Ausbeutung; wie kam sie zustande?

Die Frage nach dem Ursprung des ungleichen Tauschwertes der Arbeit blieb mir im Hinterkopf. «Neoklassische» Wirtschaftswissenschaftler sprachen von «ungünstigen Handelsbedingungen»; die Marxisten sprachen vom «Monopolkapital». Jahre später, als ich bei einem Freund in der Bibliothek auf das Abendessen wartete, holte ich den zweiten Band des Kapitals von Marx aus dem Regal und fand den Abschnitt über die Umwandlung der Werte in Warenpreise entsprechend den Unterschieden in der «organischen Zusammensetzung» des Kapitals; ist die Zusammensetzung niedrig, so daß die Löhne den größten Teil des Kapitals ausmachen, sind die Preise unter Wert; ist sie hoch, sind sie über Wert.

Ohne die Bedeutung der Macht multinationaler Konzerne und der mit ihnen assoziierten Staaten zu leugnen, glaube ich, daß die unterschiedliche organische Zusammensetzung des Kapitals grundlegend für den ungleichen Werteaustausch zwischen der «Ersten» und der «Dritten» Welt ist.

Ich betrachte den Ausdruck «Dritte Welt» als apologetischen Fehlgriff. In Wirklichkeit handelt es sich dabei um das Hinterteil der «Ersten», kapitalistischen Welt, auf das Oberkörper und Kopf mit ihrem ganzen Gewicht drücken. Natürlich sieht der Hintern nicht so hübsch aus wie das Gesicht, obwohl auch das immer mehr Schminke braucht, um attraktiv zu erscheinen.

Wir fuhren durch den Panama-Kanal und weiter nach Plymouth. Von Southampton aus überquerte ich den Kanal und fuhr mit einem Zwischenhalt in Rouen nach Paris. Im Zug fiel mir auf, wie sehr sich die Unterhaltungen der Arbeiter hier und in

Deutschland ähnelten und wie anders sie redeten als ihre amerikanischen oder selbst ihre englischen Kollegen. Im Reich Karls des Großen bildeten die Deutschen und die Franzosen eine Nation; seitdem gelang den Franzosen alles, und den Deutschen ging alles daneben. Die Deutschen waren eigentlich nur mißratene Franzosen. Früher hatte es mich verwirrt, daß die Elsässer zugleich sehr deutsch und sehr französisch waren. Wären doch nur alle Deutschen Elsässer geworden!

In Paris traf ich Otto Freundlich. Er erzählte mir von Chartres und begleitete mich bei meiner Abreise aus Paris dorthin. Die Kathedrale von Chartres ist nicht einfach schön, sie ist die Kathedrale schlechthin. Wenn von der gesamten Kunst des Mittelalters nur Chartres übrigbliebe, wüßte man immer noch um die Größe dieser Kunst; wenn alles andere bliebe, Chartres aber verlorenginge, würde man sie niemals erkennen.

Wie durch ein Wunder von den Zerstörungen in Kriegen und Revolutionen und den schlimmeren Gefahren der «Restauration» verschont, bilden Architektur, Skulpturen und Fenster eine Welt unerschöpflicher Schönheit. Ich blieb einen zweiten Tag, dann fuhr ich mit ein paar kleinen Aufenthalten in Frankreich und Italien zu meiner Mutter in Nervi, wo Gertel etwas später zu uns stieß.

Ich hatte nicht vorhergesehen, was zwei Jahre Trennung bei uns anrichten würden. Ich hatte für meine angestaute Sexualität gelegentliche, ziemlich zufällige Kanäle gefunden. Gertel, die noch immer mit Oscar eine Wohnung teilte, lebte mit Walter Waffenschmidt zusammen. Waffenschmidt, der schon einen Dr. Ing. hatte, war dabei, in Freiburg auch noch in Volkswirtschaft zu promovieren. Er hatte sich mit meinem Bruder angefreundet, und Gertel hatte ihn durch mich kennengelernt. Er war ein hoher Beamter im badischen Arbeitsministerium und lehrte nebenbei Ökonomie in Heidelberg. Er hatte ausschließlich in seiner Arbeit und seiner Wissenschaft gelebt; Gertel hatte in ihm wieder die Lust am Leben entfacht, wie sie es auch bei anderen, Männern wie Frauen, machte.

Waffenschmidt hatte später den Mut, Gertel das Kind zu schenken, das sie sich so sehr wünschte. Damals wußte sie nicht, wie sie es mir sagen sollte. Sie zögerte, kam aber nach Nervi, um mich zu sehen. Später sagte sie mir, wie erleichtert sie war, als ich ihr von meinem Liebesleben erzählte, denn dadurch konnte sie mir von ihrem Leben mit Waffenschmidt erzählen. Ich war nicht eifersüchtig, wie ich auch auf Oscar nicht eifersüchtig gewesen war. Ich war sicher, daß Gertels Herz groß genug war, mehr als einen Mann innig zu lieben.

Einige Wochen nach Gertels Abreise kam Olga nach Nervi. Wir blieben noch eine Weile dort, fuhren dann mit meiner Mutter nach Rom, und Olga und ich fuhren weiter nach Palermo. Olga kehrte nach Rom zurück, und ich machte eine Rundreise durch Sizilien, zum Teil zu Fuß. Den tiefsten Eindruck machten auf mich die griechischen Tempel von Selinus (Selinunt), die phantastische Steinmetzarbeit aus dem vierten vorchristlichen Jahrhundert an den großen Befestigungsanlagen von Syrakus und die normannische Kirche und die Klöster von Monreale. Eines Abends lag ich auf einem Abhang in Agrigento und betrachtete den sogenannten Concordia-Tempel, einen gut erhaltenen dorischen Tempel. Es kam mir vor, als schwebte «naos» oder «cella», das Gotteshaus, fast losgelöst inmitten der «peripteros», der Säulenreihen, die es auf allen vier Seiten umgaben. Mir war, als müßten diese beiden

94

Elemente einst zwei verschiedene Gebäude gewesen sein, die sich an einem Höhepunkt der Geschichte zum vollkommensten, je von Menschenhand geschaffenen Werk der Baukunst vereint hatten. Diese Vorstellung wuchs sich zu einer Obsession aus, die ich dreizehn Jahre später, in einer weiteren Phase glücklicher Arbeitslosigkeit, wieder aufleben ließ. 1985 habe ich meine Gedanken dazu endlich zusammengeschrieben[12].

Hamburg

Ende April 1927 war ich wieder in Hamburg. Es herrschte wieder Wohlstand in Deutschland, und die Bauwirtschaft blühte. Ich fand schon bald Arbeit bei einer guten, recht konservativen Firma, wechselte dann jedoch bald zu Karl Schneider[13], dem führenden Kopf der Moderne unter den Architekten Hamburgs. Schneider hatte in seinem Büro einen Trupp begabter junger Architekten versammelt, die allesamt jünger waren als ich. Zwei von ihnen machten später in den USA Karriere, wo ich sie in den vierziger und fünfziger Jahren wiedersah. Schneider ging nach Hitlers Machtergreifung auch nach Amerika[14], aber er starb (1945), ehe er Gelegenheit zur Entfaltung seines großen Talents hatte.

Die Arbeit in Schneiders Büro war anregend, die Diskussionen lebhaft. Unsere größte und interessanteste Aufgabe war die Teilnahme an einem Wettbewerb für ein sehr großes Wohnungsbauprojekt, für das sowohl der Lageplan als auch die Gebäude und die Gemeinschaftseinrichtungen zu entwerfen waren. Wir gewannen den zweiten Preis, erhielten den Auftrag jedoch nicht. Es gab weniger Arbeit, und ich wurde entlassen. Einige Wochen lang stand ich dreimal die Woche an, um mein Arbeitslosengeld zu kassieren; dann schickte mich das Arbeitsamt zu Hans Henny Jahnn[15].

---

12 «Calculated Refinements of Architectural Design» (sinngemäß: Finessen des Architekturentwurfs, die auf die Wahrnehmung des Betrachters zielen). Ein kurzes Manuskript liegt uns in der Handschrift vor. Eine Übersetzung und posthume Veröffentlichung ist seitens des Hrsg. in Vorbereitung.

13 Karl Schneider, 1892–1945, war seit Sommer 1920 in Hamburg und hatte seit 1921 hier sein eigenes Büro. Seit seinem «Landhaus Michaelsen» (1923) gehörte er zu den führenden Architekten der Moderne in Deutschland. Nach Absolvierung der Kunstgewerbeschule Mainz (1909–1911) arbeitete er bei den Größen der Zeit, in der Reihenfolge u.a. bei Walter Gropius, wo er an den Entwürfen zu den Fagus-Werken in Alfeld/Leine (1911) und der Muster-Fabrik der Werkbundausstellung in Köln 1914 und bei Peter Behrens an prominenten Projekten beteiligt war. Als Hans Blumenfeld bei Schneider arbeitete, war dieser gerade als Sieger aus dem Wettbewerb der damaligen «Großsiedlung» «Jarrestadt» in Hamburg-Barmbek hervorgegangen, hatte die Planungsoberleitung und bearbeitete selbst den zentralen Block sowie am Rande der Siedlung zwei Blöcke für die «Reichsforschungsgesellschaft für Wirtschaftlichkeit im Bau- und Wohnungswesen (RFG)». Großer Verdienst bei der Erforschung der Leistungen Schneiders kommt Robert Koch und Eberhardt Pook zu, die das «Karl Schneider Archiv der Hochschule für bildende Künste in Hamburg» eingerichtet haben. Zum 100. Geburtstag von Karl Schneider haben diese eine Ausstellung (im Museum für Kunst und Gewerbe Hamburg) zusammengestellt und einen Sammelband herausgegeben: Karl Schneider, Leben und Werk, hrsg. von Robert Koch und Eberhardt Pook, Hamburg (September) 1992.

14 Karl Schneider arbeitete hier als Designer für die Kaufhauskette «Sears & Roebuck» und konnte sich leider als Architekt nicht mehr etablieren.

15 Hans Henny Jahnn, 1894–1959, war Dramatiker, Erzähler, Essayist, Formexperimentator (Einfluß von James Joyce), Musikverleger, Orgelbauer, Friedensbewegter und in der Emigration ab 1934 in Dänemark als Landwirt tätig.

Jahnn war ein vielseitig begabter Mann. Er war ein bekannter Schriftsteller, der den angesehenen Kleist-Preis erhalten hatte, und seine Tragödie «Medea» wurde gerade mit Erfolg in Hamburg gespielt. Aber er interessierte sich auch für Musik. Er hatte eine religiöse Gemeinschaft mit dem Namen «Ugrino» gegründet, um, ohne Umsatzsteuer zahlen zu müssen, Musik aus dem 16. Jahrhundert veröffentlichen zu können. Er war ein angesehener Orgelexperte. Man hatte ihn beauftragt, den ursprünglichen Klang der Orgel des berühmten Orgelbauers Snitger aus dem 16. Jahrhundert, auf der Buxtehude, Bach und Telemann gespielt hatten, in der Jakobi-Kirche wiederherzustellen. Die restaurierte Orgel hatte einen wunderschönen Klang, war aber nach wenigen Wochen verstimmt. Jahnn fand heraus, daß der Turm, an dem die Orgel befestigt war, sich geneigt hatte. Und ich als Architekt sollte die Sache untersuchen.

Ich kroch in dem alten Turm aus dem 14. Jahrhundert herum und fand Risse, so breit, daß ich meinen Arm durchstecken konnte. Nach allen Gesetzen der Statik hätte er einstürzen müssen. Wir zogen den Leiter der Bauaufsicht zu Rate, und der war so alarmiert, daß er daran dachte, die angrenzenden Straßen zu sperren, zwei der Hauptdurchgangstraßen der Stadt. Alsbald übernahm der Kirchenarchitekt selbst die Angelegenheit; es wurde kaum etwas unternommen. Im Zweiten Weltkrieg wurde die ganze Gegend einschließlich des Kirchenschiffs durch Bombenangriffe zerstört. Der Turm blieb stehen. So viel zur Statik.

Jahnn beschäftigte mich damit, detaillierte Zeichnungen des alten Orgelmechanismus anzufertigen und akustische Decken für andere Gebäude zu zeichnen, in denen er Orgeln installierte. Wir trennten uns als Freunde.

Wieder war ich arbeitslos. Meine Mutter hatte in einem Kurort den Wiener Architekten (Oskar) Wlach[16] kennengelernt, der mit Josef Frank[17], einem der führenden Architekten der Moderne in Österreich, zusammenarbeitete. Er hatte Interesse an mir geäußert, und ich fuhr nach Wien, um mich vorzustellen[18].

---

16 Oskar Wlach, 1881–1963, arbeitete nach Abschluß des Studiums an der Technischen Hochschule Wien (Promotion) mit Oskar Strnad und Josef Frank zusammen. Wlach emigrierte 1935 in die USA.

17 Josef Frank, 1885–1967, schloß sein Architekturstudium an der Technischen Hochschule Wien mit einer Dissertation über Leon Battista Alberti ab. Von 1919 bis 1925 war er Professor an der Kunstgewerbeschule in Wien. 1925 gründete er mit Oskar Wlach das Einrichtungshaus «Haus & Garten» nach englischem Vorbild. 1928 war er Gründungsmitglied der CIAM in La Sarraz und ebenfalls von 1928 bis 1934 Vorsitzender des österreichischen Werkbunds, für den er auch den Bau der «Wiener Werkbundsiedlung» in Wien-Lainz 1930–1932 leitete, 1927 wurde er von Ludwig Mies van der Rohe eingeladen, um einen Beitrag zur Deutschen Werkbundsiedlung in Stuttgart-Weissenhof zu leisten. 1934 emigrierte er nach Schweden. Frank gehörte zu den intelligentesten und intellektuellsten Vertretern der Architektur-Moderne, die er stets undogmatisch und unpragmatisch begriff.
Hans Blumenfeld beschreibt seine Arbeit in dem Büro von Josef Frank in: Bauwelt (76. Jg.) 26/1985, S. 1057

18 Oskar Wlach schickte Hans Blumenfeld einen Brief (15. Juli 1928), in dem er sich für die bescheidenen Verhältnisse – gemessen an denen in den deutschen Architekturbüros – in Österreich entschuldigte. Außerdem wies er auf das dem Architekturbüro angegliederte Inneneinrichtungsunternehmen «Haus & Garten» hin und auf das Bestreben, mit seinem Architekturbüro «in menschlichen Hinsichten Anregenderes bieten zu können». Er schlug Hans Blumenfeld vor, um den 25. Juli (1928) nach Wien zu kommen. «Vielleicht können Sie den alten Kirchturm (Petri-Kirche in Hamburg) einige Tage beurlauben. Wir würden uns dann hier aussprechen» (vgl. den Brief von Oskar Wlach im Faksimile im Anhang).

Auf dem Rückweg machte ich Zwischenstation in St. Wolfgang, wo Margaret und Alfred bei Freunden zu Besuch waren. Sie sahen durch mein dünnes Oberhemd, daß mein Unterhemd zerrissen war, und sagten empört: «Wenn du in so einem Aufzug herumläufst, wirst du nie eine Anstellung finden.» Am nächsten Tag traf ein Brief mit dem Stellenangebot aus Wien ein. «Jetzt ist alles verloren», rief Margaret aus. Wieder einmal war ein Versuch, mich zu erziehen, fehlgeschlagen.

Mitte der zwanziger Jahre hatte es in Deutschland einen Rechtsruck gegeben. 1925 wurde der alte Generalfeldmarschall Hindenburg zum Präsidenten gewählt. Es ist schon merkwürdig, daß Leute glauben, besiegte Generäle würden gute Präsidenten abgeben. Nach ihrer Niederlage von 1870 wählten die Franzosen MacMahon; nach ihrer Niederlage von 1918 wählten die Deutschen Hindenburg. Nach ihrer Niederlage von 1940 machten die Franzosen Pétain zum Präsidenten. Nachdem die Vereinigten Staaten die Philippinen an die Japaner und Korea beinahe an die Chinesen verloren hatten, hatte MacArthur ernsthafte Chancen, amerikanischer Präsident zu werden.

Sofort nach meiner Rückkehr nach Hamburg marschierte ich in der kommunistischen Demonstration zum 1. Mai mit. Die Mitglieder gefielen mir viel besser; die verrückten Randgruppen waren nicht mehr dabei. Die Männer und Frauen, mit denen ich zusammen marschierte, gehörten zu der Sorte zuverlässiger Arbeiter, die vor dem Krieg mit eiserner Geduld die Sozialdemokratische Partei und die Gewerkschaften aufgebaut hatten. Ein von Kommunisten und ihren Gegnern propagierter Mythos besagte, daß die gelernten Arbeiter Sozialdemokraten seien, während die unteren Schichten des «Proletariats» Kommunisten seien. Fast alle Arbeiter, die ich in der Partei kennenlernte, waren tüchtig. Sie mußten gut sein, sonst hätte man sie als Kommunisten zuallererst entlassen. Es war ein natürlicher Ausleseprozeß.

Ich nahm meine Arbeit in meiner Gewerkschaft, der Butab, wieder auf. Ich stellte fest, daß die kleine linke Oppositionsgruppe sich in eine Ecke manövriert hatte. Sie hatten sich angemaßt, als Auserwählte zu den Heiden zu predigen, die zu blind waren, das Licht zu sehen. Ich ging, wie früher auch, brüderlich mit den verirrten Genossen um. Wir hatten zwei Ultralinke in unserer Gruppe. Wenn ich eine Resolution vorbereitet hatte, von der ich meinte, sie hätte eine Chance, angenommen zu werden, überließ ich immer einem der wilden Männer zuerst das Wort. Nach ihrem pathetischen Redeschwall klang mein Vorschlag gemäßigt und vernünftig und kam für gewöhnlich durch. Diese Taktik empfehle ich jedem, der in der Politik wie anderswo einen Vorschlag durchzusetzen wünscht. Man lasse immer zuerst einen Extremisten reden; dann wird der eigene Vorschlag als moderater Kompromiß angesehen. Unsere Opposition gewann an Ansehen; in den nächsten Wahlen bekamen wir 40 Prozent der Stimmen.

Dreißig Jahre später kam der sozialdemokratische Leiter unserer lokalen Butab-Gruppe mit einer Abordnung nach Kanada. Seine Mitreisenden wunderten sich, woher wir uns kannten. Mein früherer Gegner sagte: «Wir haben früher in der Butab zusammengearbeitet.» Ich fügte lachend hinzu: «Ja, zusammen und gegeneinander.» Er entgegnete: «Ach, das war nicht so schlimm.»

Die Filmindustrie in Deutschland war fest in der Hand der militaristischen Reaktion.[19] Daher initiierte die Berliner Propagandazentrale der KPD die Gründung des «Volksfilmverbands»[20], die mit progressiven Filmen gegen diesen Einfluß antreten sollte: Chaplin, Lang, Eisenstein, usw. Die Initiative fand in der Öffentlichkeit ein breites Echo unter Pazifisten, Liberalen und Parteilosen. Ich suchte Theodor Haubach auf, damals Chefredakteur bei der Sozialdemokratischen Zeitung in Hamburg. Er sagte seine Unterstützung zu, aber als ich ihn ein zweites Mal besuchte, teilte er mir mit, daß die nationale Führungsspitze der SPD beschlossen hatte, sich gegen den Volksfimverband als «kommunistisches Aushängeschild»[21] zu stellen. Einige SPD-Mitglieder und praktisch alle liberalen und parteilosen Mitglieder blieben bei der Stange, und der Verband leistete einiges an guter Arbeit.

Die KPD-Zentrale beschloß weiterhin, in Hamburg eine zweite Zeitung in Gang zu bringen, die weniger doktrinär war, sich in erster Linie an Büroangestellte wenden sollte und sich zur Lektüre in der Mittagspause eignete. Albert Norden, der Herausgeber, wurde ein Freund fürs Leben. Ich schrieb für diese Zeitung ein paar Filmrezensionen und Berichte über öffentliche Ereignisse.

Da es zu umständlich war, täglich von Brunstorf zur Arbeit in die Stadt zu fahren, hatte ich mir ein Zimmer am Wasser gemietet, mit einem phantastischen Blick auf die Elbe.[22] Ich war Mitglied der KPD-Ortsgruppe in einem Arbeiterviertel, zu dem eines der ältesten Elendsviertel der Stadt gehörte. Die KPD hatte das Organisationsprinzip der russischen KP übernommen: die Mitglieder waren vor allem am Ar-

---

19 Noch während des Krieges, als Kriegsmüdigkeit und das Aufbrechen gesellschaftlicher Widersprüche in die Demonstrationen und Streiks von 1916/17 mündeten, tauchten erste Vorschläge von Kapitalseite auf, die im Film liegenden Möglichkeiten der «Massenlenkung» zu erkennen und zu entwickeln. Im November 1916 wurde bereits die «Deutsche Lichtbild-Gesellschaft e.V.» (DLG) mit Unterstützung durch Alfred Hugenberg (damals Direktor der Friedrich Krupp AG), dem späteren rechten Medienmonopolisten der Weimarer Republik, gegründet. Im Januar 1917 wurde durch die Oberste Heeresleitung (OHL) das «Bild- und Filmamt» (BUFA) gegründet. Nach Differenzen der OHL mit der DLG, hinter der Elektro-, chemische Industrie und Schiffahrt standen, kam es zur Zusammenarbeit durch die Gründung der «Universum-Film AG» (UFA), die wesentlich auf Betreiben des rechten Generals E. v. Ludendorff (OHL) und des Direktors der Deutschen Bank, G. v. Strauß, entstand. Das Reich beteiligte sich mit 7 Mio. Mark unter strengster Geheimhaltung und das große Kapital mit 25 Mio. Mark. Ludendorff schrieb in seinem Gründungsbrief bereits am 4. Juli 1917, daß die Einrichtung der UFA wichtig sei: «...um nach einheitlichen Gesichtspunkten eine planmäßige und nachdrückliche Beeinflußung der großen Massen im staatlichen Interesse zu erzielen...». Der Erfolg stellte sich allerdings erst in der Weimarer Republik richtig ein.
20 Der Volksfilmverband wurde 1928 als Zuschauerorganisation gegründet, dem auch namhafte bürgerlich-demokratische Künstler angehörten; so war Heinrich Mann z.B. Vorsitzender. Die KPD tat sich schwer, gegen die UFA vertriebs- und produktionsmäßig eine Alternative zu bieten. Die Internationale Arbeiterhilfe (IAH), gegründet 1921, zeigte vor allem sowjetische Filme. Ab 1925 fing man an, eigene Filme im Auftrag von IAH, KPD und RFB (Rotfrontkämpferbund) zu produzieren. 1926 wurde die «Prometheus Film-Verleih- und Vertriebsgesellschaft» mit einem Stammkapital von 10 000 Mark gegründet (zum Vergleich: die UFA hatte 32 Mio. Mark) und produzierte auch eigene Filme, z.B. «Kuhle Wampe», 1932. Ab 1927 übernahm die «Weltfilm GmbH» den Vertrieb. Ende 1931 mußte die «Prometheus» Konkurs anmelden. Vgl. dazu auch: Film und Realität in der Weimarer Republik, hrsg. von Helmut Korte, München Wien 1978.
21 Die SPD gründete 1926 ihren eigenen «Film- und Lichtspieldienst».
22 Das Zimmer lag in der Reimarusstraße, der Gegend, wo die Nazis später eines ihrer ersten (Stadt-)«Sanierungsgebiete» auswiesen, offiziell, um die «ungesunden Wohnverhältnisse» zu beseitigen, und in Wirklichkeit, um die Kommunisten hier zu vertreiben.

beitsplatz organisiert, nur die Arbeiter in Kleinbetrieben, Rentner und Hausfrauen waren in Nachbarschaftsgruppen organisiert. In meinen Augen war das ein schwerer Fehler. Im zaristischen Rußland, wo die meisten Arbeiter ihre Familien im Dorf zurückgelassen hatten, in Baracken in Fabriknähe wohnten und nach ihren Elf-Stunden-Schichten ausgelaugt waren, hatte dieses Prinzip eingeleuchtet. In Deutschland hatten die Arbeiter weniger Gelegenheit, sich während der Arbeit zu unterhalten, und am Ende ihrer Schicht eilten sie nach Hause; ihr Leben kreiste um die Familie und die Nachbarschaft. Ohne die lebenswichtige Bedeutung der Organisation am Arbeitsplatz herunterzuspielen, trat ich dafür ein, den Wohnbezirk zur Keimzelle der Parteiorganisation zu machen. Die Frage wurde oft diskutiert, aber es änderte sich nichts.

Die Bezirkssekretärin in meiner Gegend war eine Arbeiterin in einer kleinen Fabrik, eine sehr fähige, warmherzige Frau. Ich wurde zum politischen Sekretär ernannt; wir arbeiteten gut zusammen. Ich hatte mich in erster Linie um die politische Erziehung zu kümmern. Wir kämpften gegen die SPD um die Herzen und Hirne der Arbeiter. Um unsere Mitglieder zu schulen, übernahm ich die Rolle eines SPD-Sprechers. Manchmal, wenn meine Argumente meine Genossen in Verlegenheit brachten, wurden sie wütend auf mich, und ich mußte die Rolle wechseln.

Während meiner Amtsperiode wurde viermal gewählt. Wir stiegen in den Mietskasernen treppauf treppab, um mit den Leuten zu reden und Lesestoff zu verteilen. Ich erfuhr, wie Proletarier und auch wie Lumpenproletarier leben und denken. Wir schlugen natürlich auch Plakate an.

Bei der ersten Wahl ging es um den Elternrat der Schule im Bezirk. Da Kommunisten eifrige Verfechter der Familienplanung durch Verhütung waren, fiel es uns schwer, Kandidaten zu finden, aber schließlich hatten wir eine ansehnliche Kandidatenliste beisammen. In den beiden darauffolgenden Wahlen wurde der Hamburger Senat neugewählt, wobei die erste Wahl gerichtlich für verfassungswidrig erklärt wurde. Die vierte und wichtigste war die Reichstagswahl von 1928. Wir legten bei allen vier Wahlen zu; in den Reichstagswahlen verzeichneten SPD und KPD substantielle Gewinne. Wieder wurde ein Mythos zerstört: die Vorstellung, daß die KPD nur gedieh, wenn sie das Elend der Massen ausbeutete, und bei Wohlstand verschwinden würde.

Obgleich die Deutschen keine «geborenen Soldaten» sind, spielten sie in den zwanziger Jahren noch gern Soldat und marschierten uniformiert in Reih und Glied zu Trommeln und Pfeifen – einer Musik, die so anders war als auf dem Schlachtfeld. Die Rechte hatte den «Stahlhelm» unter der Schirmherrschaft Präsident Hindenburgs aufgebaut. Die SPD folgte ihrem Beispiel mit dem «Reichsbanner» (Schwarz-Rot-Gold) und die KPD mit dem «Rotfrontkämpferbund». Die Front hatte nichts mit der geheimen Militärorganisation zu tun, die den Aufstand im Oktober 1923 in Hamburg inszeniert hatte; sie war ein reines Propagandainstrument.

Der Stahlhelm hielt seine große Jahreskundgebung im «roten» Hamburg ab. Die meisten Sozialdemokraten und Kommunisten betrachteten das als Provokation, aber die SPD-Bürgerschaft der Stadt stellte vollen Polizeischutz bereit. Das war ein wesentlicher Bestandteil der SPD-Strategie zur Beschwichtigung der Feinde der Weimarer Republik, der den Weg für ihren Niedergang ebnete.

Wir stellten entlang der Route der Stahlhelm-Parade Gruppen auf, die «Nieder mit den Faschisten!» brüllten. Die Polizei griff sofort ein. Ich organisierte einen Lachchor, der die schmerbäuchigen, ordenbehängten Marschierer viel mehr ärgerte als das Gebrüll. Auch hier griff die Polizei ein. «Darf man nicht mal mehr lachen?» fragte ich. «Hier und jetzt jedenfalls nicht», lautete die Antwort. Die Marschroute verlief durch einen Einschnitt in der Böschung am Elbufer, über den eine Straßenbrücke führte. Wir postierten uns auf der Brücke und lachten von dort aus, bis uns die Polizei einholte. Nachmittags fand eine zweite große Parade statt. Die Polizei saß auf Lastwagen und sprang Gummiknüppel schwingend ab, sowie wir anfingen zu brüllen. Ich lief nicht weg, sondern ging geradewegs auf sie zu, und sie wichen mir aus. Abends flanierten die Männer vom Stahlhelm in Gruppen über die Reeperbahn, das Herz des berühmten Hamburger Amüsierviertels. Eine feindselige Menge säumte die Straße. Ich stellte mich direkt neben einem großen, stämmigen Polizisten auf und brüllte «Nieder mit den Faschisten!» Der blickte voller Erstaunen auf den Knirps an seiner Seite und sagte schließlich ziemlich höflich: «Sie müssen damit aufhören; Sie stören den Frieden.» «Wenn Sie meinen, Herr Wachtmeister», erwiderte ich und spazierte unter allgemeiner Heiterkeit davon.

Das waren harmlose kleine Plänkeleien in dem Guerillakrieg, der sich in Deutschland ausbreitete und sich bald zu tödlichen Straßenkämpfen auswuchs. Die Zusammenstöße verliefen zwischen KPD und SPD auf der einen Seite und Stahlhelm und Nazis auf der anderen Seite. Ich habe nie von Zusammenstößen zwischen Kommunisten und Sozialdemokraten gehört. An der Führungsspitze herrschte zwischen SPD und KPD eine erbitterte Feindschaft, aber die hat nie wirklich die Solidarität der Arbeiterklasse an der Basis untergraben können.

Für mich gab es noch ein bezeichnendes Erlebnis für die fatale Blindheit der Sozialdemokraten während dieser Zeit. Ein Freund nahm mich mit auf eine SPD-Versammlung, auf der der belgische Sozialist Henrik De Man sprach. De Man propagierte die Einführung des «Volkssozialismus» anstelle des Klassenkampfes. Ich griff ihn scharf an; sonst kritisierte ihn niemand. Als die Nazis Belgien besetzten, wurde De Man zu ihrem Kollaborateur.

Die Nazis hatten bei den Reichstagswahlen von 1928 schlecht abgeschnitten.[23] Aber mir fiel auf, daß ihr Stimmenanteil sich in den drei aufeinanderfolgenden Wahlen in Hamburg stetig erhöhte, und daß sich eine ständig steigende Zahl von Besuchern, darunter auch Arbeiter, in ihrem Büro einfand, an dem ich täglich auf dem Weg zur Arbeit vorbeikam. Ich sagte zu den Genossen in meinem Bezirk, daß wir unsere Kraft nicht länger auf die SPD konzentrieren, sondern auch gegen die Nazi-Propaganda vorgehen sollten, fand aber keine Zustimmung: Alle sagten verachtungsvoll: «Die – das weiß doch jeder, daß das die Feinde der Arbeiter sind.»

Man hat das Geschick und die Flexibilität der Demagogie der Nazis in hohem Maße unterschätzt. Viele fehlgeleitete Idealisten glaubten mit vollem Ernst an das proklamierte Ziel der «nationalen und sozialen Befreiung». Antisemitismus spielte in ihrer

---

23 Die Nazis waren von 14 auf 12 Sitze von 491 in der Nationalversammlung gefallen, die Wahl fand am 20. Mai 1928 statt.

Propaganda zumindest in Hamburg eine untergeordnete Rolle, und das proklamierte Ziel stimmte mit dem der Zionisten überein: «Schickt die Juden nach Palästina!» In Hamburg gab es nur einen Betrieb, in dem die Mehrheit der Arbeiter Nazis waren, und zwar ein kleiner Schiffsabwracker. Dort brach ein Lohnstreik aus. Die SPD und die Gewerkschaften waren schadenfroh: «Geschieht ihnen recht, das wird ihnen eine Lehre sein.» Die Kommunisten verkündeten ihre Solidarität mit den Streikenden, ergriffen aber keine Maßnahmen zu ihrer Unterstützung. Die Nazis warfen den Besitzer der Werft aus ihrer Partei und stellten sich auf die Seite der Arbeiter.

Die Nazis hatten ihren Namen, «Sozialistische Arbeiterpartei», ihren Feiertag, den 1. Mai, und die rote Fahne, die sie mit dem Hakenkreuz verschandelten, von der traditionellen Arbeiterbewegung gestohlen. Jetzt begannen viele Arbeiter, ihre «soziale Befreiung» ernstzunehmen.

In der ersten Maiwoche 1928 besuchte ich das Bauhaus in Dessau unter dem Vorwand, mich um eine Dozentur für Statik bewerben zu wollen. Hannes Meyer[24], der Gropius'[25] Nachfolge als Direktor des Bauhaus angetreten hatte, fragte mich: «Wieviel Statik können Sie?» – «So viel wie jeder durchschnittliche Architekt.» «Das heißt also: gar keine.» Wir lachten beide und führten dann ein ausgiebiges Gespräch über mein wirkliches Interessengebiet, Wohnungspolitik. Wir gingen als Freunde auseinander.

Auf meiner Rückreise von Dessau nach Hamburg machte ich in Berlin Station, um an einer großen nationalen Kundgebung der Volksfront teilzunehmen (ich war kein Mitglied). Als ich hörte, wie die Bergleute aus Mitteldeutschland das schöne Revolutionslied «Brüder zur Sonne, zur Freiheit, Brüder zum Lichte empor» sangen, kamen mir die Tränen. Ich spürte es in den Knochen, daß die Zukunft für sie kein Licht, sondern tiefste Finsternis bereithielt.

Bis heute bin ich der Ansicht, daß die Geschichte Deutschlands in den vierzehn Jahren nach dem Ersten Weltkrieg ein Wettlauf zwischen Revolution und Krieg war. Im Dezember 1918 hatte ich zufällig Max Warburg am Eingang zu der Familienbank getroffen, der er vorstand. Er sagte mir, meine politischen Vorstellungen seien reines Wunschdenken. Der Begriff war mir neu und blieb haften. Aber was dachte Max? Er glaubte an die völlige Restauration eines Vorkriegsdeutschlands in einer Vorkriegswelt. Nun war der Krieg kein Zufallsprodukt, und gleiche Ursachen neigen dazu, gleiche Wirkungen zu haben. Mächtige Staaten wetteifern miteinander um einen «Platz an der Sonne» für ihr Kapital, und die Rivalität unter ihnen wächst, bis sie zum

---

24 Hannes Meyer, 1889–1954, Schweizer Architekt mit starker Betonung auf sozialen Aspekten. Er wurde 1928–1930 Nachfolger von Walter Gropius als Direktor am Bauhaus Dessau, nachdem er ein Jahr zuvor dort als «Meister» eingestellt worden war. 1930–1936 war er in der Sowjetunion tätig, dort als Städteplaner und Chefarchitekt mehrerer Institute. Seit 1939 war er in Mexiko tätig. Vgl. z.B. Claude Schmidt, Hannes Meyer, Stuttgart 1965, und Klaus-Jürgen Winkler, Der Architekt Hannes Meyer, Anschauungen und Werk, Berlin 1989.

25 Walter Gropius, 1883–1969, u.a. Mitarbeit bei Peter Behrens (1907–1910). Seit 1911 Zusammenarbeit mit Adolf Meyer. Bekannt wurde er durch die Zusammenlegung der Kunstgewerbeschule und der Hochschule für bildende Künste Weimar zum «Staatlichen Bauhaus» (1919), welches er als Direktor leitete und 1925 nach Dessau verlegte. 1928 trat er als Direktor wegen politischer Spannungen in der Hochschule zurück. 1934 ging er über England, wo er drei Jahre als freier Architekt tätig war, in die USA. Dort wurde er 1937 (bis 1952) sogleich Architekturprofessor und -dekan an der Harvard University. Hier gründete er 1946 auch die «Architects Collaborative» (TAC).

äußersten Mittel greifen. Wenn der deutsche imperialistische Kapitalismus wieder herrscht, wird er den Kampf um den Vorrang wieder aufnehmen. Nur eine revolutionäre Umwälzung würde das verhindern können, so glaubte ich.

Die Revolution hat verloren, und der deutsche Imperialismus setzte seine Aggression nach zwanzigjähriger Pause fort. Meine Erwartung hatte sich bewahrheitet, aber war das unvermeidlich gewesen? Wenn der Wohlstand der zwanziger Jahre nicht durch die Wirtschaftskrise zerstört worden wäre, hätte der Zweite Weltkrieg womöglich nicht stattgefunden. Aber wäre denn die Krise in einer kapitalistischen Weltwirtschaft zu vermeiden gewesen?

Während dieser ganzen Zeit mußte die SPD, weil sie die Restauration der Vorkriegssozialstruktur akzeptierte, den Militarismus beschwichtigen. Die KPD war die einzige Partei, die konsequent dagegen kämpfte. Ich bin stolz darauf, an diesem Kampf beteiligt gewesen zu sein.

Wien

Am 1. Oktober 1928 nahm ich meine Arbeit im Architekturbureau Frank und Wlach auf. Joseph Frank hatte einen feinen, kritischen Verstand, wie er für die besten Vertreter der Wiener Intelligenz der Zeit typisch war. Ich lernte viel von ihm. Als ich ihn einmal danach fragte, was eigentlich das gemeinsame Kennzeichen des breiten Spektrums unterschiedlicher Ansätze sei, das die Architektur zur «modernen» Architektur mache, lautete seine Antwort: «Moderne Architektur ist leicht.» Als wir über Le Corbusier[26] sprachen, sagte er: «Er ist ein großer Poet.» Ich war überrascht, aber Ronchamp hat ihm Recht gegeben.

Unser interessantestes Projekt war ein Wettbewerb um eine große Wohnsiedlung in der Nähe von Berlin. Zu der Zeit lautete die anerkannte Lehrmeinung, Häuser-

---

26 Le Corbusier, 1887–1965, dessen Geburtsname eigentlich Charles Edouard Jeanneret ist, stammte aus der Schweiz und war Autodidakt. Nach Mitarbeit bei u.a. Josef Hoffmann (Wien), Auguste Perret (Paris) und Peter Behrens (Berlin) wählte er ab 1917 sein Wirkungszentrum in Paris. Er wurde zu einer der treibenden Kräfte der europäischen Moderne überhaupt, von der er sich jedoch stets unterschied. Neben einer regen Publikationstätigkeit in «L'Esprit Nouveau» und Einzelpublikationen wie «Vers une architecture» (1923) war er beinahe unbändig im Unterbreiten von Architektur- und Städtebauentwürfen. 1928 war er wiederum treibende Kraft und Gründungsmitglied der CIAM in La Sarraz. Einem breiten Publikum bekannt geworden sind seine Villen um Paris, seine «Unités d'Habitation» in Marseille und Nante-Rezé sowie seine Ausführung der Planungen für die indische Stadt Chandigarh. Eines der mittlerweile wohl berühmtesten und anerkanntesten Bauwerke Le Corbusiers ist die Wallfahrtskirche Nôtre Dame du Haut in Ronchamp in den Vogesen (1950–1954).
Auf Literatur zu Le Corbusier hinzuweisen fällt wegen der Fülle schwer und erscheint beinahe als überflüssig. Auf sein «Oeuvre complète», Zürich 1930 ff, welches er schon zu seinen Lebzeiten regelmäßig publizierte, soll hingewiesen werden. Trotz der Überzahl von Dokumentationsbänden und Monographien soll auf drei kleinere Bände hingewiesen werden, die eine kritische Würdigung des Werkes von Le Corbusier ermöglichen: Thilo Hilpert, Die funktionelle Stadt, Le Corbusiers Stadtvisionen – Bedingungen, Motive, Hintergründe, Braunschweig 1978; Thilo Hilpert (Hrsg.), Le Corbusiers «Charta von Athen», Texte und Dokumente, Kritische Neuausgabe, Braunschweig 1984; Thilo Hilpert, Le Corbusier 1887–1987 – Genius, Atelier der Ideen, Hamburg 1987.
Auf zwei seine Architektur, Kunst und Auffassungen sehr gut darstellende Fernsehfilme soll auch verwiesen werden: Le Corbusier, von Jacques Barsac, deutsche Bearbeitung von Jürgen Wilcke, 45 Minuten, Nord 3, 1987; Le Corbusiers Vermächtnis, von Jürgen Schneider, 50 Minuten, ZDF, 1987.

reihen seien immer so auszurichten, daß die Fenster nach Osten und Westen gingen. Frank überzeugte mich, daß nichts über Südfenster gehe, da die Wohnungen durch sie im Winter in den vollen Genuß der Sonne kämen und im Sommer vor der Mittagssonne geschützt seien, vor allem dann, wenn sie mit einem Balkon ausgestattet seien; auf der Nordseite könne man, je nach Größe der Wohneinheiten, Treppenhaus, Dielen, Küchen und Bäder unterbringen. Ost- und vor allem Westlage setze die Wohnungen im Sommer viel zu sehr der Sonne aus und lasse aufgrund vieler, allerdings selten ausschließlich günstiger Faktoren im Winter zu wenig Sonne ein. Die meisten der zweigeschossigen Reihenhäuser und der drei- und viergeschossigen Wohnblocks in unserem Projekt waren nach Süden ausgerichtet; die nach Osten und Westen gerichteten erhielten andere Innenaufteilungen. Wir erfuhren später, daß eine ansehnliche Minderheit in der Jury unseren Plan bevorzugt hatte; die Mehrheit, die weiterhin der Ost-West-Doktrin verschrieben blieb, verwarf ihn aus diesem Grund.[27] Gropius gewann den ersten Preis und erhielt den Zuschlag für den Bau.[28]

In den letzten Maitagen des Jahres 1929 erlitt meine Mutter, die damals in einem Krankenhaus in Wiesbaden lag, einen Schlaganfall. Ich eilte nach Wiesbaden; sie war noch bei klarem Verstand. Sie wußte, daß sie sterben würde, ich wußte es nicht. Sie wollte zurück nach Hamburg; die Reise war beschwerlich, aber sie fühlte sich dort in der Privatklinik wohler. Ich wollte näher bei ihr sein als in Wien. Da ich in Hamburg keine Anstellung fand, versuchte ich es in Berlin. Ich sprach bei einigen führenden Architekten vor: Mendelsohn[29], Luckhardt[30], Gutkind[31]; die zeigten sich interessiert, hatten aber zur Zeit keine Stellen frei. Als ich nach zwei Tagen wieder in Hamburg ankam, hatte sich der Zustand meiner Mutter verschlechtert; sie war nur noch zeitweise bei klarem Bewußtsein. Sie starb im Schlaf während der kürzesten Nacht des Jahres. Ich verließ ihr Krankenbett und machte mich im Morgengrauen auf den langen Fußweg in den Vorort zum Haus von Robert Solmitz, bei dem ich wohnte.

Nach einem Besuch bei Gertel in Karlsruhe fuhr ich zurück nach Wien. Ende 1929

---

27 Es handelt sich um den Wettbewerb zur Siedlung Berlin-Haselhorst.
28 Gropius bekam die Ausführung jedoch nicht. 1930–1932 wurde die Siedlung nach seinen Vorplanungen durch das Büro der Auftraggeberin, der Heimag, in Verbindung mit den Architekten Fred Forbart, Paul Mebes und Paul Emmerich realisiert.
29 Erich Mendelsohn, 1887–1953, nach dem Studium in Berlin (1908) und in München bei Theodor Fischer (1909–1912), eröffnete er sein eigenes Architekurbureau zunächst in München und erst 1919 in Berlin. Bekannt geworden ist er vor allem durch den «Einsteinturm» (Astrophysikalisches Institut, 1919–1921) bei Potsdam und die Kaufhausbauten für die Firma Schocken in Nürnberg, Stuttgart (1926–1927) und in Chemnitz (1927). 1933 emigrierte er über Holland und England nach Israel und siedelte 1941 in die USA über.
30 Hans Luckhardt (1890–1954) und sein Bruder Wassili (1889–1972) arbeiteten ab 1921 in einem Architekturbureau zusammen. 1924–1937 arbeiteten sie auch mit Alfons Anker (1872–1958) zusammen. 1929 gewannen sie gemeinsam den 1. Preis im Wettbewerb zum Umbau des Berliner Alexanderplatzes. 1958 nahm Wassili Luckhardt übrigens am Wettbewerb für das neue Rathaus in Toronto teil, welchen der finnische Architekt Viljo Revell gewann, der auch das Gebäude ausführte (1965). Hans Blumenfeld äußerte sich damals etwas spöttisch: «Die Bürokraten sehen nur noch einander an und drehen dem Volk den Rücken zu.»
31 Erwin Gutkind, 1886–1968, war zur Zeit als Blumenfeld mit ihm sprach gerade mit seinen größeren Wohnbauprojekten in Berlin Tegel und Reinickendorf befaßt.

gab es nicht viel Arbeit im Büro, und ich stand wieder auf der Straße. Ich beschloß, meinen immer wieder aufgeschobenen Plan, nach Griechenland und Ägypten zu fahren, in die Tat umzusetzen, und war gerade vor die Tür getreten, um die Überfahrt mit der Lloyd-Triestino-Linie zu arrangieren, als der Postbote mir eine Postkarte überreichte: Der Architekt Kulka[32] forderte mich auf, mich durch ein persönliches Gespräch um eine vorläufige Stelle zu bewerben. Ich fand heraus, daß Kulka ein Mitarbeiter des berühmten Architekten Adolf Loos[33] war. Ich ging nicht zum Lloyd-Triestino; die Pyramiden würden noch ein paar Wochen auf mich warten müssen.

Ich war Loos schon einmal begegnet. 1912, bei meinem ersten Besuch in Wien, hatte Jacques Rosenberg, der jüngste Bruder meiner russischen Großmutter, mich zu einem Vortrag von Loos mitgenommen, in dem er über seine Kämpfe um sein Haus am Michaelerplatz berichtete, einem modernen Bau direkt gegenüber der Wiener Hofburg – der in den Augen aller guten Bürger von Wien einer Majestätsbeleidigung gleichkam.

Jacques Rosenberg war ein Original: ein grandseigneur-bohémien. Als ich ihn im Spätherbst 1918 in Berlin traf, sagte er: «Weißt du, Hans, diese Bolschewiken haben recht, sie haben ganz recht – aber ich bin heilfroh, daß ich vor ihrer Zeit gelebt habe.»

Loos hatte den Auftrag erhalten, eine Reihenhauszeile für die Werkbund-Ausstellung in Wien-Lainz[34] zu entwerfen, und ich wurde angestellt, die Zeichnungen auf der Grundlage seiner Skizzen auszuführen; Loos fand sich mehrmals die Woche für ein bis zwei Stunden im Büro ein. Er redete nicht nur über die unmittelbar anstehende Arbeit. Als er erfuhr, daß ich in Amerika gearbeitet hatte, erzählte er mir, daß er als

32 Heinrich Kulka, 1900–1971, hörte schon während seines Studiums an der Technischen Hochschule in Wien Vorlesungen von Adolf Loos, die dieser im Rahmen seiner Privatschule hielt. Ab 1920 war er für drei Jahre Zeichner im Büro von Loos und seit dieser Zeit sein ständiger Mitarbeiter. 1926–27 arbeitete er mit Loos an den Pariser Aufträgen und war sein Büroleiter in Wien. 1938 verließ er Wien und emigrierte 1939 über England nach Neuseeland und wurde bald – für 20 Jahre – Chefarchitekt eines der größten Bauunternehmen des Landes (Fletcher Construction in Auckland). Seit 1960 war er dann noch einmal als freier Architekt tätig.

33 Adolf Loos, 1870–1933, ging nach dem Studium an der TH Dresden (1889/90 und 1892/93, ohne Abschluß) für drei Jahre in die USA. 1896 ließ er sich in Wien nieder und überwarf sich mit der «Secession». 1910/11 kam es zum sog. Skandal über sein Büro- und Wohnhaus für die Firma «Goldmann und Salatsch» am Michaeler Platz, bei dem er die bis dahin üblichen Applikationen an der Fassade wegließ. Im September 1910 wurde die Baustelle behördlich stillgelegt. Er erhielt Aufträge für Villenbauten sowie Inneneinrichtungen. Loos war ein Vorreiter der Architekturmoderne, stand ihr jedoch stets kritisch gegenüber – wie berühmte Vertreter dieser ihm gegenüber, z.B. Ludwig Mies van der Rohe, der Loos' Teilnahme an der Werkbundsiedlung in Stuttgart-Weißenhof (1927) zu verhindern wußte. 1921–24 war Loos Chefarchitekt des Wiener Siedlungsamts, da er sich sehr für die Wiener Siedlerbewegung engagiert hatte. Von Erfolg gekrönt war diese Arbeit jedoch nicht. Daher ging er – nach diffamierenden Presseattacken gegen ihn – 1924 nach Paris und baute Villen für seine betuchten Künstlerfreunde. An der Wiener Werkbundsiedlung (1930–32) in Lainz, die Josef Frank leitete, nahm er teil. In seinen meist publizierten Vorträgen griff Loos stets kräftig und eigensinnig in die Strömungen und Diskussionen ein, so bereits 1899 mit seinem Vortrage über die «potemkinsche Stadt», in dem er den Historismus der Wiener Ringstraße und deren Metamorphosen im Secessionismus angriff. Weitere prägnante Vorträge, über die die Auseinandersetzung teils bis heute anhält, sind «Ornament und Verbrechen» (1909) und «Über Architektur» (1910).

34 Vgl. Anmerkungen zu Josef Frank und Adolf Loos.

junger Mann mit Frank Lloyd Wright[35] zusammen in Sullivans Büro[36] gearbeitet hatte. Er machte mich auf die handwerkliche Qualität der Stühle in seinem Büro aufmerksam, wiederholte seine Lieblingsgeschichte über den Professor für Kunstgewerbe, der eigenhändig einen Sattel entworfen hatte,[37] und erzählte von seinen Bemühungen um Arnold Schönbergs Musik. Als die Arbeit an den Reihenhäusern fertig war, behielt er mich für die Arbeit an zwei großen «Villen», eine in Stein und eine als Holzkonstruktion. Loos dachte und machte seine Entwürfe dreidimensional, in noch stärkerem Maße als Joseph Frank. Als ich einmal einen langen Raum mit Fenstern an beiden Enden gezeichnet hatte, lehnte er ihn ab mit den Worten, dort würde ein störendes Zwielicht entstehen. Ich hatte mich schon seit Jahren mit der Ausleuchtung von Innenräumen befaßt, insbesondere von Treppenhäusern; dieser Kommentar von Loos fügte eine neue Dimension hinzu. Ich mochte Kulka und bewunderte Loos, aber meine Arbeit in ihrem Büro dauerte nur sechs Wochen.

Das Leben in Wien gefiel mir außerordentlich gut. Ich liebte die alten Straßen und Plätze der Stadt, die Barockschlösser, Kirchen und Gärten. Im Sommer konnte man wandern und schwimmen, im Winter skilaufen, und immer konnte man erstklassige Musik hören. Mein Monatsgehalt war genauso hoch wie mein wöchentlicher Scheck in Los Angeles, aber ich hatte mehr Spaß am Leben. Die Lebenshaltungskosten waren ähnlich hoch, aber Mieten und Dienstleistungen waren viel billiger, und ich brauchte kein Auto. Wir arbeiteten in einer geteilten Schicht mit einer Mittagspause von 12.00 bis 14.00 Uhr, und ich verbrachte viele Stunden im Kunstmuseum, das gleich neben Franks Büro gelegen war.

Ich hatte gute Freunde in Wien: Valentin und Franya Sobotka, die mit Margaret zusammen in Heidelberg studiert hatten. Sie hatten in den frühen zwanziger Jahren

---

35 Frank Lloyd Wright, 1867–1959, ist wahrscheinlich einer der größten Architekten des 20. Jahrhunderts, wovon wohl auch er selbst schon zu Lebenszeiten überzeugt war. Er arbeitete seit 1887 in Chicago im Büro der bedeutenden Architekten Dankmar Adler und Louis H. Sullivan, das er 1892 verließ. Besonders seine Material- und Ortsbezogenheit setzten ihn von allem und allen ab. Die Differenzierung und Durchgestaltung seiner Bauten – innen wie außen – verlieh ihnen Einmaligkeit. Als 1910 seine Werke in Berlin ausgestellt wurden und diese von der bei Wasmuth publizierten Schrift von Frank Lloyd Wright «Ausgeführte Bauten und Entwürfe» begleitet wurden, hatte dies prägenden Einfluß auf die europäische Architektur, wenn nicht gar den «Internationalen Stil», allerdings in einer sehr spezifischen Rezeptionsweise. Wright hat sein architektonisches Werk in eine Fülle von Publikationen eingebettet. Eine ebensolche Fülle von Publikationen ist über ihn und sein Werk verfaßt worden, daher sei hier lediglich ein kleiner, übersichtlicher und aktueller Band genannt: Frank Lloyd Wright, Text von Bruce Brooks Pfeiffer, hrsg. von Peter Gössel und Gabriele Leuthäuser, Köln 1991.

36 Louis H. Sullivan, 1856–1924, war seit 1879 zunächst Mitarbeiter bei dem Ingenieur Dankmar Adler und seit 1881 dessen Partner. In seinem Architekturschaffen gilt er als Vorreiter einer Architektur bei der «die strukturellen Abmessungen die echte Basis für die künstlerische Gestaltung des Äußeren bilden». Um diese These zu erfüllen, entwickelte er seine Architektur weg vom dekorativem Eklektizismus über die bereits klarere Gestaltung des «Guaranty Buildings» (Buffalo, New York, 1894/95) bis hin zum Departmentstore von Schlesinger und Mayer (Chicago, 1899–1904), einem der wichtigsten Bauten der frühen Moderne. Für Sullivan sollte Kunst auf einer wissenschaftlichen Methode beruhen, daher lehnte er eine autonome, Funktion und Konstruktion negierende Gestaltung des Bauwerks ab. In diesem Zusammenhang steht sein Satz: «Form follows function».

37 Ein Kunsthandwerksprofessor hatte einen Sattel entworfen und zeigte ihn seinem Handwerksmeister. Der Handwerksmeister entgeistert: «Herr Professor, wenn ich so wenig wie Sie über Bearbeitung, Leder, Pferde und Reiten wüßte – dann könnte ich diesen Sattel auch entwerfen.» (Anmerkung von Hans Blumenfeld).

in Hamburg gelebt, und ich hatte ihnen dort die Wohnung umgebaut. Valentin war der jüngste von vier Brüdern, die eine Fabrik zur Herstellung von Backpulver besaßen. Er erzählte mir einmal: «Meine Brüder sind sehr stolz darauf, daß es bei uns noch nie einen Streik gegeben hat, und sie bezahlen mehr als den Gewerkschaftarif. Aber das ist auch sehr einfach, die Löhne machen nur etwa drei bis vier Prozent vom Verkaufspreis unserer Produkte aus.» Unter solchen Umständen sind hohe Löhne viel preiswerter als ein Produktionsverlust durch einen Streik oder Maschinen- und Materialschaden durch nachlässige Arbeit. Eine hohe organische Zusammensetzung von Kapital ist natürlich typisch für «entwickelte» Länder und bestimmt dort das Lohnniveau. Darin liegt das «Geheimnis» der substantiellen Erhöhung der realen Löhne und des Lebensstandards der Arbeiterklasse in den «entwickelten» Ländern, das Marx kaum voraussehen konnte, als er das Kapital schrieb.

Leonie P., die ich noch aus Darmstadt kannte, war nach Wien zurückgekehrt und lebte bei ihrer Tante, Dr. Friederike Lubinger, einer Ärztin. Lubinger war eine bemerkenswerte Frau, eine militante alte Sozialistin; vor dem Krieg war Trotzki ein häufiger Besucher in ihrem Haus gewesen. Dort verbrachte ich viel Zeit.

Trotz meines eigentlich glücklichen Lebens in Wien wurde ich ein Gefühl nicht los, das mich schon viele Jahre lang plagte, nämlich, daß ich mich nicht meinen Fähigkeiten entsprechend einsetzte. Ich hatte ein bißchen über die Psychoanalyse gelesen und hatte über Gertel den Analytiker Dr. Groddeck kennengelernt, der Gertel und ihre Arbeit bewunderte. Groddeck machte großen Eindruck auf mich. Ich hegte den Verdacht, daß meine schlechten Leistungen vielleicht mit meinem unbefriedigenden, unregelmäßigen Sexualleben zu tun hatten und daß eine Analyse mir unter Umständen helfen könnte. Auf Empfehlung meines Schwagers suchte ich Alfred Adler[38] auf, den Grüder und Direktor der Schule der «Individualpsychologie».

Adler gefiel mir nicht. Sein Gesicht erschien mir ordinär, und seine Fragen und seine Bemerkungen äußerst primitiv. Er hatte mich eingeladen, ihn an einem Sonntagnachmittag in seinem Landhaus zu besuchen. Als ich nach einer zweistündigen Wanderung dort eintraf, war mir die Gesellschaft, andere Patienten Adlers, entsetzlich zuwider. Adler überschüttete mich mit Lob für meine Heldentat, die zweistündige Wanderung. Dieses lächerliche Lob für eine ganz gewöhnliche Leistung war offensichtlich dazu gedacht, meinen angeblichen «Minderwertigkeitskomplex» zu kurieren, seine Lieblingstheorie. Es gab nicht den leisesten Hinweis darauf, daß ich wirklich in diese Schublade gehörte.

Ich weiß natürlich, daß ein Patient in einer bestimmten Phase der Analyse «Widerstand», eine Aversion gegen den Analytiker entwickelt. Aber an diesem Punkt beendete Adler seine Behandlung und ging nach Amerika. Ich hatte gelegentlich seine Rechnungen, die hoch waren und den überwiegenden Teil meines Gehalts auffraßen, mit einigen Wochen Verspätung bezahlt. Zehn Tage nach seiner Abreise bekam ich einen unfreundlichen Brief von seinem Anwalt, mit der Aufforderung die Rechnung

---

38 Alfred Adler, 1870–1937, Psychiater und Psychologe, ursprünglich Schüler von Sigmund Freud, wandte sich jedoch von dessen Lehre ab (1911), die den Hauptantrieb im menschlichen Handeln im Sexualtrieb sieht, und begründete seine Individualpsychologie mit dem Macht- und Geltungsstreben der Menschen. Sein Gesicht war – wie auch Hans Blumenfeld meint – allerdings nicht gerade sympathieerheischend. Er verließ Wien und wurde an der Columbia University in New York Professor.

für die letzten drei oder vier Sitzungen und eine saftige Anwaltsrechnung obendrein zu begleichen. Ich zeigte Lubinger den Brief, die ihn empört als grobe Verletzung ärztlicher Moral bezeichnete. Diese letzte Bosheit mag mein Urteil über Alfred Adler verzerren. Das möge dahingestellt bleiben, mit meiner Psyche war höchstwahrscheinlich alles in Ordnung; meine Leistungsschwäche war einfach darauf zurückzuführen, daß ich in keine vorgegebene Kategorie paßte. Wie Ludwig Klages schon fast zwanzig Jahre früher aus der Analyse meiner Handschrift geschlossen hatte, war ich nicht zum Architekten geboren. Mir fehlte die Grundvoraussetzung eines schöpferischen Künstlers: das «innerlich voller Figur sein» wie Albrecht Dürer sich ausgedrückt hatte. In fünf Jahrhunderten ist diese Formulierung des großen deutschen Renaissancekünstlers nicht durch ein treffenderes Wort ersetzt worden.

Bei der Stadtplanung liegen die Dinge anders. Die drei von mir seit meiner Kindheit entwickelten Hauptinteressen trafen darin zusammen: Kunst und Architektur, Geographie und sozio-ökonomische Probleme. Weiterhin ist es für einen Stadtplaner außerordentlich wichtig, daß er sich in Wort und Schrift klar auszudrücken vermag. Ich wußte, daß ich schreiben konnte (Sie, liebe Leserin, lieber Leser, mögen da anderer Meinung sein). Das Aufsatzschreiben war schon auf der Oberschule meine Stärke gewesen, und meine gelegentlichen Zeitungsbeiträge waren gut angekommen. Aber ich legte keinen Wert auf Wortgewalt; ich wollte etwas tun, nicht darüber reden oder schreiben.

Wenn jemandem etwas leicht fällt, denkt man, jeder könnte es, wenn er es nur versuchte. Gertel, der das Zeichnen so natürlich war wie das Atmen, wollte nie glauben, daß ich nicht zeichnen konnte.

Gutes Schreiben hat etwas mit klarem Denken zu tun. Viele Jahre später, 1955, als ich Dorothy Schoell, einem der führenden Köpfe der Wohnungsbewegung (Housing Movement) in Philadelphia, die eine zeitlang meine Chefin gewesen war, erzählte, daß ich nach Toronto gehe, rief sie aus: «Das ist ein großer Verlust für Philadelphia.» Ich wandte ein, daß andere meine Arbeit genauso gut machen könnten. Sie entgegnete: «Nein, es gibt ganz wenige Menschen, die sich ein Problem vornehmen und analysieren können und am Ende eine Lösung bereithalten.»

Damals hielt ich ihre schmeichelnden Worte für eine grobe Übertreibung. Jetzt glaube ich, daß sie der Wahrheit entsprechen könnten. Immer wieder habe ich gesehen, wie Kollegen – darunter auch solche, deren Arbeiten ich sehr schätze – strauchelten und zu keinem Schluß kommen konnten, weil sie den Wald vor lauter Bäumen nicht zu sehen vermochten.

Die Fähigkeit, den Wald zu sehen, dürfte mit dem identisch sein, was Patrick Geddes[39], der große Pionier der Stadt- und Regionalplanung, als «Synopse» be-

---

39 Patrick Geddes, 1854–1932, war eigentlich Biologe, interessierte sich als solcher jedoch stark für den Zusammenhang von Menschen, ihrer Tätigkeit und ihrer Umgebung. Er untersuchte die Triebkräfte für die Ausformung, das Wachstum und die Veränderungen der Städte. Systematisch untersuchte er die Siedlungsmuster und die lokale Ökonomie in Relation zu ihren Potentialen und die Grenzen der lokalen Umwelt. Für heutige Überlegungen mag dies üblich erscheinen, war es um die Jahrhundertwende jedoch keineswegs, als Stadtplaner vielleicht gerade die lokale Stadtform und Architekturausprägungen aufnahmen. Geddes kann wohl als einer der Begründer der «Sozialökologie» (einer Richtung sowohl der Geographie wie der Soziologie) bezeichnet werden, die er im Planungsprozeß, verkürzt gesprochen, vor den Plan, die Bestandsaufnahme und die darauf folgende Analyse setzte. Sein wohl bekanntestes Werk, das er bereits 1910 geschrieben hatte, das aber erst 1915 publiziert wurde, ist «Cities in Evolution». Es ist anzunehmen, daß Hans Blumenfeld sich sehr streng auf diesen damals neuen Ansatz bezog.

zeichnete: die Dinge in Beziehung zueinander sehen. «Ganzheitlich» ist das schreckliche Modewort.

Die Geddessche Synopse hat zwei Bedeutungsebenen. Die physische Umgebung wird als Einheit gesehen, und das Leben der Menschen in der Gesellschaft wird ebenfalls als Einheit betrachtet.

Warum pflegen so wenige eine synoptische Sicht? Angesichts der vielen Dummheiten, die von Menschen geäußert und gemacht werden, kam ich zu dem Schluß, daß es ihnen an Verstand fehlte. Das mag eine falsche Schlußfolgerung sein. Sie haben schon Verstand; sie haben nur nicht den Mut, ihn anzuwenden. Sie wagen es nicht, ihn dort einzusetzen, wo es wirklich wichtig ist, dort wo es um die Fragen des menschlichen Lebens in Gesellschaft und Natur geht. Da verlassen sie sich auf Wissen aus zweiter Hand, oder schlimmer, auf die öffentliche Meinung, die zunehmend von angestellten PR-Leuten geprägt wird.

Als ich 1928 nach Wien ging, war ich nicht sicher, ob ich der Sozialdemokratischen oder der Kommunistischen Partei beitreten würde. Die österreichische Sozialistische Partei nahm anders als ihre deutsche Schwesterpartei den Marxismus ernst und bereitete sich auf die Verteidigung der Republik vor, indem sie die Arbeiter im «Schutzbund» organisierte, einer regelrechten Arbeiterstreitmacht. Ich bewunderte, und bewundere auch heute noch, die Errungenschaften des sozialdemokratischen Bundeslandes Wien. Bei der verschwindend kleinen österreichischen Kommunistischen Partei hatte ich den Verdacht, daß es sich bloß um einen Haufen «Kaffeehaus-Intellektueller» handelte.

Schon bald nach meiner Ankunft in Wien lernte ich Franz Koritschoner, einen der Begründer der österreichischen KP, bei Lubingers kennen, und wir wurden Freunde. Ich stellte fest, daß die österreichische KP trotz ihrer geringen Größe eine echte Arbeiterpartei war, und wurde Mitglied. Im darauffolgenden Jahr hörte ich eine öffentliche Rede von Otto Bauer, dem Führer der Sozialisten, in der er die kurzlebige Regierung Streruwitz in Schutz nahm, eine Koalition aus Sozialdemokraten und der Partei des Industriekapitals, die sich unter der Monarchie «liberal» und unter der Republik «großdeutsch» nannte. Vor und nach dieser Phase regierten in Österreich die «Schwarzen», die Katholische Partei, mit der Unterstützung der «Großdeutschen». Bauer rechtfertigte die Regierung Streruwitz als eine Koalition der städtischen Kräfte (Industrielle und Arbeiter) gegen die ländlichen (Grundbesitzer und Bauern). Ich war schockiert über diesen Verrat an der Solidarität der arbeitenden Bevölkerung in Stadt und Land gegen ihre Ausbeuter. Er bestätigte meine Überzeugung, daß ich die richtige Wahl getroffen hatte, als ich mich für den Verbleib bei den Kommunisten entschieden hatte.

Damals regierte in Jugoslawien hinter einer «demokratischen» Fassade der brutale Terror König Alexanders. Kommunistische Flüchtlinge fanden sich in Lubingers Wohnung ein. Ich arrangierte für sie ein Interview mit Cahen, dem Korrespondenten der angesehenen Frankfurter Zeitung, den ich in Paris über Gertel kennengelernt hatte. Einer dieser Flüchtlinge wurde Leonies Liebhaber und zog in die Wohnung der Lubingers ein. Man betrachtete ihn als Helden, weil es ihm dreimal gelungen war, aus dem Gefängnis auszubrechen. Die Partei brachte heraus, daß er unter der Folter zusammengebrochen war und andere an die Polizei verraten hatte, die ihm dann zur Flucht verhalf. Die Partei beschloß, ihn nach Berlin und dann weiter nach Moskau zu schicken, und bat mich, ihn an die Bahn zu begleiten, um ihm Vertrauen einzuflößen. Im folgenden Jahr in Moskau versuchte ich, in Erfahrung zu bringen, was mit ihm geschehen war, aber ich traf auf eine Mauer des Schweigens. Wahrscheinlich habe ich geholfen, ihn in den Tod zu schicken.

Die «Rote Hilfe» schickte Geld, in Form von Dollars, nach Jugoslawien, um den Familien der Opfer zu helfen. Da Österreicher nur mit Visum einreisen durften, Deutsche aber kein Visum brauchten, diente ich als Kurier. Ich wurde instruiert, mich wie ein wohlhabender Tourist zu verhalten und nichts Schriftliches wieder mitzubringen, um keinen Verdacht zu erregen. Man gab mir eine Losung, mit der ich mich im Laufe eines Gesprächs zu erkennen geben sollte, eine Kontaktadresse und eine zweite Adresse, an die ich mich wenden sollte, wenn es mit der ersten nicht klappte. Ich machte meine Fahrten an den Wochenenden.

Bei meiner ersten Fahrt waren meine Kontaktpersonen ein Intellektuellenpaar in Zagreb, der Hauptstadt Kroatiens. Sie waren angespannt und nervös; sie bestanden darauf, daß ich einen langen schriftlichen Bericht mitnahm. Auf meinen Vorschlag hin wartete ich eines Nachmittags in einem Kinofoyer auf die Frau, stellte mich in der Schlange hinter ihr an und setzte mich im abgedunkelten Kino neben sie, wo sie mir das Manuskript übergab.

Meine zweite Fahrt war schwieriger. An meiner Kontaktadresse kam ein junger Mann aus dem Haus und erzählte mir, daß meine Kontaktperson in der Nacht verhaftet worden war. Es bestand deutlich Gefahr, daß man mich beobachtete. Stundenlang lief ich kreuz und quer durch die Stadt und den überfüllten Markt, um etwaige Verfolger abzuschütteln; dann erst begab ich mich zu meiner zweiten Kontaktadresse, direkt am Markt. Ein sehr sympathischer junger Mann machte auf und lud mich ein hereinzukommen. Ich sagte, man habe mir auf dem Markt gesagt, in diesem Haus könne man «opanki», bestickte kroatische Bauernschuhe, kaufen. Er verstand nicht, wer mir diese falsche Information gegeben hatte, und weshalb. Als ich schließlich im Laufe unseres Gesprächs meine Losung fallenließ, antwortete er mit dem verabredeten Stichwort. Damit war das Eis gebrochen, und ich gab ihm mein Dollarbündel. Er erzählte mir, daß er drei Genossen zum Mittagessen erwartete und lud mich zum Bleiben ein. Bald erschienen seine Gäste, die einen guten Eindruck auf mich machten. Sie bestanden darauf, mir eine schriftliche Quittung für das Geld zu geben, auf einem kleinen Zettel. Nach dem Essen verließ ich sie. Am Bahnhof, wo ich mein Touristengepäck aufgegeben hatte, versteckte ich den Zettel in der Seifenhöhlung meines Rasierpinsels. Jahre später sah ich einen Film, in dem ein Detektiv bei einer Wohnungsdurchsuchung als allererstes einen ganz ähnlichen Rasierpinsel auseinanderschraubte. Ich war nicht so schlau gewesen, wie ich gedacht hatte.

Ein paar Tage später in Wien erfuhr ich, daß binnen einer Stunde nach meinem Abschied die Polizei gekommen war. Meine Genossen hatten sich mit Schußwaffen gewehrt und waren allesamt umgekommen. Hatte ich, ohne es zu merken, die Polizei auf ihre Spur gesetzt? Bin ich für den Tod von vier guten Männern verantwortlich? Ich werde es niemals wissen.

Politisch arbeitete ich in Wien sonst nur in der kommunistischen Oppositionsgruppe in meiner Gewerkschaft, der österreichischen Bauarbeitergewerkschaft. Da ich der einzige Büroangestellte in der Gruppe war, machten sie mich zum Sekretär. Als der erste sowjetische Fünfjahresplan anlief, beschloß die Gruppe, alles Facharbeiter, ihre Unterstützung für den Aufbau des Sozialismus anzubieten. Sie schickten einen Brief mit ihrem Angebot an die sowjetische Bauarbeitergewerkschaft und fragten mich, ob ich auch in die Sowjetunion gehen wollte. Ich sagte, soweit ich wüßte, bräuchten die Sowjets zwar Ingenieure, aber keine Architekten, meinen Namen könnten sie aber trotzdem eintragen. Nach mehreren Wochen erhielten wir eine Antwort der sowjetischen Gewerkschaft, mit der Bitte um weitere Einzelheiten über den Architekten, «der in Amerika gearbeitet hatte». Ich schickte ihnen die entsprechenden Informationen. Über ein Monat verstrich. Ich hielt die Sache für erledigt. Meine Arbeit bei Adolf Loos war zu Ende, und ich traf gerade wieder Vorbereitungen für eine Reise nach Griechenland und Ägypten, als ich einen Brief der sowjetischen Handelsvertretung in Wien erhielt, in dem man mir eine Stelle beim «Zweiten Bau Trust « in Moskau anbot. Meine Gefühle waren zwiespältig. Ich wollte den Sozialismus aufbauen. Aber ich zog ein sonniges Klima vor. Ich hatte eine Menge über das Elend und die Engpässe in der Sowjetunion gelesen. Es klang alles viel schlimmer als das Deutschland der unmittelbaren Nachkriegszeit, und ich war nicht masochistisch genug, daran Geschmack zu finden. Bei Lubingers lernte ich Sebald Ruetgers kennen, einen ausgezeichneten Mann. Ruetgers war ein niederländischer Ingenieur und Volkswirt. Er war einer der Begründer einer kleinen Linkspartei, die sich wegen der Kolonialfrage von den niederländischen Sozialdemokraten abgespalten hatte. Während des Krieges hatte er in Amerika gearbeitet. Nach der Oktoberrevolution stellte er eine Gruppe Ingenieure und Arbeiter zusammen, um der Sowjetunion bei der Entwicklung eines neuen Gewerbegebiets im «Kusbass», den reichen Kohlengebieten in Westsibirien, zu helfen. Ruetgers war der eigentliche Erfinder der «Auslandshilfe». Leider haben sich nur wenige, die sich später auf diesem Gebiet betätigten, mit der Selbstlosigkeit Ruetgers und seiner Gruppe messen können. Ruetgers versicherte mir, daß man in Moskau recht gut leben könne – es stellte sich heraus, daß er recht hatte – und empfahl mir sehr, nach Moskau zu gehen. Ich hatte nicht die leiseste Ahnung, was der Zweite Bau Trust zur Aufgabe hatte, aber ich nahm die Stelle an. Ich hatte vor, zuerst einmal nach Ägypten und Griechenland zu fahren und von dort über das Schwarze Meer in die Sowjetunion einzureisen. Aber die Handelsvertretung beteuerte, daß man mich unverzüglich brauche, und ich verschob meine Reise aufs Neue. Als ich in Moskau eintraf, stellte ich natürlich fest, daß die Sowjetunion keineswegs zusammengebrochen wäre, wenn ich sechs Wochen später gekommen wäre.

In der Sowjetunion
1930–1937

Erwartungen

Was erwartete ich, in der Sowjetunion vorzufinden? Sicherlich kein Paradies. Zwar war mir Engels offene Äußerung aus seiner Einleitung zu Marx' Thesen über Feuerbach noch unbekannt, die da lautet: «Eine vollkommne Gesellschaft, ein vollkommner ‹Staat› sind Dinge, die nur in der Phantasie bestehen können», aber die «Gesellschaft ohne Klassen und Staat» war für mich sehr fernes Ziel künftiger Generationen. Ich akzeptierte – und akzeptiere auch heute noch – die dialektische Vorstellung, daß nur ein starker Staat die Abschaffung der Klassengesellschaft voranzutreiben vermag und daß nur eine klassenlose Gesellschaft hoffen kann, ohne «Staat», also ohne Gewaltmonopol auf einem bestimmten Territorium, lebensfähig zu sein. Ich stimmte zu, daß es in Bürgerkriegszeiten keine Redefreiheit für den Gegner und in einer belagerten Festung wie der damaligen Sowjetunion nur sehr geringe Redefreiheit geben könne. Ich war bereit, mich der für eine konsolidierte kollektive Aktion notwendigen Disziplin zu fügen.

Ich wußte, wie arm und rückständig das alte Rußland gewesen war. Mir waren die schweren Verwüstungen und die Hungersnöte bekannt, die das Land durch die ausländische Invasion und den Bürgerkrieg erlitten und nur durch heldenhafte Anstrengungen ansatzweise überwunden hatte. Ich erwartete, daß das Volk, wie überall, in erster Linie für das eigene Wohl und das Wohl ihrer Familien arbeiten würde. Ich hielt die Kommunistische Partei nicht für eine Gemeinschaft von Heiligen, aber ich dachte, ihre Mitglieder würden das Glück hauptsächlich in der Befriedigung suchen, in der Sowjetunion eine bessere Gesellschaft aufzubauen, als gutes Beispiel für die ganze Welt. Ich freute mich darauf, an dieser großen Aufgabe mitzuarbeiten. Ich würde nicht mehr zwischen beruflicher und politischer Arbeit wählen müssen; da würde es keinen Unterschied geben. Jetzt konnte ich nach meinem Ideal leben, für etwas zu arbeiten, anstatt gegen etwas zu kämpfen. Als mich an der Grenze ein Spruchband mit den Worten «Proletarier aller Welt vereinigt euch!» begrüßte, hatte ich das Gefühl, in ein Land einzureisen, das meine Hoffnungen teilte.

Moskau

Der Zweite Bau Trust war kein Architekturbüro, es war ein Bauunternehmen, das von firmenexternen Architekten entworfene Häuser baute. Während der langen Jahre, in denen die Bauindustrie in Rußland fast zum Erliegen gekommen war, hatte sich der Riß zwischen dem Planungsbüro und der Baustelle zu einem Abgrund erweitert. Die

Aufgabe der Architekten in meinem Trust bestand darin, die wunderschönen Architektenentwürfe in Arbeitszeichnungen zu übersetzen, die zwar längst nicht so schön waren, sich aber mit den begrenzten Baustoffen und Fertigkeiten, die damals zu haben waren, ausführen ließen.[1] Es war eine äußerst dringende, aber schwerlich inspirierende Aufgabe.

Ich hatte mehrmals versucht, Russisch zu lernen, war aber nie sehr weit darüber hinausgekommen, das kyrillische Alphabet lesen zu können. Um mir die Kommunikation zu erleichtern, wurde mir ein junger Architekt namens Lutsky zugeteilt. Er sprach ein ausgezeichnetes, sehr gepflegtes Hochdeutsch. Als ich ihn fragte, wo er es gelernt habe, sagte er, von seiner deutschen Gouvernante. Ich wußte – und es hatte mich verstört – daß die Sowjets Bürgerkinder vom Studium ausgeschlossen hatten, deshalb fragte ich: «Wenn Ihr Vater ein Bourgeois war, wieso durften Sie dann studieren?» Er antwortete empört: «Mein Vater ist Proletarier; er ist in einem sowjetischen Trust als Rechtsbeistand beschäftigt.» Das war ein mir unbekannter Proletariatsbegriff.

Dies sollte nicht meine einzige Überraschung bleiben. Ein paar Wochen nachdem ich die Arbeit aufgenommen hatte, kündigte man mir an, daß auf einer Belegschaftsversammlung die Bezahlung von Überstunden diskutiert werden sollte. Wir arbeiteten von 9.00 bis 17.00 Uhr, mit einer Mittagspause und zwei Teepausen, wobei der Tee im Büro serviert wurde; mir war das als ganz normaler Arbeitstag erschienen. Es stellte sich heraus, daß die gesetzliche Arbeitszeit für Büroangestellte sechseinhalb Stunden betrug, daß die Mittagspause nur eine halbe Stunde lang sein sollte – sie dauerte selten weniger als eine Stunde – und daß die Teepausen nicht zählten; demnach hatten wir täglich zwei Überstunden gemacht. Laut Gesetz betrug die Bezahlung 150 Prozent für die erste und 200 Prozent für die zweite Stunde; die Verwaltung wollte für die zweite Stunde nur 150 Prozent zahlen. Nach einer langen hitzigen Debatte stand der Oberingenieur auf und sagte: «Wir haben gar nicht so viel Arbeit; die schaffen wir ganz gut mit einer Überstunde.» Alles stimmte zu, die Frage war erledigt.

Die Hauptredner auf beiden Seiten waren Parteimitglieder gewesen. Wo war der «monolithische Charakter», die «Führungsrolle» und die «kollektive Weisheit» der Partei, von denen ich so viel gelesen hatte, fragte ich unseren Parteisekretär, einen netten jungen Mann mit Hilfe von Lutsky. Der war verdutzt. «Ich vertrete die Arbeiter, und er (sein Hauptgegner) vertritt die Geschäftsleitung; daß wir beide Parteimitglieder sind, tut nichts zur Sache.»

Ich wußte, daß Lenin dem Beispiel der Pariser Commune folgend, «Part-Max» eingeführt hatte: Arbeiter, die in Ämter gewählt wurden, sollten nicht mehr als ihren üblichen Lohn erhalten. Das hatte ich als strikte Verdienstbegrenzung aller Parteimitglieder verstanden. Als Lutsky also fragte, ob ich mit ihm ein paar Abende für ein anderes Büro

---

1   Vgl. dazu Barbara Kreis, Moskau 1917–1935, Vom Wohnungsbau zum Städtebau, Düsseldorf 1985. Die Autorin promovierte 1984 bei Hans Blumenfeld mit dieser Arbeit über die Entwicklung der Stadt Moskau in jenen achtzehn besonders wichtigen Jahren, die sich stadtplanerisch und architektonisch so widersprüchlich darstellen. Das Buch gibt eine umfassende und einsichtige Darstellung zu einer außerordentlichen Epoche des Städtebaus. Eine der empfehlenswertesten Arbeiten über sowjetische Planung überhaupt.

arbeiten wollte, fühlte ich mich verpflichtet, meinen Lohn an die Parteiorganisation weiterzureichen, die das Geld nur widerstrebend annahm. Es stellte sich heraus, daß es «Part-Max», wie ich es verstanden hatte, weder gab, noch jemals gegeben hatte.

Der Trust hatte mich in einem kleinen Hotel, das heute nicht mehr steht, am unteren Ende des Roten Platzes untergebracht. Aus meinem Fenster im dritten Stock konnte ich in den Kreml hineinsehen. Die Reparaturen an der Kremlmauer waren in Arbeit. Mir fiel auf, daß viele Arbeiter während der Arbeitsstunden ein Schläfchen hielten – direkt unter den Augen der Kremlführung. In den kapitalistischen Ländern sorgt die Angst um den Arbeitsplatz für Arbeitsdisziplin; aber in der Sowjetunion sind Entlassungen fast unmöglich. Von der Angst vor Entlassung und der daraus resultierenden Arbeitsdisziplin frei zu sein, mag für manchen Arbeiter wichtiger sein als Pressefreiheit.

Meine Gruppe kommunistischer Bauarbeiter aus Wien traf bald nach mir ein, ebenso ein ähnlicher Trupp aus Berlin. Einer der Wiener Arbeiter, ein gewisser Gassner war ein Spezialist für Gerüstbau. Er war entsetzt über den Bretterwald, mit dem die Russen ihre Gerüste bauten, und wollte «Gerüstleitern», eine effiziente, leichte Gerüstbautechnik, einführen. Er kam zu mir und bat mich, Zeichnungen dafür anzufertigen. Unter Gassners detaillierter Anleitung machte ich die Zeichnungen, verfaßte die Baubeschreibung und ging zu mehreren Bauunternehmen, um sie zu überreden, das System zu übernehmen. Diese hatten alle ihre Kräfte zur Planerfüllung eingesetzt und lehnten jede zusätzliche Aufgabe ab. Ich ging zur «Arbeiter- und Bauernaufsicht», damals ein mächtiges Kommissariat, das sehr darauf bedacht war, gegen Bürokratismus vorzugehen. Mit ihrer Hilfe konnten wir die Moskauer Baubehörde überreden, eine Abteilung einzurichten, die die Gerüstleitern herstellte, auf- und wieder abbaute. Man bot mir die Leitung dieser neuen Abteilung an, aber ich lehnte ab. Ich fühlte mich nicht qualifiziert und zog die Arbeit als Architekt vor. Gassner, der sich augenscheinlich Hoffnungen gemacht hatte, vom Tischler aufzusteigen, war wütend, als ihm keine höhere Position angeboten wurde, kehrte nach Wien zurück, ging zu den Sozialdemokraten und hielt Vorträge über die Schrecken des Daseins in der Sowjetunion.

In dieser frühen Phase des ersten Fünfjahresplans zur beschleunigten Industrialisierung heuerte die Sowjetunion Experten aus der ganzen Welt an. Die größten Kontingente kamen aus den USA und Deutschland. Damals hatten die meisten Russen eine äußerst primitive Vorstellung davon, was einen guten Experten ausmachte; sie schienen zu meinen, er müsse Geheimrezepte besitzen. Wenn die ausländischen Experten keine solchen Rezepte hervorzauberten, gerieten sie in den Verdacht, Geheimnisse zu verschweigen.

Wie mein alter Freund aus Darmstadt, Fritz Löw, dem ich in Moskau wiederbegegnete, bemerkte, lag der wertvollste Beitrag der ausländischen Experten in ihrer Wirkung auf die «alten» sowjetischen Experten. Diese fürchteten immer, man könne sie der Sabotage beschuldigen, wenn etwas falsch lief, wie das bei jeder Innovation geschehen kann. Deshalb hatten die meisten es sich einfach gemacht, indem sie an eingefahrenen, längst überholten Methoden festhielten. Herausgefordert durch den Wettbewerb mit den Ausländern, fingen sie an, ihr beträchtliches theoretisches Wissen auf die praktischen Anforderungen der Zeit anzuwenden.

Die Arbeiter- und Bauernaufsicht setzte eine Kommission ausländischer Experten, alles Mitglieder der Kommunistischen Partei, als Regierungsberater ein. Ich wurde in diese Kommission berufen. Man bat uns, ein Gutachten über einen U-Bahnbau in Moskau abzugeben. Ich sprach mich dafür aus; die Mehrheit war anfangs aus folgenden Überlegungen geneigt, das Konzept abzulehnen: Moskau hatte – laut Zensus[2] von 1926/27 – zwei Millionen Einwohner; 1930 waren es wahrscheinlich eher drei – eine Stadt von zwei Millionen Einwohnern war mit einem verbesserten Straßenbahnsystem angemessen zu versorgen. Marx und Engels hatten große Städte als schlecht verurteilt und gemeint, sie würden im Sozialismus allmählich verschwinden; die sowjetische Regierung hatte schon früh eine Kommission zur «Entlastung» der Hauptstädte Leningrad und Moskau eingesetzt. «Wir haben die Planwirtschaft; wenn die Regierung beschließt, die Einwohnerzahl von Moskau auf zwei Millionen zu begrenzen, dann wird sie zwei Millionen betragen.»

Ich glaubte nicht an die Allmacht des Staates. Eines Tages diskutierte ich die Frage im Anschluß an eine Kommissionssitzung mit Sebald Ruetgers. Ich sagte: «Wie will man das Wachstum von Moskau aufhalten? Es gibt nur drei Methoden. Erstens, die faschistische: man lasse Polizisten die Leute am Kragen packen und hinauswerfen.» – «Das können wir nicht machen.» – «Zweitens, man wende gute demokratische Methoden an und schaffe eine hohe Arbeitslosigkeit.» – «Wir können in einem sozialistischen Staat keine Arbeitslosigkeit dulden.» «Nun», sagte ich, «dann bleibt nur die dritte Methode: man mache die Lebensbedingungen in Moskau viel weniger attraktiv als in anderen Teilen des Landes.» Ruetgers lachte und sagte: «Das können wir nicht machen; in Moskau leben so wichtige Leute wie Sie und ich.» Zu guter Letzt empfahl die Kommission den Bau der U-Bahn.

Es verwirrt mich immer noch, daß so viele Leute im Westen wie im Osten sich weigern, die einfache Wahrheit zu sehen, daß man keine attraktive Stadt haben kann, ohne Menschen anzulocken.

Die Trust-Leitung brachte mich mit dem Auto zu der Wohnung, die sie für mich gefunden hatten. Ich staunte darüber, daß es ein Rolls Royce war. Sie erklärten mir, daß es angesichts der Reparaturengpässe in der Sowjetunion der ökonomischste Wagen für sie sei.

Der Wohnungskomplex, in dem ich während der folgenden sieben Jahre wohnen sollte, gehörte dem Kommissariat der Schwerindustrie, das dort seine Experten aus dem In- und Ausland unterbrachte. Er bestand aus zwei fünfgeschossigen Wohnblocks ohne Fahrstuhl mit je fünfzig bis sechzig Wohnungen, die nach deutschem Standard der zwanziger Jahre gebaut waren. Meine Wohnung lag im vierten Stock des zweiten Blocks mit Blick auf den Hof zwischen den beiden langgezogenen Bauten auf der einen und dem großen Garten eines benachbarten Krankenhauses auf der anderen Seite. Die Wohnung hatte außer einer Küche mit einem überdachten Balkon und einem Bad drei Zimmer von 23, 15 und 11 Quadratmetern. Ich durfte mir eins der Zimmer aussuchen. Ich wußte, daß einer Person durchschnittlich nur etwa fünf Quadratmeter

---

2 Hans Blumenfeld benutzt diesen Fachausdruck lieber als den bei uns umgangssprachlich verwendeten Begriff «Volkszählung».

Schlafzimmer zustanden (und es gab in Moskau wenige Zimmer, in denen niemand schlief), und ich kam mir einigermaßen wie ein gieriger Bourgeois vor, indem ich mich für das größte entschied. Aber es hatte einen Blick auf die Kronen großer alter Bäume im Krankenhausgarten, während die anderen beiden Zimmer auf den kahlen Hof gingen, und ich konnte nicht widerstehen. Es war mit Bett, Tisch und Stühlen ausgestattet, die ich mit einigen eigenen Möbelstücken, die ich aus Hamburg hatte kommen lassen und einem Klappbett für Gäste ergänzte. Ich hatte viele Gäste, männliche und weibliche, oft unbekannte, die mir von Freunden empfohlen worden waren. Ich teilte die Wohnung mit einem russischen Ingenieur, der mit seiner Frau und seiner kleinen Tochter die beiden anderen Zimmer bewohnte.

Lebensmittel waren rationiert, und es gab besondere Privilegien für ausländische Experten. Ich wollte keine Privilegien und verweigerte die Annahme einer Rations-karte für ausländische Experten, und eine sowjetische wurde mir verweigert. Die ersten paar Monate kam ich recht gut mit nicht rationierten Lebensmitteln zurecht, aber im Herbst wurde die Rationierung verschärft, und ich akzeptierte eine Privile-giertenkarte. Ich schwor mir, nur das zu kaufen, was es auch auf die üblichen Karten gab.

Im Sommer hörte ich, daß das neu gegründete Staatliche Institut für Städteplanung («Giprogor») Mitarbeiter suchte. Ich hatte mich schon immer für Stadtplanung interes-siert und hatte mir, angefangen 1913 mit Raymond Unwins Klassiker «Town Planning in Practice»[3] einige Kenntnisse angelesen. Als ich 1927 aus Amerika zurückgekommen war, hatte der Chef der Stadtplanung in Hamburg, Emil Maetzel[4], mich zu sich nach Hause eingeladen. «Ich möchte, daß Sie mir erzählen, was wir von den Amerikanern lernen können», sagte er. Ich hatte erwidert: «Das Wichtigste, was ich in Amerika gelernt habe, ist, daß man alles tun muß, was möglich ist, um den öffentlichen Nahver-kehr zu fördern und das Automobil einzuschränken.» Er war überrascht, stimmte mir aber nach längerer Diskussion zu. Er wollte mich in seinen Mitarbeiterstab aufnehmen, aber es war damals keine passende Stelle frei. Jetzt war meine Chance endlich gekom-men. Ich bewarb mich bei Giprogor und wurde sofort angenommen.

Giprogor hatte nichts mit neuen Städten zu tun. Diese unterstanden der Verantwor-tung einer anderen Organisation unter dem Kommissariat der Schwerindustrie, der Organisation, in der Ernst May und seine Truppe aus Frankfurt arbeiteten. Giprogor arbeitete auf Vertragsbasis mit Stadtverwaltungen und anderen Organisationen am Wiederaufbau und an der Erweiterung bereits bestehender Städte. Alle sowjetischen Städte von einer bestimmten Größe aufwärts waren gesetzlich verpflichtet, einen Generalplan zu haben, aber nur ganz wenige verfügten über Planungsbüros. Von den Teilrepubliken hatte nur die Ukraine eine eigene «Giprograd» eingerichtet, ein Jahr vor Giprogor. Die Städte der anderen Republiken waren von Giprogor abhängig.

Im 18. und frühen 19. Jahrhundert hatte die russische Stadtplanung Hervorragendes geleistet. Aber mit der rapiden Entwicklung des Kapitalismus nach der Mitte des

---

3   Vgl. Anmerkung zu Raymond Unwin.
4   Emil Maetzel leitete die «Abteilung für Städtebau und Stadterweiterungen» der «Baudeputation», wie die Baubehörde damals in Hamburg noch traditionell hieß.

19. Jahrhunderts hatte man weitgehender als in allen anderen europäischen Ländern auf eine öffentliche Kontrolle der Stadtentwicklung verzichtet. In dieser Hinsicht, wie in vielen anderen auch, hatte Rußland mehr Ähnlichkeiten mit den Vereinigten Staaten – beides waren große kontinentale Staaten, die sich vom Atlantik bis an den Pazifik ausdehnten. Aber die treibende Kraft, die in Amerika die Wolkenkratzer, die großen Parks und die Behördenviertel entstehen ließ, war durch das despotische zaristische System niedergehalten worden. Mit der Revolution kam sie zum Ausbruch.

Für Russen – liberale wie sozialistische – war der Begriff «Revolution» von quasi-religiösen Vorstellungen von Wiedergeburt und Auferstehung durchdrungen. So kam es zu Sprüchen wie «Nicht Kunst um der Kunst willen, sondern Kunst für die Revolution», die ich nicht akzeptieren konnte. Ich sah Revolutionen – wie Marx auch – als einen Weg zur Befreiung der künstlerischen Kreativität als wichtigsten Teil des vollen Potentials menschlicher Natur: «Revolution um der Kunst willen» anstatt «Kunst um der Revolution willen.»

Sowohl die «City Beautiful» als auch die «Gartenstadt-Bewegung»[5] hatten in Rußland Anhänger. Architekten entwickelten interessante Pläne, aber ein ganzes Jahrzehnt lang, von 1915 bis 1925, gab es fast keine Bautätigkeit. Wie überall handelte es sich bei den Plänen um Pläne für den «idealen Endzustand», ohne großes Interesse dafür, wie lange ihre Verwirklichung dauern und wieviel sie kosten würde.

Als sich in der Sowjetunion zu Beginn des ersten Fünfjahresplans Partei und Regierung der Stadtplanung zuwandten, strebten sie eine enge Koordination mit der sozio-ökonomischen Planung an. Das war ein vernünftiger Ansatz, aber er übersah die großen Unterschiede in den Zeithorizonten zwischen sozio-ökonomischer und physischer Planung. Die Komponenten der letzteren, Bauten und Bäume, überdauern Generationen, zuweilen Jahrhunderte; Straßen, Streckenrechte für Eisenbahnlinien und Wasserstraßen sind noch langlebiger. Die Komponenten ökonomischer Planung unterliegen dagegen häufigen, nicht vorhersehbaren Veränderungen, die aus wissenschaftlichen und technischen Entwicklungen, der Entdeckung von neuen Rohstoff- und Energiequellen und Veränderungen im Außenhandel resultieren.

Die längste von den Wirtschaftsplanern benutzte Zeitspanne war der Fünfzehnjahres-«Perspektiv»-Plan. Er berücksichtigte Bevölkerungszahlen und das industrielle Profil der Stadt; für physische Planer stellten diese die «Gegebenheiten» dar. Natürlich kamen von physischen Planern oft Vorschläge zur Modifikation dieser «Gegebenheiten», die von den Wirtschaftsplanern für gewöhnlich übernommen wurden. Aber die Zeitspanne von fünfzehn Jahren bis zum «Zieljahr» war per Gesetz festgelegt. Im großen und ganzen funktionierte die Kooperation zwischen den beiden Arten der Planung gut.

Bei Giprogor arbeiteten nur ganz wenige Ausländer. Als ich dort Mitarbeiter wurde, nur Rosenberg. Er war in Rußland geboren und im Alter von dreizehn Jahren mit seinen Eltern nach Amerika emigriert, wo er in Los Angeles Landschaftsarchitekt

---

5   Aus der Fülle der Literatur sei hier nur ein relativ neuer Band genannt: F. Bollerey, G. Fehl, K. Hartmann (Hrsg.), Im Grünen wohnen – im Blauen planen, Ein Lesebuch zur Gartenstadt, Hamburg 1990 (vgl. auch Anmerkung zu Raymond Unwin).

geworden war. Er war kein Kommunist, fühlte sich aber wie die meisten der ausländischen «bürgerlichen» Experten von der Arbeit in der Sowjetunion angezogen, weil sich dort mehr Möglichkeiten für kreative Arbeit boten als während der Wirtschaftskrisenjahre im Westen.

Die sowjetischen Fachkräfte waren größtenteils Architekten; die übrigen waren Volkswirtschaftler. Nur wenige von ihnen waren Parteimitglieder, aber sie setzten sich mit ihrer Arbeit enthusiastisch für die Zukunft der Sowjetunion ein. Leider hegten sie eine aristokratische Geringschätzung für das Geld und waren wenig bereit, sich die Kosten ihrer oft grandiosen Pläne vor Augen zu halten. Viele stammten gar aus Adelsfamilien. Rosenberg nannte Giprogor, bezugnehmend auf einen berühmten Roman Turgenews, «das adelige Nest».

Das Personal war in Brigaden aufgeteilt. Zusammen mit Rosenberg war ich der Brigade unter der Leitung von Alexander Muchin zugeteilt, einem begabten, fleißigen Architekten. Er behandelte seine Mitarbeiter respektvoll, ließ uns volle Freiheit und stellte sich stets hinter uns. Die Volkswirte saßen in einer gesonderten Abteilung und wurden bei Bedarf bestimmten Projekten zugeteilt. Die Leitung hatte ein außerordentlich fähiger Mann, früherer Leiter des jüdischen «Bundes», einer sozialistischen Partei, die sich konsequent gegen die Bolschewiken gestellt hatte. Außerdem standen uns als Berater führende Experten in den vielen am Städtebau beteiligten Disziplinen zur Verfügung. Unsere beratenden Architekten waren die drei berühmten Gebrüder Wesnin, Vorreiter der «Moderne» in der Sowjetunion. Unser Verkehrsberater war der Eisenbahnbauer Obrastsow, ein hochintelligenter Mann und ein glühender Verfechter von Miljutins «Bandstadt»-Idee.

Der Direktor von Giprogor war kein Fachmann, sondern ein alter Bolschewik, ein sehr freundlicher, gebildeter, bescheidener Mann. Der technische Leiter war Organow; er war unter dem Zaren der oberste Stadtingenieur von Moskau gewesen. Er war einer der klügsten und kenntnisreichsten Planer, denen ich je begegnet bin. Von ihm habe ich eine Menge gelernt.

Wegen der akuten Arbeitskräfteknappheit, «horteten» sowjetische Betriebe damals Arbeiter lange, bevor sie wirklich gebraucht wurden – was die Not natürlich noch akuter machte. Giprogor hatte ebenfalls keine Vorstellung davon, was sie eigentlich für mich zu tun hatten, als sie mich einstellten. Ich schlug vor, mich einem meiner Lieblingsprojekte zu widmen, einer «Stadt ohne Straßen», und fand Zustimmung. Die Stadt bestand aus riesigen, vielgeschossigen Wohnhäusern von mehreren hundert Metern Länge, die sich im rechten Winkel zu einem Bahnhof erstreckten. Die Menschen sollten die Fahrstühle zu ihren Wohnungen über endlos lange Korridore erreichen; Lasten sollten von elektrischen Karren – die es damals in der Sowetunion nicht gab – im Keller befördert werden. Ich blieb stecken, als ich an die Feuerwehr dachte; die würde Straßen brauchen, wie im übrigen auch die meisten anderen Transportfahrzeuge. Damit war mein Transportsystem vollkommen unbrauchbar, wie überhaupt der ganze Plan, der noch dazu abstoßend häßlich und dank seiner unmenschlichen Größenverhältnisse unbewohnbar war.

Ich habe in späteren Jahrzehnten oft an diesen kindischen Plan zurückdenken müssen, wenn mir ähnliche Vorschläge unterbreitet wurden. Nordamerikaner neigen dazu ihren gefallenen Gott, das Automobil, wie seit Urzeiten in neuen Religionen üblich, zu verteufeln, und wollen es dann auf immer und ewig radikal aus den heiligen Gefilden der wahren Gläubigen verbannen. Es muß wohl ein Naturgesetz sein, daß jede Generation die Torheiten ihrer Väter wiederholt.

Man bat mich, am Generalplan für Duschanbe, der Hauptstadt Tadschikistans, zu arbeiten. Ich studierte die Unterlagen, aber meine Abfahrt wurde Woche um Woche verschoben, und schließlich ging die Aufgabe an einen anderen Mann. Den Grund erfuhr ich erst später. Während jener Jahre der Zwangsindustrialisierung und Kollektivierung herrschten in Zentralasien schwere Unruhen. Konterrevolutionäre Banden drangen von Afghanistan aus in das Land ein. Zwar hatten sie in erster Linie vor zu plündern, aber sie waren auch fanatische Moslems. Ziel ihrer Angriffe waren in erster Linie Frauen, die gewagt hatten, ihren Tschador abzulegen, den schweren schwarzen Schleier, der sie von Kopf bis Fuß verhüllte. Die Banden verstümmelten und mordeten sie grausam, auch jeden sowjetischen Angestellten, den sie in die Finger bekamen. Giprogor wollte die ausländischen Experten einem solchen Risiko nicht aussetzen.

Statt dessen beauftragte man Rosenberg und mich mit dem Entwurf eines Lageplans für eine Dependance der Sowjetischen Akademie für Landwirtschaft auf dem Land vor den Toren Moskaus. An einem sonnigen Frühlingsmorgen, als wir mit Pferd und Wagen durch die Gegend fuhren, sagte ich zu Rosenberg: «Wir haben uns wirklich einen schönen Beruf ausgesucht.» «Ja», sagte er. «Weißt du, drüben in den Staaten fragten mich die Leute immer: ‹Was macht man eigentlich als Stadtplaner, verdient man dabei 'ne Stange Geld?› – ‹Nein, gerade genug, um Leib und Seele zusammenzuhalten.› – ‹Ist es ein sicherer Beruf?› – ‹Nein, man weiß nie, wann man den nächsten Auftrag kriegt!› – ‹Wird man denn damit ein angesehener Mann?› – ‹Nein, einen Stadtplaner respektiert eigentlich niemand.› – ‹Warum zum Teufel geben Sie sich denn damit ab?› – ‹Das kann ich Ihnen sagen: man kann genau das machen, was einem paßt, und das Arbeit nennen!›» Ich kenne kein besseres Rezept für ein schönes Leben. Ich fühle mich hochprivilegiert, einer der wenigen Glücklichen zu sein, die sich danach richten können.

Schließlich bekam ich eine echte, wichtige Stadtplanungsaufgabe, den Generalplan für die Stadt Wladimir, ungefähr 200 Kilometer östlich von Moskau, am Fluß Klijasma. Im frühen Mittelalter waren die Prinzen von Wladimir die mächtigsten Herrscher in Zentralrußland gewesen. Zwei Kirchen und ein Stadttor aus der Zeit sind Nationaldenkmäler. Aber die Tatareninvasion hatte diesem ein Ende gesetzt, und aus der Stadt war ein verschlafenes provinzielles Marktstädtchen geworden. Jetzt hatte eine Kunststoffabrik mit über 2000 Arbeitern dort den Betrieb aufgenommen, und eine Fabrik für Fluginstrumente mit über 4000 Arbeitskräften war bereits im Bau. Meine Aufgabe sollte es sein, alles darauf vorzubereiten, Wladimir zu einer modernen Industriestadt aufzubauen, die ein Vielfaches der ehemaligen Größe haben sollte.

Als ich eines Abends spät im November 1931 in Wladimir eintraf, sah ich im Licht des Vollmonds über dem Fluß und dem Bahnhof eine wunderschöne weiße Stadt aufragen, die oben auf einem Höhenzug lag, dessen Südhang mit Kirschbäumen bedeckt war. Dieses schöne Bild hieß es bei der Umwandlung der Stadt zu bewahren. Als Aufgabe war das weit interessanter und verlockender als die Planung einer ganz neuen Stadt.

Die Lokalzeitung hatte in einer Notiz meine Ankunft verkündet und jedermann um Kooperation gebeten. Ich wurde also gut aufgenommen, und die Leiter von Industrieanlagen und Institutionen zeigten sich bereit, alle vorhandenen Informationen an mich weiterzugeben. Aber sie hatten keine über den laufenden Fünfjahresplan hinausgehenden Vorstellungen oder Pläne. Von den Energieversorgungswerken abgesehen, machten sie sich um die längerfristige Zukunft keine Gedanken. Nur die Eisenbahnverwaltung war nicht kooperationsbereit; das Personal weigerte sich sogar offen, mir genaue Daten über die horizontale und vertikale Lage ihrer Schienen zu geben.

Später merkte ich, daß die gleichen Einstellungen auch im Westen herrschen: Die öffentlichen Versorgungsbetriebe machen langfristige Planungen, und die Eisenbahnen, seien sie in öffentlichem oder in Privatbesitz, weigern sich, mit Stadtplanern zu reden. Diese Einstellungen wurzeln in der Art ihrer Arbeit. Die spezifischen «Produktionsmittel» bestimmen den «ideologischen Überbau» derjenigen, die sie betreiben und damit Teil von ihnen sind. Das dürfte keinen Marxisten überraschen, aber die scheinen ebensowenig wie Marx-Gegner zugeben zu mögen, daß die Ähnlichkeiten zwischen «Ost» und «West» größer sind als die Unterschiede.

Das interessanteste Gespräch führte ich im Gefängnis. Als ich zum Tor hineinging, sah ich die Gefangenen im Hof mit ihren Wachen herumalbern. Ich wurde zum Büro des Direktors geleitet und fand eine junge Frau als Leiterin dieses Männergefängnisses vor. Sie sagte: «Wir sind der einzige Laden in der Stadt, der keinen Platzmangel leidet; wir haben nichts mehr zu tun.» Ich sagte erstaunt: «Ich weiß natürlich, daß die Kriminalität im Sozialismus verschwinden soll, aber glauben Sie wirklich, daß es so schnell gehen wird?» Sie lachte: «Nein, aber die Regierung plant die Schließung aller Gefängnisse, und die Insassen sollen in Lager überführt werden, wo sie wirklich produktiv arbeiten können.» Es ist bekannt, wie entsetzlich dieser gesunde Ansatz pervertiert wurde; und das Gefängnis von Wladimir steht heute noch unter dem Ruf, das schlimmste in der ganzen Sowjetunion zu sein.

Ich sah vornehmlich zwei Planungsprobleme: erstens die Errichtung neuer Wohngebiete östlich und nordöstlich der bestehenden Stadt, in der Nähe der neuen Fabriken; und zweitens die Bereitstellung von Land für zukünftige Industrien, wofür die ebenen Talflächen im Osten der Stadt reserviert werden sollten. Ich machte den Vorschlag, die Anhöhen für Wohnsiedlungen zu nutzen und in den Tälern Parks anzulegen. Weiterhin schlug ich den Ausbau der Höhenstraße vor, der einzigen Durchgangsstraße in Ost-West-Richtung, die auf jeden Fall Hauptsraße der Stadt bleiben sollte. Um eine Überlastung durch den Straßenverkehr zu verhindern, schlug ich den Bau einer Umgehungsstraße vor, die auch den Bahnhof und einen neuen Frachthof anschließen würde. Der westliche, obere Abschnitt der Höhenstraße hatte bereits öffentliche oder kommerzielle «Hauptstraßenfunktionen». Wenn die Stadt sich wie vorgesehen nach Osten ausbreitete, würde der östliche Abschnitt, der allmählich in Richtung Kunststofffabrik abfiel, für ähnliche Funktionen gebraucht werden. Dieser Abschnitt wurde derzeit unterschiedlich und wenig intensiv genutzt, zum Beispiel durch die Hochschule für Agrarwirtschaft, die einen großen Teil eines ehemaligen Klosters einnahm. Ich machte den Vorschlag, daß sie ihre experimentelle Landwirtschaft an den Stadtrand verlegen sollten. Man entgegnete, es seien keine Geldmittel für Baumaßnahmen zu haben. Das löste bei mir einen Gedankengang aus, auf den ich später zurückkommen werde.

Der Begriff «Ökologie» war mir unbekannt, aber ich interessierte mich für Wiederverwertung (Recycling). Ich entwickelte ein Dreiecksschema: Menschen würden ihre Fäkalien zur Düngung von Gemüsefeldern benutzen und ihre Speiseabfälle an die Schweine verfüttern; das Schweinefleisch würde die Menschen ernähren und ihre Exkremente das Gemüse; das Gemüse wiederum würde Menschen und Schweine ernähren. Dieser Teil meines Plans gelangte nicht zur Durchführung.

Ich schlug eine weitere Innovation vor, zwei Pläne für unterschiedliche «Zieldaten», einen für fünfundzwanzig Jahre, und einen detaillierteren für fünfzehn Jahre. Wegen der gesetzlichen Begrenzung auf fünfzehn Jahre bezeichnete ich sie entsprechend als Fünfzehn- bzw. Zehnjahrespläne. «Stadtpläne» sind eigentlich Querschnitte durch einen Strom antizipierter und/oder geplanter Stadtentwicklungen. Meines Erachtens sollte es stets mehrere geben, deren Anzahl nur durch die Verfügbarkeit von Zeit und Arbeitskräften beschränkt sein sollte.

Es lagen keinerlei Schätzungen über zukünftige, geplante oder kalkulierte Einwohnerzahlen vor. Ich stellte Prognosen für Zeitpunkte in fünfzehn und fünfundzwanzig Jahren auf, wobei ich von der Annahme ausging, daß Wladimir wegen der in der Region vorhandenen Zahl der Fachkräfte in den Heimindustrien und durch die vorhandene und geplante Verkehrsinfrastruktur – Schiene, Straße und möglicherweise Wasser – sowie seine Nähe zu Moskau ein attraktiver Industriestandort sein würde. Das entsprach nicht der üblichen «funktionalen» Methode von Einwohnerprognosen. Diese Methode ging von der Menge der in den «Basis»-Industrien zu beschäftigenden Arbeitern aus, das heißt von den Industrien, die für Verbraucher außerhalb der Stadt produzieren, und errechnete dann mit Hilfe von «Multiplikatoren» die Zahl der in den «Dienstleistungen» Beschäftigten und der nicht erwerbstätigen Angehörigen. Meine Kollegen fragten mich, welche Arten von «Grund»-Industrien ich für Wladimir anvisierte. Ich erwiderte, denkbar wären eine ganze Reihe Industriezweige, darunter auch welche, die es noch nicht gab, und einige davon würden sich mit Sicherheit ansiedeln lassen. Man hielt meine Schätzungen für zu hoch angesetzt: ein Wachstum von nicht ganz 40 000 auf 110 000 in fünfzehn Jahren und auf 140 000 in fünfundzwanzig Jahren. Erst vor kurzem habe ich die tatsächliche Kurve des Bevölkerungswachstums in Wladimir nachgezeichnet, und zwar nach den Zensusangaben von 1927, 1939 und 1959, und festgestellt, daß ich mit meinen Prognosen einigermaßen richtig lag.

Ein Projekt wurde Auftraggebern erst nach einer sorgfältigen Überprüfung durch die Mitarbeiter von Giprogor unterbreitet. Man ernannte einen Kritiker zur Bewertung des Entwurfs. Mein Kritiker war besonders geeignet, weil er vor der Planung großer neuer Fabrikanlagen einen Plan für Wladimir entwickelt hatte. Er brachte in seinem Gutachten eine Reihe von Fragen und Einwänden vor. Die Mitarbeiterversammlung, die sich noch mit einem weiteren Stadtprojekt abzugeben hatte, brachte ebenfalls Einwände vor. Vor allem bemängelten sie an meinem Plan die fehlende «Struktur», also ein geometrisch definierbares Straßensystem. Mein Plan leitete sich von der natürlichen und der menschengemachten Topographie des Ortes her, der andere Plan von einem streng geometrischen Schema. Zum Schluß sagte der alte Organow: «Einer dieser Pläne hat ein bißchen zu viel Struktur, und der andere nicht genug.» Beide Pläne wurden mit geringen Änderungen gebilligt.

Ich fuhr wieder nach Wladimir, um meinen Entwurf dem Stadtrat vorzulegen. Unterdessen hatten Kommunalwahlen stattgefunden, und der neue Rat und Bürgermeister waren sehr auf Sparen bedacht. Deshalb sagte der Bürgermeister, nachdem er sich bei mir für meine Mühen bedankt und den Plan gelobt hatte, daß sie kein Geld hätten, um den nächsten Schritt anzugehen: die Ausarbeitung eines endgültigen Generalplans, der nach der Annahme durch die Provinzbehörden rechtsverbindlich wäre. Das war kein sehr weitsichtiger Beschluß; sie waren gesetzlich verpflichtet, einen Generalplan zu haben, und würden früher oder später dafür bezahlen müssen.

Wie schon früher erwähnt, war es mir nicht gelungen, die Agrarhochschule zu einem Umzug zu bewegen. Mir war klar, daß die Hochschule unter marktwirtschaftlichen Bedingungen wahrscheinlich zugestimmt hätte, weil sie ihre Baukosten zu einem großen Teil oder sogar ganz hätte decken können, wenn sie ihr großes Stadtgrundstück an jemanden verkauft hätte, der daraus durch die Errichtung öffentlicher oder kommerzieller Bauten, für die die zentrale Lage an der Hauptstraße jeder anderen vorzuziehen war, optimalen Nutzen gezogen hätte.

Mit Ausnahme weniger Gebäude waren alle städtischen Grundstücke verstaatlicht worden. (Kleine Häuser blieben im Besitz ihrer Bewohner.) Der Grund und Boden wurde von kommunalen Behörden verwaltet, die Parzellen zu nominellen Mieten an Bewerber vergeben: Fabriken, Institutionen, Regierungsgebäude aller Ebenen, Kooperativen oder Einzelne. Ich schlug die Einführung einer durch konkurrierende Gebote festzusetzenden Differentialrente vor.

Zwei weitere Bereiche der Wirtschaft erschienen mir reformbedürftig. Es gab keine Methode, Betriebskosten und Kapitalkosten auf einen Nenner zu bringen. Die Staatsbank berechnete Zinsen für kurzfristige Kredite, nicht aber für langfristige Investitionen. Ich schlug vor, daß für langfristige wie kurzfristige Kredite die gleichen Zinssätze gelten und daß diese sich nach dem durchschnittlichen Jahresproduktivitätszuwachs richten sollten.

Außerdem befaßte ich mich damit, eine rationale Basis für die Bestimmung von Preisen für Waren und Dienstleistungen zu finden. Ich schlug vor, daß die Preise dem Arbeitsaufwand für eine Produktionseinheit proportional sein sollten.

Ich verfaßte eine Denkschrift mit dem Titel «Drei Fragen eines Stadtplaners an die Volkswirte», die ich der Wirtschaftsabteilung von Giprogor vorlegte. Später lud mich ein österreichischer Mitarbeiter der Staatsbank, dem ich eine Kopie gegeben hatte, ein, meine Gedanken vor dem Klub der leitenden Beamten der Bank darzulegen. An beiden Stellen ergab sich daraus eine ernste und lebhafte Diskussion, die sich freilich in erster Linie um die erste Frage der Differentialrente drehte. Es bestand Übereinstimmung darin, daß das damals gültige System einer verschwenderischen Unternutzung städtischer Grundstücke Vorschub leiste und daß eine differenzierte Pacht deshalb wünschenswert sei. Es wurde jedoch darauf hingewiesen, daß die Sache politisch außerordentlich heikel sei.

Trotzki hatte eine Differentialrente für Agrarland vorgeschlagen. Seine Partei hatte diesen Vorschlag – zu Recht, wie ich meine – zurückgewiesen, weil er gegen das unantastbare Prinzip «Das Land gehört demjenigen, der es beackert» verstieß, das die Grundlage der Allianz zwischen Arbeitern und Bauern bildete. Die Aufhebung aller Pacht- und Hypothekenzahlungen war gerade das gewesen, was die Mehrheit der Bauern und des Volkes für die Oktoberrevolution gewonnen hatte.

In den letzten Jahrzehnten ist die Frage städtischer Differentialrenten in der Sowjetunion zu einem Thema lebhafter Diskussion und Experimente geworden. Man ist nicht dazu übergangen, sich nach konkurrierenden Geboten zu richten, hat aber einige raffinierte Methoden zur Bestimmung des «Wertes» und der Rente verschiedenartiger städtischer Grundstücke entwickelt.

Was die zweite Frage betrifft, stellte ich fest, daß ihr erster Teil in der Praxis bereits weitgehend gelöst war. Langzeitprojekte waren verpflichtet, die Kapitalinvestition binnen fünfzehn Jahren abzuzahlen. In kumulative Zinszahlungen übersetzt, ergab das eine Zinsrate, die der für Kurzzeitkredite praktisch entsprach. Der zweite Teil, die Einführung einer rationalen Grundlage für die Höhe der Zinsen, scheint in der Sowjetunion, wie im Westen, vernachlässigt zu werden.

Die dritte Frage der Festlegung von Preisen ist in der Sowjetunion natürlich ein Dauerthema, das ich aber nicht habe verfolgen können.

Als meine Arbeit an Wladimir beendet war, machte Giprogor den Vorschlag, mich an ihre neueingerichtete Zweigstelle in Gorki zu schicken, das damals noch Nischnij-Nowgorod hieß. Ich hatte mich stark für eine dezentralisierte Stadtplanung eingesetzt und stimmte bereitwillig zu. Ich sollte schon im Februar 1932 abreisen, brach mir aber kurz vor der Abreise einen Knöchel und mußte meine Reise verschieben.

In den Jahren seit meiner Ankunft war eine ganze Reihe ausländischer Architekten nach Moskau gekommen, um zu arbeiten, und ich hatte die meisten von ihnen kennengelernt. In der Gruppe um Ernst May hatte ich mich eng mit Hans Schmidt aus Basel und mit Grete Schütte-Lihotzky[6] und Wilhelm Schütte, einem Architektenehepaar, angefreundet. Hannes Meier, den man aus dem Bauhaus ausgeschlossen hatte, weil er Kommunist war, kam ebenfalls mit drei seiner begabtesten Assistenten. Jecky Perkanoff, ein deutscher, aus Bulgarien gebürtiger Architekt, den ich in Gutkinds Büro in Berlin kennengelernt hatte, war mit seiner Frau und zwei kleinen Töchtern nach Moskau gekommen. Ich hatte sie während der ersten Woche in

---

6   Margarete (Grete) Schütte-Lihotzky, 1897–, absolvierte ihr Architekturstudium als erste Frau in Österreich (1919). Arbeitete dann u.a. mit Adolf Loos im Wiener Siedlungsbau. 1926 ging sie zu Ernst May nach Frankfurt/M., um dort im Siedlungsbau tätig zu werden. Besonders nachhaltig bekannt wurden ihre Beschäftigungen mit der Rationalisierung der Hauswirtschaft, die sich in der sog. «Frankfurter Küche» manifestierten. 1929 arbeitete sie an zwei Doppelhäusern für die Wiener Werkbundausstellung auf Einladung von Josef Frank. 1930 ging sie mit der Architektengruppe Ernst May, Hans Schmidt, Hannes Meyer u.a in die UdSSR. Von 1938 bis 1940 arbeitete sie in der Türkei, von wo sie in den österreichischen Widerstand gegen die Nazis ging. 1941 wurde sie von den Nazis verhaftet und verblieb bis Kriegsende im Gefängnis, wo sie Mißhandlungen ausgesetzt war. Nach dem Krieg bekam sie nur schwer Aufträge – besonders seitens der öffentlichen Hand – man nahm ihr ihre politische Gesinnung übel. Sie ist bis heute eine der hervorragendsten Persönlichkeiten der österreichischen Gesellschaft. Eine Autobiographie bereitet sie vor. Chup Friemert hat herausgegeben: Margarete Schütte-Lihotzky, Erinnerungen aus dem Widerstand 1938–1945, Hamburg 1985; es gibt wenigstens zwei Filme, die einen guten Eindruck vom Anliegen von Margarete Schütte-Lithozky vermitteln: Das Bauen ist nicht das Primäre – Grete Schütte-Lihotzky, von Gerd Haag, Bea Füsser-Novy und Günther Uhlig, 45 Minuten, WDR 1982; Margarete Schütte-Lihotzky (Zeugen des Jahrhunderts), im Gespräch mit H.v. Nussbaum, 65 Minuten, ZDF 1988.

meinem Zimmer untergebracht, während ich in einem vorübergehend leerstehenden Zimmer in der Wohnung eines Nachbarn schlief. Außerdem lernte ich den dänischen Bauingenieur Bent Gregersen kennen, der bis heute ein enger Freund geblieben ist.

Damals wurde in Moskau eine deutschsprachige Wochenschrift, die Moskauer Rundschau, herausgegeben. Es war die einzige Zeitung in der Sowjetunion, die von einem Sozialdemokraten, Otto Pohl, herausgegeben wurde. Er war österreichischer Botschafter in Moskau gewesen, und bei seiner Pensionierung lud ihn Litwinow, der Leiter des sowjetischen Außenministeriums, ein, in Moskau zu bleiben, um diese Zeitung als eine Art inoffizielles Organ sowjetischer Außenpolitik herauszugeben. Mit dem Eintreffen der vielen deutschsprachigen Experten übernahm die Rundschau eine weitere Funktion: sie wurde zu einer Plattform für ihre aus der sowjetischen Erfahrung erwachsenden Ansichten, Fragen, Kritik und Vorschläge. Die Redakteurin war Lotte Schwarz, die Stieftochter von Otto Pohl. Ich lernte sie 1930 kennen, als ich ihr einen Artikel für ihre Zeitung brachte. Wir entdeckten viele Gemeinsamkeiten und wurden gute Freunde; Lotte ist jetzt der Mensch, der mir am nächsten steht.[7]

Ein paar Monate nach meiner Ankunft war ich in die Kommunistische Partei aufgenommen worden, eine Ehre, die nur einer kleinen Minderheit der Mitglieder anderer Kommunistischer Parteien zuteil wurde. Für normale Mitglieder brachte die Mitgliedschaft keine Privilegien, nur ein paar Pflichten. Parteimitglieder, von denen selbstverständlich erwartet wurde, daß sie sich in der Arbeit wie im Privatleben vorbildlich verhielten, mußten außerdem eine «nagruska», ein freiwilliges Arbeitssoll übernehmen, das ihnen die Partei mit ihrer Zustimmung übertrug. Mich wählte man aus, als Vorsitzender des Deutschen Arbeiterklubs zu kandidieren, und ich wurde von den Mitgliedern gewählt. Der Vereinssekretär, ein Arbeiter aus Berlin, der schon einige

---

7 Lotte Schwarz, 1903–1984, wurde später zu dem Menschen, zu dem Hans Blumenfeld am meisten Vertrauen und menschlichen Kontakt aufbaute. Bei seinen beinahe jährlichen Europareisen besuchte er sie an ihrem Wahlwohnsitz in Paris in der Nähe des Place de la Contrescarpe – in der Rue Rollin – und in ihrem Sommerhaus in Bonnieux im Luberon. In ihrem Buch «Die Tode des Johannes», Bremen 1986 (französisch «Les morts de Johannes», Arles 1983), setzte sie Hans Blumenfeld ein sehr persönliches Denkmal, indem sie ihn als «Thomas», den Professor aus Toronto in der Geschichte «Nichts als Alte» so einfühlsam und treffend beschrieb.
Sie wurde in Prag geboren und kam über München – wohin ihre Mutter mit ihr nach dem Tod des Vaters ging – nach Wien, wo sie Nationalökonomie studierte und Schülerin Alfred Adlers war, dessen Diplom in Psychoanalyse sie erwarb (vgl. Anmerkung zu Adler). Nach Moskau übersiedelte sie nach Diskussionen mit Karl Radek (1885–1939, eigentlich Sobelsohn, polnisch deutscher Sozialdemokrat, Mitglied des ZK der KPdSU und des Exekutivkomitees der Komintern (1919–1924), wurde als Gegner Stalins liquidiert) in Berlin bereits 1926. Bei der deutschsprachigen «Moskauer Rundschau» arbeitete sie als Dolmetscherin und Redakteurin. Ende der zwanziger Jahre beschloß sie, ein Kind zu bekommen. Sie suchte sich einen ihr relativ Fremden als Vater aus und brachte das Mädchen im Dezember 1929 zur Welt.
1936 mußte sie kurzfristig die Sowjetunion – mit dem sechsjährigen Kind – verlassen und kam zunächst nach Paris. In der Emigrantenszene war sie aktiv, mußte 1940 jedoch erneut vor den Nazis fliehen. Sie überlebte im unbesetzten Vichy-Frankreich, wo sie sich um jüdische Kinder kümmerte, und dann in Internierungslagern in der deutschsprachigen Schweiz. Nach dem Zweiten Weltkrieg widmete sie sich weiterhin jüdischen Kindern aus Konzentrationslagern und adoptierte einen Jungen. Erst über 70jährig begann sie zu schreiben. Sie hatte vorher «einfach keine Zeit».
Ihr autobiographisches Werk erschien auf französisch und heißt «Je veux vivre jusqu'à ma mort», Paris 1979. Autorinnen zählen sie zu den bedeutendsten Zeuginnen der Geschichte des 20. Jahrhunderts.

Jahre in Moskau gelebt hatte, und ein von den Mitgliedern gewählter Vorstand standen mir zur Seite.

Im Klub waren bis dahin hauptsächlich Parteimitglieder organisiert, und man hatte sich in erster Linie politischen Diskussionen gewidmet. Diese wurden beibehalten, spielten aber jetzt eine untergeordnete Rolle. Die Hauptaufgabe des Klubs bestand darin, den pädagogischen, kulturellen und Erholungsbedürfnissen derjenigen Arbeiter und Experten zu dienen, die nach Moskau gekommen waren, um zu arbeiten, und von denen die wenigsten in der Partei waren. Während meiner einjährigen Amtszeit kamen eine englischsprachige und eine ungarische Abteilung hinzu, und wir wurden zum «Ausländischen Arbeiterklub».

Der Klub war in wenigen Zimmern eines alten Gebäudes untergebracht; jetzt brauchten wir ein größeres, besseres Domizil. Der Klubsekretär, der fließend russisch sprach, brachte unseren Antrag im Moskauer Stadtrat vor. Kaganowitsch, der damalige Leiter des Moskauer Parteirats, sagte: «Wir brauchen diese Leute; gebt ihnen, was sie verlangen.» Ich inspizierte Räumlichkeiten in ganz Moskau und entschloß mich schließlich für ein Gebäude in der Uliza Gerzena (Herzenstraße[8]), in der Nähe des Stadtzentrums.

Es war Mitte des 19. Jahrhunderts als Stadtpalais der Grafen Scheremetiew gebaut worden. Das Erdgeschoß mit seinen niedrigen Decken war anderweitig besetzt. Eine großartige, breite Treppe führte in das hohe «piano nobile», das Hochparterre, in dem die Scheremetiews gewohnt hatten (im Erdgeschoß hatten die Bediensteten gewohnt) und wo wir jetzt untergebracht waren. Es hatte eine lange, breite Empfangshalle, daneben an einer Seite einen großen Saal, der frühere Ballsaal, und auf der anderen Seite eine Suite kleinerer, aber dennoch geräumiger Zimmer. Ich war von der Harmonie der Proportionen in allen Räumen beeindruckt. Auch 1959, als ich das Gebäude noch einmal besuchte, überraschte mich seine Schönheit aufs Neue.

Wir mußten unser Mobiliar und die übrige Einrichtung vom alten in das neue Gebäude schaffen. Die Stadtverwaltung vermietete uns ein Pferdefuhrwerk, und ein weibliches Mitglied und ich machten uns an die Arbeit. Der Kutscher war ein großer, gutaussehender, junger Mann; als wir unsere Requisiten aufluden, hänselten ihn die beiden anderen Packer und sagten, er solle den Kulaken spielen. Er war tatsächlich ein Kulak gewesen, einer der wohlhabenden Bauern, die man im Zuge des Kollektivierungsprozesses enteignet hatte. Er war sehr munter und offenbar äußerst zufrieden in seiner neuen Rolle als Arbeiter bei der Stadt. Unterwegs erklärte er mir, warum «wir», die Russen, den Krieg verloren hatten: An beiden Enden einer geheimen Telefonleitung saß ein Jude, und der auf der russischen Seite hatte dem am deutschen Ende alle russischen Militärgeheimnisse verraten. Als unser Umzug beendet war, fragte ich meine Genossin: «Wir sollten ihnen wohl ein Trinkgeld geben; wieviel sollte es denn sein?» Sie antwortete: «Zehn Rubel, aber

---

8 Nach dem russischen Schriftsteller Alexander Herzen, 1812–1870. Er war begeistert vom Aufstand der Dekabristen (1825) und setzte sich für die Abschaffung der Leibeigenschaft und die Selbstverwaltung der Dorfkommunen ein. Er lebte ab 1847 im Auslandsexil.

gib es ihnen nicht alles auf einmal, denn sie werden immer mehr haben wollen, egal wieviel du ihnen gibst.» Also gab ich meinem Kulakenfreund fünf Rubel. Er sah sie in seiner ausgestreckten Hand an und sagte. «Malo» (wenig). Ich legte noch fünf Rubel drauf. Er klopfte mir auf die Schulter und sagte: «Ihr Deutschen seid gute Menschen; von einem Juden hätte ich gar nichts gekriegt.» Ich sagte: «Aber ich bin Jude.» Es warf mir einen spöttischen Blick zu. «Nein, du bist kein Jude.» Aber einen Moment später drohte er mir mit dem Zeigefinger und sagte: «Vielleicht bist du doch ein bißchen Jude; sonst hättest du mir meine zehn Rubel gleich auf einmal gegeben.»

Das war mein einziges antisemitisches Erlebnis in den sieben Jahren in der Sowjetunion. Es hat mich nicht zum Zionisten werden lassen.

Im Klub fanden Konzerte, Tänze, Theateraufführungen, Spiele, Russischkurse und eine ganze Reihe anderer Kurse statt, und man traf sich dort gern auf ein Glas Tee oder Bier oder zu einem gemeinsamen Essen. Auch über politische Fragen setzte man sich zusammen. Einmal sprach Stassowa, die Leiterin der Internationalen Hilfe und damals Stalins erster Sekretär(in). Sie war schon zehn Minuten vor der verabredeten Zeit da; als die meisten unserer Mitglieder zu spät kamen, schüttelte sie traurig den Kopf und sagte: «Genossen, das ist nicht gut. Wir hatten gehofft, daß die deutschen Arbeiter unseren Russen ein Vorbild für Pünktlichkeit sein würden.» Ihre Aussage enthielt kein Fünkchen verletzter Primadonna-Eitelkeit – nur ernstes Bedauern über das Versagen eines pädagogischen Experiments. Ihrem Typ nach ähnelte sie einer amerikanischen Gouvernante: ehrlich, geradlinig und aufrecht. Es warf ein günstiges Licht auf Stalin, daß er eine solche Person zu seinem Sekretär gemacht hatte.

Am Vorabend des Maifeiertages war unser Sprecher Losowski, der Leiter der «Roten» Gewerkschaftsinternationale. Er fragte mich, worüber er reden sollte; was sein Publikum interessieren würde. Die Bescheidenheit und das Verantwortungsbewußtsein dieser beiden Sptizen-Bolschewiken machten großen Eindruck auf mich.

Andere Vorkommnisse beunruhigten mich, weil ich sie nicht mit meiner Vorstellung innerparteilicher Demokratie vereinbaren konnte. Die erste Versammlung, bei der ich den Vorsitz führte, befaßte sich mit dem ersten Fünfjahresplan. Nach dem Erfolg im ersten Jahr hatte Stalin seine Genossen davor gewarnt, sich diese Erfolge zu Kopfe steigen zu lassen. Aber bald danach wurden die Planziele erheblich hochgeschraubt. Einige Parteimitglieder unter der Führung Bucharins wandten sich dagegen. Sie befürchteten – wie sich herausstellte zu Recht – daß es dadurch zu gravierenden Mißverhältnissen und Engpässen kommen würde. Auf unserer Versammlung vertrat Platten diese Ansicht. Er war der Schweizer Sozialdemokrat gewesen, der den Plan ausgearbeitet hatte, Lenin und seine Kameraden in einem versiegelten Eisenbahnwaggon durch das Kriegsdeutschland von Zürich nach Rußland zu bringen; er lebte in Moskau als hochangesehenes Mitglied des Komintern. Als Vorsitzender der Versammlung versuchte ich mit geringem Erfolg, sein Rederecht gegen unfaire Attacken seiner Gegner durchzusetzen. Nach der Versammlung sagte ich zu einem von ihnen: «Diese Fragen müssen ernsthaft erörtert werden.» Er entgegnete: «Wir diskutieren nicht; das Zentralkomitee hat beschlossen; die Diskussion ist beendet.» Das erschreckte mich.

Später, Anfang 1937, begegnete ich Platten auf der Straße. Er erzählte mir, er habe große Schwierigkeiten. Auf meine Frage, ob Georgi Dimitrow, der Held der Verhandlung über den Reichstagsbrand, der jetzt Leiter der Komintern war, ihm nicht helfen könne, erwiderte er, daß er wiederholt mit Dimitrow und seinem Stellvertreter, Manuilskij, dem sowjetischen Vertreter, gesprochen habe, daß aber nur Ercoli, der Vertreter Italiens in der Komintern, wirklich hilfsbereit sei. Ercoli war das Pseudonym Palmiro Togliattis, der nach dem letzten Krieg Italiens Partei zur stärksten und tolerantesten Kommunistischen Partei im Westen ausgebaut hat. Wenn ich Italiener wäre, wäre ich Mitglied.

Unsere Bücherei enthielt einige von Trotzkis Schriften aus der Zeit, in der er noch einer der Parteiführer war. Wir erhielten die Anordnung, sie einzuschließen; ich protestierte, wurde aber überstimmt.

In meiner Arbeit als Vorsitzender hatte ich auch auf anderen Ebenen zu tun. Heizmaterial war im Winter 1930/31 sehr knapp. Sobald ich hörte, daß eine Kohlelieferung an der Zuteilungsstelle eingetroffen war, eilte ich mit einem Handkarren hin und zog mit unserer Ration durch Moskaus Straßen in den Klub.

Gorki

Im April 1932 zog ich nach Gorki um. Es war problematisch, mein Zimmer in Moskau zu behalten. Ich hatte kein Recht mehr, dort zu wohnen, seitdem ich aus dem Trust und damit aus dem Kommissariat der Schwerindustrie ausgeschieden war, der das Haus gehörte. Ja, schon kurz nach meiner Anstellung bei Giprogor war ich zum Direktor gerufen worden, und der hatte mir einen Brief von einer anderen Organisation gezeigt, in dem stand: «Da ihr Experte Blumenfeld unseren Wohnraum besetzt hält, haben wir unseren Experten in einem Hotelzimmer unterbringen müssen. Machen Sie das Zimmer frei oder zahlen Sie die Hotelrechnung.» Der Direktor, der geneigt schien, die Hotelrechnung zu bezahlen – die fast dreimal so hoch war wie mein Gehalt – fragte mich nach meiner Meinung. Ich hatte zu dem Zeitpunkt schon lange genug in der Sowjetunion gelebt, um zu wissen, daß alle Büros unter Personalmangel litten und die meisten Briefe unbeantwortet blieben. Deshalb riet ich: «Geben Sie keine Antwort.» Der Direktor folgte meinem Rat, und man hörte nie wieder etwas von der Sache. Ich blieb in meinem Zimmer; aber wenn man über drei Monate abwesend ist, ohne den Wohnraum für bestimmte, gesetzlich festgelegte Zwecke zu reservieren, kann ihn die Hausverwaltung anderweitig zuteilen. Deshalb lud ich einen deutschen Freund ein, der für die Komintern arbeitete und in ihrem Apartmenthotel lebte, aber wegen unerträglicher häuslicher Konflikte eine andere Wohnung brauchte und dort mit seiner zweiten Frau einziehen wollte. Niemand hatte etwas dagegen, und er machte das Zimmer wieder frei, als ich nach Moskau zurückkam.

Mein Knöchelbruch war geheilt, aber ich hatte noch Schmerzen. Vor meiner Abreise aus Moskau hatte ich mich im Gesundheitszentrum des Kommissariats der Schwerindustrie versorgen lassen, dem angesehensten Zentrum in Moskau. Als der kollektive Vertrag für Giprogor im Jahr zuvor erneuert werden mußte, hatten die Gewerkschaftsmitglieder – fast die gesamte Belegschaft – das Verhandlungskomitee beauftragt, die Zulassung zu diesem Gesundheitszentrum auszuhandeln. Als das Komitee berichtete, daß dies nicht geglückt sei, weigerten sich die Mitglieder, den Vertrag anzunehmen, und beauftragten das Komitee mit der Wiederaufnahme der Verhandlungen, die erfolgreich ausgingen.

Dieses angesehene Gesundheitszentrum hatte mir eine Röntgenaufnahme und Massagen mit dem Hinweis verweigert, daß der Bruch normal geheilt sei. In Gorki begab ich mich in das Bezirkszentrum, das allen offenstand. Dort genehmigte man mir sofort beides und verschrieb mir noch Moorpackungen obendrein. Diese Erfahrung zeigte mir, daß die weitverbreitete Ansicht, Moskau sei ein «Aushängeschild» und in den Provinzen sei alles schlechter, ein Mythos ist. Das bestätigte sich auch, als ich in den Geschäften nach einigen der «Kleinigkeiten» suchte, die in der Sowjetunion so häufig Mangelware sind. Einiges, was ich in Moskau nicht hatte finden können, war anderswo leicht zu bekommen.

Gorki ist eine schöne Stadt mit einem Stadtkern, der auf einem steilen Hügel über dem Zusammenfluß von Oka und Wolga liegt und von Wäldern voller Nachtigallen umgeben ist. Man konnte im Sommer baden und im Winter skilaufen. Wenn wir Skilaufen waren, benutzten wir die Häuser einiger ortsansässiger Mitarbeiter als Hauptquartier, wo wir uns bei einem Glas Tee aufwärmten. Es waren Holzhäuser, die in Privatbesitz geblieben waren, und ich empfand sie als sehr komfortabel. Die meisten Mitarbeiter, darunter auch ich, wohnten oben auf dem Hügel in einer Ansiedlung ehemaliger Sommerhäuser wohlhabender Kaufleute aus Gorki. Der Blick von dort oben war wunderschön, aber man wohnte primitiv. Das Heizen war ein Problem; Wasser mußte man sich an einer Pumpe im Hof holen; die Latrinen, über die man am besten gnädig schweigt, lagen in einem unbeheizten Schuppen im Garten.

Wir lebten dort wie eine glückliche Familie, bauten uns ein Volleyballfeld und hatten eine Köchin, der ich mein Rationsheft für privilegierte Personen gab, damit sie für unsere kleine Gemeinschaft einkaufte. Zwei Tage später nahm mich die gute Frau beiseite und sagte: «Ich habe für Sie und mich einen Kuchen gebacken.» Mein hehrer Vorsatz, niemals von meinen Vorrechten Gebrauch zu machen, schmolz dahin.

Meine Aufgabe bestand in der Neuplanung von Wijatka, heute Kirow, das zwar zur Provinz Gorki gehörte, aber nur nach einer Fährfahrt über die Wolga und zehn Stunden mit dem Zug zu erreichen war. Die Stadt liegt auf dem sechzigsten Breitengrad in einer Waldregion am Fluß Wijatka und an der transsibirischen Eisenbahn. Damals hatte es circa 80 000 Einwohner; es war ein Zentrum der holzverarbeitenden Industrie. Man plante zwei neue Fabriken zur Herstellung von Tafeln, Linealen usw. für die Schulen der Republik Rußland. Wijatka war ein Provinzzentrum gewesen und verfügte daher über einen kompetenten Wirtschaftsplanungsstab.

Man bat mich außerdem, die benachbarte Kleinstadt Slobodskoje anzuschauen. In der Umgebung lagen eine ganze Reihe kleinerer Industriedörfer, und ich kam zu dem Schluß, daß ein Regionalplan hermußte, um das Straßensystem einschließlich Brücken über den Wijatka-Fluß, die Wasserversorgung, ein Abwassersystem sowie Kultur- und Freizeiteinrichtungen in den Griff zu bekommen, und verfaßte einen schriftlichen Vorschlag. Es kam zur Einrichtung einer Behörde für Regionalplanung, aber erst nach meiner Abreise.

Auch die ökonomische Basis bereitete Probleme. Schdanow, eine der mächtigsten kommunistischen Führungspersönlichkeiten, war damals Parteisekretär der Gorki-Provinz. Er hatte den Ehrgeiz, «seine» Provinz zu einem gewaltigen Industrieimperium mit eigenen Hüttenwerken auszubauen. Das Eisen sollte aus dem minderwertigen Sumpferz der Gegend gewonnen werden. Ich gelangte zu dem Schluß, daß es wirtschaftlicher wäre, Eisenerz aus dem Ural oder sogar Fertigstahl aus dem Donezbecken zu importieren. Weiterhin stellte ich die landläufige Auffassung in Frage, daß die Holzverarbeitungsindustrie in der Nähe ihrer Rohstoffquellen angesiedelt sein sollte. Ich argumentierte, es werde durch die Entwicklung der Holzchemie dazu kommen, daß die Baumstämme fast vollständig verwertet würden und daß es weitaus wirtschaftlicher wäre, die Stämme über den Wasserweg von Wijatka-Kama-Wolga zu flößen, als fertige Produkte in den trockenen Südwesten des europäischen Teils von Rußland zu verschiffen, wo ein großer Teil der Verbraucher saß.

Die Wirtschaftsplaner in Wijatka zeigten reges Interesse an meinen Denkschriften zu diesen beiden Fragen, waren aber offensichtlich besorgt, daß sie Schdanows Zorn erregen könnten, wenn er auf sie aufmerksam würde, und deshalb wurden sie tief in irgendwelchen Karteien begraben. Das gleiche Schicksal traf eine dritte Denkschrift. Darin war zu lesen, daß nicht nur Industrien, sondern auch regionale Dienstleistungen – in den Bereichen Erziehung und Bildung, Gesundheit, Forschung und Kultur sowie zur Güterverteilung – die Grundlage städtischen Wachstums bildeten, und daß Wijatka diese Leistungen für ein riesiges Gebiet in den Ausmaßen von circa 300 000 Quadratkilometern zu erbringen haben würde, weil es in der ganzen Gegend keine andere Stadt gab. Daraus ergab sich weiterhin, obwohl ich politisch klug genug war, dies nicht zu erwähnen, daß Wijatka das Zentrum einer Provinz bilden sollte – die natürlich zum großen Teil aus der Provinz Gorki herausgelöst werden müßte. Kirow, wie Wijatka heute heißt, ist in der Tat mittlerweile Hauptstadt einer eigenen Provinz. Obwohl Wijatka so nahe am Polarkreis liegt, war der Sommer glühendheiß. Zwei Studenten, die während ihrer Sommerferien bei mir arbeiteten, zogen es vor, barfuß zu laufen. Aber als sie so in die Rathauskantine gingen, beschwerten sich einige der Stadtangestellten bei mir, und ich mußte sie dazu verdonnern, Schuhe anzuziehen. Während der Zeit der Mitternachtssonne hielten sich die Leute bis zum frühen Morgen in den Parks auf. Eines Nachts hörte ich zwei junge Arbeiter eifrig erörtern, ob Ingenieure besser bezahlt werden sollten als Arbeiter. Stalin hatte dies in jüngerer Zeit verkündet, und einer der beiden brachte die Standardargumente vom langen Studium und der größeren Verantwortung vor, während der andere darauf beharrte, daß für beide die Anstrengung die gleiche sei. Das Prinzip «Roma locuta, causa finita» (Rom hat gesprochen, der Fall ist erledigt) hat noch nie private Diskussionen verhindert.

Auch in unserer kleinen Parteigruppe diskutierten wir politische Fragen. Damals behauptete die Parteiführung, daß die Sowjetunion eine klassenlose Gesellschaft geworden sei. Ich warf das Problem auf, daß diese Behauptung der Vorstellung der Diktatur einer Klasse, des Proletariats, widersprach. Unser Sekretär, ein alter lettischer Setzer, entgegnete, die Überreste der ehemals herrschenden Klassen und ihrer Ideologien müßten weiterhin unterdrückt werden. Unsere Diskussion verlief offen, ernsthaft und freundlich.

Die einizge «nagruska», die ich in Gorki auf mich nahm, war ein Stadtplanungskurs für Fünfzehnjährige an einer technischen Realschule. Als ich vor meiner Abreise aus Gorki in der letzten Stunde einige Stichproben machte, stellte ich fest, daß sie praktisch nichts von dem verstanden hatten, was ich ihnen erzählt hatte. Das war kein vielversprechender Anfang für meine Laufbahn als Dozent.

Kurz nach meiner Ankunft in der Sowjetunion hatte man statt des Acht-Stunden-Tages für Arbeiter und des Sechseinhalb-Stunden-Tages für Angestellte den einheitlichen Sieben-Stunden-Tag eingeführt und statt der Sieben-Tage-Woche eine Sechs-Tage-Woche mit schichtweiser Ablösung, so daß alle fünf Tage arbeiten mußten, jeder fünfte Arbeiter aber einen anderen «Sonntag» hatte. Das bedeutete, daß die Maschinen und Geräte jeden Tag voll ausgenutzt waren, und die Freizeiteinrichtungen ebenfalls die ganze Woche ohne Überbelastungen gut besucht waren. Sogar die Koordination der freien Tage für mehrere Familienmitglieder glückte, und trotzdem mußte das Experiment nach wenigen Monaten abgebrochen werden. Es funktionierte für die überwältigende Menge der Arbeitskräfte gut, brach aber bei den Spitzenkräften zusammen. Diese hatten allesamt Verpflichtungen in mehr als einer Institution und hatten folglich nie einen freien Tag. Einer nach dem anderen erlitt einen Nervenkollaps. Man blieb bei der Fünf-Tage-Woche, allerdings mit dem gleichen freien Tag für alle.

Mir standen für jeden Monat, den ich arbeitete, zwei Ferientage zu, praktisch also etwa ein Monat Urlaub. Ich hatte mir zwei Tage um den 1. Mai 1931 freigenommen, um nach Leningrad zu fahren. Dort wohnte ich im Gästehaus der Gewerkschaft und ging mit auf ihre Demonstration und zum Tanz im großen Ballsaal des Winterpalais des Zaren. Ich genoß die Schönheit dieser einzigartigen Stadt in vollen Zügen.

Anfang August desselben Jahres brach ich zu einem fünfwöchigen Urlaub in den Kaukasus auf. Ich nahm den Zug nach Wladikawkas im nördlichen Vorgebirge. Auf einer Wanderung im Wald begegnete ich zwei jungen Burschen, die mich davor warnten, weiterzugehen. Ich fragte: «Gibt es dort wilde Tiere?» – «Nein, aber Inguschen.» Es stellte sich heraus, daß meine neuen Bekannten Osseten waren, und die Inguschen ihre traditionellen Feinde. «Sie stehlen unser Vieh», erklärten sie. Wir wanderten und badeten dann zusammen, und sie sprachen voll Stolz über den Fortschritt, den die Sowjetmacht den Osseten gebracht hatte. Überall im Kaukasus traf ich auf tiefsitzende traditionelle Feindschaft zwischen den verschiedenen Nationalitäten, aber keine Feindseligkeit den Russen gegenüber.

In Wladikawkas schloß ich mich einer vom sowjetischen Reisedienst zusammengestellten Gruppe aus der ganzen Sowjetunion an, Leute, die wie ich über ein Reisebüro gebucht hatten. Organisiert waren Bus, Unterkunft in Hotels und Fremdenführer für eine Reise durch den Kaukasus nach Tiflis über die «Grusinische Militärstraße»: Wir hielten an mehreren Stellen ein bis zwei Tage an und unternahmen Wanderungen in die Berge. Am höchsten Paß warfen Kinder Blumen in unseren Bus und riefen: «Willkommen in Asien.» Die Sowjetunion bestand nicht aus Rußland allein. Wenn ich in transkaukasischen Häfen fragte: «Wohin geht das Schiff?» lautete die Antwort: «Nach Rußland.» Nach drei Tagen in Tiflis, der hübschen alten Hauptstadt Georgiens, nahm ich einen Zug nach Batumi, wo meine Jugendfreundin Olga Solmitz zu mir stieß. Sie war mit dem Zug nach Odessa gefahren und von dort aus mit dem Schiff nach Batumi.

Batumi ist ein Ölhafen, aber die Stadt selbst liegt sauber und hübsch an einem langen Kiesstrand. In der Bucht stand ein Café auf Pfählen, von wo aus man einen Blick auf die schneebedeckten Gipfel des Kaukasus hatte, und dort gab es ausgezeichneten Wiener und Türkischen Kaffee. Kaffee war damals in Moskau nicht zu bekommen, aber hier kam er als Schmuggelware aus der Türkei. Wenn die Küstenwacht Schmuggler mit Kaffee erwischte, ging er an dieses Café, dessen Inhaber der «Rote Halbmond» (das moslemische rote Kreuz) war.

Wir fanden ein Zimmer mit einer großen Terrasse auf einem Hügel über dem Meer im Haus des dänischen Konsuls, das fünf Kilometer außerhalb der Stadt in Seljonij Mys (Grünes Kap) lag, wo auch Batumis berühmter botanischer Garten ist. Es war ein sehr schöner Urlaub.

Am letzten Tag fuhr ich nach Batumi zum Schwimmen und ließ, wie schon häufiger, meine Kleider am Strand liegen. Als ich zurückkam, war meine Hose weg – mitsamt meinem Paß, unseren Schiffskarten und etwas Geld. Da ich kein Geld für den Bus hatte, mußte ich die fünf Kilometer nur mit meiner Unterwäsche bekleidet zurücklaufen. Zum Glück hatten wir noch genügend Geld in unserer Unterkunft, um am nächsten Tag eine neue Hose und die Schiffspassage nach Sewastopol zu kaufen. Mit Geld, das wir uns aus Hamburg nach Sewastopol schicken ließen, fuhren wir weiter nach Moskau, von wo aus Olga nach Hamburg zurückkehrte.

Das war 1931, und 1932 sollte Olga wieder mit mir in Urlaub fahren. Da sich das Wijatka-Projekt im Herbst 1932 in einer kritischen Phase befand, mußte ich die Verantwortung an einen Kollegen übertragen. Olga kam nach Gorki, und wir fuhren mit dem Schiff die Wolga hinunter nach Astrachan. Die Reise dauerte mit einigen Zwischenaufenthalten eine Woche. Die Saison war schon fortgeschritten, und unsere einzigen Mitreisenden in der Ersten Klasse waren Eheleute, die beide beim Militär waren; er hatte den Rang eines Brigadegenerals, und sie war Militärärztin. Sie waren beide bäuerlicher Abstammung und waren unterwegs, um in ihrem Heimatdorf Verwandte zu besuchen.

Damals, im Oktober 1932, erschütterte die Weltwirtschaftskrise überall im Westen, vor allem aber in Deutschland, die Ordnung der Dinge. Ich war mir zwar bewußt, daß der Nationalsozialismus immer mehr Anhänger fand, hoffte aber immer noch, daß sich alle Antifaschisten, die Kommunisten, die Sozialdemokraten und die Zentrumspartei, gegen Hitler verbünden und gemeinsam dem Sozialismus den Weg bereiten würden. Wir sprachen über unsere Hoffnungen auf eine sozialistische Welt, und ich sagte zu dem General: «Man wird keine Streitmacht mehr brauchen; was werden Sie dann tun?» Er antwortete in vollem Ernst: «Ich werde zum Volk sagen: ‹Ich habe euch treu gedient, jetzt müßt ihr mich ernähren.›» Ich sagte: «Sicher, verhungern werden Sie nicht, aber Sie sind noch jung. Was werden Sie mit Ihrem Leben anfangen?» – «Ich werde studieren.» Das war eine sehr typische Antwort für die bildungsbeflissene Sowjetunion. Schon in meiner ersten Woche in Moskau waren mir abends beim Spazierengehen überall Erwachsenengruppen aufgefallen, die irgendwo in Zimmern saßen und einem Lehrer lauschten.

Von Astrachan brachte uns ein altes Dampfschiff über das sehr bewegte Kaspische Meer nach Machatschkala, von wo aus wir mit der Eisenbahn nach Baku weiterfuhren.

Zu meinem Erstaunen war dieses Zentrum der Ölindustrie eine weiße, angenehme mediterrane Stadt. Wir machten ein paar Tage Aufenthalt in Baku, dann in Tiflis und Batumi und blieben schließlich noch eine Woche in Sotschi, dem bekanntesten Badeort an der kaukasischen Schwarzmeerküste. Dann fuhren wir per Schiff wieder nach Sewastopol und mit dem Zug zurück nach Moskau.

Ich blieb noch eine Zeitlang in Gorki, hatte aber das Gefühl, dort nicht mehr gebraucht zu werden, und kehrte Anfang 1933 nach Moskau zurück. Giprogor hatte sich weiter dezentralisiert und konnte mir kein Projekt in einer anderen Stadt anbieten. Ich schlug vor, mich daran zu machen, die graphischen Symbole und Darstellungen zu vereinfachen und zu standardisieren. Damals war der Wirtschaftswissenschaftler Dr. Otto Neurath[9] gerade mit seiner Gruppe aus Wien nach Moskau gekommen. Sie hatten ein System graphischer Symbole zur Darstellung sozioökonomischer Daten entwickelt. Ich arbeitete mit Neurath und seiner Gruppe zusammen und korrespondierte außerdem mit Van Eesteren, dem Stadtplaner aus Amsterdam, der für CIAM, die Internationalen Kongresse für Moderne Architektur, an ähnlichen Standardisierungen arbeitete. Die Arbeit war komplexer und interessanter, als ich erwartet hatte, aber Giprogor akzeptierte nur ganz wenige von meinen Vorschlägen. Russische Architekten sind extreme Individualisten, die darauf bestehen, alles nach der eigenen Nase zu machen. Sie lehnten jegliche Standardisierung ab.

Das Jahr 1932 stand im Zeichen der wachsenden Besorgnis, daß Hitler an die Macht kommen könnte. Die Kommunisten in Deutschland und der Sowjetunion waren sich der Gefahr bewußt. Ernst Thälmann hatte die deutschen Arbeiter gewarnt: «Brüning hat euch mit Peitschen bestraft, aber Hitler wird euch mit Skorpionen bestrafen.» Als Hindenburgs erste Amtszeit als Reichspräsident auslief, mahnten die Kommunisten, daß man sich nicht darauf verlassen könne, daß Hindenburg Hitler daran hindern würde, die Macht an sich zu reißen, und machten den Sozialdemokraten den Vorschlag, einen parteilosen Antimilitaristen wie den Schriftsteller Heinrich Mann aufzustellen. Die SPD gab jedoch, wie die anderen Parteien der Weimarer Koalition, Hindenburg den Vorzug. Als die Kommunisten, wie 1924, ihren eigenen Kandidaten aufstellten, beschuldigte man sie wieder, sie würden den Reaktionären helfen: 1924, weil sie sich weigerten, Hindenburgs Gegner zu wählen, und 1932, weil sie sich

---

9 Otto Neurath, 1882–1945, österreichischer Philosoph und Sozialwissenschaftler mit enzyklopädischem und sozialreformerischem Ansatz, war Mitglied im Wiener Kreis. Für die aufkeimende moderne Planung war er besonders interessant durch seine Systematisierung der Gesellschaftswissenschaft, die Robert Musil einmal in seinen Tagebüchern treffend als «Neurath-System» wie folgt zusammenfaßte: «Weltkunde; Menschheitskunde; Lebenskunde (Religion, Kunst, Liebe); Wirtschaftskunde (Bildung, Vergnügen als berechenbar, Wohnung, Nahrung, Kleidung, Gesundheit); Urproduktion; Hilfszweige (Handel usw.); Öff. Dienst (Advokaten, Beamte [usw.], Lehrer, Priester, Soldaten). Was interessiert Arbeiter? (nach Neurath): Lohn, Betriebsordnung, Verwendung des Produkts. Der Anreiz: Das muß besser werden!» Neuraths Bestreben war es, Erkenntnisse einfach nachvollziehbar und deutlich darzustellen. Er verfolgte daher die Visualisierung z.B. seiner Statistiken über die von ihm entwickelte «Bildstatistik», die er in Moskau mit dem Graphiker Gerd Arntz und seinem Bildstatistischen Institut «Isostat» ausarbeitete. Die Ergebnisse wurden z.B. zum 15. Jahrestag der Oktoberrevolution im Kunstverlag der RSFSR und am 6. November 1932 in der Moskauer Rundschau veröffentlicht, deren Redakteurin Lotte Schwarz war. Auch die CIAM bedienten sich dieser Grundlagen Neuraths bei ihren Kongressen. Vgl. auch Friedrich Stadtler (Hrsg.), Arbeiterbildung in der Zwischenkriegszeit, Otto Neurath – Gerd Arntz, Wien München 1982.

weigerten, Hindenburg zu wählen. Hindenburg gewann die Wahlen gegen Hitler – und ernannte ihn wenige Monate später zum Reichskanzler.[10]

Schon bald nach Hindenburgs Wiederwahl initiierte die «Harzburger Front», ein Bündnis der Nazis mit den konservativen Kräften, eine Volksabstimmung gegen die preußische Regierung, die noch in der Hand der Weimarer Koalition war. Das stellte die Kommunisten vor ein Dilemma, das in Moskau leidenschaftlich erörtert wurde. Die unmittelbare Reaktion war, sich mit den Sozialdemokraten und den katholischen Arbeitern gegen die Nazis und die Volksabstimmung zu stellen. Dagegen sprachen taktische Überlegungen: Es bestand eine reale Gefahr, daß die Volksabstimmung siegen würde, und in dem Fall wäre es unmöglich gewesen, der Harzburger Front die Macht abzusprechen. Wenn die Kommunisten – wie dies schließlich auch geschah – ebenfalls für die Volksabstimmung eintraten, bedeutete eine Mehrheit gegen die Regierung nicht gleichzeitig eine Mehrheit für die Rechtsalternative. Die Volksabstimmung wurde dann zwar abgelehnt, aber die Weimarer Koalition verlor dennoch die Macht in Preußen, und die Regierungsgewalt ging an die Harzburger Front über – mit Hilfe von Reichskanzler Franz von Papen, der stellvertretend für Reichspräsident Hindenburg handelte.

Im Nachhinein ist offensichtlich, daß die Kommunisten mit ihrer Unterstützung der Volkabstimmung einen ernsten Fehler begingen, weil sich dadurch der tragische Spalt zwischen den Kommunisten und den Sozialdemokraten vertiefte. Ganz gewiß war ihr Verhalten jedoch nicht durch die Spekulation motiviert, daß ein Sieg der Nazis dem Kommunismus den Weg bahnen würde; in all meinen Jahren in der Kommunistischen Partei hat nicht ein einziger meiner Genossen diese verrückte Vorstellung geäußert. «Hitler reitet Deutschland in die Katastrophe», war Thälmanns Reaktion am Tag der Ernennung Hitlers[11] durch Reichspräsident Hindenburg.

Niemand kann wissen, ob die Strategie einer antifaschistischen Volksfront, wie sie von den Kommunisten propagiert wurde, Hitler an der Machtergreifung hätte hindern können. Wir wissen nur, daß die alternative Strategie der Weimarer Koalitionsregierung, die sich auf Hindenburg verließ, tragisch versagt hat. Viele wichtige Sozialdemokraten glaubten tatsächlich, daß Hitler sich durch wirtschaftliches Versagen selbst diskreditieren würde und daß Hindenburg sich binnen weniger Monate gezwungen sehen würde, ihn wieder abzusetzen.

Nicht weniger blind waren die Führer der westlichen Demokratien, die sich trotz deutlicher Beweise zu erkennen weigerten, daß Hitler es auf den Krieg abgesehen hatte. Als Hitler nach dem Reichstagsbrand seinen Terror entfesselte, nahm er sich drei Gruppen vor: Kommunisten, Pazifisten und Zeugen Jehovas. Die drei hatten nur eines gemeinsam: Sie waren entschlossene Kriegsgegner. Aber allzu viele im Westen begrüßten das Hitlerregime, wie Mussolinis Regime, als «Bollwerk gegen den Kommunismus».

---

10 Stimmenverhältnisse der Reichspräsidentenwahl:
   1. Wahlgang, 13. März 1932: Hindenburg (unterstützt von den demokratisch-republikanischen Parteien) 18,7 Mio.; Hitler (NSDAP) 11,3 Mio.; Thälmann (KPD) 5,0 Mio.; Duesterberg (2. Stahlhelmführer, unterstützt von der DNVP) 2,6 Mio.
   2. Wahlgang, 10. April 1932: Hindenburg (jetzt auch von Duesterberg unterstützt) 19,4 Mio.; Hitler 13,4 Mio.; Thälmann 3,7 Mio.
11 Hitler wurde am 30. Januar 1933 durch Reichspräsident Hindenburg zum Reichskanzler ernannt.

Makejewka

Während sich in meiner Heimat diese Tragödie abspielte, war ich damit beschäftigt, graphische Darstellungen zu vereinheitlichen. Gleichzeitig herrschte überall um mich herum rege Bautätigkeit. Ich hatte die Arbeit auf dem Papier satt; ich wollte mitbauen. Schon bald ergab sich eine Gelegenheit. Durch Lotte lernte ich einen Mann namens Anders kennen, einen detuschsprachigen kommunistischen Volkswirtschaftler aus der Tschechoslowakei, der als Bauleiter für ein großes Stahlwerk in Makejewka in der Ukraine verantwortlich war. Makejewka, damals eine Stadt von circa 200 000 Einwohnern, liegt im Donez-Becken, dem größten Kohle-Stahl-Revier der Sowjetunion. Die Kirow-Stahlwerke hatten als französisch-belgisches Unternehmen ihren Anfang genommen, unter den Sowjets aber um das Zehnfache expandiert und hatten mittlerweile eine Kapazität von fast zwei Mio. Tonnen im Jahr.

Die Industriebauten wurden von einem darauf spezialisierten Projektbüro der Stahlindustrie entworfen, aber alle nicht-industriellen Bauten samt ihrer Infrastruktur entwarf das Projektbüro des Stahlwerks selbst. Anders hatte mir angeboten, die Leitung dieses Büros zu übernehmen, aber ich hielt es für klüger, für die Verwaltungsaspekte einen sowjetischen Architekten einzusetzen. Ich übernahm eine «Brigade», die andere leitete Weiss, ein ungarischer Architekt, der einige Jahre in Berlin praktisch gearbeitet hatte. Ich überredete auch Bent Gregersen, den dänischen Bauingenieur, mit von Moskau nach Makejewka zu kommen.

Während des ersten und zweiten Fünfjahresplans hatte die Schwerindustrie absoluten Vorrang, was die Finanzierung betraf. Infolgedessen mußte praktisch alles, wofür üblicherweise die Stadt verantwortlich gewesen wäre, von den Stahlwerken gebaut werden. Unser Büro trug die Verantwortung für die Planung und Bauaufsicht für Häuser, Schulen, Kindereinrichtungen, Klubs, Sporteinrichtungen etc.

Das Stahlwerkgelände war etwa ein Kilometer breit mit einer Nord-Süd-Ausdehnung von etwa fünf Kilometern. Östlich davon lag die sogenannte «Stadt» und westlich die «Siedlung», die vom Stahlwerk vor der Revolution angelegt worden war und die sich seitdem weit nach Norden ausgedehnt hatte. Ein vom holländischen Architekten Mart Stam[12] aus Ernst Mays Gruppe[13] entworfener Plan war im Jahr zuvor angenommen worden. Basierend auf der Beobachtung, daß der Wind vornehmlich von Osten wehte, schlug der Plan keinen weiteren Ausbau der Wohngebiete westlich der Stahlwerke

---

12 Mart Stam, 1899–1986, war u.a. wesentlicher Exponent der Architekturmoderne. 1927 beteiligte er sich an der deutschen Werkbundausstellung in Stuttgart-Weißenhof, wurde Gastdozent am Bauhaus in Dessau und arbeitete mit der Gruppe um Ernst May, 1930–1934, in der UdSSR in Magnitogorsk, Makejewka und Orsk. An den Wiederaufbauplänen von Rotterdam arbeitete er seit 1941 und übte seitdem diverse Lehr- und Publikationstätigkeiten aus. Seit 1966 war er in der Schweiz.

13 Ernst May, 1886–1970, wurde durch seine Tätigkeit als Stadtbaurat in Frankfurt/M. (1925–1930) bekannt, wo unter seiner Leitung die berühmten Siedlungen des «Neuen Frankfurt» – wie auch die danach benannte Zeitschrift – entstanden. Er studierte u.a. in München bei Theodor Fischer und arbeitete bei Raymond Unwin in London. 1930–1933 hielt er sich zum Bau neuer Städte in der UdSSR auf. 1954 kehrte er aus der Emigration in Afrika nach Hamburg zurück und wurde hier städtebaulicher Berater der gewerkschaftseigenen Bau- und Siedlungsgesellschaft «Neue Heimat». Er wurde Planungsberater von Mainz und ab 1961 auch Planungsbeauftragter der hessischen Landeshauptstadt Wiesbaden. Ab 1957 war er Professor in Darmstadt.

vor. Eine «neue Stadt» sollte zwei Kilometer östlich von der bestehenden gebaut werden, konnte jedoch vorerst infolge Materialmangels für die Infrastruktur nicht in Angriff genommen werden. Im Augenblick sollte sich die Entwicklung ausschließlich auf die «Stadt» konzentrieren. Mir ging bald auf, daß diese Empfehlung auf einer zu stark vereinfachten Interpretation des Zahlenmaterials beruhte; sie hatte das Gesamtgebiet der Stahlwerke als Emissionsquelle bewertet und alle Eigenschaften des Windes außer der Häufigkeit außer acht gelassen. Tatsächlich waren die Emissionsquellen im südöstlichen Viertel des Werksgeländes konzentriert, und die vorherrschenden Ostwinde waren trockene, kalte, kräftige Winterwinde, die den Schmutz hoch über das umliegende Gelände hinwegtrugen. Folglich litt der neuere Teil der «Siedlung» nur geringfügig unter dem Umweltschmutz, der sich schwer auf die «Stadt» legte, wohin er von den trägen, warmen, feuchten Luftmassen getragen wurde, die in den Sommermonaten von Südwesten herkamen. Wir entwickelten deshalb einen Plan zum Ausbau der «Siedlung» nach Norden und zur weitgehendsten Einschränkung der Bautätigkeit in der «Stadt».

Im Rahmen der für nicht-industrielle Bauten bereitstehenden Mittel hatten wir freie Hand und konnten Jahr für Jahr unser eigenes Program entwickeln. Es mußte jeweils im November des vorhergehenden Jahres von der Zentralverwaltung der «Süd-Stahl»-Werke in Charkow genehmigt werden. 1932 und 1933 brachte ich mehrere Tage damit zu, unsere Projekte mit den Experten dort durchzugehen; sie waren sehr an den von uns vorgeschlagenen Innovationen interessiert und hießen sie gut. Außerdem brauchten wir für jedes einzelne Projekt eine Genehmigung der Stadtverwaltung und arbeiteten bei unserer Programmentwicklung entsprechend eng mit ihnen zusammen.

Damals baute man vornehmlich fünfgeschossige Wohnhäuser ohne Fahrstuhl mit jeweils drei bis vier Zimmern, Küche und Bad pro Wohnung, in der dann zwei oder mehr Familien lebten. Wir entwickelten eine Reihe von Alternativen: Zweizimmerwohnungen, zweigeschossige Reihenhäuser, eingeschossige freistehende Ein- und Zweifamilienhäuser, Wohnhäuser mit Laubengängen. Wir bauten auch Schulen, Krippen und Kindergärten, Speisesäle, einen Klub und einen Sportpark mit Stadion und Wassersporteinrichtungen am See, der zur Kühlung des Wassers aus dem Stahlwerk diente.

Die Schlacke aus den Hochöfen wurde als Baumaterial verwendet. Man bat mich, Tennisplätze zu bauen. Ich überlegte, daß eine Mischung aus zwei Drittel granulierter Schlacke mit einem Drittel Lehm einen festen, elastischen, schnell trocknenden Untergrund ergeben müßten; es funktionierte. Mein Kollege Weiss entwickelte einen ehrgeizigeren Plan. Er entwarf die Maschinen für eine Fabrik, die aus Schlacke Hohlblöcke machen sollte, die leichter waren und besser isolierten als die soliden Steine aus der gleichen Schlacke. Die Stahlwerke errichteten die Fabrik und setzten ihn als Leiter ein.

Unsere Projekte mußten von einer städtischen Behörde unter Leitung des Stadtingenieurs gebilligt werden. Im allgemeinen war die Zusammenarbeit gut, aber es gab ein paar Streitpunkte. Die Partei favorisierte damals «üppige» Zuckerbäcker-Architektur. Ich entwarf unbeirrt weiter einfache Gebäude, die sich auf gute Proportionen verlie-

134

ßen. Als ich einen besonders schlichten Entwurf für ein Wohnheim vorlegte, sagte der Stadtingenieur: «Ich weiß, daß Sie es besser könnten; offensichtlich hat Ihnen die Zeit gefehlt», und bestand darauf, daß ich eine Alternative einreichte. Ich war ärgerlich und machte mich abends nach meiner Heimkehr sogleich an den Entwurf irgendeiner scheußlichen, protzigen Fassade. Es stellte sich als unerwartet schwierig heraus; beim Zeichnen wurde es nach und nach besser. Jedenfalls akzeptierte der Stadtingenieur meinen Entwurf – wonach ich ihn beiseite legte und das Wohnheim nach meinem ursprünglichen Plan baute.

Ein zweiter Fall erwies sich als schwieriger. Ich hatte zwei dreigeschossige Häuser für ein Gebiet entworfen, das für zwei Geschosse bestimmt war. Obwohl sie sich sehr gut einpaßten, verweigerte die Behörde die Genehmigung mit der vertrauten Begründung, keinen Präzedenzfall schaffen zu wollen. Wegen Stahlknappheit durfte man damals nur in Häusern mit drei oder mehr Stockwerken Zentralheizung einbauen, und ich mußte meinen Entwurf für Ofenheizung umgestalten. Es standen bereits die Fundamente für Häuser, in denen man die einzelnen Wohnungen über Laubengänge erreichte. Ich wußte, daß diese Gänge unordentlich wären, wenn man Kohle und Asche schleppen mußte. Also änderte ich sie über Nacht so, daß man die Wohnungen über Treppenhäuser erreichte.

Als Weiss das Projektbüro verließ, wurde ein junger russischer Architekt sein Nachfolger als Brigadeleiter. Er nahm die Stelle nur unter der Bedingung an, daß ein Mitglied der Brigade, B., entlassen würde. B. war ein Psychopath, der sich ständig in lautstarke Streitereien verwickelte, die die Arbeit störten. Der Leiter des Projektbüros sagte mir, ich würde ihn in meine Brigade aufnehmen müssen. Das entfachte einen Sturm der Entrüstung in meiner Gruppe, und einige Mitglieder drohten mit der Kündigung, wenn ich B. aufnähme. Ich sagte dem Leiter – wie vorher schon einmal -, er solle B. entlassen. Ein paar Tage später, gerade vor meiner alljährlichen Reise nach Charkow, sagte er mir, er habe das jetzt getan. Bei meiner Rückkehr fand ich B. noch an Ort und Stelle und fragte den Leiter, ob ihm der Mut gefehlt habe, ihn zu entlassen. «Nein, ich habe ihn hinausgesetzt, aber die Gewerkschaft hat ihn wieder eingestellt.» Im Prinzip sind Uneinigkeiten zwischen Betrieben und Gewerkschaften durch die Gerichte zu schlichten. Da aber die Gerichte sich bekanntermaßen immer auf die Seite der Gewerkschaften stellen, haben sie das letzte Wort, und es ist praktisch unmöglich, einen Angestellten zu entlassen.

Angesichts der fehlenden Angst vor dem Verlust des Arbeitsplatzes – der Hauptstütze der Arbeitsdisziplin in der Marktwirtschaft – haben die Sowjets ein kompliziertes System von Leistungslöhnen entwickelt, die sich nach dem Akkordprinzip errechnen. Im allgemeinen wurden 150 Prozent des Lohns erreicht. Allerdings ergab sich daraus unweigerlich eine rein quantitative Form der Bewertung, die architektonischen Entwürfen meiner Ansicht nach nicht angemessen war. Vor allem für den Brigadeleiter nicht, der nur einen bestimmten «Anteil» der fertiggestellten Zeichnungen berechnen konnte. Das konnte leicht zu Mißbrauch führen, und so geschah es in einer Brigade des Ingenieurbüros. In jenem Fall beschwerten sich jedoch die Zeichner, daß sie in Wahrheit 100 Prozent der Arbeit geleistet hätten. Der Brigadier mußte vor einer öffentlichen Versammlung Rechenschaft ablegen und sodann sein unverdientes Einkommen über die nächsten Monate durch Lohnabzüge zurückzahlen. Kurz bevor ich aus Makejewka wegging, wurde das System der Bezahlung von Brigadiers meinen Vorschlägen gemäß reformiert, indem man sie proportional zu Qualität und Quantität der von der Brigade geleisteten Arbeit entlohnte.

Auf der Arbeitsplatzebene funktionierte die Demokratie während meiner Jahre in der Sowjetunion. Es gab regelrechte Wahlen mit mehreren Kandidaten, die um Posten als Gewerkschaftsvertreter und als Abgeordnete im Bezirksrat wetteiferten.

Vor meinem Aufbruch nach Makejewka hatte ich einen deutschen Architekten, der dort gearbeitet hatte, nach den Bedingungen gefragt, die er dort vorgefunden hatte. Er sagte: «Es ist schwierig; sie reden nicht mit einem.» Es stellte sich heraus, daß einige der Leute, mit denen er zu tun gehabt hatte, sich geweigert hatten, russisch zu sprechen und auf ukrainisch bestanden hatten. Das passierte mir nicht, weil mittlerweile in einer Parteiresolution beschlossen worden war, daß man im Kampf gegen den «großrussischen Chauvinismus» zu weit gegangen sei und es nun notwendig sei, gegen das andere Extrem des «bürgerlichen Nationalismus» vorzugehen. Trotzdem wurde noch stellenweise zugunsten von Ukrainern diskriminiert. Ich verschaffte mir das Recht, die Prawda zu abonnieren – damals ein Privileg –, aber nur unter der Bedingung, daß ich ebenfalls eine Zeitung in ukrainischer Sprache abonnierte. Als ich dem Leiter der städtischen Schulbehörde erzählte, daß wir vorhatten, in der «Siedlung» eine Schule zu bauen, sagte er: «Prima, aber dringender brauchen wir eine in der Stadt.» Ich entgegnete überrascht: «Aber dort haben wir doch gerade eine große Schule für Sie gebaut.» Seine Antwort lautete: «Ja, aber das ist eine ukrainische Schule; uns fehlen Schulen für russische Kinder.» Als ich vorschlug, man könne eine ukrainische Schule in eine russische umwandeln, verwarf er das als vollkommen undenkbar.

Unter diesen Umständen gab es wenig Grund für russenfeindliche oder separatistische Tendenzen unter den Ukrainern, ich bin solchen auch nie begegnet. Deshalb war ich einigermaßen erstaunt, als ich kürzlich anläßlich des fünfzigsten Jahrestags der Hungersnot von 1933 in der angesehenen französischen Zeitung Le Monde las, daß ein geplanter «Völkermord» an der ukrainischen Nation damals die Ursache gewesen sei. In Anbetracht des eklatanten Arbeitskräftemangels in der Sowjetunion zu jener Zeit ist diese Hypothese einigermaßen absurd. Ebenso absurd ist es, von einer Regierung anzunehmen, sie betrachte eine Hungersnot als geeignete Maßnahme zur Brechung nationalen Widerstands – da hatten die Erfahrungen mit der irischen Hungersnot von 1840 und vielen anderen längst anderes gelehrt.

1933 herrschte tatsächlich eine Hungersnot, nicht nur in der Ukraine, sondern auch in anderen mitteltrockenen Regionen der UdSSR am unteren Lauf der Wolga und im nördlichen Kaukasus; und das in der Nähe des Schnittpunkts dieser drei Regionen gelegene Makejewka wurde voll davon erfaßt. Viele Bauern aus der Gegend kamen in die Stadt; die Stahlwerke bemühten sich, einige einzustellen, aber die meisten gingen bald wieder, weil sie für die Arbeit schon zu sehr geschwächt waren. Viele hatten geschwollene Glieder. Etliche Kinder irrten umher und wurden entweder in Kinderheime aufgenommen oder häufig auch von Familien in der Stadt adoptiert; zwei meiner alten Freunde, Bauarbeiter aus Wien, die damals in Makejewka arbeiteten, adoptierten je eins von diesen Kindern. Ich habe nur einmal ein Kind mit dürren Beinen und einem aufgedunsenen Bauch gesehen; es stand im Garten einer Kindertagesstätte und wartete an der Hand einer Krankenschwester auf den Arzt. Auch habe ich nie eine Leiche auf der Straße liegen sehen. Einmal fand ich jedoch einen Jungen von etwa fünfzehn Jahren, der lag eines Abends offensichtlich kurz vor dem Sterben auf dem Bürgersteig. Mit Hilfe eines Passanten trug ich ihn auf die andere Straßenseite, wo eine Markise ihn vor dem Nieselregen schützte, und begab mich auf die Polizeiwache. Auf mein Ersuchen kam ein Polizist mit mir, um sich zu bestätigen, daß der Junge tatsächlich in ihrem Revier lag, und er versprach, sich um ihn zu kümmern. Als ich eine halbe Stunde später wieder vorbeikam, lag der Junge noch immer dort, und ich ging wieder auf die Wache. Sie behaupteten, das Krankenhaus würde ihn nicht vor dem nächsten Morgen aufnehmen. Ich ging zur GPU[14], um Beschwerde einzureichen, aber dort bestätigte man mir die Information über das Krankenhaus. Als ich am nächsten Morgen nachschaute, war der Junge fort. Aber ob sein Körper lebendig oder tot abgeholt worden ist, werde ich niemals wissen.

Zweifellos fielen viele der Hungersnot zum Opfer. Ich habe keine Möglichkeit, ihre Zahl zu schätzen, und bezweifle, daß überhaupt jemand dazu in der Lage ist. Was waren die Ursachen, und was hätte man tun können, um dieses schreckliche Unglück abzuwenden?

Mehrere Faktoren kamen zusammen. Zunächst hatte der heiße, trockene Sommer von 1932, den ich noch im nördlichen Wjatka erlebt hatte, in den mitteltrockenen Regionen des Südens zu Mißernten geführt. Zweitens hatte der Kampf um die Kollektivierung die Landwirtschaft zerrüttet. Die Kollektivierung war kein geordneter Prozeß, der nach bürokratischen Regeln ablief, sondern baute sich aus Aktionen der armen Bauern auf, die von der Partei ermuntert wurden. Die armen Bauern waren zwar darauf erpicht, die «Kulaken» zu enteignen, aber weniger eifrig, wenn es darum ging, eine kooperative Wirtschaft aufzubauen. Schon 1930 hatte die Partei Kader ausgesandt, um Exzessen vorzubeugen und sie zu korrigieren. Einer der Kader berichtete später aus dieser Arbeit, die Kommunisten vor Ort hätten ihm gesagt: «Wir bauen den Sozialismus im Dorf, und du und dein Stalin, ihr fallt uns in den Rücken.» Nach den Vorsichtsmaßnahmen von 1930 hatte die Partei 1932 erneut eine Kampagne gestartet. Als Folge davon brach die Kulakwirtschaft noch im selben Jahr völlig zusammen, ehe die neue kollektive Wirtschaft recht in Gang gekommen war. Den ersten Anspruch auf die unzureichende Ernte hatten die Industrien in den Städten und die Streitkräfte; da die Zukunft der gesamten Nation, die Bauern eingeschlossen, von ihnen abhingen, konnte es kaum anders sein. Zusätzlich vernichtete die Wirtschaftskrise im Westen den Markt für Öl und Holz, mit dem die Sowjets ihre Schulden aus dem ersten Fünfjahresplan bezahlen wollten. Deshalb exportierte die Sowjetunion sogar noch Getreide, anstatt sich mit Importen zu helfen. Welche Alternativen hätte es gegeben? Ich kann nur zwei sehen: das Aufbrauchen der Goldreserven oder Kreditaufnahme im Westen. Um Letzteres bemühte man sich, erhielt aber erst 1934 das Geld, als es zu

---

14 GPU (=Gossudarstwennoje polititscheskoje uprawlenije) staatliche politische Verwaltung. Die politische Staatspolizei enstand 1922 aus der Tscheka, ab 1934 NKWD, seit 1946 MWD, und ist seit 1953 der KGB.

spät war. Wenn man jemandem die Schuld für die schreckliche Katastrophe von 1932 geben will, so fällt sie gleichermaßen der Sowjetregierung zu, die sich nicht von den Goldreserven trennte, wie dem Westen, der den Kredit verweigerte, als er gebraucht wurde.

Wahrscheinlich waren die meisten Todesfälle 1933 auf Epidemien zurückzuführen. Es herrschten Typhus, Fleckfieber und Ruhr. Krankheiten, die durch das Wasser übertragen wurden, waren in Makejewka häufig; ich überlebte nur knapp einen Fleckfieberanfall. Die Arbeiter verlangten über ihre Gewerkschaft, daß die Stahlwerke eine Kanalisation einbauten. Die Betriebsleitung entgegnete, sie seien bereit, die Leitungsrohre und die Entsorgungsanlage zu stellen, aber sie bräuchten Arbeiter, um die Gräben auszuheben. Die Gewerkschaft mobilisierte ihre Mitglieder, und die machten die Arbeit zum Gewerkschaftslohn pro Kubikmeter nach Feierabend. Alles half mit; wie die anderen, arbeitete auch ich an ein paar Tagen früh morgens eine Stunde.

1933 fiel genug Regen. Die Partei schickte die besten Kader zur Organisation der Arbeit in die Kolchosen. Sie waren erfolgreich, nach der Ernte im Herbst 1933 besserte sich die Lage mit erstaunlicher Geschwindigkeit radikal. Ich hatte das Gefühl, daß wir einen schweren Karren bergauf geschleppt hatten, ohne zu wissen, ob wir ankommen würden; aber im Herbst 1933 waren wir über den Berg, und von da an ging es mit wachsendem Tempo voran. Sicherlich hat es durch Dummheit und Abgestumpftheit im Zuge der Kollektivierung eine Menge vermeidbarer Leiden gegeben, und viele sowjetische Kolchosen leiden noch heute darunter, daß sie die Sache falsch aufzäumten – im Gegensatz zu solchen Ländern wie die DDR und Ungarn, die aus den Fehlern in der Sowjetunion lernten. Aber die sowjetische Landwirtschaft hat nicht so versagt, wie oft im Westen behauptet wird. Trotz Hitlers Besetzung von fast der Hälfte des Ackerlandes hat Nahrungsmittelmangel nicht wie im Ersten Weltkrieg zum militärischen Zusammenbruch geführt. Und es ist auch nicht vollkommen uneinsichtig, daß die Sowjetunion Erze und Industrieerzeugnisse exportiert, um für die Getreideeinfuhren aufzukommen.

Meine eineinhalb Jahre in Makejewka waren sehr befriedigend, weil meine Arbeit nützliche Ergebnisse zeigte, sowohl was die Verbesserung der Lebensumstände als auch was die Weiterqualifizierung der Mitarbeiter meiner Brigade anging. Aber Anfang 1935 hatten wir die schlimmste Not überwunden und einen Mitarbeiterstab herangezüchtet, der die Aufgaben kompetent weiterführen konnte. Deshalb beschloß ich, mich zu Reise- und Studienzwecken beurlauben zu lassen, und kehrte nach Moskau zurück. Mein Zimmer war für mich reserviert worden, weil die Besitzer, das Kommissariat der Schwerindustrie, durch die Reservierung von Wohnraum in Moskau den Arbeitern einen Anreiz boten, in weniger begehrte Gebiete wie das Donez-Becken zu gehen. Während meiner Abwesenheit hatte ein junger deutscher Architekt dort gewohnt.

Unterdessen war der Ingenieur Schabadin, mit dem ich die Wohnung geteilt hatte, verhaftet worden, und die Hausverwaltung hatte die beiden kleineren Zimmer, die Schabadin gehört hatten, wieder in Besitz genommen und sie an meinen Freund Gregersen vermietet. Schabadin war verhaftet worden, weil der Fußboden in einem von ihm geplanten Lager eingebrochen und jemand dabei zu Tode gekommen war. Es gelang ihm jedoch zu beweisen, daß er auf einer stabileren Konstruktion bestanden hatte und die Zeichung für die schwächere nur auf unmittelbaren Befehl seines Vorgesetzten unterzeichnet hatte; er war bald wieder auf freiem Fuß. Noch im Gefängnis hatte er als Ingenieur am Moskau-Wolga-Kanal gearbeitet. Die GPU war mit seiner Arbeit sehr zufrieden gewesen und bot ihm nach seiner Entlassung Arbeit auf einer Baustelle in der Nähe von Moskau an. Er nahm an und kam häufig in GPU-Uniform nach Moskau, um bei seiner Frau und Tochter zu sein. Da er jedoch eine Wohnung auf der Baustelle hatte, bekam er sein verlorenes Zimmer nicht zurück.

Zentralasien

Ich plante eine Reise nach Sowjet-Zentralasien und fragte Bekannte um Rat, die schon dort gewesen waren. Etwa die Hälfte meinte, Ausländer brauchten eine Sondergenehmigung, und die andere Hälfte sagte, man brauche keine. Deshalb begab ich mich in das für die Ausstellung von Aufenthaltsgenehmigungen für Ausländer verantwortliche GPU-Büro, das mir auch jedes Jahr meine Aufenthaltsgenehmigung ausstellte. Der verantwortliche Offizier dachte zunächst, man brauche keine Sondergenehmigung, stellte dann aber fest, daß ich mir eine von dem Kommissariat, bei dem ich arbeitete, holen mußte. Obwohl ich nicht mehr bei der Schwerindustrie beschäftigt war, ging ich hin. Der Verantwortliche fragte: «Wo wollen Sie hin?» Ich sagte: «Taschkent, Samarkand, ins Fergana-Tal.» Seine Antwort lautete: «Na, dann kaufen Sie sich eine Bahnkarte und gute Reise.» Das tat ich, und niemand stellte jemals mein Reiserecht in Frage, nicht einmal als ich mich einmal in eine militärische Einrichtung verirrte.

Nachdem ich zwei Tage und Nächte bei grauem Himmel gereist war, erwachte ich am dritten Morgen im Bahnhof in Turkestan unter einem wolkenlosen blauen Himmel, inmitten eines sonnenhellen grünen Teppichs, der, so weit das Auge reichte, mit abertausend roten und gelben Mohnblumen gesprenkelt war. Der Anblick erinnerte mich an einen Vers aus dem ersten Buch in Goethes West-Östlichem Diwan, «Liebliches». Noch etwas zeigte mir, daß ich mich nun in der Welt des Islam befand: Auf dem Gang in meinem Schlafwagen breitete ein Kasache seinen Gebetsteppich aus und kniete nieder, um mit dem Kopf gen Mekka sein Morgengebet zu verrichten. Auf der ganzen Reise konnte ich beobachten, daß der Islam in der Sowjetunion viel fester verankert war als das Christentum. Während ich in den Kirchen nur ganz wenige junge Männer gesehen hatte – in erster Linie alte Frauen, ein paar alte Männer und ein paar junge Frauen -, waren die Moscheen voller junger Männer. Nicht alle waren ins Gebet oder in den Gottesdienst vertieft; viele saßen einfach herum und schwatzten oder ruhten sich aus. Es sprach kein Anzeichen dafür, daß sie das Gefühl hatten, ihre Religion stehe im Gegensatz zu ihrer sowjetischen Staatsbürgerschaft.

Altes und Neues war in der Tat auf das Merkwürdigste verwoben. Die meisten Männer trugen ihre hübschen gestreiften Kaftans, weiße Baumwollhosen und bunte Käppchen.

Nicht überall trugen die Frauen den Tschador: In einigen Städten waren fast alle Frauen verhüllt, in einigen keine. In den meisten, darunter auch Taschkent, wechselte das Bild. Nur bei den seßhaften Völkern, den Usbeken und Tadschiken, trug man den Tschador, nicht bei den ursprünglich nomadischen Kasachen, Kirgisen und Turkmenen.

Überall gab es die traditionellen Teehäuser, oft auf Pfählen über den Kanälen, die zur Bewässerung der Ebene dienen. Männer saßen dort auf Teppichen auf dem Boden, tranken Tee und knabberten Zucker, wie schon seit Jahrhunderten. Ein Radio plärrte, ein modernes Gerät zwar, aber es ertönte daraus zumeist traditionelle Musik, auf einheimischen Instrumenten gespielt. Ich ging in eine usbekische Oper, deren Musik zum großen Teil auf einheimischen Melodien basierte, es war ein Augen- und Ohrenschmaus. Opern- und Theatervorstellungen sind natürlich Neuerungen. Ich sah mir eine gute Hamlet-Aufführung auf usbekisch an. Einige Frauen fielen mir auf, die emanzipiert genug waren, diese neumodische Veranstaltung paarweise, ohne männliche Begleitung zu besuchen; aber manche von ihnen waren dennoch verschleiert.

Ich war erstaunt zu entdecken, daß der Teil von Taschkent, den die Russen im 19. Jahrhundert aufgebaut hatten, sehr angenehm war. Im Zentrum lag ein Park; von dort gingen strahlenförmig einige sehr breite Straßen aus, die von etwas schmaleren, halbkreisförmigen Straßen ergänzt wurden. Alle Straßen waren mit einheimischen schattenspendenden Bäumen bepflanzt; aber die Radialstraßen waren zusätzlich mit zwei Reihen Pappeln bestanden. In Taschkent besuchte ich auch das geophysische Institut, das sehr interessante Forschungen über die Auswirkungen von Gebäuden auf Mikroklimate anstellte. Außerdem wurde dort Strom aus Sonnenenergie gewonnen.

Ich bereiste das Fergana-Tal mit mehreren Aufenthalten in kleineren Städten. Islamische Städte haben sich eine ursprüngliche Stadtkultur und Lebensart geschaffen und bewahrt, die sich stärker von «westlichen» Städten unterscheidet als die anderer Zivilisationen. Ich war fasziniert von den Handwerkern, die ihrer Arbeit in jeweils unterschiedlichen Teilen des Basars nachgingen; dort gab es auch Akrobaten und Geschichtenerzähler. Ich bewunderte die traditionelle Architektur mit ihren hochentwickelten gemauerten Gewölben und Zimmereien und die unglaublich reichverzierten, schönen Mosaike aus vielfarbener Keramik, die Wände und Gewölbe, vor allem an religiösen Bauwerken, innen und außen bedecken.

Aber ich wollte auch in den Bergen wandern, die in diesem Teil der Welt auf über 5000 Meter ansteigen. Wenn ich mich in den Büros des «Proletarischen Tourismus» erkundigte, wurde ich stets von angenehmen jungen Leuten aufs höflichste empfangen, aber die Antwort lautete immer gleich: «Vor dem 15. Mai können Sie nicht in die Berge.» Schließlich begegnete ich auf einer Zugfahrt im Fergana-Tal einem russischen Ehepaar, das schon während des Zarismus in Zentralasien gelebt hatte. Sie waren die schlimmsten Reaktionäre, die mir je in der Sowjetunion begegnet sind; die Frau brachte ihre Bewunderung für Hitler zum Ausdruck! Aber sie erzählte mir von einem Ort namens Arslan Bab – persisch für «Löwentor» – nördlich von Dschalal-Abad in Kirgisien, in einem westlichen Ausläufer des chinesischen Tien-Schan-Gebirges.

Ich erreichte Dschalal-Abad, die Endstation, mit dem Zug am 1. Mai und wanderte durch das saftige Gras der Vorgebirge. Plötzlich sah ich im Norden etwas Wohlvertrautes: die Silhouette der drei Schwestern und den Piz Langard, den ich von vor dreißig Jahren in St. Moritz kannte! Dorthin zog es mich. Ich fragte ein rundes Dutzend Leute, wie man nach Arslan Bab komme; niemand hatte je davon gehört. Schließlich sagte ein Mann: «Ach ja, das liegt weit oben in den Bergen. Auf halbem Weg liegt ein Bergwerk; dort fährt jeden Morgen ein Lastwagen hin; vielleicht nimmt der Sie mit.» So geschah es, über unbefestigte Straßen und durch Flüsse hindurch, zum Speisesaal des Bergwerks, wo die Arbeiter beim Frühstück saßen. Keiner kannte Arslan Bab. Endlich fand ich einen jungen Kerl, der mir sagte, um dahin zu kommen, müsse ich ein paar Kilometer auf der Straße, auf der ich gekommen war, zurückgehen und dann einen Weg nach Norden nehmen. Ich suchte nicht erst den Weg, sondern wanderte über die grasbedeckten Hügel. Gegen Abend sammelten sich Wolken, deshalb fragte ich, als ich einen Bauern traf, nach einem «kishlak», einem Dorf oder einer Ansiedlung. Die meisten Sprachen Zentralasiens sind mit dem Türkischen verwandt, und mit den Überresten meiner Türkischkenntnisse aus dem Ersten Welt- krieg und einem russisch-usbekischen Wörterbuch kam ich auf dem Lande durch, wo kaum jemand russisch sprach.

Im Dorf betrat ich ein Haus mit einem Schild mit Hammer und Sichel, das sich als Sitz der Kolchosverwaltung herausstellte. Man begegnete mir mit einigem Mißtrauen, bis ich mein Mitgliedsbuch der Gewerkschaft hervorholte. Da hieß man mich herzlich willkommen und geleitete mich zum Haus des Kolchosvorsitzenden, der mich wie einen Gast behandelte. Das Haus war ein recht großer Flachdachbau mit einem großen Zimmer und dicken Lehmwänden, in die Nischen für allerlei Besitztümer eingelassen waren. Es hatte einen Kamin mit Schornstein. Man lud mich ein mitzuessen, und es gab Hammelfleischwürfel und geschnittenes Gemüse auf einem großen Messingteller, von dem sich jeder mit den Fingern bediente, und dazu das sehr schmackhafte ungesäuerte Weizenbrot, das in jener Gegend das wichtigste Nahrungsmittel ist. Die Frauen schliefen im Haus, während der Mann, sein jüngerer Bruder und ich in Kojen auf einer überdachten Veranda schliefen. Wie sich herausstellte, konnte ich von dort aus das Gewitter über den Bergen beobachten.

Am nächsten Morgen wanderte ich nach dem Frühstück auf einer unbefestigten Straße weiter, wo ich schon bald auf eine Kamelkarawane traf, die auf dem Weg nach Kaschgar in China war. Ein Russe bei der Karawane kannte Arslan Bab. Er sagte, es gäbe dort kein Teehaus, aber ich könne auf dem Staatsgut übernachten, das dort einen Walnußwald bewirtschaftete. Ich erklomm den Weg, der von der Karawanenstraße nach Arslan Bab führte, und machte nicht an dem Hof halt, sondern ging weiter bis ins Dorf. Als ich einen Mann auf usbekisch nach dem Teehaus «Tschai-kana» fragte, brachte er mich zu einer Ruine. Ich machte ihm mit Zeichensprache klar, daß ich nach einer Unterkunft suchte, und er winkte einen jungen Burschen herbei, der mich ein gutes Stück aus dem Dorf hinausführte. Aber wir kamen sicher in der Hütte an, in der er mit seinem graubärtigen Vater zusammenlebte. Sie war viel primitiver als meine Bleibe in der Nacht zuvor und hatte weder Fenster noch einen Schornstein; der Rauch von dem Feuer, das auf dem Lehmboden brannte, entwich langsam durch das Stroh- dach. Wenn das Feuer nicht brannte und die Tür geschlossen war, war es stockfinster. Deshalb erfuhr ich nie, was in der Suppe war, die man mir auftischte. Aber sie schmeckte gut und war zusammen mit dem Brot und ein paar Eiern angenehm sättigend. Ich schlief auch gut in meinem Schlafsack, den ich über Ziegenfellen auf dem Fußboden ausbreitete.

Zwei Tage lang erforschte ich die Hügel und Täler, Wälder und Wasserfälle der Gegend und freute mich an den ständig wechselnden Ausblicken auf die umgebenden schneebedeckten Berge. Als ich mich am dritten Morgen an den Abstieg machte, traf ich auf eine Menschenmenge, die den ersten Lastwagen begrüßte, der seit dem vergangenen Herbst heraufgefahren kam. Unten im Tal begegnete ich einem jungen Mann zu Pferd, der auf meinen Rucksack zeigte. Zuerst dachte ich, er wolle mir anbieten, ihn für mich zu tragen, merkte aber bald, daß er ihn stehlen wollte. Eine Zeitlang zerrten wir beide dran; dann gab er auf und galoppierte, mich als «Kulakensohn» beschimpfend, davon. Ich übernachtete in einem leeren Teehaus in Gesellschaft eines Händlers, der auf einem Maulesel Tee aus China transportierte.

Ich fuhr mit der Eisenbahn nach Samarkand, das für mich eine der schönsten Städte der Welt war: eher ein Stadtgarten als eine Gartenstadt, voller Obst- und Maulbeerbäume, deren Äste über die Lehmmauern hingen, die, häufig reichverziert, die Wohnanwesen von den gewundenen Gassen trennten. Im Stadtzentrum liegt Registan, der große Platz, umgeben von den Mosaikfassaden dreier Moscheen mit ihren tiefen Nischen und schlanken Minaretts. Nicht weit von dort liegt Gur Emir, Timurs Grabstätte. Der große Eroberer ruht in einer Krypta, in der zwei Sarkophage stehen; im kleineren liegt Timurs Leichnam, im größeren sein Lehrer – ein unerwartetes Zeichen von Demut.

Mein größter Eindruck aus Samarkand war freilich eine Gruppe von Begräbniskapellen, die ihren Namen «Shah Zinde» (der Lebendige König) von der Kapelle auf der Hügelkuppe haben, wo der Führer, der den Islam in die Gegend brachte und in einer Schlacht fiel, laut Legende noch unter der Erde fortlebt. Die ganze Gruppe nimmt nicht mehr Raum ein als ein Häuserblock in Manhattan, aber sie enthält eine Welt nie endender, ständig neu zu entdeckender Schönheit: Sie vermittelt etwas, das «nicht von dieser Welt» ist oder jenseits der Menschenwelt, ganz anders als «monumentale» Architektur – auf eine Art, die vielleicht viel profunder und dauerhafter ist als die Pracht, die andere Kulturen zum Ausdruck von Verehrung benutzen.

Von Samarkand fuhr ich nach Bochara weiter. Auch dort gibt es schöne, alte Baudenkmäler, aber nach der belebenden Atmosphäre Samarkands wirkte es durch die dicken Stadtmauern und das kaum vorhandene Grün eher bedrückend. Es war die einzige Stadt, die ich in der Sowjetunion zu sehen bekam, die einen Eindruck von Verfall vermittelte; tatsächlich sollte ich später aus dem Zensus von 1939 erfahren, daß es die einzige Stadt war, die im vorhergehenden Jahrzehnt Einwohner verloren hatte.

Ich sah mir noch die Ruinen von Merv an, wo Überreste von sechs aufeinanderfolgenden Städten zu finden sind. Die älteste war zu Sanddünen verfallen, und in der jüngsten stand noch eine imposante Moschee aus dem 16. Jahrhundert. In Aschkabad, der freundlichen Hauptstadt von Turkmenistan, war ich erstaunt, daß die Ruinen eines Tempels aus dem Reich der Parther nicht von einem römischen Tempel der gleichen Zeit in England oder Marokko zu unterscheiden waren; dieser Stil war wahrhaft international. Über das Kaspische Meer und Baku ging es schließlich nach Moskau zurück.

142

Wieder in Moskau

Mein Freund Gregersen erzählte mir, daß Konstant, der technische Direktor des Moskau Provinz Projekt Trusts, bei dem er beschäftigt war, mich zu sehen wünsche. Er war ein deutscher Kommunist, ein Arbeiter, der in den zwanziger Jahren in die Sowjetunion gekommen war und dort zum Ingenieur ausgebildet worden war. Ich kannte ihn bereits flüchtig. Er bot mir an, die Leitung der Architekturabteilung zu übernehmen, die ungefähr 100 Mitarbeiter hatte. Der Trust hatte auch eine Planungsabteilung; meiner Ansicht nach war diese Trennung zwischen Planung und Architektur nicht wünschenswert, und das sagte ich ihm. Aber ich nahm die Stelle an.

Als man mir mein Bürozimmer zeigte, das recht groß war, war ich überrascht, daß noch ein Architekt darin arbeitete. Es stellte sich heraus, daß es sich bei ihm um einen Parallelfall zu dem handelte, den ich in Makejewka miterlebt hatte: Er war ein Psychopath, der die Arbeit störte und den mein Vorgänger deshalb, obwohl es für ihn selbst unbequemer war, an diesen isolierten Arbeitsplatz gesetzt hatte. Ich wußte, daß ich ihn nicht entlassen konnte. Ich mußte jedoch seine Zeichnungen abzeichnen, ehe er dafür bezahlt wurde. Da ein großer Teil seiner Arbeiten fehlerhaft war, gab mir das ein gewisses Maß an Macht; nach einiger Zeit kündigte er.

So glücklich ließ sich die Macht der Betriebsleitung jedoch leider nicht oft ausnutzen. Ein anderer Architekt hatte eine Renaissance-Fassade mit einem Dachgesims gezeichnet. Es gibt zwei übliche Methoden, ein Renaissance-Dachgesims abzuschließen, aber er hatte überhaupt keinen Abschluß eingezeichnet, so daß das Gesims einfach aussah, als wäre es an beiden Enden abgeschnitten. Ich erklärte ihm die beiden Methoden und bat ihn, seine Zeichnung durch eine davon zu ergänzen. Aber er betrachtete seine Arbeit als abgeschlossen und drohte, sich bei der Gewerkschaft zu beschweren, wenn ich von ihm mehr Arbeit verlangte, als seinem Vertrag entsprach. Ich gab nach.

Nach wenigen Wochen in meiner neuen Position wurde ich krank und mußte einige Zeit im Krankenhaus liegen. Als ich mich zurückmeldete, berichtete Konstant mir, daß es eine Umgestaltung gegeben habe: Ich würde nicht mehr als Abteilungsleiter eingesetzt. Statt dessen schlug er mir vor, die Leitung einer Brigade zu übernehmen, die mit der Planung und der Architektur einer neuen Arbeitersiedlung für ein Rüstungsunternehmen beauftragt wäre. Es war eine deutliche Zurückversetzung, aber da die Art der Arbeit meinen eigenen Vorschlägen entsprach, nahm ich an.

Einige Wochen vergingen, schließlich wurden mir meine Mitarbeiter zugeteilt, und wir nahmen die Arbeit auf. Allerdings war der offizielle Vertrag zwischen dem Trust und der Brigade, der für die Arbeit in sowjetischen Unternehmen notwendig ist, noch nicht fertig. Meine Mitarbeiter wurden ungeduldig; einer warf seinen Stift hin und rief aus, daß er nicht arbeiten würde, ehe der Vertrag unterschrieben sei. Ich sagte: «Das ist ja eine feine Einstellung für einen Komsomolzen» (Mitglied der kommunistischen Jugendorganisation). Er entgegnete: «Die Partei will, daß wir gute Arbeit leisten, aber auch daß wir gut verdienen.» Am darauffolgenden Tag sagte man mir, daß ich an diesem Projekt aus dem Bereich der Verteidigung nicht arbeiten dürfe, weil ich Ausländer sei. Der Direktor bot mir eine ziemlich subalterne Aufgabe an; mein Gehalt wäre davon nicht betroffen, denn das war durch die sowjetischen Arbeitsgesetze geschützt. Der Direktor fragte mich: «Verweigern Sie die Annahme der Stelle?» Es war klar, daß er den Befehl hatte, mich loszuwerden. Deshalb erwiderte ich: «Ich verweigere sie nicht, aber ich lege Protest ein.»

Ein paar Tage vergingen, dann sagte man mir eines Morgens, daß man mich aus der Partei geworfen habe, und zwar auf einer Versammlung, bei der ich wegen Grippe nicht anwesend war. Es war gegen die Statuten der Partei, ein Mitglied in Abwesenheit auszuschließen.

Daraus schloß ich, daß ich dem Problem auf einer anderen Ebene beikommen mußte, und nach einem Gespräch mit dem Berater der gewerkschaftlichen Zentralstelle für ausländische Arbeitnehmer verließ ich den Trust.

Ein langer, aussichtsloser Kampf

Ohne es richtig mitzubekommen, war ich in einen Strudel der Bewegung geraten, die später als die «große Säuberungswelle» bekannt wurde. Für mich kam das vollkommen unerwartet. Nachdem die Probleme von 1932 und 1933 überwunden waren und der Lebensstandard schnell und beständig gestiegen war, hegte man keinen Zweifel mehr am Sieg der Revolution. Wir blickten voraus auf die blühende sozialistische Gesellschaft, in der auch wieder größere Meinungsvielfalt herrschen sollte. Arthur Koestler hat in dem Zusammenhang von einer «Finsternis am Mittag» gesprochen. Finsternis bei Tagesanbruch wäre passender gewesen.

Als die Anklagen gegen Sinowjew und Kamenew erhoben wurden, waren sie mir nicht plausibel, und ich hielt sie für vollkommene Einzelfälle. Als die «Revision der Parteibücher» angeordnet wurde, erwartete ich lediglich eine technische Operation. Parteimitgliedsbücher enthielten keinerlei persönliche Kennzeichen, weder Lichtbild noch Unterschrift, und konnten leicht gestohlen oder gefälscht werden. Als die ersten Verhaftungen von Leuten anfingen, von denen ich sicher war, daß sie unschuldig waren, vor allem unter deutschen Kommunisten, schrieb ich sie einer übertriebenen Angst vor Spionen zu, die möglicherweise durch eingeschleuste Gestapo-Agenten genährt wurde. Und ich vertraute darauf, daß sie nach eingehender Prüfung wieder berichtigt würden.

Schließlich war es wahr, daß die Sowjetunion sich zwar nach innen stabilisiert hatte, von außen aber zunehmend durch den Aufstieg des Faschismus in Deutschland, Italien und Japan bedroht war. Die Westmächte lehnten die sowjetischen Vorschläge zur gemeinsamen Sicherheit ab und duldeten die Invasion von Äthiopien und China. Es gab guten Grund, die Luken dicht zu machen, ehe der Sturm losging. Ich konnte, auch wenn ich es zutiefst bedauerte, begreifen, daß der großzügige Internationalismus aus der Zeit nach der Oktoberrevolution von einem gewissen Mißtrauen gegen Ausländer abgelöst wurde. Unter den 1935 noch gültigen Gesetzen war jeder, der in der Sowjetwirtschaft arbeitete, im Besitz aller staatsbürgerlichen Rechte. Ich hätte zum Präsidenten der Sowjetunion gewählt werden können; und natürlich waren zahllose Ausländer Mitglied der sowjetischen Partei.

Jetzt wurde die Frage nach der sowjetischen Staatsbürgerschaft gestellt, und im Herbst 1935 bewarb auch ich mich um die Einbürgerung. Mittlerweile waren ausländische

Experten weniger willkommen, und einige hatte man bereits des Landes verwiesen. Einer der ersten Fälle, der mir zu Ohren kam, war der eines rumänischen Ingenieurs. Seine Frau, die an der deutschen Schule unterrichtete, erfuhr, daß sie und die Kinder gerne bleiben durften. Nach langer Überlegung beschloß sie, mit ihrer Tochter ihrem Mann zu folgen; der Sohn, der im letzten Schuljahr auf der Oberschule war, wollte unbedingt bleiben. Die Behörden gaben ihre Zustimmung unter der Bedingung, daß drei Erwachsene die Verantwortung für seinen Unterhalt übernähmen. Einer dieser drei war Gregersen, der ihn in seinem Zimmer unterbrachte. So führten wir in meinen letzten Jahren in Moskau einen Drei-Männer-Haushalt. Später, kurz nach meiner Abreise, wurde der Junge verhaftet und in ein Lager bei Kolijma, der Goldbergwerks-gegend im äußersten Nordosten Sibiriens verbannt. Während des Krieges wurde er zwar aus dem Lager entlassen, aber man zwang ihn, in der Region zu bleiben. Er wurde Leiter einer Lastwagenbrigade und heiratete. Nach seiner vollen Rehabilitation unter Chruschtschow beschloß er zu bleiben, um in den Genuß des Rechts auf Frührente zu kommen, das für Arbeiter in entlegenen Regionen gilt. In den sechziger Jahren besuchte er seine Schwester in England.

Im Januar 1936 sah ich solche Ereignisse nicht voraus. Ich vertraute darauf, daß man mich alsbald wieder in die Partei aufnehmen würde. Als der Sekretär auf lokaler Ebene mir die Auskunft verweigerte, begab ich mich zur nächsten Instanz, der Bezirksebene. Als der Mann, der mich empfing, versuchte, mich mit der Bemerkung, ich sei kein Parteimitglied, beiseite zu schieben, wurde ich wütend, schlug mit der Faust auf den Tisch und schrie ihn an: «Sie sind ein verantwortungsloser Schuft», und auf seinen Protest hin: «Ich wiederhole es vor all diesen Leuten, Sie sind ein verantwortungsloser Schuft.» Das machte Eindruck auf ihn, und er erstattete seinem Vorgesetzten Bericht, der mir sagte, ich solle meinen Fall schriftlich unterbreiten.

Nichts geschah. Einige meiner Freunde rieten mir, die Sache ruhig anzugehen. Unter Umständen hatten sie nicht ganz Unrecht: Einige Monate später wurde der Bezirks-sekretär abgesetzt, weil er Parteimitglieder ohne entsprechenden Grund ausgeschlossen hatte. Ich meinte aber, doch nur mein gutes Recht zu wollen, und wandte mich an die nächsthöhere Behörde, das Moskauer Komitee. Ich wurde von einer freundlichen und gewissenhaften älteren Frau vorgelassen, die sich erschrocken gab, daß ich keine Arbeit hatte. Als ich ihr auf ihre Frage nach dem Grund für meinen Parteiausschluß die Antwort gab, daß ich ihn nicht kannte, ließ sie meine Akte kommen und las: «Hier steht, daß Sie gegen die Parteidisziplin verstoßen haben.» Auf meine Frage: «Wie denn», stellte sie nach weiterem Suchen fest, daß ich meine Beiträge nicht bezahlt hatte. Tatsächlich hatte ich nach meiner Rückkehr nach Moskau mehrmals versucht, meine Beiträge zu bezahlen, aber mir wurde immer gesagt, der Sekretär könne sie nicht entgegennehmen, weil meine Versetzungspapiere aus Makejewka noch nicht einge-troffen seien. Die Parteisekretärin sicherte mir zu, daß sie sich meines Falles annehmen würde.

Als ich wieder über einen Monat nichts hörte, wählte ich die letzte Möglichkeit. Ich wandte mich an das Zentralkomitee der Partei. Sie beauftragten ein Mitglied, eine Frau, deren Aussehen mir nicht gefiel – was auf Gegenseitigkeit beruhte – mit der Untersu-chung und setzten dann eine Dreierkommission ein. Der Vorsitzende fragte mich, was ich in Zentralasien gemacht hatte. Ich hätte wahrheitsgemäß antworten können, daß ich die Architekturdenkmäler studiert und die Möglichkeit exploriert hatte, in der Gegend zu arbeiten – ich hatte sogar im Stadtplanungsamt von Samarkand vorgesprochen. Aber er erwischte mich auf dem falschen Fuß, und ich sagte ziemlich dämlich: «Ich bin gereist», woraufhin er höhnisch lachte. Das dritte Mitglied, das offensichtlich Mitleid hatte, versuchte die Situation zu retten, indem er einige zusätzliche Fragen stellte; aber, wie kaum anders zu erwarten war, nahmen sie mich nicht wieder in die Partei auf.

Für den Augenblick konnte ich nichts tun. Ich hatte bereits an Stalin geschrieben und den üblichen Formbrief erhalten, in dem stand, daß man meinen Fall untersuchen würde. Aber ich vertraute immer noch darauf, daß sich eine Gelegenheit ergeben würde, den Fall wieder zu eröffnen, wenn sich die Stimmung beruhigt hätte. Ich hatte mir Empfehlungsschreiben von zwei alten, angesehenen Parteimitgliedern besorgt: Anders, der Mann, der mich nach Makejewka geholt hatte, und Koritschoner, einer der Gründer der österreichischen Partei. Leider wurden beide bald darauf verhaftet. Was mit Anders geschah, weiß ich nicht. Koritschoner wurde zur Schande der Sowjets anläßlich des Molotow-Ribbentrop-Gefangenenaustauschs an die Deutschen ausgeliefert; er starb in einem Konzentrationslager der Nazis. Es gereicht der Österreichischen Kommunistischen Partei zur Ehre, daß sie sich über die Einstellung der sowjetischen Behörden hinweggesetzt und ihn immer als Helden und Märtyrer im Kampf gegen den Faschismus verehrt haben.

Eines Morgens im August 1936, als ich bei einem Nachbarn, einem deutschen Architekten, vorbeischaute, empfing mich seine Frau mit großen Augen und rief: «Hast du gesehen, was die Architekturnaja Gazeta über dich schreibt?» Ich hatte die Zeitung, das Wochenblatt der sowjetischen Architekten-Gewerkschaft, noch nicht gesehen. Sie enthielt einen Bericht über die Organisation, bei der ich beschäftigt gewesen war. Darin stand, daß der leitende Ingenieur, Konstant, nicht nur ein Trotzkist sei (was er in ferner Vergangenheit in Deutschland auch gewesen war), sondern auch ein Agent der Gestapo Hitlers; daß er eine Verschwörung zur Ermordung Woroschilows, des Kriegskommissars, angezettelt habe und daß ich, «Gans Martinowitsch Blumenfeld», sein engster Freund, ein «gehässiger und unversöhnlicher Gegner der proletarischen Revolution» sei.

Meine Bemühungen um einen Widerruf wurden zu einer klassischen Köpenickiade. Ich ging zunächst zum Chefredakteur der Gazeta, der mich sehr höflich empfing. Er sagte, ihr Reporter sei immer zuverlässig gewesen, und er arrangierte eine Unterredung mit ihm. Der Reporter sagte, er habe die Geschichte vom Parteisekretär und bat mich, meine Version schriftlich darzulegen, was ich tat. Ich sprach außerdem mit dem Sekretär der Architekten-Gewerkschaft, Alabian, den ich recht gut kannte. (Zwei Jahre später traf ich ihn zufällig in einem Fahrstuhl in einem New Yorker Bürohaus, wo er für die New Yorker Weltausstellung an dem von ihm entworfenen sowjetischen Pavillon arbeitete, und er begrüßte mich sehr freundlich.)

Da kein Widerruf gedruckt wurde, ging ich zum Bezirksgericht, um das Blatt wegen Verleumdung zu belangen. Man sagte mir, nur der Staatsanwalt könne ein solches Verfahren einleiten. Als ich das Staatsanwaltsbüro aufsuchte, sagte man mir, dort sei man nicht zuständig, und ich müsse die Sache selbst vor Gericht bringen. Also machte ich mich ins Beschwerdebüro des Justizkommissariats auf. Zu meiner Überraschung erfuhr ich dort, daß beide Ablehnungen ihre Richtigkeit hatten; es handle sich in meinem Fall nicht um Verleumdung. Ich rief aus: «Aber es ist nicht wahr!» Die Antwort lautete: «Wenn die Zeitung schriebe, daß sie rothaarig seien, wäre das nicht wahr, aber sie könnten sie nicht belangen. Wir haben Pressefreiheit. Die Zeitung hat eine politische Charakterisierung veröffentlicht, die wahr oder unwahr sein mag. Da Sie ein Recht auf jede beliebige politische Meinung haben, ist eine falsche Charakterisierung keine Verleumdung.»

Ich ging zur Prawda, dem Parteiorgan, das durch seine Form des effektiven Enthüllungsjournalismus oft zur Wiedergutmachung von Unrecht beiträgt. Als ich den beiden Männern, die mich empfangen hatten, meine Geschichte erzählt hatte, endete ich mit: «Natürlich kennen Sie mich nicht und können nicht wissen, ob der Artikel der Wahrheit entspricht.» Sie erwiderten: «Unsinn. Wenn er wahr wäre, säßen Sie nicht hier!» Ich zweifle nicht daran, daß sie sich um die Untersuchung der Sache bemühten, aber offensichtlich sind sie nicht vorangekommen.

Ich ging auch zur politischen Polizei, der GPU (heute KGB). Der joviale Mensch, der mich empfing, sagte: «Wir haben uns um Leute zu kümmern, die sich schuldig gemacht haben, und soweit wir das beurteilen können, trifft das auf Sie nicht zu; warum machen Sie sich Sorgen um eine Äußerung in dem kleinen Blatt?» Ich antwortete: «Für Sie mag es ein unbedeutendes Blatt sein, aber es wird von allen gelesen, bei denen ich mich um Arbeit bewerbe.» Den Punkt anerkannte er, wiederholte aber, daß ihre Aufgabe nicht darin bestehe, Unbescholtenheitszeugnisse auszustellen.

Die lohnendste Erfahrung machte ich im Beschwerdebüro der Sowjetregierung. Es stand unter der Leitung von Marja Iljitschnaja Uljanowa, Lenins jüngster Schwester. Sie war ein wundervoller Mensch, der Offenheit, Ehrlichkeit und guten Willen ausstrahlte. Sie verwies mich an ihren Assistenten, der ebenfalls sehr verständnisvoll und freundlich war. Sie erklärten, daß mein Ausschluß aus der Partei eine Angelegenheit sei, in die sie nicht eingreifen könnten, daß meine Arbeitslosigkeit aber unter ihre Zuständigkeit falle. Trotzdem sagte der Assistent nach einigen Besuchen: «Sie haben mehrere Jahre lang innerhalb unseres Systems als Parteimitglied gearbeitet; wenn jemand unter diesen Umständen zu Ihnen käme und um eine Stelle bäte, würden sie ihn dann nehmen?» Ich erwiderte: «Selbstverständlich nicht; deshalb wende ich mich ja an Sie.» Das sah er ein, erklärte aber, daß sie in meinem Fall wirklich machtlos seien.

Nachdem ich beim Moskau Provinz Projekt Trust gekündigt hatte, hatte ich meine Dienste mehreren Büros angeboten. Alle hatten sich sehr interessiert gezeigt und versprochen, mir in wenigen Tagen Bescheid zu geben, aber eine Antwort bekam ich nie. Mir wurde bald klar, daß niemand das Risiko auf sich nehmen wollte, sich mangelnder «Wachsamkeit» schuldig zu machen, indem sie einen «gehässigen und unversöhnlichen Gegner der proletarischen Revolution» als Mitarbeiter einstellten. Es war jedoch durchaus möglich, mich für zeitweilige Hilfsaufgaben für einen anderen Mitarbeiter zu bezahlen. Meine erste Arbeit dieser Art machte ich für Kurt Liebknecht, einen Neffen Karls und ein Enkel von Wilhelm Liebknecht. Er hatte in Deutschland als Architekt gearbeitet, war, als Hitler an die Macht kam, emigriert, aber erst nach seiner Auswanderung Mitglied der Kommunistischen Partei geworden. Später ließ Wilhelm Schütte sich während seines Urlaubs einen Monat lang durch mich vertreten, und ich übernahm die Bauaufsicht für eine Schule; außerdem half ich Grete Schütte-Lihotzky beim Entwerfen von Standardkindergärten und -kindertagesstätten. Bei meinem letzten Job dieser Art half ich einem jungen deutschen Architekten bei seinen Entwürfen für Süßwarenkioske für die Bahnhöfe der Moskauer Metro.

Während dieser Zeit fand in der Sowjetunion eine Volkszählung statt. Als der Zensusnehmer mich nach meinem Beruf fragte und ich «arbeitslos» angab, weigerte er sich, das hinzuschreiben, und sagte: «In der Sowjetunion gibt es keine Arbeitslosen.» Es stimmt bis heute, daß es dort keine Arbeitslosigkeit aus wirtschaftlichen Gründen gibt. Trotzdem kann es ein paar Tausend geben, die aus politischen Gründen arbeitslos sind, wie ich es war – im Augenblick wahrscheinlich in erster Linie «Refusniks», Leute, die Auswanderungsanträge gestellt haben und abgelehnt wurden. Ihre ökonomische Situation kann dabei immer noch erträglich sein, wie meine damals auch.

Ich stand nicht völlig ohne Einkommen da. Ich hatte außerdem ein paar Ersparnisse und verkaufte einige Habseligkeiten; schließlich lieh ich mir von Freunden Geld. Auf diese Weise lebte ich recht gut. In meiner freien Zeit kehrte ich zu meiner alten Liebe, der Stadtgeschichte, zurück. Nach meiner Rückkehr aus Makejewka hatte ich in einem Moskauer Buchladen eine alte französische Ausgabe von Strabo gefunden, dem großen griechischen Geographen aus dem ersten Jahrhundert n. Chr., der eine unerschöpfliche Quelle für mein Thema war. Gleichzeitig las ich das ganz ausgezeichnete Buch über griechischen Städtebau von Armin von Gerkan[15], der damals der Leiter des Deutschen Archäologischen Instituts in Athen war. Ich verfaßte eine ausführliche Rezension über das Buch und benutzte es als Ausgangspunkt für eine Kritik an den Fehlinterpretationen griechischer Baukunst und Städtebaus, die damals in der Sowjetunion gang und gäbe waren. Mein Vorwurf an meine russischen Kollegen lautete: «Ihr sagt Phidias[16], meint Palladio[17] und baut Charles Garnier[18]», Architekt der Pariser Oper (Hitlers Lieblingsbauwerk).

Diese Rezension, die ich auf deutsch verfaßt hatte, zeigte ich Macza, einem ungarischen Wissenschaftler, der in der Sowjetischen Akademie der Architektur die Abteilung Geschichte und Theorie leitete. Er ließ sie für die Veröffentlichung in der Zeitschrift

---

15 Armin von Gerkan, Griechische Städteanlagen (1924)

16 Phidias ist Athener Bildhauer und tätig von ca. 460–430 v. Chr. Gilt als der größte Baumeister der Hochklassik neben Polyklet. Ihm wird neben der Statue der Athena Parthenos u.a. die Gesamtplanung des plastischen Schmucks des Parthenons zugeschrieben.

17 Andrea Palladio, 1508–1580, steht hier für einen Wendepunkt in der Architektur hin zur Neuzeit: Lange Zeit wurden die Kathedralen von vielen Generationen von Hüttenmeistern gebaut, die Leistung des Einzelnen ordnete sich in das größere Ganze der Religion und des Handwerks ein. Ab dem ausgehenden 15. und dem 16. Jahrhundert, in der Hochrenaissance, stellte das Bauwerk nur noch einen Kompromiß zwischen der Idee des Künstlers und den einschränkenden Bedingungen des Bauens dar. Nicht das vollendete Bauwerk, sondern die ihm zugrunde liegende Idee, die sich am reinsten in der Skizze manifestierte, galt als Ausdruck des Genies. Vgl. auch Herbert Ricken, Der Architekt, Zwischen Zweck und Schönheit, Leipzig 1990.

18 Charles Garnier steht hier für den Eklektizismus des 19. Jahrhunderts: Die Architekten – allen voran Charles Garnier – behaupteten, keine Nachbildungen bestehender Stile zu betreiben, sondern diese ganz frei zu interpretieren. Garniers Pariser Oper (1861–1874) gilt als ein Paradebeispiel des Eklektizismus.

der Akademie ins Russische übersetzen. Allerdings wurde die Zeitschrift bald darauf eingestellt, und die Rezension ist nie veröffentlicht worden. Ich hatte freien Zugang zur Bibliothek der Akademie. Außerdem verschaffte ich mir das Recht auf einen Tisch in der Lenin-Bibliothek. Sie ist phantastisch ausgestattet und wird nur von der Library of Congress und dem British Museum übertroffen. Ich fand alle Bücher und Zeitschriften, die ich suchte, auf deutsch, französisch, englisch oder italienisch. Heute tut es mir leid, daß ich ihr russisches Material nicht intensiver genutzt habe, das zum großen Teil im Westen nicht zu haben ist.

So lebte ich, auch wenn mich die Verfahren gegen alte Bolschewiken und die wachsende Zahl der Verhaftungen oder andere Arten der Verfolgung von vielen, die ich kannte und schätzte, verstörten, ein friedvolles, beschauliches Leben. Ich vermute, im innersten Herzen bin ich lieber Zuschauer bei der menschlichen Komödie als Schauspieler. Niemand mischte sich in mein Leben ein. Nur einmal wurde ich von der GPU gebeten zu erklären, wie ich ohne Arbeit meinen Lebensunterhalt bestreite. Das tat ich, zunächst mündlich und dann schriftlich, und hörte anschließend nie wieder etwas von der Angelegenheit.

Der Angriff in der Architekturnaja Gazeta führte nicht dazu, daß ich gemieden wurde. Zwei Kommunisten aus dem Ausland, die beide in recht exponierten Stellungen saßen, baten mich, sie nicht in ihren Wohnungen zu besuchen, aber beide boten gleichzeitig an, für mich auszusagen, wenn ich meinte, daß mir das nützen könne. Ich hörte von einem Bekannten, daß der ungarische Architekt Weiner sie vor mir gewarnt habe. Als ich Weiner im Klub der Architekten begegnete, stellte ich ihn zur Rede. Er sagte: «Man hat Sie öffentlich beschuldigt, und Sie haben nicht reagiert.» Als ich ihn über meine Bemühungen um eine Antwort informiert hatte, entschuldigte er sich. Später traf ich Weiner in Paris wieder, und wir wurden gute Freunde.

Die Architektenvereinigung und der ihr angeschlossene Klub waren wichtige Einrichtungen. Architekten stellten dort ihre Projekte den Kollegen vor, die immer mit lebhafter und oft tiefschürfender Kritik zugegen waren. Auch kulturelle Veranstaltungen fanden dort statt: Prokofieff und Schostakowitsch spielten Klavier, und Paul Robeson sang. Die Architekten besaßen außerdem als Erholungsheim ein Sommerpalais aus dem Anfang des 19. Jahrhunderts mit einem großen Park.

Als Ausländer hatte ich eine Aufenthaltserlaubnis, die jedes Jahr erneuert wurde. 1935, als Ausländer auf einmal weniger willkommen waren, wurden die Regeln verschärft. Die Genehmigungen mußten alle sechs Monate erneuert werden, und Ausländer sollten Reisen jeweils vorher bei der Polizei anmelden. Um diese Regel kümmerte sich jedoch kaum jemand. Ich hatte sie vergessen, als ich nach Dnjepropetrowsk fuhr, um Anders zu besuchen. Etwas später, eines heißen Spätsommernachmittags, beschloß ich spontan auf die Entdeckung hin, daß mein liebster Badesee eingezäunt worden war, mich in den Zug zu setzen und nach Jaroslawl, einer alten Stadt an der oberen Wolga, sowie in die Klosterstädte Starij Rostow und Pereslawl zu fahren, die beide an wunderschönen Seen liegen. Offensichtlich hat die angeblich allgegenwärtige Geheimpolizei nie etwas von meinen Reisen erfahren. In der Sowjetunion wie überall gilt das alte deutsche Sprichwort: «Nichts wird so heiß gegessen, wie es gekocht wird.»

Meine Erfahrungen entsprachen nicht wirklich einem «Polizeistaat». Zu meiner Zeit war die GPU ebenso geachtet und geschätzt wie gefürchtet. Die gewöhnliche Straßenpolizei war weder geachtet noch gefürchtet, sondern eher bemitleidet. Zweimal war ich Zeuge der gleichen Szene: Ein Bürger schlug einen Polizisten nieder, Passanten kamen ihm zu Hilfe und hielten den Übeltäter fest, bis ein zweiter Polizist auftauchte; die beiden Beamten nahmen dann den Schuldigen mit zur Wache, ohne besonderen Druck. Ein andermal, als ein Polizist zwei junge Säufer verwarnte, wedelte der eine mit den Armen, als wolle er den Verkehr dirigieren, und brüllte: «Du, Genosse Verkehrsregler, geh bloß deinen Verkehr regeln und laß uns in Ruhe!» Der Wachtmeister entgegnete nur unter allgemeinem Gelächter: «Schon gut, Jungens, geht nach Haus und schlaft euren Rausch aus.»

Bald darauf war ich schockiert, wenn ich gelegentlich sah, wie Männer und Frauen in großen Gruppen von Soldaten rücksichtslos durch die Straßen getrieben wurden. Es fiel mir schwer zu glauben, daß sie alle Verbrecher waren. Aber ich konnte weder damals noch jahrelang später glauben, daß in der Sowjetunion Menschen physisch mißhandelt, geschlagen oder gefoltert wurden. Das widersprach der tiefen allgemeinen Verurteilung physischer Gewalt, die ich überall zu spüren meinte. Wortgefechte waren oft hart genug, aber zu Schlägereien kam es nie. Das galt als «unkultiviert». In Makejewka, wo es nicht leicht gewesen sein kann, unter Rowdies die Disziplin aufrechtzuerhalten, gab es einen großen öffentlichen Skandal, wenn ein Lehrer einem Jungen befahl, sich in die Ecke des Klassenzimmers zu knien. Solange ich im «Osten» lebte und arbeitete, sah ich hinter der Maske ein menschliches Gesicht.

Am 29. April 1937 begab ich mich ins GPU-Büro, um meine Aufenthaltsgenehmigung erneuern zu lassen. Während ich wartete, sagte die diensthabende Frau mehreren anderen Ausländern, daß man ihre Aufenthaltsgenehmigung nicht verlängern würde, und reichte ihnen ihre Pässe. Mich ließ man warten, bis alle anderen gegangen waren. Als sie mir meinen Paß geben wollte, wollte ich ihn nicht entgegennehmen und sagte: «Ich will keinen Paß aus Nazi-Deutschland.» Ich fragte, wo ich Einspruch gegen den Bescheid erheben könne, bei der GPU oder im Justizkommissariat. Sie sagte, ich könne mich an beide wenden, aber nützen werde es mir nichts. Ich erwiderte, das gehe nur mich etwas an, und ging.

Der 30. April war zufällig ein freier Tag, und der 1. und 2. Mai waren Feiertage, so daß ich drei Tage hatte, um mir meinen nächsten Schritt zu überlegen. Ein alter österreichischer Kommunist, den ich um Rat fragte, sagte: «Am Ende werden Sie zu Ihrem Recht kommen, aber bis dahin sind Sie vielleicht um den Verstand gebracht», und riet mir zur Ausreise. Seit dem Ausbruch des Bürgerkriegs in Spanien hatte ich das Gefühl gehabt, daß ich eigentlich dort sein sollte, und hatte vorgehabt, mich den Republikanern anzuschließen, sobald ich mein Parteibuch wiederhatte. Ich fragte Ernst Fischer, einen der Führer des Sozialdemokratischen Schutzbunds in Wien, der für die Verteidigung der österreichischen Demokratie gekämpft hatte, nach ihrer Niederlage nach Moskau gekommen und dort einer der Führer der Österreichischen Kommunistischen Partei geworden war, ob er meine, daß man mich in die «Internationale Brigade» aufnehmen würde, die in Spanien kämpfte. Seine Antwort lautete, er würde mich aufnehmen, könne aber natürlich nicht beurteilen, wie andere sich verhalten würden.

Ich beschloß, um mein Recht, in der Sowjetunion zu bleiben, zu kämpfen. Ich schrieb einen Brief an den Leiter der GPU und bat um eine Unterredung. Ich erklärte, daß ich mich als Bürger des Komintern und nicht Nazi-Deutschlands betrachtete. Ich fügte hinzu, daß sie mich, wenn sie mich für verdächtig hielten, verhaften oder zur Arbeit am Wolga-Moskau-Kanal abordnen könnten.

Ich wurde vom Leiter der Ausländerabteilung der GPU empfangen, einem Mann vom Range eines Generals, dem sein mir bereits bekannter, für Moskau zuständiger Assistent zur Seite stand. Auf meinen Brief bezugnehmend, sagte er: «Sie haben natürlich ein Recht auf Ihre quasi-anarchistischen Ansichten, aber für uns ist jeder Mensch Untertan eines Staates; sie sind kein Sowjetbürger, folglich sind sie immer noch deutscher Staatsbürger.» Er setzte hinzu: «Sie haben kein Verbrechen begangen, deshalb können wir Sie nicht verhaften; aus dem gleichen Grunde können wir Sie nicht zur Arbeit am Kanal abordnen.»

Ich fragte, ob meine Bewerbung um die sowjetische Staatsbürgerschaft abgelehnt worden sei. Sie sagten, nein, das Verfahren sei noch nicht abgeschlossen und ich könnte mich vom Ausland aus schriftlich erkundigen. (Ich hatte keine Lust, von New York aus einen Briefwechsel mit der GPU in Moskau anzufangen.)

Als ich darauf hinwies, daß mein Paß abgelaufen sei, rieten sie mir, ihn verlängern zu lassen. Ich sagte: «Ich werde keinen Fuß in eine Botschaft der Nazis setzen.» Sie unterhielten sich kurz leise und fragten dann: «Wenn wir die Verlängerung für Sie besorgen, werden Sie dann Ihren Paß akzeptieren?» Nach einem Moment des Zögerns, bejahte ich. Aber darauf sagten sie, ich müsse vielleicht trotzdem in die Botschaft gehen, um ihn abzuholen. Ich wiederholte, daß ich keinen Fuß in das Gebäude setzen würde.

Schließlich erklärte ich mich damit einverstanden, den Paß zu nehmen und die Sowjetunion zu verlassen, wenn ich die Einreiseerlaubnis in ein demokratisches Land bekäme, aber dafür würde ich mehr Zeit brauchen. Sie erklärten sich sogleich bereit, meine Aufenthaltserlaubnis von einer Woche auf einen Monat zu verlängern.

Ich mußte bald feststellen, daß kein Land bereit war, mir ein Visum zu geben. Aber ich fand auch heraus, daß sowjetische Schiffe mich ohne Visum an Bord nehmen würden. Ich hatte das Gefühl, daß ich es wagen konnte, ohne Visum nach Schweden oder Dänemark zu fahren; dort würde man mich wahrscheinlich verhaften, aber anständig behandeln und nicht an die Deutschen ausliefern. Nur fuhren dort keine sowjetischen Schiffe hin. Ich fuhr nach Leningrad, um mich im dänischen und schwedischen Konsulat zu erkundigen, ob sie eins ihrer Schiffe erwarteten, aber das war nicht der Fall. Es gab sowjetische Schiffe nach London, aber die nahmen den Weg durch den Nord-Ostsee-Kanal, wo die Deutschen mich aufgreifen konnten. Als einzige andere Möglichkeit blieb ein sowjetisches Schiff, das die Route von Odessa über Istanbul, Alexandria und Haifa wählte. Ich beschloß, dort mein Glück zu versuchen. Von einem deutschen Bekannten bekam ich die Spezialtinte, die das deutsche Konsulat für ihre Pässe benutzte, und verlängerte meinen damit. Mein Werk war nicht professionell. Mit einer Lupe hätte man die Fälschung auf jeden Fall entdeckt.

Abreise aus der Sowjetunion

Obschon ich bereit war auszureisen, war ich nicht willens, kampflos abzuziehen. Ich ging zum Zentralkomitee der Partei, um Beschwerde einzulegen und um noch einmal eine Untersuchung des verleumderischen Artikels in der Architekturnaja Gazeta zu fordern. Man empfing mich höflich und versicherte mir, daß die Weigerung, meine Aufenthaltsgenehmigung zu verlängern – die ja keine Ausweisung sei – nichts mit dem Artikel zu tun habe, sondern dem allgemeinen Verfahren entspreche. Das stimmte wahrscheinlich.

Ich begab mich ins Beschwerdebüro von Kalinin, dem Präsidenten der Sowjetunion. Auf die Erklärung hin, daß sie sich bei der GPU nicht einmischen könnten, fragte ich, wie es möglich sei, daß der Präsident des Staates nicht in die Geschäfte einer Regierungsbehörde eingreifen könne. Das sei aber der Fall, sagte der Sprecher. Ich fragte: «Wollen Sie mir sagen, daß die GPU den Landesgesetzen nicht unterworfen ist?» Er antwortete: «Das kann man so sagen.»

Schließlich machte ich mich noch einmal in das Beschwerdebüro des Obersten Sowjet auf und bat darum, Marja Iljitschnaja zu sehen. Die Leute im Amt weigerten sich, sie zu holen, und erklärten, sie könne in meinem Fall nichts machen. Ich ließ ihr eine Botschaft zukommen: «Ich wende mich an Sie, nicht als Leiterin dieses Amtes, sondern als Mensch, als Kommunistin und Schwester Lenins: helfen Sie mir.» Sie kam aus ihrem Zimmer und sagte mit der hilflosen Geste einer alten Frau und kaum hörbarer Stimme: «Ich kann Ihnen nicht helfen», und drehte sich wieder um. In dem Moment wurde mir klar, daß es vorbei war, endgültig und unwiderruflich vorbei. Zum ersten Mal in meinem Erwachsenendasein brach ich in Tränen aus. Nach einer Weile bekam ich mich wieder in den Griff, entschuldigte mich beim Personal, das mir schweigend, aber offensichtlich mitfühlend zugesehen hatte, und ging.

Ich setzte mich eine Zeitlang in den kleinen Park unter der Kremlmauer und ging dann zur spanischen Botschaft, um mich nach der Möglichkeit zu erkundigen, mich freiwillig zu melden, und nach Schiffen, die aus der Sowjetunion nach Spanien fuhren. Dort war man freundlich und munter, verwies mich aber an das Konsulat in Odessa. Ich kaufte eine Schiffskarte von Odessa nach Istanbul und buchte einen Flug über Makejewka nach Odessa und beschloß, binnen weniger Tage abzureisen.

In diesen letzten Wochen war ein weiteres Problem entstanden. Wie schon erwähnt, gehörte meine Wohnung dem Kommissariat der Schwerindustire. Ich hatte mein Wohnrecht eingebüßt, als ich zu Giprogor gegangen war, es aber wiedererlangt, als ich für sie nach Makejewka ging. Jetzt versuchte die Hausverwaltung, mich vor die Tür zu setzen. Da ich nirgends mehr angestellt war, konnte ich keine Gewerkschaft mehr bitten, mir vor Gericht Beistand zu leisten. Ich ging zur Anwaltskooperative, die gegen eine geringe Gebühr Rechtshilfe gewährte. Das sowjetische Gesetz verbietet jede Zwangsräumung nach fünf Jahren Wohndauer, und ich hatte in meiner Wohnung fast sieben Jahre gewohnt. Aber die Anwälte machten mir klar, daß ich, rechtlich gesehen, nur seit meiner zweiten Anstellung für die Zeit in Makejewka kontinuierlich dort gewohnt hatte und deshalb keinen Anspruch ableiten konnte. Sie würden sich meines Falles annehmen, wenn ich es wünschte, machten aber deutlich, daß ich höchstens eine Chance hätte, wenn ich mich dem Gericht als Härtefall präsentierte, und das könne ich ebensogut ohne anwaltliche Hilfe. Sie informierten mich auch über das Verfahren und günstige Fristen für Einsprüche.

Nach sowjetischem Gesetz darf niemand im Winter vor die Tür gesetzt werden, also hatte ich Zeit bis Ende April. Ich ging zum letztmöglichen Termin vor Gericht. Dort war ich angenehm beeindruckt, wie formlos die Prozesse abgewickelt wurden. Der Amtsrichter und zwei Laienrichter saßen am Kopf des Tisches und zu beiden Seiten saßen Beschwerdeführer, die Angeklagten, Zeugen und Rechtsanwälte. Alle durften gleichberechtigt sprechen oder Fragen stellen. Leider verlor ich trotzdem meinen Fall. Ich hatte noch eine Chance: Der Staatsanwalt konnte eine Revision des Urteils anordnen, und die Zwangsräumung würde dann bis zur Revision ausgesetzt. Der Staatsanwalt genehmigte meinen Antrag und versicherte mir, die Hausverwaltung würde unmittelbar Bescheid bekommen. Trotzdem erschien am Abend des nächsten Tages der Verwalter mit einem Polizeibeamten, um mich hinauszuwerfen. Ich schloß mein Zimmer von außen ab, steckte den Schlüssel in die Tasche und berichtete ihnen von der Aussetzung der Zwangsräumung. Sie gingen wieder, und der Bescheid vom Staatsanwalt traf einen Tag darauf ein.

Ich sagte der Hausverwaltung nichts von meiner Abreise, informierte aber meine Nachbarn, die Schabadins, damit sie sofort in mein Zimmer einziehen könnten. Sie versuchten es, kamen damit aber nicht durch.

Ich verkaufte und verschenkte einen Teil meiner Habseligkeiten, schickte den Rest an meine Schwester in New York und nahm nur einen kleinen Koffer mit, den ich leicht tragen konnte. Ich verabschiedete mich von meinem Freund Gregersen und ging in aller Frühe zum Flughafenbus. Ein zehnsitziges Propellerflugzeug brachte mich nach Stalino. Es war mein erster Flug, und ich genoß ihn sehr. Vom Flughafen in Stalino brachte ein Sammeltaxi die Passagiere nach Makejewka. Ich fand mich neben einer Ärztin wieder, die mich vom Fleckfieber geheilt hatte. Sie sprach mit echter Begeisterung von den großen Verbesserungen in ihrem Krankenhaus, was das Personal, die Gebäude und die Versorgung betraf. Die Lebensbedingungen in Makejewka hatten sich in den zwei Jahren, seitdem ich fort war, augenscheinlich radikal verbessert.

Ich war neugierig auf die Bauten, die ich entworfen hatte; mein Hauptanliegen aber war die Einlösung der Staatsanleihen, die ich dort erworben hatte. Sie waren im Fabrikbüro deponiert und konnten nur im Falle der Ausreise aus der Sowjetunion eingelöst werden. Gespannt war ich auch darauf, wie meine alten Kollegen mich empfangen würden. Natürlich hatten sie die Anschuldigungen in der Architekturnaja Gazeta gelesen. Außerdem war Anders, der mich nach Makejewka geholt hatte, verhaftet worden, zusammen mit seinen engen Freunden, den Direktoren der Stahlwerke und des lokalen Bautrusts. Wie ich erfuhr, hatte in dem Projektbüro, in dem ich gearbeitet hatte, eine Versammlung stattgefunden. Ein Vertreter der Partei hatte den Mitarbeitern Mangel an Wachsamkeit vorgeworfen, weil sie nicht gemerkt hätten, daß die «Deutschen», also ich, Gregersen und Weiss, Spione seien. Aber ein junger Architekt, Parteimitglied, war aufgestanden und hatte gesagt: «Was wissen wir schon? Das sind bloß Gerüchte; wir haben gesehen, daß diese Leute gute, ehrliche Arbeit geleistet haben.» Während ich umherwanderte und mir die Reihenhäuser anschaute, die ich entworfen hatte, traf ich einen früheren Kollegen, mit dem ich einige Auseinandersetzungen gehabt hatte. Aber er begrüßte mich sehr freundlich, zeigte mir sein Haus und nahm mich mit, um bei einem Bier andere alte Freunde zu treffen.

Offensichtlich hatte die Angst, die die Säuberungsaktionen unter der Moskauer Intelligenzia ausgelöst hatten, die Provinzen noch nicht erreicht. Ein Erlebnis am nächsten Tag verstärkte diesen Eindruck noch. Im Flugzeug von Stalino nach Odessa traf ich zwei junge russische Ingenieure, die auf Geschäftsreise nach Odessa waren. Ich erzählte ihnen, ich sei ein Ausländer, der von der Regierung gezwungen sei, die Sowjetunion zu verlassen, aber das hinderte sie nicht daran, mich einzuladen, eine Hotelsuite mit ihnen zu teilen, und ich nahm an. Wie alle meine sowjetischen Freunde und Bekannte bedauerten sie mich, weil ich in die kalte, feindselige, kapitalistische Welt hinausgestoßen wurde, wo mich Arbeitslosigkeit erwarten würde. Ihre Sorge war nicht unbegründet; wenn meine Schwester und mein Schwager nicht fähig und willens gewesen wären, mir finanziell unter die Arme zu greifen, hätte ich es vielleicht sehr schwer gehabt.

Ich genoß meine Woche in Odessa und das Schwimmen im Schwarzen Meer in vollen Zügen. Ich suchte den spanischen Konsul auf. Er war sehr zuvorkommend, sagte aber, man erwarte auf absehbare Zeit keine Schiffe, und riet mir, über Frankreich zu fahren und von dort aus zur Internationalen Brigade zu stoßen. Das entsprach ganz meiner Absicht, aber bisher hatte ich noch kein Visum für die Einreise. Ich wandte mich ans türkische Konsulat und beantragte ein Transitvisum für zwei Wochen. Ich wartete auf einer Bank in ihrem grünen Innenhof auf die Antwort. Die Zeit verstrich, und ich war schon überzeugt, daß sie mein gefälschtes Datum bemerkt hatten, als ein Angestellter erschien und mir den Paß mit einem Visum für zwei Wochen aushändigte. Ich schiffte mich am Abend des 30. Mai 1937 ein, fast auf den Tag sieben Jahre nach meiner Ankunft in der Sowjetunion.

Im Rückblick

Als ich in die Sowjetunion aufgebrochen war, hatte ein Verwandter die Hoffnung ausgesprochen, daß die Erfahrung dort mir die revolutionären Flausen austreiben würde. So kam es nicht. Ich war beim Verlassen der Sowjetunion überzeugter vom Kommunismus als bei meiner Ankunft. Die Partei hatte ein ungeheures Hindernis nach dem anderen überwunden und die Sowjetunion aus einem rückständigen Agrarstaat mit verbreitetem Analphabetismus in einen modernen Industriestaat verwandelt, mit einer gut ausgebildeten Bevölkerung und Chancengleichheit für alle, gleichgültig welcher Hautfarbe oder welchen Geschlechts. Während die Produktion in der kapitalistischen Welt bei bisher nie dagewesener Massenarbeitslosigkeit stagnierte oder rückläufig war, wuchs die sowjetische Wirtschaft schnell und gewährte allen Arbeit und soziale Sicherheit. Waren die utopischen Erwartungen von 1930 auch durch die Schwierigkeiten der darauffolgenden drei Jahre gedämpft, so herrschte doch Vertrauen, daß es Jahr für Jahr weitere Fortschritte geben würde. Man wußte, wofür man arbeitete: für eine bessere Gesellschaft.

Allumfassende Brüderschaft herrschte sicherlich nicht, aber viel mehr Offenheit und Wärme in den zwischenmenschlichen Beziehungen als im Westen. Es ist schwer zu sagen, ob das eine russische oder eine kommunistische Eigenschaft war. Ich erinnere mich an eine Begegnung während meines letzten Monats in der Sowjetunion. In meinem Zugabteil von Leningrad nach Moskau tauschten zwei GPU-Beamte Erinnerungen aus. Einer der beiden, der seine sechsjährige Tochter dabeihatte, sprach voll Verachtung vom Verhalten seiner früheren Frau. Als er auf den Gang hinaustrat, ging ich hinterher und sagte: «Ich würde in Gegenwart des Kindes nicht so über ihre Mutter sprechen.» Er sagte: «Ach, die ist zu klein, um etwas mitzubekommen.» Ich erwiderte: «Kinder begreifen oft mehr, als Erwachsene denken.» Er dachte einen Augenblick nach, ehe er langsam sagte: «Da mögen Sie recht haben.» Wie hätte wohl ein Beamter des RCMP (Royal Canadian Mounted Police) oder des BND auf eine vergleichbare Bemerkung eines unbekannten russischen Mitreisenden reagiert?

Aber der gewichtigste Grund für meine Identifikation mit dem Kommunismus und der Sowjetunion war die Tatsache, daß sie die einzige Kraft darstellten, die die Menschheit gegen Faschismus und Krieg verteidigten. Der «Westen» pries Mussolini, begünstigte Franco und stand Hitler zumindest ambivalent gegenüber. In der Sowjetunion herrschte nie Zweifel darüber, wer der Feind war. Jeder konnte sich zum Scharfschützen ausbilden lassen; auch ich ließ mich ausbilden. Zielscheibe war ein Stahlhelm mit Hakenkreuz.

Deshalb betrachtete ich mich weiterhin als Bolschewik; nie habe ich von mir als «Stalinist» gedacht. Ich war über fünf Jahre lang aktiver Revolutionär gewesen, ehe ich den Namen Stalin überhaupt gehört hatte. Auf Photos gefiel mir sein Gesicht nicht. Aber mit seiner Politik fand ich mich im allgemeinen einverstanden. 1928 hegte ich Zweifel an seiner Äußerung, die Stabilität des Kapitalismus in den zwanziger Jahren sei eine scheinbare, die von einer Zeit der Kriege und Revolutionen abgelöst werden würde, aber wie sich herausstellte, hatte er recht. Auch mit anderen Urteilen und Vorhersagen lag er richtig. Ich schloß daraus, daß es dumm sei, einen Menschen nach dem Aussehen zu beurteilen, und daß ich mich seiner Führung überlassen könne.

Die «Säuberungsaktionen» irritierten mich; offensichtlich war etwas schiefgelaufen – aber was? Es fiel mir schwer zu glauben, daß alte Revolutionäre, die in einem Leben voll Arbeit und Kampf ihren Mut und ihre Treue unter Beweis gestellt hatten, zu Verrätern geworden sein sollten. Aber noch schwerer war es, zu glauben, daß ausgerechnet diese Menschen nicht bereit waren, aller Welt ihre Unschuld zu verkünden, wenn ihnen in öffentlichen Verfahren Gelegenheit dazu gegeben wurde. Ich las die Prozeßprotokolle Wort für Wort; ihre Geständnisse waren jeweils sehr typische persönliche Äußerungen. Der so nüchterne und trockene Rijkow sagte, schließlich von Wischinsky zum Geständnis gedrängt, daß er Verrat begangen habe: «Da es mißglückt ist, war es Verrat; im Falle eines Erfolges würde man es anders bezeichnen.» Der sensible und gefühlvolle Bucharin wies die Behauptung, er habe vor zwanzig Jahren mit dem Gedanken gespielt, Lenin zu töten, leidenschaftlich zurück – eine Behauptung, die zwar in seinem Verfahren zur Anklage, für die er ein Geständnis ablegte, in keinerlei Beziehung stand, aber für seine Ehre entscheidende Bedeutung hatte.

Durch Zufall hatte ich selbst Hinweise auf eine Verschwörung entdeckt. Mein Freund Gregersen wurde am Abend vor der Abreise nach Kopenhagen, wo er seinen Urlaub verbringen wollte, von einem Bekannten namens Grasche gebeten, ein Buch zu dessen Freund in Dänemark mitzunehmen. Als Gregersen fragte, warum er es nicht per Post schicke, die ja normal funktioniere, lautete die Antwort, es sei ein besonders wertvolles Buch, eine von der Akademie der Künste herausgegebene Luxusausgabe der Märchen von 1001 Nacht. Gregersen hatte keine Zeit, das Buch abzuholen und sah auch den beabsichtigten Empfänger nicht, einen früheren Kommunisten trotzkistischer Färbung, der zum Gegner der Sowjetunion geworden war. Bald nach diesem Vorfall wurde Grasche verhaftet und in einem öffentlichen Verfahren als Spion verurteilt. Von einem Buch wurde nichts erwähnt, aber in einem anderen Verfahren wurde erkannt, daß man diese Ausgabe benutzt hatte, um per Geheimcode zu kommunizieren. Das kann eigentlich kein Zufall gewesen sein.

Nach Abwägung aller verfügbaren Zeugnisse bin ich zum dem Schluß gekommen, daß es tatsächlich eine Verschwörung gegeben hatte, die aber darin gerechtfertigt war, daß man Stalin durch eine vernünftigere Führung ersetzen wollte. Anders als die große Mehrheit der Sowjetbürger, mich eingeschlossen, waren die Verschwörer aus dem unmittelbaren Umkreis der Macht zur Einsicht gelangt, daß Stalins Elan in vollkommene Skrupellosigkeit umgeschlagen und seine wachsame Umsicht zu bloßer Paranoia verkommen war. Als es ihnen nicht gelang, Stalin zu ersetzen, wurde ihnen klar, daß die Sowjetunion den kommenden Sturm unter seiner Führung durchstehen mußte und daß sie ihr Land schwächen würden, wenn sie ihn diskreditierten. In dieser Hinsicht mögen sie wirklich recht gehabt haben: ohne den beinahe religiösen Glauben an Stalin wäre die Kampfmoral in der Sowjetunion unter den schrecklichen Schlägen während der Nazi-Invasion möglicherweise wie in Frankreich zusammengebrochen.

Auf mein eigenes Schicksal zurückblickend, meine ich, großes Glück gehabt zu haben, indem ausgerechnet ich die Sowjetunion ungeschoren verlassen konnte. Es war rational nicht zu ergründen, wer zum Opfer und wer verschont wurde. In meinem Fall galt wohl wieder einmal Popes alte Weisheit: «Narren eilen blind drauflos, wo Engel ängstlich zögern.»

Intermezzo in Europa
1937–1938

Eine Mittelmeerreise

Es liegt nicht in meiner Natur, zurückzublicken und zu fragen: «Was wäre geschehen, wenn ...» Sobald ich die Schiffsplanken unter meinen Füßen spürte, fing ich an, mich auf meine Seereise zu freuen. An Bord lernte ich einen englischen Kunsthistoriker kennen, der mir wertvolle Ratschläge für Istanbul und Griechenland gab.

An einem sonnigen Frühlingsmorgen fuhr das Schiff in den Bosporus ein, eine bezaubernde Art, sich Istanbul zu nähern, der schönsten aller Städte, die ich jemals gesehen habe. Seit meiner Oberschulzeit hatte ich davon geträumt, nach Istanbul zu reisen. Jetzt in meinem fünfundvierzigsten Jahr wurde der Traum wahr.

Dank meiner rudimentären Türkischkenntnisse war ich nicht von den Einrichtungen für Touristen abhängig. Die Landessprache ein wenig zu können, bedeutet für den Reisenden doppelte Freude bei einer deutlichen Verringerung der Kosten. Ich wohnte in einem kleinen türkischen Hotel direkt am Basar, mitten im Herzen der Stadt. Die Hagia Sofia war für mich der schönste von Menschen geschaffene Innenraum. Bezaubert war ich freilich auch von den Moscheen, den Kunstschätzen im Alten Museum, den Häusern in den alten Straßen mit ihren offenen hölzernen Obergeschossen über geschlossenen Steinmauern und den mächtigen Theodosischen Festungsanlagen.

Das Wetter war wunderbar, der Himmel Tag für Tag so klar, daß man über die tiefblaue See von Marmara hinweg einen Blick auf den schneebedeckten Bythinischen Olymp hatte. Wenn es gegen Mittag heiß wurde, erhob sich eine kühle Brise vom Meer, die erst bei Sonnenuntergang wieder einschlief.

Drei Tage verbrachte ich in Brussa auf der anderen Seite des Marmara-Meeres. Ich fand die Stadt an den Hängen des Olymp mit ihren kleinen Häusern und Gärten und ihren schönen Moscheen reizend; die grüne Moschee ist ein wahres Juwel. Einen weiteren Tag verbrachte ich auf der im Meer schwimmenden Prinzeninsel. Außerdem führte ich ein interessantes Gespräch mit Bruno Taut[1], den ich in der Universität von Pera aufsuchte.

Ich hatte mir eingebildet, daß es wegen der in Paris stattfindenden Weltausstellung leicht sein würde, ein Besuchervisum für Frankreich zu bekommen. Die Leute im

---

1 Bruno Taut, 1880–1938, war u.a. Mitarbeiter bei Theodor Fischer in Stuttgart von 1904–1908. Bekannt wurde er durch seine sog. «Hufeisen-Siedlung» in Berlin-Britz (1925–1931) und die Siedlung «Onkel-Toms-Hütte» in Berlin-Zehlendorf (1926–1931). Er gründete die «Gläserne Kette», einen Briefwechsel junger Architekten (1919) und gab 1920–22 die Zeitschrift «Frühlicht» heraus. Von 1921–24 war er Stadtbaurat in Magdeburg und danach freier Architekt in Berlin. 1930–32 war er Professor an der Technischen Hochschule Berlin und war 1932 dann auch in Moskau tätig. 1933 übersiedelte er nach Japan, 1936 trat er eine Professur in Istanbul an und wurde Chefarchitekt des türkischen Unterrichtsministeriums.

französischen Konsulat sagten jedoch sehr unfreundlich «nein». Ich ging ins britische Konsulat, wo mich ein jovialer Mann vom Typ eines Kolonialbeamten empfing. Er sagte, daß ich als Deutscher kein Visum benötige, die Entscheidung über die Einreiseerlaubnis werde bei der Landung gefällt. Ich kaufte eine Karte nach London über Dünkirchen. Mit dieser Karte ging ich erneut zum französischen Konsulat und bat um ein Transitvisum für 24 Stunden ohne Aufenthalt; es wurde mir sehr widerstrebend erteilt.

Das Schiff kam in Piräus an, und die Passagiere hatten einen Tag lang Gelegenheit, Athen zu besichtigen. Als ich den Fuß von Bord setzte, wurde mir plötzlich bewußt, daß ich mich zum ersten Mal in meinem Leben in einem Land befand, in dem ich weder ein Wort der Landessprache noch einer verwandten Sprache beherrschte. Trotzdem kam ich recht gut zurecht. Nachdem ich mir vom Lykabettos-Hügel einen Überblick über die Stadt verschafft hatte, wanderte ich gemächlich durch die Straßen zur Akropolis hinauf.

Ich betrat das Gelände der Akropolis. Der Anblick des Parthenon überwältigte mich. Er habe eine gänzlich fremde Welt betreten, schrieb Goethe über seinen Besuch im Tempel von Paestum. Der Parthenon ist nicht viel weniger fremd. Er hat absolut nichts mit dem leicht aufgeklärten Geist des sogenannten «neu-griechischen» Stils gemein. Er ist wild, aufregend, ja ganz und gar verrückt; ein Denkmal der griechischen Hybris, jenes wahnsinnigen Stolzes, der sich über alle Gesetze der Menschen und Götter erhaben fühlte; er ist der Gipfel des leidenschaftlichen Bis-an-die-Grenze-Gehens, das ursächlich für die Größe wie für den Niedergang Griechenlands verantwortlich ist. Den Griechen gelang es, in allem extrem zu sein, selbst in ihrer Verherrlichung von «sophrosyne» – der Mäßigung.

Als ich von der Akropolis aus in die Stadt hinunterstieg, um mir die byzantinischen Kirchen anzusehen, hätte der Kontrast größer nicht sein können. Sie waren klein, dunkel, halb im Boden versunken; nach dem großartigen Ausbruch ihrer schöpferischen und aggressiven Kräfte hatten sich die Griechen entmutigt und gedemütigt wieder in den Mutterschoß verkrochen.

Abends lief das Schiff aus, und wir fuhren über den saronischen Golf um Kap Matapan, durch die Straße von Messina und an der Küste Korsikas vorüber nach Marseille. Es war eine wunderschöne Reise bei bestem Wetter. Ich unterhielt mich mit den französischen Seeleuten; die meisten von ihnen waren Kommunisten, die mir einschärften, ich solle in Marseille bei der Parteizeitung vorsprechen. Dort empfing man mich sehr freundlich und riet mir, das Zentralorgan der Partei in Paris, die Humanité, aufzusuchen.

Paris

Ich nahm den Nachtzug nach Paris und traf frühmorgens dort ein. Auf meinen Spaziergängen durch die Straßen und beim Besuch der Kathedrale staunte ich darüber, wie düster, grau und schwarz Paris nach dem strahlenden Weiß von Istanbul, Athen und Marseille wirkte.

Die Humanité verwies mich an das Pariser Büro der Deutschen Kommunistischen Partei, die die Aufnahme von Freiwilligen in die deutsche Sektion der Internationalen

158

Brigade zum Kampf für die Spanische Republik gegen die Kräfte Francos, Mussolinis und Hitlers organisierte. Wie nicht anders zu erwarten, hegten sie Mißtrauen gegen einen Mann, den man aus der Sowjetischen Partei geworfen und des Landes verwiesen hatte. Ich bat sie, bei der Sowjetischen Partei Informationen über meine Person einzuholen. Wahrscheinlich verzichteten sie darauf; selbst wenn sie es getan hätten, hätten sie wohl kaum eine Antwort bekommen.

Ich lernte bald, mir keine Sorgen darüber zu machen, daß ich illegal in Frankreich lebte, nachdem mein Transitvisum ausgelaufen war. Man erklärte mir, daß es schriftliche Ausweisungsbefehle in den drei Farben der französischen Trikolore gebe: Rot war harmlos, weiß lästig, aber nur blau wirklich gefährlich. Mein Befehl war rot.

Ich schloß mich einer Widerstandsbewegung gegen Hitler an, der «Deutschen Volksfront». Die Führung der Deutschen Sozialdemokratischen Partei (SPD) lehnte sie ab, aber unter den Mitgliedern fanden sich neben Kommunisten, Liberalen, Christen und sogar einigen monarchistischen Gegnern des Dritten Reiches viele Sozialdemokraten, darunter auch bekannte Schriftsteller und Künstler. Wir bemühten uns, die französische Öffentlichkeit über die Realität in ihrem Nachbarland zu informieren und sie zur politischen und finanziellen Unterstützung der Spanischen Republik zu gewinnen.

Ich mietete ein Zimmer in einem dubiosen kleinen Hotel in der Nähe des Büros, das ich unmittelbar nach meiner Ankunft aufgesucht hatte. Mein Schwager Alfred Plaut schickte mir monatlich hundert Dollar, und davon konnte ich recht gut leben. Das Geld schickte er über einen seiner Verwandten, Hugo Simon, der in Berlin ein erfolgreicher Bankier gewesen war. In seinem Haus traf ich einige Deutsche, die aus ganz anderen Gründen als ich gegen Hitler waren; ihnen mißfielen seine populistischen Maßnahmen, etwa die von seiner «Kraft durch Freude»-Organisation veranstalteten Massenreisen.

Der französische Architekt André Lurçat[2], den ich in Moskau kennengelernt hatte und sehr mochte, war nach Paris zurückgekehrt. Ich glaube, er war derjenige, durch den ich José Luis Sert[3] kennenlernte, der den spanischen Pavillon, das beste Bauwerk der Pariser Weltausstellung, entworfen hatte. Sert sah ich später in den USA wieder, zuerst in New York und später in Cambridge, wo er in Harvard Dekan der Architekturfakultät war. Auch Otto Freundlich, den Maler, einen früheren Freund meiner Mutter, der ein wunderbarer Mensch und ein guter Künstler war, traf ich wieder. Während führende französische Künstler seine Arbeiten bewunderten, war er zu weltfremd, um jemals der Armut zu entkommen. Er starb während der nationalsozialistischen Besatzungszeit. Über Freundlich lernte ich den deutschen Kunstkritiker Max Raphael kennen, einen Kommunisten. Er war bemerkenswert intelligent, und wir führten lange und anregende Gespräche. Auch er kam später nach New York.

---

2 André Lurçat, 1894–1970, war 1928 CIAM-Gründungsmitglied.
3 José Luis Sert, 1902–, katalanischer Architekt, entwarf für die Pariser Weltausstellung 1937 den Pavillon der Spanischen Republik, in dem ab Mitte Juni Picassos Monumentalgemälde «Guernica», das die Bombardierung der Stadt vom 26. April 1937 durch die deutsche faschistische «Legion Condor» darstellt, ausgestellt war. Er emigrierte 1939 in die USA. Sert ist Mitglied der CIAM, deren Präsident er von 1947–1956 war. Seit 1953 war er Professor für Architektur an der Harvard Unversity in Cambridge, Mass., USA.

Als die deutschen Kommunisten mich nicht haben wollten, erkundigte ich mich bei Raphael nach anderen Möglichkeiten, nach Spanien zu gehen, und er erzählte von den französischen Sozialisten und der Gruppe «Neuer Anfang», die von Max Seydewitz, einem ehemaligen sozialdemokratischen Abgeordneten im Reichstag gegründet worden war. Der Zufall wollte es, daß die Pariser Gruppe des «Neuen Anfangs» damals von Trotzkisten beherrscht war (Seydewitz hat sie später ausgeschlossen). Einige von ihnen, die in Katalonien auf der Seite der Republikaner gekämpft hatten, interpretierten den Spanischen Bürgerkrieg als Krieg zwischen zwei imperialistischen Gruppen, denen auf der Innenseite, also Großbritannien und Frankreich, und den Außenseitern, Deutschland und Italien. Als «wahre Revolutionäre» waren sie gegen beide Seiten und hatten sich von daher mit den Franco-Soldaten verbrüdert und Fußball gespielt. Und zwar ausgerechnet zu der Zeit, als Franco dabei war, die Basken vernichtend zu schlagen, und man sie nur hätte entlasten können, indem man Francos Nachhut in Katalonien angriff. Offensichtlich war ich in dieser Gruppe fehl am Platz.

Im Büro der französischen Sozialisten wurde ich von einem russischen Emigranten empfangen, der als Menschewik begierig darauf war, von mir Schreckensnachrichten aus der Sowjetunion zu erfahren. Mit solchen Waren handelte ich nicht. Zum Glück wurden wir durch die Ankunft eines jungen deutschen Arbeiters unterbrochen, der von der Saar geflohen war. Da er kein Wort französisch sprach, erbot ich mich, ihn zu der französischen Familie zu begleiten, die ihn unterbringen wollte.

Bald begannen Leute aus Spanien zurückzukehren. Darunter der Schriftsteller Egon Erwin Kisch, der mir sagte, es sei zu spät, noch hinzugehen: Obwohl die Republikaner so lange durchhalten würden wie möglich, sei der Krieg verloren. Nach einigem Zögern entschied ich mich, nicht nach Spanien zu gehen; wahrscheinlich war ich nicht wirklich von ganzem Herzen entschlossen gewesen, sondern weiterhin zwischen Pflichtgefühl und einem tiefsitzenden Abscheu vor dem Krieg zerrissen.

Ich hatte keinerlei Zweifel, daß sich Hitler, sobald Spanien gefallen war, in Bewegung setzen würde, und kam zu dem Schluß, daß in Europa wohl nur Schweden und die Türkei neutral bleiben würden. Beide reizten mich, auch Mexiko war verlockend, aber schließlich beschloß ich, daß ich in den USA die besten Karten hatte. Ich erinnere mich, daß jemand auch Kanada erwähnte, das ich damals jedoch für eine Taschenbuchausgabe der Vereinigten Staaten hielt. Das Konsulat der USA begegnete einem Mann, der sieben Jahre in der Sowjetunion verbracht hatte, nicht gerade mit Begeisterung. Aber ich konnte ja beweisen, daß ich drei Jahre im gelobten Amerika gelebt hatte, ohne den Präsidenten zu erschießen. Und mit der Hilfe meiner Schwester und meines Schwagers und der Jewish Agency wurde mir schließlich die Einreiseerlaubnis erteilt. Allerdings sagte man mir bei jedem Besuch, die Quote für den Monat sei schon voll, ich solle in vier Wochen wiederkommen; so erging es mir insgesamt fünf Mal.

Ich wollte das Visum nicht in meinen eigenhändig verlängerten Paß haben, da ich Ärger befürchtete. Deshalb beantragte ich bei den französischen Behörden eine sechsmonatige Aufenthaltserlaubnis. Dort entgegnete man mir, ich solle versuchen, meinen Paß in der deutschen Botschaft verlängern zu lassen. Ich weigerte mich, und sie waren schließlich damit einverstanden, daß ich die Verlängerung per Einschreiben bei der Botschaft beantragen könne. Ich schickte einen leeren Umschlag und zeigte die Einschreibequittung vor. Es kostete noch einiges an Überredung, die französischen Behörden zu überzeugen, daß sie mir, um mich loszuwerden, eine Aufenthaltserlaubnis geben mußten. Aber es gelang mir schließlich, und mein Einreisevisum für die USA wurde mir in ein makellos reines Dokument gestempelt.

Hätte ich das Visum nicht bekommen, wäre mein Name bloß ein unendlich kleiner Zusatz auf der langen Liste der vielen Millionen Opfer des Hitlerregimes. Eine seltsame Welt, in der Menschenleben lediglich Anhängsel von Papierfetzen sind.

Ich erwartete Besuch von Gertel anläßlich einer Ausstellung ihrer Arbeiten in Paris, aber die Eröffnung wurde verschoben. Im September beschloß ich, mir für drei Tage ein Fahrrad zu mieten, um mir die Kathedralen und andere Werke der Baukunst der Ile-de-France anzusehen. Den größten Eindruck machte Laon auf mich – die Kathedrale dort bleibt die mir liebste –, natürlich abgesehen von der unvergleichlichen Kathedrale von Chartres.

Bei meiner Rückkehr fand ich eine Nachricht, die mir mitteilte, Freundlich habe angerufen, um mir zu erzählen, daß Gertel vor einigen Tagen eingetroffen sei. Freundlich hatte seinen Anruf verschoben, weil er in seiner bitteren Armut zunächst kein Geld für den Münzfernsprecher hatte. Ich eilte in Freundlichs Atelier und von dort in die Galerie Zaks, nur um zu erfahren, daß Gertel am Abend vorher abgereist war. Im darauffolgenden Frühjahr kam Gertel noch einmal nach Paris. Wir redeten stundenlang, beim Spazierengehen oder in Cafés und Restaurants. Am letzten Tag meinte sie, wir könnten eines Tages vielleicht doch noch für immer zusammenleben. Ich wußte, daß es nicht sein würde. Zwei Jahre später starb Gertel.

Freunde und Verwandte besuchten mich. Da es deutschen Juden verboten war, zur Pariser Weltausstellung zu fahren, kam Olga erst zu Weihnachten. Ich drängte sie und ihren Bruder, Deutschland unverzüglich zu verlassen. Hitler würde bald einen Krieg anfangen, ihn verlieren, den Juden die Schuld an der Niederlage geben und sie alle umbringen, argumentierte ich. Olga weinte: Wie konnte ich so etwas Schreckliches behaupten? Aber sie verließ Deutschland im darauffolgenden Jahr, kurz vor der «Kristallnacht», so daß sie einige ihrer – und meiner – Habseligkeiten mit nach New York nehmen konnte. Ihr jüngerer Bruder verlor seine Bank und saß eine Zeitlang im Gefängnis, durfte aber dann nach London ausreisen. Während der Panik nach dem Fall Frankreichs wurde er, wie alle Deutschen, aus dem Land geschafft und landete in Australien. Ihr älterer Bruder, der als Kriegsinvalide damals noch ein gewisses Maß an Schutz vor dem Militär genoß, wurde nicht verhaftet, blieb so lange wie möglich, um als Rechtsanwalt für die jüdische Gemeinde in Hamburg zu arbeiten, und traf im Juni 1941 in den USA ein.

Im Herbst zog ich in ein Mansardenzimmer in einem ebenso billigen, aber hübscheren Hotel in einem der ältesten Viertel von Paris, dem «Mont de Paris» hinter dem Panthéon, direkt neben der «Place de la Contrescarpe»[4], wo ich in einem Café zu frühstücken pflegte, in dem sich damals vornehmlich Gelegenheitsarbeiter vom nahegelegenen Markt und Zuhälter herumtrieben. Viele Jahre später, bei der Lektüre der Geschichte «Der Schnee am Kilimandscharo», erfuhr ich, daß ich auf Hemingways Spuren gewandelt war. Heute hat das Café als Treffpunkt der Intellektuellen von Paris

---

4   Hier ging Hans Blumenfeld bei seinen letzten Parisaufenthalten immer noch gern ins Café.

die Nachfolge von Montparnasse und Saint-Germain-des-Prés angetreten. Da ich es nicht riskieren konnte, illegal zu arbeiten, hatte ich viel Zeit. Ich verbrachte ganze Tage auf der Weltausstellung und in den Straßen, Parks, Kirchen und Museen von Paris und Umgebung. Außerdem las ich viel, darunter sowohl Michelets als auch Jaurets Geschichte der Französischen Revolution.

Reisen durch Frankreich

Im Frühjahr 1938 kamen drei Architekten der May-Gruppe, die ich in Moskau kennengelernt hatte, von London nach Paris: Wilhelm Schütte und Grete Schütte-Lihotzky und Albert Löcher mit seiner Frau. Zusammen machten wir eine Woche lang eine Tour zu den Schlössern und Städten an der Loire.

Mit dem Beginn meiner Warterei auf das USA-Visum beschloß ich, die monatlichen Wartezeiten dazu auszunutzen, Frankreich zu erkunden. Im Juni mietete ich ein Fahrrad und radelte von Pont-de-l'Arche, nördlich von Rouen, durch die ganze Normandie und die Bretagne bis nach Brest: die Städte, Kathedralen und Klöster der Normandie, das Wunder des Mont-Saint-Michel, nach dem ich mich seit dem Urlaub in Kindertagen in Paramé gesehnt hatte, die wilden Klippen an der Küste der Bretagne und die Dörfer mit ihren anrührenden Friedhöfen. Eines Nachts in der Bretagne kam ich in einer Bauernkate bei zwei Frauen unter, die kein Wort französisch, nur bretonisch sprachen. Vom bretonischen Nationalismus hatte ich bis dahin nichts gewußt. In einer Taverne erklärte mir ein freundlicher, betrunkener Arbeiter, daß die Franzosen nicht die Sieger im letzten Krieg gewesen waren, sondern «la petite Bretagne et la Grande Bretagne» (Großbritannien). Soweit die Weltgeschichte.

Zurück fuhr ich mit der Eisenbahn und machte in Le Mans und Chartres Zwischenstation. Es wäre besser gewesen, die Fahrt andersherum zu machen, denn auf dem Hinweg hatte ich Tag für Tag gegen den starken Westwind ankämpfen müssen.

Im Juli dachte ich, ich würde vielleicht besser mit der Hitze fertigwerden, wenn ich per Autostopp führe. Das stellte sich als Fehler heraus; tatsächlich kühlte die Luftbewegung beim Radfahren die Haut sehr wirkungsvoll. Ich reiste durch das Tal der Loire nach Tours und weiter nach Poitiers, einer faszinierenden alten Stadt. Dort mietete ich für drei Tage ein Fahrrad, um unter anderem die große Abtei von Fontévrault zu besichtigen. Ich fuhr weiter über Angouleme nach Périgueux in der Dordogne, wo ich per Fahrrad die Gegend erkundete und die phantastischen romanischen Skulpturen von Moissac und Souliac entdeckte. Ich arbeitete mich südlich bis nach Toulouse und Albi vor und machte mich dann über Cahors und Limoges auf die Rückreise. Auf dieser Fahrt besuchte ich zwei alte «Neue Städte»: das im 12. Jahrhundert erbaute Montpazier und Richelieu aus dem 17. Jahrhundert. Beide waren Totgeburten, weshalb ihre ursprüngliche Form noch vollkommen erhalten ist.

Meine dritte Reise, wieder mit dem Fahrrad, führte mich von einem Punkt etwa 100 Kilometer südlich von Paris bis ans Mittelmeer nach Toulon, durch Burgund, das Massif Central und die Provence. Durch die natürliche und von Menschen geschaffene Schönheit der Provence war es für mich die liebste meiner Reisen. Zurück fuhr ich über Dijon, streckenweise mit dem Zug.

Abgesehen von Schiffsreisen ist das Radfahren die schönste Art zu reisen. Man reist mit der idealen Geschwindigkeit; Wandern ist ein bißchen zu langsam, und das Auto und andere technische Verkehrsmittel sind so schnell, daß man die Landschaft nicht genießen kann. Frankreich ist ein wunderschönes Land, ungeheuer reich und vielfältig an Landschaften, Städten und Architektur. Ich zähle meine sechzehn Monate dort zu den besten meines Lebens.

Der große Verrat

Während ich mich an der Schönheit Frankreichs freute, war ich mir der wachsenden Gefahr des Faschismus und des Krieges bewußt. Noch wäre er zu verhindern gewesen, wenn, wie die Sowjetunion nicht müde wurde zu betonen, alle Bedrohten zur Verteidigung ihrer Sicherheit zusammenhalten würden. Aber die Westmächte waren weiterhin von dem geblendet, was Thomas Mann die größte Torheit des 20. Jahrhunderts nannte: besessenem Antikommunismus. Als man Sir John Simon auf einer Versammlung in Oxford fragte, warum seine Regierung die Sanktionen gegen die Invasion Äthiopiens nicht durchgehalten habe, erwiderte er, daß die Maßnahmen in Italien zum Sturz Mussolinis durch die Kommunisten geführt hätten. Die westlichen Regierungen waren sich der aggressiven Natur der «Anti-Komintern-Achse» Berlin-Rom-Tokio wohl bewußt. Aber lieber als den Aggressor zu isolieren, wie es Roosevelt bei einem Anlaß befürwortete, versuchten sie, ihn nach Osten zu lenken. Sie hatten zugesehen, wie Hitler und Mussolini die Spanische Republik niederschlugen. Jetzt, im Frühling 1938, als Hitler Österreich annektierte, rührten sie sich wieder nicht. Noch hielt ein Bolzen die Tore des Krieges verschlossen: die Tschechoslowakei, Alliierte der Sowjetunion und Frankreichs, das Bindeglied zwischen Ost und West. Hitler bedrohte das Land durch seine Forderung nach der «Befreiung» des Sudetenlandes. Die Sowjetunion erklärte, daß sie bereit sei, zur Verteidigung ihres Alliierten zu kämpfen. Doch Frankreich schloß sich unter dem Druck der internationalen Banken – die ihren Wortführer Georges Bonnet auf den Posten des französischen Außenministers gehievt hatten – und der US-Botschafter in London und Paris, Kennedy und Bullitt, dem Münchener Verrat an. Als der französische Premierminister Edouard Daladier tief deprimiert über seine Zustimmung zu dieser schmachvollen Kapitulation nach Paris zurückkehrte, bereitete man ihm zu seiner Verblüffung einen Heldenempfang.
Gewiß, die Leute waren erleichtert, daß noch keine Bomben fielen. Aber nicht Friedensliebe hatte die Architekten des Münchener Abkommens bewegt, sondern der Wunsch, Hitlers Aggressionen gegen die Sowjetunion zu richten.
Die deutschen Antifaschisten in Paris hatten gehofft, daß der Westen Hitler Widerstand entgegensetzen würde. Die Führer der Deutschen Volksfront boten an, ein Regiment deutscher Freiwilliger zum Kampf gegen Hitler aufzustellen. Man sagte ihnen, daß Deutsche, die kämpfen wollten, sich der französischen Fremdenlegion anschließen sollten. Das war eine bittere Enttäuschung: Wir wollten für die Freiheit unseres eigenen Volkes kämpfen, nicht für die Unterwerfung anderer Völker, wie der Algerier oder der Vietnamesen.

Die USA
1938–1955

Im Großraum New York

Am Ende desselben Monats Oktober, der den Münchener Verrat erlebt hatte, erhielt ich endlich mein Visum für die USA. Nach einem Besuch bei meiner Cousine Elsbeth und ihrem Mann Fritz Oppenheimer in London, schiffte ich mich nach New York ein. Während der Überfahrt erreichte uns die Nachricht von der «Kristallnacht», dem Anfang der endgültigen Vernichtung der Juden Deutschlands. Ich kam am Abend des 16. Novembers an, dem letzten Tag, an dem meine französische Aufenthaltsgenehmigung noch gültig war. Mein Schwager Alfred Plaut stand am Pier und brachte mich über die eben fertiggestellte Schnellstraße in sein Zuhause nach New Rochelle. Ich freute mich, meine Schwester wiederzusehen und meine Neffen, die zu Teenagers herangewachsen waren. Olga Solmitz war ebenfalls dort. Sie hatte Deutschland endlich verlassen, gerade rechtzeitig, um noch etwas von ihrem Besitz mitnehmen zu dürfen. Sie hatte auch einen Teil meiner Bibliothek eingepackt, die ich in einem Bauernhaus auf dem gemeinsamen Solmitz-Blumenfeld-Grundstück in Groß Borstel bei Hamburg gelagert hatte. Der Rest ging wenige Jahre später in Flammen auf, im Feuer der Bomben der Royal Air Force.

Ich traf noch eine ganze Reihe Freunde und Verwandte zum ersten Mal nach vielen Jahren in Amerika wieder. Ein Cousin bemerkte, ich hätte mich in den zehn Jahren überhaupt nicht verändert; ich entgegnete, das sei ein offensichtliches Zeichen vollständiger Verkalkung. In der ersten Woche im Hause meiner Schwester, bei einem Fest in einem Nachbarhaus, erzählte mir eine Dame, daß sie gerade einen anderen deutschen Flüchtling und Architekten namens Konrad Wittmann kennengelernt habe. Wittmann war der einzige Freund, den ich 1911/12 in München unter meinen Kommilitonen gefunden hatte; ich hatte ihn zuletzt 1913 gesehen. Wir erneuerten unsere Freundschaft. Er war ein ausgezeichneter Architekt und ein wunderbarer Mensch. Nach einigen Anfangsschwierigkeiten in den ersten Jahren wurde er Dozent am Pratt Institute, wo er von seinen Studenten sehr geliebt und bewundert wurde.

Amerika hatte sich in den zwölf Jahren seit meinem letzten Aufenthalt verändert. In den zwanziger Jahren, den Tagen Calvin Coolidges, hatten die Amerikaner, die ich kennenlernte, über nichts anderes als ihre Jobs, Geld, Zuschauersport, Autos und Mädchen geredet. Was wichtigere Themen betraf, schien diese «Neue Welt» sich zu bescheiden, in der Theologie mit Vorstellungen aus dem 17. Jahrhundert, in der Politik mit denen aus dem 18. und in der Wirtschaft mit Ideen des 19. Jahrhunderts. Die Wirtschaftskrise hatte Amerika aus dieser Selbstgefälligkeit aufgerüttelt; man hatte begonnen, Fragen zu stellen und nachzudenken. Auch die Künste – die man in den zwanziger Jahren als Spiel für den Damensalon unter der Würde achtbarer Männer abtat – wurden jetzt ernst genommen. Amerika war ein viel interessanteres Land geworden.

Die negative Seite der Wirtschaftskrise war ebenfalls deutlich zu sehen. Ich war über die vielen grauen, todmüden, abgespannten Gesichter in der U-Bahn erschrocken. So etwas Deprimierendes hatte ich in den Untergrundbahnen von Paris und Moskau nie zu Gesicht bekommen.

Auch wenn ich das Glück hatte, von meinen Verwandten unterstützt zu werden, brauchte ich eine Arbeit. Würde ich in der traurigen Wirtschaftslage von 1938 etwas finden? War ich noch in der Lage, eine Stelle zu halten? Ich hatte seit drei Jahren keine regelmäßige Arbeit mehr ausgeübt und war seit über acht Jahren aus der Konkurrenzwelt des Westens fortgewesen. Im Alter von 46 Jahren mußte ich ganz von vorn anfangen.

Wieder einmal fiel ich auf die Füße. Ein deutscher Kollege in Paris hatte mir die Anschrift eines Freundes in New York gegeben. Von ihm erfuhr ich von der jüngst gegründeten Gewerkschaft der Architekten und Ingenieure, der FAECT[1]. Ich begab mich in die Hauptgeschäftstelle und wurde freundlich empfangen. Sie verwiesen mich an ein Büro, das dabei war, ein großes Modell für General Motors für die Weltausstellung in New York zu entwerfen. Wie war ich angenehm überrascht, als sie meine Erfahrungen in der Sowjetunion als Gewinn ansahen und mich einstellten. Es war ein Riesenprojekt, an dem mehrere hundert Architekten und Planer unter der Leitung von Norman Bel Geddes[2] arbeiteten. Mein unmittelbarer Vorgesetzter war Melville Branch, der ein Freund geblieben ist. Dort traf ich auch Albert Löcher wieder, den begabten Mitarbeiter Ernst Mays, den ich schon aus Moskau und Paris kannte.

Ich entwarf den Hafen und den Zentralpark der großen Stadt, die das Herzstück des Modells bildete und von der aus Autobahnen sich über das gesamte Land ergossen. Es machte Spaß, aber die Sache dauerte nur drei Wochen; ich war im letzten Planungsstadium dazugestoßen.

Was dann? Ich überlegte mir, daß es für einen unbekannten Architekten drei Methoden gäbe, sich zu etablieren. Erstens: einen Wettbewerb gewinnen. Aber ich war ein sehr schlechter Zeichner, also kam das für mich nicht in Frage. Zweitens: einen Posten in einem Büro finden und dort für meine Arbeit Anerkennung ernten, mich möglicherweise unentbehrlich machen und zum Partner aufsteigen. Das konnte passieren, war aber Glückssache. Drittens: schreiben und publizieren. Das erschien mir in meinem Fall am vielversprechendsten.

Ich hatte mich schon seit Jahren für die Frage des Sonnenlichts beim Wohnungsbau interessiert. Ich stellte fest, daß die vorliegende Literatur von begrenztem Wert war

1 Federation of Architects, Engineers, Chemists & Technicians, C.I.O., s. Faksimile im Anhang.
2 Norman Bel Geddes, 1893–1958, war Bühnenbildner (u.a. Entwürfe für Max Reinhardts US-Inszenierung «Mirakel», 1924) und Industrie Designer. Er entwarf mit seiner 2000 Mitarbeiter zählenden Firma für die Weltausstellung in New York 1939 für General Motors das sog. Futurama Building. Das Motto der Weltausstellung in New York war «Die Welt von Morgen». General Motors dominierte diese mit einem Ausblick auf das Jahr 1960. In einem Sessel mit eingebauten Lautsprechern schwebte man über ein Modell einer Zukunftsvision des gesamten nordamerikanischen Gebietes.

und nur ein bis zwei Planungsaspekte berücksichtigte: für – oder gegen – Sonne. Ich verfaßte eine Studie mit einer Reihe von Illustrationen, die die Ausrichtung und die Entfernung von anderen Gebäuden und außerdem Form, Lage, Größe der Zimmer sowie Fensterformen erforschte. Ich entwarf Schablonen, um zu zeigen, wieviel Fußbodenfläche in jedem Zimmer je nach Sonnenstand auf verschiedenen Breitengraden und in den verschiedenen Jahreszeiten von der Sonne beschienen wäre.

Ich legte mehreren Leuten Kopien vor. Sie fanden die Studie interessant, aber schwer publizierbar – zu kurz für ein Buch, für einen Artikel zu lang. James Marston Fitch, der damalige Herausgeber des Architectural Record (AR) war davon jedoch so angetan, daß er mich einlud, einen Vortrag zu halten. Er gab mir den Auftrag zu einem Artikel über «die Koordination natürlichen und künstlichen Lichts». Ich machte mich begeistert an die Arbeit, fand sie faszinierend und verfaßte einen langen Aufsatz[3], der eigentlich in erster Linie die Beziehung zwischen Beleuchtung und Sehen behandelte. Er wurde in zwei Teilen, 1940 und 1941, in der AR gedruckt und erhielt ein positives Echo. Damals hatte die USA gerade mit dem «Public Housing»-Programm (öffentlicher Wohnungsbau) begonnen. Die FAECT befürwortete es sehr, und ich sprach auf den Versammlungen anderer CIO-Gewerkschaften, um es «unter die Leute zu bringen». Die Reaktionen waren lau. «Wir haben keinen Anspruch, weil wir mit unseren Löhnen über der angegebenen Höchstgrenze liegen», war die Standardantwort. Daraus schloß ich, daß das Programm nur Erfolg haben würde, wenn es erweitert würde. Ich hatte erfahren, daß die Zentrale Wohnbaubehörde der USA derzeit kurzfristige Kredite zu extrem niedrigen Zinssätzen einholte und diese zu wesentlichen höheren Sätzen als langfristige Kredite an die lokalen Behörden weitergab. Ich rechnete mir aus, daß die Mieten ohne direkte Subventionen auf ein für die meisten Arbeiter akzeptables Niveau verbilligt werden könnten, wenn die lokalen Behörden Kredite von der Bundesbehörde zu den Sätzen bekämen, die diese an ihre kurzfristigen Kreditgeber zahlte, und wenn man die Projekte von lokalen Steuern befreite. Ich entwickelte einen Vorschlag für ein solches Programm in einem kurzen Pamphlet mit dem Titel «Housing, Union, Labor» (Wohnungsbau, Gewerkschaft und Arbeitskraft). Es wurde von der FAECT, und anschließend auch von der New Yorker CIO, vervielfältigt und veröffentlicht. Der New Yorker Architekt und Planer Albert Mayer, dem ich eine Kopie gegeben hatte, bekundete seine Zufriedenheit darüber, daß ein Exil-Architekt, anstatt von seinen Leistungen in der alten Heimat zu schwärmen, ein Problem seines neuen Landes unter die Lupe genommen hatte.

In Paris hatten mir Max Raphael und André Lurçat Briefe an den Kunstkritiker Meyer Shapiro, den ich sehr interessant fand, und an den Architekten Simon Breines mitgegeben. Breines nahm mich in eine Veranstaltung des Metropolitan Museum mit, wo Robert Moses sein Programm zur «Stadterneuerung» vorstellte. Wir waren beide von seinem Vorschlag zum großflächigen Abriß vorhandener Bausubstanz entsetzt.[4] Bald darauf schloß ich mich einer Arbeitsgruppe des New York «Citizen Housing and

---

3 «The Integration of Natural and Artificial Light», vgl. Literaturliste zu Hans Blumenfeld
4 vgl. Hans Blumenfelds posthum erschienen Artikel «Vom Kampf gegen den Kahlschlag», in: Deutsches Architektenblatt 10/1989, S. 1461 f

Planning Council» (Bürgerkomitee für Wohnungsbau und Stadtplanung) an, die sich um die Vorbereitung einer Stadterneuerungsgesetzgebung bemühte. Es war eine außerordentlich anregende Gruppe: Zu den Mitgliedern gehörten Clarence Perry[5], Henry Churchill, Fred Ackermann, Clarence Stein[6], Bill Vladeck und Carl Feiss. Ich teilte ihre Begeisterung nicht, sondern warnte: «Gleichgültig was gute Stadtentwicklung zu leisten vermag, in den niedrigen Einkommensgruppen wird sie auf jeden Fall zu schlechteren Wohnbedingungen führen.» Ich bestand darauf, daß man sie nur empfehlen dürfe, wenn sie rechtzeitig von flankierenden Maßnahmen der Mietbindung und einem großangelegten Wohngeldprogramm begleitet seien.

Es ist mir immer ein Rätsel gewesen, wie Leute von ausgesprochen gutem Willen und hoher Intelligenz sich für den «Abriß von Elendsvierteln» aussprechen konnten. Später formulierte ich das so: «Wenn man jemandem helfen will, der seine Hosen abgewetzt hat, kauft man ihm eine neue oder flickt die alte; man reißt ihm jedoch nicht die Hose vom Leib.» So einfach ist das wirklich.

Breines stellte mich für eine Woche ein, um ihm bei Arbeitszeichnungen für die Installation des sowjetischen Pavillons für die New Yorker Weltausstellung zu helfen, aber ansonsten war ich während der ersten paar Monate von 1939 arbeitslos.

Im Frühjahr schickte mich die FAECT zur Firma Kelly & Gruzen in Jersey City, die einen Siedlungsplaner für ein kleines öffentliches Wohnungsbauprojekt in Harrison, New Jersey brauchte. Ich fertigte den Entwurf des Siedlungsplans an, der später offiziell von der New Yorker Ortsgruppe der AIA belobigt wurde. Wichtiger aber war, als ich später einen Bewohner nach seiner Meinung fragte, seine Antwort: «Es ist schön hier; jeder Hof ist anders.» Genau das hatte ich erreichen wollen.

Gruzen behielt mich für weitere Aufgaben, erst für Detailarbeiten in diesem Projekt und später für andere Aufträge. Als im Herbst die Arbeit ausging, versprach er, mich wiedereinzustellen, sobald ein Auftrag hereinkäme.

Ich war nach Jersey City gezogen. Zuerst mietete ich ein möbliertes Zimmer, aber die Besitzerin warf mich hinaus, weil ich dem Ruf ihres Hauses schadete, indem ich vor einem Fenster eine Jalousie herunterließ, das von der Nachmittagssonne getroffen wurde, und nicht vor dem anderen, das im Schatten des Nachbarhauses lag. Danach mietete ich eine möblierte Wohnung mit Kaltwasseranschluß. Nach jeder gängigen Definition war es ein Elendsquartier. Das Schlafzimmer hatte kein Fenster, aber ich

---

5 Clarence Perry, 1872–1944, entwickelte u.a. das Modell der Nachbarschaftseinheit («neighbourhood unit») mit ca. 1 000 Familien und ca. 5 000 Personen, die damit gleichzeitig einen Grundschulbereich bildeten. Er gab damit dem Nachbarschaftsgedanken in Ebenezer Howards Gartenstadt sozusagen eine konkrete (schlaf-) städtische Planungsform. (Weitere Hinweise zur Planungsform s. Anmerkung zu Clarence Stein.)

6 Clarence Stein, trug dem sich entwickelnden Autoverkehr, auch in der unmittelbaren Nachbarschaft, als erster Rechnung und trennte Fuß- und Fahrweg streng bereits in der Trassenführung durch die Nachbarschaftseinheit. Dieses Prinzip wendete er schon in der niemals vollendeten New Town Radburn (1933) in New Jersey, USA an. Die Prinzipien der «Nachbarschaftseinheit» und des «Radburnsystems» setzten sich in Europa und Bundesdeutschland nach dem Zweiten Weltkrieg, besonders in den fünfziger Jahren, durch und sorgten auch für die Bekanntheit von Stein und Perry. Beispiele für das Radburnsystem in Deutschland gibt es einige, besonders in den Siedlungen, die von Hans Bernhard Reichow geplant wurden, z.B. Sennestadt (1954-1969) bei Bielefeld und die Siedlung Hohnerkamp (1953) in Hamburg. Zu Hohnerkamp vgl. auch Volker Roscher, Paradies ohne Pflege, Siedlung Hohnerkamp im Widerstreit zwischen Mietern und Eigentümern, in: Bausubstanz 6–7/1991

benutzte es nur als Abstellkammer und schlief im «Wohnzimmer». Je zwei Wohnungen teilten sich ein Badezimmer, aber da die zweite unbewohnt war, machte mir das nichts aus. Was die Wohnung wirklich reizvoll machte, war der Blick aus dem Erkerfenster; er reichte von den Palisades über die Flußniederungen des Hudson bis über die Bucht und die Hochhaussilhouette von Manhattan. Ich blieb bis zum Jahresende dort, als die winterliche Kälte mich hinausstrieb.

Die ganze Zeit über lag mir der nahende Krieg auf der Seele. Im Spätherbst 1938 nahm meine Schwester mich mit zu einem Treffen deutscher Intellektueller, die gegen Hitler waren, die meisten aus der «New School for Social Research» (Neue Schule für Sozialforschung) des von Max Horkheimer gegründeten emigrierten Frankfurter Instituts für Sozialforschung. Da ich in Rußland gelebt hatte, fragte man mich nach der sowjetischen Haltung zur Politik. Ich sagte, das allgemeine Gefühl sei: «Ein Fluch auf beide Lager», und man befürworte Neutralität, aber die Führung sei sich der tödlichen Gefahr des Faschismus vollauf bewußt und werde ihr Möglichstes tun, um zu einem verläßlichen gegenseitigen Sicherheitsabkommen zu kommen. Wenn die Westmächte allerdings weiterhin alle ihre Vorschläge ablehnten, würden sie sich zur Neutralität entschließen. Meine Analyse wurde von vielen Anwesenden bezweifelt, fand jedoch die nachdrückliche Unterstützung von Paul Tillich, dem Theologen.

Als der Westen sich wieder einmal blind stellte, während Hitler in Prag einmarschierte und die Tschechoslowakei auflöste, sprach Stalin endlich öffentlich die Warnung aus, daß die Sowjetunion immer noch den Frieden bewahren wolle, aber nicht willens sei, in den Krieg zu ziehen, um für den Westen die Kastanien aus dem Feuer zu holen. Heute wissen wir – durch die Enthüllungen im Hiss-Prozeß –, daß der sowjetische Botschafter in Paris ein ganzes Jahr zuvor, anläßlich der Annektierung Österreichs durch Deutschland, dem französischen Außenminister Yvon Delbos die gleiche Botschaft vorgetragen hatte. Damals hatte man sie ignoriert; sie wurde auch jetzt wieder überhört, trotz der Warnungen Churchills und anderer, die die Annahme der sowjetischen Vorschläge befürworteten.

Stalins öffentliche Erklärung veranlaßte das Naziregime, sich um eine gütliche Einigung mit der Sowjetunion zu bemühen. Die Sowjetunion hielt die Tür für ein gegenseitiges Sicherheitsabkommen geöffnet; erst kurz vor Hitlers Einmarsch in Polen unterzeichnete sie einen Nichtangriffspakt mit Deutschland. Diesem folgte ein sogenannter «Freundschaftsvertrag», eigentlich eine Zusicherung Hitlers, daß er die Sowjetregierung konsultieren werde, wenn es um seine Aktionen in Osteuropa gehe.

Ich hatte mich schon einige Zeit gefragt, wie lange die Geduld der Sowjets noch reichen würde. So sehr mich der Pakt auch betrübte, ich konnte bei den Sowjets keine Schuld erkennen: sie hatten keine andere Chance. Sie erkauften Zeit und Territorium; wäre es ihnen nicht möglich gewesen, die Grenze 300 Kilometer nach Westen zu verschieben, hätten sie Hitler niemals kurz vor Moskau und Leningrad aufzuhalten vermocht. Und indem die Sowjetunion dem Westen den Rücken kehrte und ihn zwang, Hitler eigenständig zu begegnen, zwang sie die Westmächte, der Realität ins Gesicht zu sehen. Wenn sie sich anders verhalten hätte, wäre Hitler in der Lage gewesen, zuerst die Sowjetunion zu besiegen und sich dann den Westen vorzunehmen. Tatsächlich unterschrieb Hitler mit dem Pakt sein eigenes Todesurteil. Der Pakt war nie, wie man heute oft behauptet, eine Allianz. Die Sowjets boten Hitler weder Militär- noch Wirtschaftshilfe. Ihre einzige Konzession war die Wiederherstellung der Handelsbeziehungen unter den gleichen Bedingungen, wie sie dem Westen immer – auch weiterhin – offen gewesen waren. Ihre Haltung war eigentlich «Neutralität im Mißtrauen gegen beide Seiten» – eine einigermaßen natürliche Reaktion auf die feindselige Haltung beider Seiten gegen die Sowjetunion. Was mich während dieser Zeit beunruhigte, waren weniger die Handlungen als die Worte, mit denen die Sowjets Hitler zu beruhigen versuchten.

Heute wissen wir aus den Aussagen des ungarischen Premierministers, Graf Teleki, und des italienischen Außenministers, Graf Ciano, sowie von deutschen Zeugen, daß Hitler fest davon überzeugt war, Großbritannien werde weiter davor zurückschrekken, gegen ihn in den Krieg zu ziehen. Er hatte nicht ganz unrecht; man erklärte zwar den Krieg, aber unternahm keine Feldzüge. Die Bezeichnung «Sitzkrieg» bestand zu Recht, bis Hitler sich entschloß, ernst zu machen.

Ich erinnere mich gut an den Ausbruch des Zweiten Weltkriegs; von meinem Fenster aus sah ich die Bremen aus dem New Yorker Hafen auslaufen. Es war die zweite tödliche Nachricht binnen weniger Monate; vier Monate zuvor war Gertel gestorben. Ein Abschnitt meines Lebens war zu Ende gegangen.

Dramatische Veränderungen gab es nicht; die USA blieben noch neutral. Ich mietete mir ein möbliertes Zimmer am Riverside Drive, Ecke 142. Straße, mit einem Blick über den Hudson. Wieder einmal kehrte ich zu meiner alten Liebe, der Stadtgeschichte, zurück. Ich verbrachte meine Tage in der phantastischen Avery Library, der Architekturbibliothek der Columbia Universität. Über Carl Feiss war ich zur neugegründeten «Society of Architectural Historians» gestoßen. Als ich bei meinen Forschungen in der Avery Library eine merkwürdige Eigenart der uralten indischen Stadt Mohenjo Daro entdeckte, veröffentlichte ich darüber im Journal der Society of Architectural Historians vom Januar 1942 einen Artikel.[7] Es war meine zweite Veröffentlichung in einer amerikanischen Fachzeitschrift. Danach kam ein Aufsatz über «Regional and City Planning in the Soviet Union» (Stadt- und Regionalplanung in der Sowjetunion), den ich in der dritten Ausgabe von «Task» (1942), einer von jungen Harvard- und MIT-Dozenten und -Studenten gegründeten Zeitschrift veröffentlichte.[8] Ich erfuhr, daß man den Aufsatz bei einem Treffen des «American Institute of Planners» diskutiert hatte. Allmählich bekam ich einen Namen – aber immer noch keinen Job. Im gesamten Jahr 1940 hatte ich nur vier Wochen bezahlte Arbeit, in Albert Mayers Büro. Dank meines unbekümmert überheblichen, unerschütterlichen Selbstbewußtseins machte mir das nicht viel aus. Ich lebte bescheiden, aber glücklich vom geborgten Geld und vertiefte mich in die Schätze der Avery Library. Bei der Lektüre einer wunderschönen Arbeit von Hulot und Fougères über die alte griechische Stadt Selinus holte mich die Frage ein, die mir im Frühjahr 1927 gekommen war, als ich den Concordia-Tempel in Agrigento auf Sizilien betrachtet hatte: War er eine Synthese aus zwei voneinander unabhängigen Baustilen, «naos» (cella) plus Ring aus heiligen Säulen auf ihrem Stylobat, wobei letztere die Bäume eines heiligen Hains auf einem Berg symbolisierten?

---

7 «On a Peculiar Feature of the City Plan of Mohenjo Daro» (vgl. Literaturliste zu Hans Blumenfeld)
8 vgl. Literaturliste zu Hans Blumenfeld

Mit dieser Frage nach dem Ursprung der dorischen Peripteren habe ich mehr Zeit zugebracht, als mit jedem anderen Thema, das ich jemals erforscht habe. Mehrmals im Laufe der Jahre 1940 und 1941 war ich nahe daran, meine vorläufigen Schlußfolgerungen niederzuschreiben, schob es aber immer wieder auf. Schließlich verfaßte ich 1985 eine Zusammenfassung, die bis heute unveröffentlicht blieb.[9]

Im Herbst 1940 nahm ich an einem Planungsseminar teil, das Carl Feiss und Raymond Unwin an der Columbia Universität leiteten. Ich hatte Unwins Buch seit 1912 bewundert, und sein Werk in Hampstead seit 1924; auch menschlich entsprach er vollkommen meinen Erwartungen.

Philadelphia

Auf Empfehlung von Carl Feiss geschah es auch, daß die «Philadelphia Housing Association» mich einlud, mich um eine Stelle als Assistent für Forschungsaufgaben zu bewerben. Nach einem Gespräch mit dem Leiter, Edmund N. Bacon, wurde ich ab Februar 1941 eingestellt. Aus mir bis heute unerfindlichen Gründen bestand Ed darauf, meine bescheidene Forderung von $ 200 im Monat auf $ 2000 im Jahr zu kürzen, nach drei Probemonaten bei $ 150.

Ich habe häufig gedacht, daß ich die Erziehungswissenschaft um ein mustergültiges Abschreckungsmittel gebracht habe, indem ich damals nicht gestorben bin. Man stelle sich nur vor: hier war ein Mann mit vielen angeborenen Gaben und einer guten Ausbildung, mit allen Vorbedingungen für eine glänzende Karriere, der aber nie auf jene hören wollte, die es besser wußten, sondern stur seinen eigenen Weg ging. Und wohin hat es ihn geführt? Daß er in seinem fünfzigsten Jahr schließlich als Forschungsassistent bei einem Gehalt von $ 2000 im Jahr bei einer unbekannten kleinen Gesellschaft landete. Lassen Sie sich das eine Warnung sein, junger Mann.

Ich war gerade zwei Wochen in Philadelphia, als Sumner Gruzen mich anrief und bat, ihm beim Entwurf eines Siedlungsplans für ein Militärcamp zu helfen. Ich beschloß, bei der Housing Association zu bleiben, fuhr aber bisweilen abends hin, um beim Entwurf des Plans zu helfen. Ich empfahl Gruzen, Albert Löcher einzustellen; das funktionierte sehr gut. Löcher blieb mehrere Jahrzehnte als leitender Architekt bei Gruzen, bis zu seinem vorzeitigen Tod; während dieser Zeit wurde die Firma zu einem der bekannteren Architekturbureaus in New York.

Meine Arbeit bei der Housing Association war anregend. Ich dehnte unsere jährliche Bestandsaufnahme über Wohnungsbau, Nutzungsänderungen und Abrisse von der Innenstadt auf das gesamte städtische Ballungsgebiet aus und entdeckte, daß viele bis dahin übersehene Aspekte und Zusammenhänge für den Wohnungsbau von Bedeutung waren; einige Ergebnisse meiner Forschung wurden in den Jahresberichten der Gesellschaft oder in Sonderheften veröffentlicht. Ich fand heraus, daß die Stadt als eine Abfolge von konzentrischen Zonen beschrieben werden konnte, die jeweils durch eine Dominanz von Abrissen, Umwandlungen, von Veränderungslosigkeit oder neuem Wohnungsbau gekennzeichnet waren. Durch die Ana-

---

9 «The Origin of the Doric Peripteros: Some Puzzling Questions», vgl. Literaturliste zu Hans Blumenfeld

lyse der Volkszählung von 1940 fand ich heraus, daß die rassische Segregation tatsächlich zugenommen hatte. Ich schrieb meine Ergebnisse auf die Anfrage eines schwarzen Studentenführers hin nieder – er wurde später einer der führenden Reporter des «Baltimore Afro-American» –, und er benutzte sie, mit einem entsprechenden Quellenverweis, in einer von ihm verfaßten Kampfschrift. Als Ed Bacon das entdeckte und mich zu sich rief, war er wütend. Er hatte Angst vor Gegenreaktionen, die aber nie eintraten.

Einer unserer Vorstandsmitglieder, Scholz, ein Professor für Wirtschaftswissenschaften, bezweifelte, ob ein Architekt für eine sozioökonomische Forschungsaufgabe qualifiziert sei. Deshalb besuchte ich einen Kurs für Statistik, bei dem ich eine Menge lernte, und Scholz' Seminar über Wirtschaftsplanung. Er zeigte großes Interesse an dem, was ich über sowjetisches Planen zu berichten wußte, und wurde einer meiner wichtigsten Förderer.

Außerdem lernte ich den Architekten Oscar Stonorow[10] und seinen praktisch unbekannten Partner Lou(is) Kahn[11] kennen, mit dem ich mich eng anfreundete. Sie gehörten einer Organisation reformerisch gesinnter Jungtürken an, die sich gegründet hatte, um für Philadelphia eine Stadtverfassung durchzusetzen. Die Verfassung fand die Unterstützung der Mehrheit der Einwohner von Philadelphia, wurde aber vom Parlament des Staates Pennsylvania abgelehnt. Nach dieser Niederlage beschloß die Gruppe, das bescheidenere Ziel der Etablierung eines aktiven Stadtplanungsprogramms für Philadelphia zu verfolgen. Eine Stadtplanungskommission war zwar schon vor Jahren ernannt worden, existierte aber bislang nur auf dem Papier, ohne finanzielle oder personelle Ausstattung.

Ed Bacon und die Housing Association waren in dieser Frage sehr engagiert. Man wollte sich auf die Jahresversammlung der «American Society of Planning Officials» konzentrieren, die in Philadelphia stattfinden sollte. Hugh Pomeroy war ausersehen, über Philadelphias Nöte zu sprechen; ich erhielt die Aufgabe, ihn mit allen wichtigen Informationen über die Lage im Wohnungswesen der Stadt zu versorgen.

---

10 s. Anmerkung zu Louis Kahn

11 Louis I. Kahn, 1901–1974, gehört zu den berühmtesten und umstrittensten Architekten der US-amerikanischen Moderne. Einfluß hatte er nicht nur in Europa auf z.B. Oswald Mathias Ungers, Aldo Rossi, James Stirling oder Mario Botta, sondern auch in den USA, sogar auf Frank Gehry. 1937 eröffnete er sein eigenes Büro in Philadelphia und arbeitete hier zunächst für die Stadtplanungskommission. Das war die Zeit, in der Hans Blumenfeld auf ihn traf. Ab 1941 arbeitete er in Partnerschaft mit George Howe, einem der Pioniere des US-Rationalismus, der 1943 wieder ausschied. 1942 kam Oscar Stonorow hinzu, der bis 1948 mit Kahn zusammenarbeitete. Kahn, Howe und Stonorow realisierten 1941–1943 die vielbeachtete Siedlung Carver Court War in Coates, Pennsylvania. 1951–53 schuf er die New Art Gallery in New Haven und damit einen der bedeutsamsten Bauten des «New Brutalism». Über das Badehaus des Jewish Community Center in Trenton, New Jersey (1954–59) bis zum Alfred Newton Richards Medical Building der University of Pennsylvania (1957–60) entwickelte er seinen Stil aus klassischer Einfachheit und rationaler Strenge. «Dienende» und «bediente» Räume unterschied er gestalterisch sichtbar. Er neigte zu elementaren geometrischen Formen, der gestalterischen Überhöhung der Funktion und der Konstruktion, zur Monumentalisierung sekundärer Elemente, mythischen Konnotationen und Rückgriffen auf Vergangenes, teils in abstrahierender Form. Er entwickelte das «Haus-im-Haus»-Motiv bereits für das nicht ausgeführte Begegnungszentrum des Jonas Salk Instituts in La Jolla, Kalifornien, für das er die Laborgebäude (1959–65) errichtete. Ab 1962 plante er für das Regierungsviertel in Dakka. Seine Bauten wurden hier erst 1976, also nach seinem Tode, fertiggestellt. Vgl. auch Heinz Ronner, Sharad Jhaveri, Louis I. Kahn, Complete Works 1935–1974, Birkhäuser Verlag AG Basel · Boston · Berlin, 2. Aufl. 1990.

Hugh, der seinen Weg als Baptistenprediger angetreten hatte und später Abgeordneter im kalifornischen Parlament gewesen war, ließ in seiner Rede Feuer und Schwefel regnen. Mit Hilfe meines Materials donnerte er, Philadelphia habe die schlimmsten Elendsviertel der ganzen Nation. Das Gesicht des Bürgermeisters, der nach Hugh an der Reihe war, verfärbte sich immer dunkler, und er verließ den Saal, ohne seine Rede zu halten.

Ed Bacon war verzweifelt, aber ich sagte ihm, die Sache sei keineswegs verloren. Am darauffolgenden Tag sollte der Bürgermeister eine Bürgerdelegation empfangen, die ihm einen detaillierten Vorschlag für eine personell gut ausgerüstete Planungskommission unterbreiten würde. Ich kramte meine Gewerkschaftserfahrungen aus Hamburg hervor und äußerte meine Erwartung, daß nach den wilden Tiraden des «radikalen» Pomeroy die Vorschläge der Delegation außerordentlich bescheiden und vernünftig wirken würden. Es lief wie am Schnürchen. Die für die Stadtanleihen zuständigen Banken boten ihre Unterstützung an, denn sie waren schon länger beunruhigt darüber, wie Aufträge für öffentliche Aufgaben an die Freunde des politischen Apparats gingen. Auch der leitende Stadtingenieur, ein fähiger und engagierter Technokrat, war dafür.

Eine neue Stadtplanungskommission wurde zusammengestellt. Vorsitzender wurde Edward Hopkinson, der Chef der Drexel, Biddle & Co., den Hauptgläubigern der Stadt. Er machte seine Sache sehr gut. Robert B. Mitchell wurde zum Direktor ernannt und begann mit der Ausarbeitung eines Plans und der Einstellung eines Mitarbeiterstabs. Dabei kam ihm Professor Sweeney, der weise und erfahrene Leiter des «Institute for Local and State Government», mit Rat und Tat zu Hilfe. Er gab Bob Mitchell zwei Tips, wie etwaige Versuche, die Zahl seiner Mitarbeiter zu beschneiden, abzuwehren seien. Erstens: nie Sondermittel für Forschung beantragen; statt dessen müsse es als Dauereinrichtung eine Abteilung für «Planungsanalyse» geben – eine offensichtlich unverzichtbare Aufgabe. Zweitens: nie dieselbe Bezeichnung für mehr als einen Mitarbeiter wählen; bei Kürzungen kann man argumentieren: «Ich habe nur den einen Mann für diesen Aufgabenbereich.»

Die Vereinigten Staaten waren noch im Frieden, aber in Europa herrschte Krieg. Als Polen zusammenbrach, die Regierung floh und Hitlers Streitkräfte am heldenhaften Warschau Richtung Osten vorüberzogen, rückten sowjetische Truppen nach Westen vor, und die Deutschen traten den Rückmarsch an. Westliche Korrespondenten, die damals russische Soldaten befragten, machten sich über ihre Naivität lustig, weil sie behaupteten, sie seien gekommen, um Polen vor den Nazis zu retten. Aber die Geschichte gab ihnen recht. Selbst kurzfristig hatten sie nicht ganz unrecht. In Lemberg (Lwow) und andernorts hatten ukrainische Faschisten bereits begonnen, Juden und Polen umzubringen. Dem bereiteten die sowjetischen Truppen ein Ende. In der darauffolgenden Zeit, vor und während Hitlers Angriff gegen die Sowjetunion, retteten sie hunderttausenden Juden das Leben, indem sie sie weiter ins Landesinnere evakuierten. Auf ähnliche Weise wurden viele rumänische Juden gerettet, als die Sowjetunion Bessarabien zurückeroberte, die Heimat meiner russischen Großmutter. Im Westen sah man – wie auch heute noch – die Ereignisse dieser Jahre als das Zerschneiden anderer Länder durch die Hitler-Stalin-Partnerschaft. Da ich mich ein wenig in der Geschichte der Region auskannte, teilte ich diese Ansicht nicht. Wie Bessarabien waren die baltischen Provinzen schon bei Gründung Teil der Sowjetunion gewesen, anders als Polen und Finnland, deren Unabhängigkeit die Sowjets vom ersten Tag an anerkannt hatten. Die Gebiete, die die Sowjetunion von Polen zurückerwarb, lagen östlich der Curzon-Linie, die die Westmächte als die Ostgrenze Polens festgelegt hatten – mit zwei bedeutenden Ausnahmen: Bialystok im Norden und Przemysl im Süden. Diese beiden Namen kannte ich noch aus dem Ersten Weltkrieg; es waren die beiden Hauptgrenzbollwerke auf russischer bzw. österreichischer Seite. Die Bedeutung ihrer Besetzung durch die Sowjets war klar: Sie machten die Grenze so dicht wie möglich, um einem deutschen Angriff vorzubeugen.

Das Gleiche galt offensichtlich für die baltischen Republiken. Es war sattsam bekannt – in der amerikanischen Zeitschrift «The Nation» detailliert durch den Militärexperten Max Werner beschrieben –, daß die Pläne des deutschen Generalstabs sich auf einen Angriff auf Leningrad stützten, der von beiden Seiten des Finnischen Meerbusens ausgehen sollte. Die Südseite, Estland, war nicht mehr zu haben; wie stand es um die Nordseite, Finnland? Die Sowjetunion bat Finnland, sich in einem Vertrag zu verpflichten, keine fremden Mächten auf finnischem Gebiet landen zu lassen, und im Verteidigungsfall die Sowjetunion zu Hilfe zu holen. Hier unterschied sich das sowjetische Vorgehen also grundsätzlich vom Vorgehen in den baltischen Republiken. Der Vertrag gleicht aufs Haar dem Abkommen, unter dem Finnland heute als unabhängige Demokratie nach westlichem Muster existiert.

So interpretierte man das damals nicht. Die finnische Regierung reagierte mit einer glatten Ablehnung, der sie durch eine Mobilmachung und Verdunkelung Nachdruck verlieh. Die Sowjets machten einen zweiten Vorstoß. Wenn Finnland nicht bereit sei zu garantieren, daß keine feindlichen Geschütze in Reichweite von Leningrad auf der Mannerheim-Linie aufgestellt würden, dann müsse diese Linie zurückverlegt werden. Im Austausch für das fragliche Gebiet bot die Sowjetunion an, ein dreimal so großes Territorium weiter nördlich an Finnland abzutreten.

Finnland schickte einen Unterhändler, den Vorsitzenden der Konservativen Partei, Paasikivi, der nach dem Krieg Präsident des Landes wurde. Er war geneigt, den Gebietstausch zu akzeptieren, sträubte sich aber gegen eine sowjetische Forderung nach einem Marinestützpunkt bei Hangö. Nach zwei Monaten und einer Unterbrechung zwecks Konsultationen im eigenen Land kehrte er mit neuen Instruktionen zurück: keine Veränderung des Status quo. Die Sowjets reagierten mit der Warnung, daß dies nicht zu akzeptieren sei, und griffen an.

Was war in diesen zwei Monaten geschehen? Wir wissen, daß die finnische Regierung Rat aus Berlin einholte, ehe sie den Krieg beendete. Hat sie auch am Anfang dort Rat gesucht? Wurde ihr geraten, die Verhandlungen hinauszuzögern, bis die arktische Nacht die Schlagkraft der sowjetischen Luftwaffe beeinträchtigte? Der finnische Widerstand gewann die wohlverdiente Bewunderung der Welt, konnte jedoch nicht mehr standhalten, als das Tageslicht zurückkehrte.

Holte die finnische Regierung auch aus London Rat ein, und wie lautete der? Ich bin überzeugt, daß die Geschichte des Finnland-Krieges noch darauf harrt, geschrieben zu werden. Zweifellos glaubten einflußreiche Kräfte in Berlin und London, daß

Hitlers Fehlkalkulation den «falschen» Krieg ausgelöst hatte; wenn beide Finnland unterstützten, würde man ihn in die «richtige» Richtung lenken können.

Gedanken dieser Art konnte ich mich angesichts der seltsamen Darstellungen in der amerikanischen Presse nicht erwehren. Großbritannien und Frankreich, die beiden für die Vereinigten Staaten wichtigsten Nationen, standen im Krieg gegen einen Todfeind. Aber das wurde kaum je erwähnt. Der finnische Krieg beherrschte die Schlagzeilen, als gäbe es keine größere Gefahr für die westliche Zivilisation.

Es mag absurd erscheinen, jetzt, fast ein halbes Jahrhundert später, über diese Ereignisse nachzudenken. Doch für mich bedeutete dieses Klima der Sowjetfeindlichkeit, daß ich wieder einmal in der Rolle des Nonkonformisten gelandet war.

Als Hitler acht Monate nach der Kriegserklärung in Frankreich einfiel, schickte Großbritannien weniger Truppen auf das Festland als 1914 in den ersten acht Wochen. Dagegen wurden Vorbereitungen getroffen, 100 000 Mann nach Finnland zu schicken, um den Finnen im Kampf gegen die Sowjets zu helfen.[12] Frankreich hatte mit General Weygand den Mann, der als bester Militärberater galt, nach Syrien geschickt und traf Vorbereitungen, die sowjetischen Ölfelder im Kaukasus zu bombardieren.[13]

Nach Hitlers Einmarsch rief man Weygand zurück; die Regierung Daladier und Bonnet wurde von Reynaud und Blum abgelöst, und in Großbritannien kamen anstelle von Chamberlain und Halifax Churchill und Eden an die Macht. Zu spät! Wäre das zwanzig Monate früher geschehen, hätte es den Münchener Verrat nie gegeben, und Hitler hätte nicht gewagt, den Krieg anzufangen. Fünfzig Millionen Menschenleben waren der Preis, den die Menschheit für den besessenen Antikommunismus bezahlte, der die «Männer von München» blendete.

Die Sowjets gaben sich auch keinerlei Illusionen darüber hin, welche Gefahr der Zusammenbruch Frankreichs für sie bedeutete. Sie steigerten sofort die industrielle Produktion, indem sie die tägliche Arbeitszeit von sieben auf acht Stunden und die Arbeitswoche von fünf auf sechs Tage verlängerten; und sie verlegten Rüstungsfabriken mit hunderttausenden von Arbeitern in den Ural und nach Asien. Die öffentliche Meinung im Westen blieb für diese Zeichen blind und betrachtete die Sowjets weiterhin als Feinde.

Das änderte sich fast über Nacht, als Hitler seinen «Blitzkrieg» gegen die Sowjetunion entfesselte. Er kam wirklich wie der Blitz aus heiterem Himmel. Es war kein Wunder, daß die Sowjets überrascht waren. Ich war es auch; ich hatte nicht erwartet, daß Hitler verrückt genug war, Selbstmord zu begehen. Ich war überzeugt, daß er scheitern würde. Als Ed Bacon mich fragte, wie lange die Russen sich meiner Ansicht nach halten könnten, sagte ich, die Frage sei, wie lange die Deutschen sich halten könnten – wahrscheinlich den nächsten Sommer über. Er gab keine Antwort, aber sein Gesichtsausdruck verriet deutliche Zweifel an meiner geistigen Gesundheit.

Ich erinnere mich noch gut an den ersten Tag der Invasion. Wie häufig an den Wochenenden war ich nach New York zu Olga gefahren. Ihr Bruder Robert und seine

---

12 The Penguin Hansard, 1, From Chamberlain to Churchill, London 1940, p. 51–53 (Anmerkung von Hans Blumenfeld).

13 Recalled to Service: The Memoirs of General Maxime Weygand, London 1940, p. 40; Alistair Horne, To Lose a Battle: France 1940, London 1969, p. 115–118 incl. (Anmerkung von Hans Blumenfeld).

Frau waren am Tag davor angekommen – mit den letzten Juden, die Deutschland verlassen durften. Ich las die Kommentare in der New York Times des 24. Juni 1941 und war von einem zutiefst schockiert: «Wenn wir sehen, daß Deutschland siegt, sollten wir Rußland beistehen, und wenn Rußland gewinnt, sollten wir Deutschland zu Hilfe kommen, und auf diese Weise dafür sorgen, daß sie so viele Russen wie möglich umbringen, obwohl ich unter keinen Umständen erleben möchte, daß Hitler den Krieg gewinnt. Keiner von beiden denkt daran, sein Wort zu halten.» Den Namen des Verfassers hatte ich bis dahin nie gehört; es war Harry S. Truman[14].

Zum Glück reagierten die meisten Amerikaner anders; das American-Russian Insitute hatte plötzlich viel zu tun. Bei der Arbeit dort lernte ich unter anderem die Architekten Christopher Tunnard und Hermann Field kennen, die beide zu guten Freunden wurden. Ich schrieb mehrere Artikel über verschiedene Aspekte sowjetischer Stadtplanung und Wohnungspolitik für die Zeitschrift des Instituts.

Weniger als ein halbes Jahr nach dem Angriff Hitlers eiferten die Japaner seinem Wahnsinn nach, indem sie die USA angriffen. Zu dem Zeitpunkt hatten die Sowjets bereits das Blatt gewendet, indem sie die Deutschen vor Moskau, Leningrad und Rostow aufhielten. Anscheinend hatten die Japaner nicht begriffen, was diese Niederlage für ihren Verbündeten bedeutete. Hitler hatte den Krieg zwar noch nicht verloren – die Entscheidung fiel erst in Stalingrad -, aber er konnte ihn nicht mehr gewinnen. Hier gibt es eine Parallele zum Ersten Weltkrieg. Deutschland verlor die Chance, ihn zu gewinnen, in der Marne-Schlacht, obwohl die Niederlage viel später, wohl erst bei Verdun, sicher war. Die Parallele ist nicht zufällig. In beiden Fällen setzte Deutschland alles auf die Karte eines schnellen ersten Schlags, weil das in einem Zweifrontenkrieg in der Tat die einzige Chance gegen eine kräftemäßig überlegene Koalition bot.

Der Krieg machte aus mir genaugenommen einen «feindlichen Ausländer». Aber das Kontrollamt in Philadelphia war im Gegensatz zum New Yorker Amt sehr liberal und erteilte mir eine uneingeschränkte Reiseerlaubnis für New York und die Atlantikküste. Ich fuhr auch nach Princeton, wo sich Erwin Panofsky, der Kunsthistoriker aus Hamburg, und Erich Kahler, der Philosoph und Historiker, den ich noch aus München und Wien kannte, niedergelassen hatten.

Der Krieg schuf in den USA neue Wohnungsprobleme, die in der Arbeit der Housing Association zu Veränderungen führten. Mietpreisbindungen wurden eingeführt, aber Verkäufe nicht kontrolliert. Als Folge davon verkauften die Besitzer von Mietreihenhäusern, in denen in Philadelphia die meisten Arbeiter wohnten, ihre Häuser und setzten die Mieter hinaus. Das löste eine Kettenreaktion aus: der wohnungslose Mieter, der kein Reihenhaus mehr fand, das zu vermieten war, kaufte eins und setzte den Mieter wiederum auf die Straße. Ich argumentierte, daß es absurd sei, Wohnungsko-

---

14 Harry S. Truman, 1884–1972, Präsident der USA von 1945-53. 1945 war er Vizepräsident unter Roosevelt und wurde nach dessen Tod sein Nachfolger. Bekannt wurde er durch seine Kriegspolitik bis zur Niederwerfung Japans und den sog. «Kalten Krieg». Mit der Politik des «Containments» (wesentlich durch ein System von Pakten) und die «Truman-Doktrin» (Rede vor dem Kongreß am 12. März 1947), in der er um die Zustimmung für Militär- und Wirtschaftshilfe für die Türkei und für die antikommunistischen Kräfte im Griechischen Bürgerkrieg warb, versuchte er die UdSSR niederzuhalten. Er unterstützte den Marshall-Plan für den wirtschaftlichen Wiederaufbau Westeuropas und führte die USA in den «Koreakrieg».

sten einerseits über die Mieten kontrollieren zu wollen, ohne andererseits die Verkäufe einzuschränken, und schlug ein Moratorium für Räumungen vor. Daraus wurde nichts. Auch ein anderer Vorschlag zur Linderung der Wohnungsnot meinerseits wurde abgelehnt: eine progressive Steuer auf «überzählige» Zimmer, die die Zahl n + 2 überstiegen, wobei n die Anzahl der Bewohner war. Für das erste überzählige Zimmer wäre die Steuer gering, stiege aber mit jedem weiteren steil an. Die von der Steuer betroffenen Bewohner könnten sie auf drei Wegen umgehen: in eine kleinere Wohnung umziehen, die Wohnung mit Freunden oder Verwandten teilen oder untervermieten. Auf allen drei Wegen wäre etwas gegen die Wohnungsnot getan. Mir gefällt die Idee heute noch. Aber meinem Kontaktmann bei der Gewerkschaft gefiel sie nicht; er lebte mit seiner Frau und einem Kind in einem Sechs-Zimmer-Haus.

Ich war Mitglied der «Office Workers' Union» (Angestelltengewerkschaft) und einer der stellvertretenden Abgeordneten im CIO-Council. In einer Sitzung kam die Frage der Auflösung des «Record» zur Sprache, der einzigen Zeitung in Philadelphia, die für die Demokraten und die Politik des New Deal[15] war. Die Diskussion drehte sich ausschließlich um die Frage der Arbeitsstellen für die Angestellten des Record nach ihrer Übernahme durch den Bulletin. Ich schlug vor, CIO und AFL, die in Philadelphia eng zusammenarbeiteten, sollten den Record aufkaufen und als Zeitung für Arbeitnehmer und für die Politik des New Deal weiterführen. Man lachte mich schlicht aus; die Arbeiterschaft könne das Geld nicht im Traum zusammenbringen. Ich war verblüfft; in Deutschland war die Arbeiterbewegung, ob sozialdemokratisch oder kommunistisch, in der Lage gewesen, ihre eigene Presse zu finanzieren. Im Großraum Philadelphia hatten die Gewerkschaften über eine halbe Million Mitglieder. Wegen der Absage an Streiks für die Dauer des Krieges hatten sich in den Gewerkschaftskassen Unsummen angesammelt; die einzelnen Arbeiter hatten mehr Geld auf den Sparkonten als je zuvor. Und trotzdem konnten sie es sich nicht leisten, eine Zeitung herauszugeben. Die Arbeiter, die überwältigende Mehrheit der Bevölkerung, war von jeder Kontrolle über die Presse ausgeschlossen. Was für eine Demokratie war das?

Ed Bacon ging zur Marine, und Dorothy Schoell Montgomery wurde seine Nachfolgerin als Leiterin der Housing Association. Sie war eine langjährige Aktivistin in der Wohnungspolitik, und ich bewunderte sie sehr. Wie oft habe ich gesagt, daß es in der ganzen «lari-fari»-Wohnungsbewegung in Nordamerika nur drei Männer aus Fleisch und Blut gebe: Elizabeth Wood, Catherine Bauer und Dorothy Schoell.

Bob Mitchell wollte mich für seinen Stab in der Planungskommission haben, aber dazu mußte ich amerikanischer Staatsbürger sein. Ich hatte gleich bei meiner Ankunft 1938

---

15 «New Deal», ist die Bezeichnung für die staatsinterventionistische Politik, mit der US-Präsident F. D. Roosevelt die Folgen der Weltwirtschaftskrise für die USA überwinden wollte. Der New Deal schuf in den USA die Voraussetzung für einen modernen Sozialstaat. 1. Phase (1933–35): Die direkte Belebung der Wirtschaft sollte erreicht werden durch Arbeitsbeschaffungsprogramme, Drosselung der Überproduktion der Industrie (Erhöhung der Mindestlöhne, Verkürzung der Arbeitszeit) und der Landwirtschaft (Prämierung der Verringerung der Anbaufläche), inflationäre Wirtschaftspolitik und dynamische Außenhandelspolitik. 2. Phase: 1935 schufen Gesetze die Grundlagen für eine erhebliche Stärkung der Gewerkschaften und für eine Alters-, Unfall- und Arbeitslosenversicherung; die Steuerprogression wurde erhöht und mit einem Gesetz zur Entflechtung der großen Energiekonzerne monopolistischen Tendenzen entgegengewirkt; Reformen des Banken- und Börsenwesens wurden weitergeführt und Unterstützungsmaßnahmen für Landarbeiter und Pächter verstärkt.

meine «First Papers» beantragt, also war ich nach fünf Jahren Aufenthalt antragsbe-
rechtigt für eine US-Staatsbürgerschaft. Ich war nicht sicher gewesen, ob ich diesen
Schritt tun wollte. Ich dachte daran, nach Hitlers Unterwerfung nach Deutschland
zurückzukehren, weil ich auf die Einführung einer Volksfront-Regierung auf breiter
Basis hoffte. Aber mittlerweile sah es aus, als würde es vielleicht gar keine deutsche
Regierung geben; und in den USA bot man mir die Arbeit an, die ich mir mein Leben
lang gewünscht hatte. Also stellte ich einen Antrag. Ich wußte, daß man mir die
Staatsbürgerschaft verweigern würde, wenn man mich fragte, ob ich Mitglied der
Kommunistischen Partei gewesen sei, da ich die Frage bejahen mußte. Aber ich wurde
nicht gefragt und wurde so 1944 Staatsbürger der USA.

Als sich der Krieg dem Ende näherte, stellte das Parlament von Pennsylvania eine
Nachkriegs-Planungskommission auf, die eine Gesetzgebung zur Stadterneuerung
vorbereiten sollte. Leiter wurde Abraham Freedman, der Rechtsbeistand der Housing
Association. Ich wurde sein Partner, meine Assistentin war Margy Ellin, eine junge
Soziologin aus New York. Als ich Freedman meine Befürchtungen bezüglich der
negativen Auswirkungen der Stadterneuerung darlegte, fragte er: «Sollten wir uns
dagegen stellen?» Ich sagte: «Nein, eine Gesetzgebung kommt auf jeden Fall; wir
sollten sie lieber selbst entwerfen, um den Schaden zu begrenzen.» Wir überlegten uns
ein zweistufiges Verfahren: Zuerst mußte ein «Gebiet» definiert und die zukünftige
Nutzung von der Stadtplanungskommission bestätigt werden; erst danach konnten
spezifische Projekte in diesen Gebieten beantragt werden, die wiederum von der
Planungskommission abzusegnen waren.

Ich entwarf auch eine Klausel, nach der Mieter nur hinausgesetzt werden durften,
wenn das Wohnungsamt bescheinigte, daß ihnen eine sichere und saubere Wohnung
zur gleichen Miete und bei gleicher Erreichbarkeit zur Verfügung stehe. Offensichtlich
wären, wenn es Wohnungen dieser Art gegeben hätte, die Bewohner der Elendsquartiere längst von sich aus umgezogen. Das hieß also, daß Elendsviertel nur «saniert»
werden durften, wenn für alle Bewohner entsprechender, subventionierter Wohnraum gebaut wurde; in der Praxis nahmen es die Wohnungsämter mit ihren Beschei-
nigungen jedoch nicht so genau.

Ich erweiterte die Definition des Begriffes «blight», gemeinhin die Bezeichnung für
eine verwahrloste Wohngegend, und wandte ihn nun auch auf andere Nutzungsformen
und auf Brachland an. Und ich wollte Slumsanierung von Stadterneuerung trennen.
Doch Abe Freedman wandte ein, daß Slumsanierung vom Obersten Gerichtshof als
«öffentlicher Belang» anerkannt worden war und damit die einzige rechtliche Grundlage darstellte, auf der eine Enteignung zum Zweck der Stadterneuerung möglich war.
Das Gesetz wurde ziemlich genau so erlassen, wie wir es entworfen hatten.

Ich schnitt in der behördlichen Prüfung zum «senior planner» in der Flächennut-
zungsabteilung der Stadtplanungskommission als bester Kandidat ab und trat Anfang
1945 die Arbeit dort an. Leiter der Abteilung war Ray Leonard, ein äußerst liebenswürdiger Mann. Ich trug die Verantwortung für die Entwicklung des Generalplans
für Flächennutzung und Hauptverkehrsadern. Wir waren uns einig, daß der Plan nicht
nur das unter unsere Zuständigkeit fallende Stadtgebiet von Philadelphia, sondern das
sehr viel größere städtische Ballungsgebiet umfassen mußte, weil wir nur so darauf

hoffen konnten, daß die Logik unserer Vorschläge andere Verwaltungen überzeugen würde, sie zu übernehmen und auszuführen.

Ich erinnere mich, die Frage der Grundform und -struktur unserer Metropole mit Bob Mitchell erörtert zu haben. Ich ging davon aus, daß sie viel zu groß sei, als daß man noch mit dem traditionellen Ansatz eines Systems von Straßen und Plätzen operieren könne. Sie mußte als Stadtlandschaft aus Bezirken unterschiedlichen Charakters konzipiert werden, mit dichter oder offener Bebauung. Ich glaubte weder an die damals vorherrschende Vorliebe zur «Dezentralisierung» in Satellitenstädte, noch an die von anderen propagierte «Bandstadt». Meinem Gefühl nach war die beste Lösung ein sternförmiges Muster, bei dem sich die Entwicklung, strahlenförmig vom alten Stadtkern ausgehend, entlang der Hauptverkehrsachsen vollzieht und Grünschneisen sich keilförmig zwischen den bebauten Gebieten möglichst weit bis in die Innenstadt erstrecken. Ein solcher Plan war soeben unter der Bezeichnung «Fingerplan»[16] für Kopenhagen übernommen worden. Natürlich würde man ihn für unseren Zuständig-keitsbereich, wie für jedes Stadtgebiet, der natürlichen und menschengemachten Topographie entsprechend grundlegend abwandeln müssen.

1947 wurde auf einer Versammlung der American Society of Planning Officials das fünzigjährige Erscheinen von Ebenezer Howards «Tomorrow»[17] gefeiert, in dem er seine Vorschläge für neue «Gartenstädte» dargelegt hatte. Die Vorstellung, städtisches Wachstum in neue Ortschaften von vorher festgelegter Größe zu kanalisieren, deren Balance ein für allemal planbar sei, wurde als die Antwort auf die quälenden Probleme der «chaotischen» Großstadt begrüßt. Ich war der einzige ungläubige Thomas. Nach-dem ich mein Publikum gebeten hatte, zu überlegen, warum aus «morgen» auch ein halbes Jahrhundert später noch kein «heute» geworden sei, bemerkte ich, daß es sich zwar als schwierig erwiesen habe, das Wachstum einer «New Town»[18] in Gang zu bringen, es aber unendlich schwerer sein würde, es wieder zu stoppen. Bei Erfolg würde eine New Town schon bald über die vorgeplante Größe hinauswachsen und alle Probleme reproduzieren, denen die Planer zu entkommen gehofft hatten. Ich schloß mit der skizzenhaften Darstellung alternativer städtischer Wachstumsformen. Der veröffentlichte Vortrag[19] war der erste in einer Serie von Essays[20], die sich damit beschäftigten, die Metropole als neue menschliche Siedlungsform zu begreifen, die sich radikal von der Großstadt unterschied, aus der sie hervorgegangen war.[21]

---

16 Ein solcher «Fingerplan» wurde von Hamburgs Oberbaudirektor Fritz Schumacher bereits 1919 vorge-stellt und bildet noch heute wichtige Grundlagen für die Zukunftsplanungen.

17 Vgl. Anmerkung über Raymond Unwin

18 Über «New Towns» ist eine Fülle von Literatur erschienen, grundlegend ist Frank Schaffer, The New Town Story, London 1972, aber auch Peter Hall, Urban and Regional Planning, Harmondsworth (England) 1975; zum Wachstum einer speziellen New Town: Milton Keynes; vgl. auch Volker Roscher, Der große Bruder baut uns eine Stadt, in: Bausubstanz 4/1992.

19 «Alternative Solutions for the Metropolitan Development», vgl. Literaturliste zu Hans Blumenfeld.

20 Die weiteren Essays sind: On the Concentric-Circle Theory of Urban Growth (Mai 1949); The Domi-nance of the Metropolis (Mai 1950); The Tidal Wave of Metropolitan Expansion (Winter 1954); vgl. Literaturliste zu Hans Blumenfeld.

21 Meine grundlegenden Aufsätze zum Bereich Stadt- und Regionalplanung wurden in zwei Sammelbänden publiziert: The Modern Metropolis, Boston 1967 und parallel Montreal 1967, und Metropolis ... and Beyond, New York 1979.

Ray Leonard räumte der Planung eines umfassenden Stadtautobahnnetzes oberste Priorität ein. Ich stimmte zu, bestand aber darauf, daß wir außerdem Pläne für den Ausbau und die Modernisierung eines Bahnschienennetzes entwickelten, und zwar für U-Bahn- und Vorortzüge. Einige unserer damals angenommenen Vorschläge sind noch nicht umgesetzt worden. Andererseits wird mein Vorschlag zur Verbindung der Vorort-Endbahnhöfe der Pennsylvania und der Reading Railroad, der damals als undurchführbar abgelehnt wurde, jetzt verwirklicht.

Die öffentliche Meinung war für Stadterneuerung, vor allem im schrecklich heruntergekommenen ältesten Teil von Philadelphia am Delaware-Fluß. Ich verfaßte einen kurzen Artikel mit dem Titel «The Waterfront, Key to Redevelopment», in dem ich erläuterte, daß eine erfolgreiche Erneuerung nur durchzuführen sei, wenn man die Hafenpiers und den Lebensmittelgroßmarkt als Verursacher von schwerem Lastverkehr verlegte. Das empfand man allgemein als unpraktische, «weithergeholte» Idee, setzte sie aber einige Jahre später dann doch um.

Mir war das Problem schon einmal begegnet. In einem Gespräch mit Robert Weinberg, einem ausgezeichneten Architekten, der damals bei der Stadtplanungskommission war, sagte ich kurz nach meiner Ankunft in New York, daß es meiner Ansicht nach dringend geboten wäre, die veralteten Piers in Lower Manhattan abzureißen, die über einer Million Arbeitern und Bewohnern der Innenstadt den Zugang und die Nutzung der Wasserfront versperrten. Er war von meinem radikalen Vorschlag entsetzt; inzwischen hat man ihn verwirklicht.

Später machte ich mit der «Altstadt» an der Wasserseite in Montreal die gleiche Erfahrung durch. Mir ist mittlerweile klar, daß es ein weltweites Problem ist, das sich aus der historischen Tatsache ergibt, daß so viele Städte ursprünglich Häfen waren. Wenn sie wachsen, müssen sich Stadt und Hafen ausdehnen und in Konflikt geraten. Das Stadtzentrum zu verlegen würde Unsummen kosten. Eine Hafenverlegung bringt Gewinn für das Land, das für das Verladen, Lagern und den Transport erschlossen wird. In immer mehr Städten werden die Häfen verlegt, gewöhnlich allerdings erst nach langen, teuren Verzögerungen.

Wegen der Komplexität der Situation mußte die Neugestaltung der zentralen Gebiete am Wasser aufgeschoben werden, aber es kamen viele Anträge für andere Gebiete. Nun saß ich da und mußte das Gesetz anwenden, das ich entworfen hatte. Ich mußte Empfehlungen für ausgewiesene «Sanierungsgebiete» erarbeiten. Ich lernte bald, wie andere auch, daß ein Gebiet zur Sanierung vorzusehen hieß, weiteren Verfall zu verursachen, weil es Investitionen entmutigte. Mir fiel kein anderer Ausweg ein, als die gesamte Stadt, mit Ausnahme der neuesten Gebiete, zum «Sanierungsgebiet» zu erklären. Das wurde damals nicht akzeptiert, aber inzwischen sind praktisch alle alten Bezirke von Philadelphia als Sanierungsgebiete ausgewiesen.

Es gelang mir immerhin, die Aufmerksamkeit auf die Erneuerung von zwei Gewerbegebieten zu lenken. Das eine, das größte, das in Amerika je in Angriff genommen wurde, lag so tief, daß es nicht an ein Abwasserleitungsnetz angeschlossen werden konnte. Trotzdem war es am Reißtisch aufgeteilt worden, und viele Grundstücke waren verkauft; die meisten davon waren wegen unbezahlter Steuern während der Wirtschaftskrise wieder an die Stadt gefallen. Zur Sanierung mußte das gesamte

Gelände künstlich aufgeschüttet und neu geplant werden, in erster Linie als Wohngebiet. Dieses sollte durch einen Gewerbegürtel von einer großen Straße für den Lastverkehr, einer Eisenbahnstrecke und einem Flughafen getrennt werden. Die Entwicklung ist zwar etwas bunt, aber im großen und ganzen nach dem ursprünglichen Plan verlaufen.

Ein anderes, kleineres Gewerbegebiet beheimatete eine Reihe Seifenfabriken und Kadaververbrennungsanlagen, deren durchdringender Gestank als sehr störend empfunden wurde. Da die chemische Zusammensetzung der Gase und die Ursachen ihrer Entstehung unbekannt waren, beauftragten wir das Franklin Institute, ein bekanntes Forschungsinstitut, mit der Untersuchung des Problems. Die Gespräche der Wissenschaftler mit den Ingenieuren und Managern veranlaßten diese, durch Aktionen einer möglichen Enteignung entgegenzuwirken, die aus der Ausweisung des gesamten Geländes als Sanierungsgebiet hätte abgeleitet werden können. Ein paar kleine Fabriken zogen fort; die meisten behoben die Störungen. Als Folge davon «entwickelte» sich das Gebiet ohne weitere Verwaltungshandlungen in ein solides Gewerbegebiet, das andere Fabriken anzog, vor allem Speditionsplätze.

Was bestehende arme Wohngebiete betraf, die offiziell als verfallen oder als «Slums» galten, blieb ich bei meiner Ansicht, daß es besser sei, sie zu sanieren als sie abzureißen. Die Frage war schon früher aufgekommen, während ich noch bei der Housing Association war. Eines Tages bat mich Ed Bacon, einen Teil von Philadelphia auszusuchen, der zur Abrißsanierung und Erneuerung geeignet sei. Ich widersetzte mich aus zwei Gründen: erstens zerstörte das Abreißen im großen Stil das Sozialwesen, und zweitens würde ein auf einer menschengemachten Wüste erbautes Projekt überall gleich aussehen, gleichgültig auf welchem Gelände und in welcher Stadt. Ich schlug statt dessen ein Projekt zur Sanierung eines vorhandenen Gebiets in Südphiladelphia vor.

Ed hatte mich über die Gründe seiner Bitte im Dunkeln gelassen; es stellte sich heraus, daß es um die Stadtplanungsausstellung ging, die er und Oscar Stonorov planten und die nach dem Krieg in Philadelphia mit großem Erfolg stattfand. Lou Kahn, der damals noch mit Stonorov zusammenarbeitete, nahm die Idee, das Gebiet zu sanieren, in dem er großgeworden war, begeistert auf, und seine auf der Ausstellung gezeigten Vorschläge gewannen landesweite Anerkennung.

Wichtige Sanierungserfahrungen gewannen wir durch ein kleines Projekt der Quäker, die in einem großen, ausgewiesenen Sanierungsgebiet, in dem hauptsächlich Farbige wohnten, ein Stadtteilzentrum führten. Während der Wirtschaftskrise hatten die Quäker mit Erfolg mehrere kooperative Selbsthilfe-Wohnprojekte organisiert. Jetzt schlugen sie vor, den Block um ihr Stadtteilzentrum herum abzureißen und durch ein ähnliches Projekt zu ersetzen. Ich wendete ein, daß es unwirtschaftlich sei, vierstöckige Gebäude durch selbstgebaute Häuschen zu ersetzen, daß es aber vielleicht möglich sei, eine Kooperative zu organisieren, die den Block wieder instandsetze. Sie griffen die Idee auf und begannen Mitglieder für eine rassisch gemischte Wohnkooperative zu werben.

Es geschahen einige unerwartete Dinge. Die Quäker hatten sich Sorgen gemacht, daß sie die derzeitigen Mieter vielleicht auf die Straße setzen müßten. Das geschah nicht;

als die Kooperative die Arbeit aufnahm, hatten die Eigentümer ihre Mieter in andere Slumhäuser aus ihrem Besitz umgesiedelt. Sorgen machten den Organisatoren auch die Namen der weißen Anwärter für die gemischte Wohnkooperative. Sie stellten fest, daß die meisten von ihnen ihrer kommunistischen Sympathien wegen bekannt waren. Später, als die Mitglieder sich zu ihren ersten Versammlungen trafen, dominierten die weißen Intellektuellen die Diskussion, und die Schwarzen schwiegen peinlich berührt; als es an die praktische Arbeit ging, kehrten sich die Rollen um. Die nach dem Entwurf von Oscar Stonorov instandgesetzten Wohnungen waren schön, aber sehr wenige der früheren Bewohner konnten sich die Miete leisten.

Eines Tages kam eine unerwartete Anfrage aus dem Rathaus. Die Stadt hatte den Vereinten Nationen die Einladung unterbreitet, sich in Philadelphia niederzulassen, und wir sollten unverzüglich ein geeignetes Gelände vorschlagen. Ich empfahl eine große Ebene im Fairmont Park mit Blick über die Stadt, und mein Vorschlag wurde angenommen. Die von der UNO zur Auswahl der geeignetsten Stadt beauftragte Kommission kam nach Philadelphia. Le Corbusier hielt einen Vortrag, auf den eine Diskussion folgte.

Die Mitarbeiter der Planungskommission zeigten den Besuchern das Gelände und Philadelphia und Umgebung. Da ich russisch sprach, erhielt ich den Auftrag, die beiden sowjetischen und den polnischen Delegierten in einem Auto herumzufahren. Der Pole war Mathew Novitzki, ein hochkreativer und kultivierter Architekt von außerordentlicher Sensibilität und Intelligenz.

Nach Vollendung des UNO-Projekts blieb Novitzki in Amerika, und ich sah ihn ein paarmal in New York. Später ging er nach Raleigh, North Carolina. Bei einem Besuch in Chapel Hill fuhren mich Freunde nach Raleigh, um ihn zu sehen. Mathew zeigte mir seinen Plan für den «Cow Palace». Ich begriff seine Innovation nicht sofort. Während er sie mir zu erklären versuchte, kamen meine Freunde, um mich abzuholen, und Novitzki sagte: «Ich erkläre es dir nächstes Mal.» Es sollte kein nächstes Mal geben. Auf dem Rückflug von Chandigarh kam er bei einem Flugzeugunglück ums Leben. Es war ein unersetzlicher Verlust.

In der Planungskommission wechselten einige Mitarbeiter. Martin Meyerson wurde mein Assistent. Als er mir erzählte, daß er sich mit meiner ehemaligen Assistentin Margy Ellin verlobt habe, fragte ich: «Bin ich Schuld?» Er antwortete: «Ach, nein. Ich habe sie vor Jahren in New York kennengelernt – und mochte sie gar nicht.» Sie sind sehr glücklich verheiratet.

Nach Kriegsende kehrte Ed Bacon, der in der Marine gewesen war, zurück und wurde mein Kollege als Oberlandesplaner. Bald darauf ging Robert Mitchell, und Ray Leonard wurde zum Direktor. Wir arrangierten einen internen Wettbewerb um die freie Stelle des Chefs der Abteilung für Landesplanung, aus dem Ed Bacon als Sieger hervorging. Ich war zweiter, und Paul Croley, ein sehr fähiger Administrator, dritter. Wenige Monate später machte uns der plötzliche, tragische Tod von Ray Leonard erneut zu Waisen. Ed Bacon wurde zu seinem Nachfolger bestimmt. Ich wurde kommissarischer Leiter der Abteilung für Landesplanung. Kurz vorher war Harold M. Mayer, der Leiter der Abteilung für Planungsanalyse, an die Universität von Chicago gegangen. Ich hatte mit Harold bei der Vorbereitung des Generalplans eng

zusammengearbeitet, und er sagte mir, er würde es gern sehen, wenn ich sein Nachfolger würde. Die Abteilung wurde jedoch vorübergehend von dem ältesten Mitarbeiter dort übernommen, Harlan Loomer, einem fähigen Soziologen und Demographen. Ich fühlte mich berechtigt, Ed Bacons Nachfolge als Leiter der Abteilung für Landesplanung anzutreten, aber er wollte mich nicht in der Position haben. Als ich im Laufe des Gespräches erwähnte, Harold Mayer habe sich gewünscht, daß ich seine Nachfolge antrete, gefiel Ed die Idee ausgezeichnet. Ich wendete ein, daß ich Harlan Loomer nicht beiseite schieben wolle. Als ich mit Harlan sprach – der sich mit Ed nicht allzu gut verstand – sagte er, ihm sei klar, daß er keine Chance habe, zum Leiter ernannt zu werden, und daß er lieber unter mir arbeiten würde als unter jemand anderem. Also nahm ich die Position als Chef der Abteilung für Planungsanalyse an – unter der Bedingung, daß die Arbeit am Generalplan, die ich angefangen hatte, mit mir versetzt würde. Freilich interessierte ich mich weiter für die Abteilung für Landesplanung. Als ein landesweiter Wettbewerb um die Stelle ausgeschrieben wurde, bewarb ich mich. Von etwa zwei Dutzend Bewerbern kamen vierzehn in die engere Wahl und mußten ein Wohngebiet für einen vorhandenen, bislang ländlichen Teil von Philadelphia entwerfen. Nur zwei Bewerber blieben übrig, ich und Thomas Schocken. Merkwürdigerweise waren wir beide deutsche Architekten jüdischer Abstammung und hatten beide in der Sowjetunion gearbeitet. Und während ich nur vorgehabt hatte, in Spanien zu kämpfen, war Tom tatsächlich dabeigewesen, als einer der wenigen Sozialdemokraten, die sich der Internationalen Brigade angeschlossen hatten. Noch seltsamer war, daß sich unsere Projekte so ähnelten, daß einige Leute uns der geheimen Absprache verdächtigten. Bei dem entscheidenden Interview durch ein Dreierkomitee war Tom nervös, während ich sehr gelassen war. Deshalb gewann ich den Wettbewerb.
Damit saß Ed ein wenig in der Klemme. Mich wollte er nicht ernennen, konnte aber niemand anderes nehmen. Der einzige Ausweg war, den Wettbewerb zu ignorieren und nach einem halben Jahr neu auszuschreiben. Diesmal war ein Projektentwurf in einer eintägigen, geschlossenen Sitzung zu erstellen. Angesichts meiner geringen Zeichenkünste wußte ich, daß ich diesmal nicht gewinnen würde, machte aber trotzdem mit. Der Sieger war Willo von Moltke. Er machte seine Arbeit als Chef der Abteilung für Landesplanung gut. Wir arbeiteten gut zusammen und wurden gute Freunde.
Ed Bacon interessierte sich in erster Linie für Stadtgestaltung und spezifische Projekte und überließ mir einigermaßen allein die Entwicklung des Generalplans. Als der Vorstand ihn bei einer Versammlung bat, einen Zwischenbericht über den Generalplan vorzulegen, war er überrascht, daß ich ihn rechtzeitig zur nächsten Vorstandssitzung fertig hatte. Bald darauf wurden verschiedene Aspekte des Plans – über Bevölkerung, Industrie, Wohnungspolitik etc. – veröffentlicht.
Einer der wichtigsten Aspekte des Plans war natürlich die Untersuchung der ökonomischen Basis. Gleich zu Anfang hatten wir nach ausgiebigen Diskussionen unter den höheren Mitarbeitern beschlossen, nicht den damals modernen Ansatz zu wählen, bei dem man mit den Basisindustrien, d.h. den Exportindustrien, anfing und von der Zahl der dort Beschäftigten auf die Zahl der Beschäftigten in den sog. «Dienstleistungs»-Betrieben schloß und von dort auf die Gesamtbevölkerung. Nach der Veröffentlichung unseres von der Wirtschaftswissenschaftlerin unseres Stabes verfaßten Berichts wurde

ich häufig von Kollegen gefragt, warum wir nicht mit dem Standardansatz gearbeitet hatten. Ich fand meine Antworten unzulänglich und versuchte, meine Gedanken zu klären. Das Ergebnis war fast zehn Jahre später ein Artikel mit dem Titel «Die ökonomische Basis der Metropole»[22]. Es war zugleich mein längster veröffentlichter Artikel und der, der unter Ökonomen und Planern die heftigsten Diskussionen auslöste.

Mein höheres Einkommen und das Ende der Kriegseinschränkungen brachten in meinem Privatleben einige Veränderungen mit sich. Zuerst hatte ich mir in Philadelphia in einer alten Pension eine Mansarde gemietet, von wo aus ich das Büro der Housing Association zu Fuß erreichen konnte. Eine der Hauptaktivitäten der Association bestand darin, die städtische Bauaufsicht zur Einhaltung der Bauvorschriften unter Druck zu setzen. Nach der Vorschrift war es verboten, Zimmer zu bewohnen, die höher als im dritten Stock lagen und nicht über eine Feuerleiter verfügten. Eines Tages erschienen Beamten der Behörde und verschlossen das Zimmer, in dem ich wohnte. Zum Glück kam mir Karoline Solmitz zu Hilfe, die Witwe meines ermordeten Freundes Fritz. Sie war mit ihren vier Kindern nach Amerika gekommen und hatte in Bryn Mawr mit der Hilfe von Quäkern eine Pension eröffnet. Eine Freundin von Karoline, eine Deutschprofessorin am Bryn Mawr College, hatte in ihrem Haus auf dem Campus ein Zimmer zu vermieten. In meiner ersten Nacht dort war ich von der kühlen Abendbrise bezaubert, die so anders war als die stickige Hitze in meinem Zimmer in meiner alten Bleibe. Mir wurde klar, wie groß die Klimaunterschiede innerhalb eines Stadtgebiets sein können.

Es ist wirklich absurd zu behaupten, die nordöstlichen Staaten der USA hätten ein gemäßigtes Klima. Es ist in beide Richtungen unmäßig. Eine Zeitlang arbeitete ein indischer Ingenieur in unserem Planungsbüro. Er klagte über die Hitze. In Bombay sei es nie so heiß, behauptete er.

Ich kaufte mir ein Fahrrad und fuhr über die Landstraßen. Die Leute lachten mich aus; es ist gut möglich, daß ich damals der einzige erwachsene Mann in Philadelphia war, der Rad fuhr. Ich entdeckte eine wunderschöne Badestelle in einem alten Mühlenteich und machte mit einigen Männern aus der Gegend Bekanntschaft. Als ich einen jungen Burschen, der gerade mit der Schule fertig war, fragte, wo er arbeite, antwortete er: «In einem Drugstore in Wayne.» Ich erschrak. In meinen Untersuchungen über die Region hatte ich sie in eine Reihe von Gegenden unterteilt und für jede das Verhältnis von Arbeitsstellen zu arbeitsfähigen Bewohnern ausgerechnet. Mein junger Freund wohnte im Schuylkill Valley, wo es Stellen im Überfluß gab; er arbeitete auf der Main Line, wo ein noch größeres Defizit herrschte! Im darauffolgenden Jahr fragte ich ihn, ob er immer noch im Drugstore arbeite. Nein, jetzt arbeite er in einer Fabrik. Ah, dachte ich, endlich hat die ökonomische Vernunft gesiegt. Wo die Fabrik liege? In Bryn Mawr, eine der ganz wenigen kleinen Fabriken, die auf der Main Line zu finden waren.

Mir dämmerte, daß die Verkürzung des Arbeitswegs vielleicht nicht der bestimmende Faktor für die Wahl des Arbeitsplatzes und des Wohnorts war, für den ihn die Planungstheorie hält. Das bestätigte sich später durch ein Erlebnis bei der Planungskommission. Während des Krieges war eine Siedlung von etwa 600 Häusern für die Arbeiter der Budd-

---

22 «The Economic Base of the Metropolis», 1955, vgl. Literaturliste zu Hans Blumenfeld.

Werke gebaut worden, rund dreizehn Meilen vom Zentrum Philadelphias entfernt, mitten auf dem freien Feld. Wir wollten ein wenig über das Leben in einer so isolierten Siedlung erfahren. Eine Gruppe von Fragen betraf den Arbeitsweg. Nur drei Männer arbeiteten in der Nähe, in den Budd-Werken. Zwei von ihnen, die kein Auto hatten, klagten: «Es ist ein weiter Fußmarsch, und es gibt keinen Bürgersteig.» Bei den übrigen klagten nur wenige. Einer antwortete folgendermaßen: «Wo arbeiten Sie?» – «Auf der Marinewerft.» (18 Meilen entfernt) – «Wie kommen Sie dort hin?» – «Ich nehme den Bus, die U-Bahn und wieder einen Bus.» – «Wie lange brauchen Sie?» – «Ungefähr zwei Stunden.» – «Ist das eine Belastung?» – «Ja, ich muß zum Bus so weit laufen!»

Als ich städtischer Beamter wurde, mußte ich innerhalb der Stadtgrenzen wohnen. Ich hatte das Glück, eine möblierte Unterkunft zu finden, die aus einem Wohnzimmer, einem kleinen Schlafzimmer und einem Bad bestand, das so groß war wie beide Zimmer zusammen, im zweiten Stock des Hauses eines pensionierten Geschäftsmannes. Das Hausmädchen hielt meine Zimmer sauber und machte mein Bett, und ich nahm meine Mahlzeiten in einem Drugstore in der Nähe ein. Das Haus lag in einem großen Garten am Rande des Wissahickon Parks. Ich ging oder fuhr oft mit dem Rad durch den wunderschönen, tief eingeschnittenen, dicht bewaldeten Hohlweg am Wissahickon Creek spazieren. Als mein Hausherr starb und ich umziehen mußte, fand ich in der Nachbarschaft ein möbliertes Zimmer.

Philadelphia war damals politisch fest in der Hand eines republikanischen Apparats; der Boß meines Bezirks rühmte sich seines festen Regiments. Seine Kollegen rächten sich, indem sie ihn darauf hinwiesen, daß ein gutbezahlter Angestellter der Stadt in seinem Bezirk sich als Demokrat habe registrieren lassen. Einige meiner wohlmeinenden Kollegen, die davon gehört hatten, rieten mir, meine Registrierung zu ändern, wenn ich die Stelle behalten wolle. Ich weigerte mich, nichts geschah.

Im Sommer 1947 verbrachte ich einen Monat Urlaub in Mexiko. Vor meiner Abfahrt nahm ich ein paar Spanischstunden. Ich lernte nicht sehr viel, aber genug, um mich allein im Lande zu bewegen. Von da an war ich von Mexiko fasziniert. Durch seine drei sich überlagernden Kulturen, die präkolumbianische Indiokultur, die spanische Kolonialkultur und die moderne, ist es einmalig: Sie sind alle künstlerisch hochkreativ, bis heute lebendig geblieben und auf vielerlei überraschende Weise miteinander vermischt. Wieder einmal merkte ich, wie schon in meiner Kindheit in St. Moritz, daß ich mich auf 2000 Metern Höhe am wohlsten fühle.

Damals war die Luft in Mexiko City noch nicht verpestet; aber ich besuchte per Bus, Bahn und Fahrrad auch andere Teile des Landes, das so reich an präkolumbianischen Ruinen und Kirchen, Klöstern, ganzen Städten im spanischen Kolonialstil ist. Von Oaxaca aus machte ich mich über Veracruz zu den großen Maya-Bauwerken von Chichén und Uxmal auf und kehrte dann über New Orleans zurück. Es bedeutete mir viel, daß ich noch einmal durch die Straßen schöner alter Städte hatte spazieren können.

Deutschland nach zwanzig Jahren

1949 rief mich Sam B. Zisman an, der damals Leiter einer Stadtplanungsgesellschaft in Philadelphia war. Man hatte ihn gebeten, der US-Militärregierung als «visiting expert» für Stadtplanung zu dienen und einen Kollegen für dieselbe Aufgabe vorzuschlagen; ob ich Interesse hätte? Auf jeden Fall. Ich wollte sehr gern nach Europa, hatte aber gezögert, einen Paß zu beantragen, weil dadurch meine frühere Mitgliedschaft in der Kommunistischen Partei zur Sprache kommen könnte. Jetzt beschloß ich, das Risiko einzugehen – und das Glück blieb mir wieder treu. Ich mußte ihn nicht beim Außenamt, sondern beim Pentagon beantragen. Der Zufall wollte es, daß ein paar Monate zuvor Gordon Clapp, der damalige Generalberater und spätere Präsident der TVA[23], ein Visum für Deutschland beantragt hatte und abgelehnt worden war. Das wurde natürlich zu einem öffentlichen Skandal, und der für den Fauxpas verantwortliche Oberst wurde wegen Krankheit beurlaubt. Er war gerade einen Tag wieder am Schreibtisch, als ich im Pentagon vorsprach. Er wollte seinen Fehler auf keinen Fall wiederholen; deshalb machte er – aus seiner Sicht – den entgegengesetzten Fehler. Ich bekam meinen Paß sofort, ohne daß man mir eine einzige Frage stellte.

Mein Vertrag sah neunzig Tage in Europa vor, von denen ich nur an sechzig arbeiten mußte. Das ließ mir Zeit für eigene Besuche auch außerhalb von Deutschland. Ich freute mich sehr auf diese Reise, allerdings nicht ohne eine gewisse Beklommenheit. Ich fürchtete, ich würde vielleicht als «pukka sahib» unter hungrigen Deutschen leben, und ich hatte Angst davor, die nun zerstörten Städte zu sehen, die ich gekannt und geliebt hatte. Meine Befürchtungen erwiesen sich als unbegründet. Westdeutschland war bereits auf dem aufsteigenden Ast. Der Anblick der Trümmer nahm mich, so traurig er auch war, weniger mit, als ich erwartet hatte. Viel stärker war mein Schock, als ich eine Wüste vorfand, wo ich mich an wunderschöne Bäume erinnerte, wie im ehemaligen «Biedersteiner Park» in München, der jetzt für immer verschwunden ist. Nach einem Aufenthalt von wenigen Stunden auf den Azoren brachte mich ein Militärflugzeug nach Frankfurt. Als die Sonne aufging, konnte ich das geliebte kleinteilige, nicht geometrische Muster europäischer Felder erkennen, und dann beim Flug direkt über das Panthéon die unveränderte Schönheit von Paris. In Frankfurt war ich im Baseler Hospiz untergebracht, demselben Hotel in dem ich einige Male mit Gertel gewohnt hatte. Das nahm ich als gutes Omen. Es zeigte mir auch die Kehrseite: Der

---

23 Die «Tennessee Valley Authority» (TVA) wurde 1933 als eine der ersten Maßnahmen des «New Deal» (siehe Anmerkung zum New Deal) eingeführt. In den USA war die regionale wirtschaftliche Entwicklung stets stark lokal motiviert und trug einen weithin als ad hoc zu bezeichnenden Charakter. Der New Deal, die erste US-Politik, die versuchte auf staatsinterventionistische Maßnahmen zu rekurrieren, wollte auch in der Regionalplanung eine integrierte Instanz schaffen, und so wurde die TVA als umfassende Planungsinstitution eingerichtet, um das Tennessee-Tal, welches durch sieben Staaten in der Mitte des Südens der USA führt, zu entwickeln. Geplant wurden Energie- und Wasserversorgung, Flut- und Bodenerosionsschutz, Naherholung, die Entwicklung und Ansiedlung neuer Industrie und der Landwirtschaft sowie die Schaffung von Infrastruktur. Dabei konnte bereits auf Erfahrungen zurückgegriffen werden, die in den USA bereits seit längerem – quasi auf Bürgerinitiative (im wörtlichen Sinn) – geschaffen worden waren. Die Pläne oder Generalpläne in den großen Städten wie San Francisco (1905) oder Chicago (1909) waren die Vorläufer zu Regionalplänen, die durch «Planning Associations» und «Planning Commissions» Anfang der zwanziger Jahre z.B. in San Francisco, Los Angeles oder auch im «Philadelphia Tri-State District» gegründet wurden. Der erste bedeutende Regionalplan war dann der «Regional Plan of New York and Its Environs» (1921–1931), der von der privaten «Russel Sage Foundation» in Auftrag gegeben worden war. Der Verfasser war Thomas Adams. Besonderen ideologischen Einfluß hatte die RPAA (Regional Planning Association of America), der ab 1923 viele Intellektuelle angehörten; darunter waren u.a. Clarence Stein, Catherine Bauer, Lewis Mumford, die einen teils stark antistädtischen Kurs vertraten.

Korridor endete an einem Loch, wo vor den Bombardierungen die andere Hälfte des Gebäudes gestanden hatte.

An meinem ersten Abend rief draußen auf der Straße jemand meinen Namen. Durch einen jener vollkommen unwahrscheinlichen Zufälle, wie sie bisweilen vorkommen, war mein Vetter Siegmund Warburg am gleichen Tag aus London eingetroffen, ebenfalls zu seinem ersten Besuch in Deutschland nach dem Krieg.

Die Geschichte mit den «visiting experts» war ein ziemlicher Popanz, der kaum die Kosten für die Steuerzahler rechtfertigte. Unsere wertvollste Tätigkeit war noch die Auswahl von Leuten für einen Studienaufenthalt in Stadtplanung an der Universität von North Carolina. Planen galt in Deutschland als Aufgabe der Architekten, aber ich bestand darauf, daß zumindest ein Ökonom in die Auswahlkommission gehöre. Diesen fand ich in der Person von Dr. Olaf Boustedt, der am Statistischen Landesamt in München beschäftigt war. Die meisten unserer Bewerbungsgespräche führten wir in einem Hotel in München. Unsere Gruppe bestand neben Sam Zisman und mir aus den Diplomaten Dr. von Herwarth und einem weiblichen Mitglied des Deutschen Gewerkschaftsbundes. Da sie wenig über Planung wußte und Sam kaum Deutsch konnte, mußten vor allem Herwarth und ich die Auswahl unter den Kandidaten treffen. Überraschend war angesichts unserer unterschiedlichen Herkunft und politischen Einstellungen, daß wir in unserem Urteil stets übereinstimmten. Ich glaube, wir haben eine sehr gute Auswahl getroffen. Später hielt ich mit der Gruppe ein zweiwöchiges Seminar in North Carolina ab, und einige von ihnen sind gute Freunde geblieben.

Ich besuchte Planungsbureau, um dort mit meinen deutschen Kollegen ihre Probleme zu erörtern. Ich begegnete alten Bekannten und lernte neue Leute kennen. Ich sprach auch an Universitäten und auf Kongressen; bei der Jahresversammlung der Deutschen Akademie für Städtebau und Landesplanung in Nürnberg legte ich meine vorbereiteten Notizen zur Regionalplanung beiseite, als ich merkte, daß die Teilnehmer sich in erster Linie über die Verweigerung jeglicher Kredite für den Wohnungsbau durch die neue Bundesregierung Sorgen machten. Ich erzählte von den verschiedenen Formen staatlicher Unterstützung, die sogar die Regierung der reichen Vereinigten Staaten zur Gewährleistung einer angemessenen Versorgung mit Wohnungen als notwendig empfand. Meine Erklärungen wurden mit großem Interesse aufgenommen, und vielleicht haben sie zu dem politischen Stimmungswechsel beigetragen, der bald zum großen deutschen sozialen Wohnungsbauprogramm führte.

Besser im Gedächtnis geblieben sind mir allerdings die Erlebnisse außerhalb meiner offiziellen Mission. Aus einem lernte ich etwas über die Wahrnehmung von Architektur. Ich besuchte nochmals zwei meiner geliebtesten Innenräume: die große Halle des Augsburger Rathauses, Anfang des 17. Jahrhunderts gebaut, und die Sankt Annenkirche in München, die ein Jahrhundert später vom großen Barockarchitekten J.M. Fischer erbaut wurde. In beiden waren üppige Verzierungen ein integrierter Bestandteil der Architektur, die ich mir nie ohne sie vorzustellen vermocht hatte. Jetzt waren nur noch die nackten Wände und Decken übrig; aber beide waren als Räume immer noch genauso großartig, wie ich sie in Erinnerung hatte.

An meinem ersten Wochenende in Frankfurt nahm ich einen frühen Zug nach Sommerau, wo ich mit Gertel in jenem unvergeßlichen Sommer 1920 gewesen war.

186

Im selben Augenblick, als ich in den alten Schloßhof eintrat, brach die Sonne durch den Morgennebel. Es war zu früh, um den derzeitigen Bewohner, den Arzt des Ortes, der ein alter Bekannter war, zu wecken. Ich ging wieder und fuhr weiter, um die alten Städtchen Miltenberg und Wertheim am Main wiederzusehen, die seit dem Mittelalter unverändert geblieben waren. Als ich von Wertheim durch die schöne Bauernlandschaft und die Wälder zum alten Kloster von Bronnbach wanderte, kam es mir unvorstellbar vor, daß dieses weiche, liebliche Land die Geburtsstätte der Schrecken des Nationalsozialismus gewesen sein sollte. Nichts ist rätselhafter als das unendliche Potential des Menschen für das Gute und das Schlechte.

Sam Zisman und ich nahmen auch am CIAM-Kongreß in Bergamo teil, einer wunderschönen alten Stadt in der Nähe von Mailand. Ich hatte den «modernen Architekten», die CIAM gegründet hatten, nahegestanden, war aber nie bei ihren Treffen dabeigewesen. Jetzt war es eine große Freude, viele alte Freunde wiederzusehen, von denen ich jahrelang nicht gewußt hatte, ob sie überlebt hatten. Beim Betrachten der Ausstellungen, die die verschiedenen Gruppen aufgebaut hatten, fiel mir auf, daß sie allesamt nach jeweils ausgezeichneten, feinsinnigen Analysen außerordentlich unterschiedlicher örtlicher Gegebenheiten ausschließlich darauf verfielen, die gleichen riesigen, vielgeschossigen Wohnhausscheiben vorzuschlagen. Ich hatte das Gefühl, es müsse auch andere Lösungen geben. Seither bin ich zu dem Schluß gelangt, daß gegen hohe oder lange Gebäude nichts zu sagen ist, solange man noch neben ihnen Bäume und über ihnen den Himmel sehen kann. Ein Gebäude jedoch, das sich vertikal und horizontal so weit ausdehnt, daß es das gesamte Blickfeld einnimmt, wird als bedrückend empfunden.

Ich traf Lotte (Schwarz) in dem reizenden elsässischen Ort Colmar, wo ich ihr Mathias Grünewalds Altarbilder zeigte, die größte Leistung deutscher Kunst; später besuchte ich sie in Paris. Ich besuchte weitere Freunde in der Schweiz und Österreich, Dänemark und Schweden und in vielen deutschen Städten, darunter auch Berlin, West und Ost. Meine alten kommunistischen Freunde in Ostberlin wollten, daß ich dahin komme, um mit ihnen ein sozialistisches Deutschland aufzubauen. So sehr ich mit ihren Hoffnungen sympathisierte, konnte ich mir doch nicht vorstellen, in Berlin zu arbeiten. Ich fühlte mich noch stark zu meiner Heimatstadt Hamburg hingezogen.

Es war zwanzig Jahre her, daß ich Hamburg zuletzt gesehen hatte. Ich wußte, daß es schrecklich zerbombt war. Als ich durch das frühere Arbeiterviertel Hammerbrook lief, wo alles dem Erdboden gleich war, kroch ein Strom schleimiger weißer Käfer aus einem Keller und über den Bürgersteig. Ich nehme an, sie hatten sich die ganzen Jahre über von Leichen ernährt, die unter den Trümmern begraben waren.

Aber das Stadtbild war erhalten geblieben, wohl weil die Innenstadt um die Alster gebaut ist, die kein typisches Bombenziel abgab. Die Nachbarschaft, in der ich aufgewachsen war und die zu einem großen Teil aus Einfamilienhäusern mit großen Gärten besteht, hatte ebenfalls wenig Schaden gelitten. Das Haus, in dem ich vom dritten bis zum achtzehnten Lebensjahr gelebt hatte, stand und steht auch heute noch.[24] Eine dänische Militärmission war damals darin untergebracht, und ich durfte mich im Haus umsehen. Es war schon merkwürdig, wie einige Details plötzlich

---

24 Rothenbaumchaussee 140

Erinnerungen wachriefen, die fast vierzig Jahre lang verschüttet waren. Bei einem späteren Besuch entdeckte ich, daß in dem ähnlich unbeschädigten Haus nebenan eine kleine Hotelpension eingerichtet worden war. Jetzt wohne ich bei meinen Besuchen in Hamburg in der Pension – zu Hause.[25]

Dies könnte man womöglich für einen Ausdruck der zur Zeit modischen «Suche nach den eigenen Wurzeln» oder Identitätssuche halten. Ich glaube nicht an diese Art Nabelschau. Wurzeln gedeihen nur in der Tiefe der dunklen Erde; wenn man sie auszieht, um sie von allen Seiten zu betrachten, verwelken sie. Und meinem Empfinden nach wird die Identität meiner Person, wie jeder anderen auch, ausschließlich von Vererbung und Milieu bestimmt und ist nicht abhängig von der Identifikation mit der einen oder anderen «Gemeinschaft».

Während meiner Kindheit hatten wir oft bei Petersen in unserer Nachbarschaft Blumen gekauft. Als ich an dem Geschäft vorbeikam, stand es noch vollkommen unverändert. Das war unheimlich. Hamburg hatte den Ersten Weltkrieg, die Revolution, die Weimarer Republik, die Nazi-Tyrannei, den Zweiten Weltkrieg, die Bombenangriffe, die Niederlage und den Hunger der Nachkriegszeit durchgemacht – und die ganze Zeit über hatte Herr Petersen seine Blumen verkauft. Auf gewisse Weise war diese unglaubliche Beständigkeit des Alltags erschreckender als die Zerstörungen durch die Bomben.

Ich besuchte meinen alten Freund Richard Tüngel. Nachdem die Nazis ihn aus seiner Stelle bei der Hamburger Baubehörde entlassen hatten, hatte er als Korrespondent für eine Schweizer Zeitung gearbeitet. Nach dem Krieg war er der Begründer und Chefredakteur der Wochenzeitung «Die Zeit», die zu einer der angesehensten und einflußreichsten deutschen Periodika werden sollte. Trotz unserer unterschiedlichen politischen Ansichten blieben wir bis zu seinem Tod eng befreundet.

Leiter der Hamburger Baubehörde war jetzt Oelsner[26]. Er hatte während der Weimarer Republik in der Nachbarstadt Altona – jetzt Teil von Hamburg – ausgezeich-

---

25 Rothenbaumchaussee 138

26 Gustav Oelsner, 1879–1956, war nicht Leiter der Baubehörde in Hamburg, sondern hatte lediglich einen Beratervertrag als «Referent für Aufbauplanung», weil er sich nicht mehr an die Stadt binden wollte. Er war 1924 zum Bausenator in Altona, der damaligen preußischen Nachbarstadt Hamburgs, gewählt worden. Aufmerksam wurde man in Altona auf ihn durch seine Mitautorenschaft zum Entwurf eines «Generalsiedlungsplanes» für das Unterelbe-Gebiet im Groß-Hamburger Raum, den er 1923 mit dem bekannten Berliner Städtebauprofessor Joseph Brix anfertigte. In Altona wirkte er, bis die Nazis ihn 1933 vom Dienst suspendierten, und ging erst 1939 ins Exil in die Türkei. 1948 hat der große Nachkriegs-Bürgermeister Hamburgs, Max Brauer, der mit Oelsner schon in Altona in derselben Funktion zusammenarbeitete, ihn nach Hamburg zurückberufen.
Oelsner ging nicht nur städtebaulich-planerisch bedacht und grundsätzlich vor, sondern war in Altona auch architektonisch tätig und zeigt hier bis heute unerreichte Qualitäten mit starker Vorbildwirkung für neuere Versuche, in Hamburg identitätsstiftende Architektur zu entwickeln. Vgl. auch Christoph Timm, Gustav Oelsner und das Neue Altona, Kommunale Architektur und Stadtplanung in der Weimarer Republik, Hamburg 1984. Hildegard Kösters, «Ich selbst ... suche für alle Bauaufgaben den eigenen Ausdruck unserer Zeit», Vor 30 Jahren starb der Architekt und Stadtplaner Gustav Oelsner in Hamburg, in: Die alte Stadt 4/86, 13.Jg.; die Autorin schließt zur Zeit eine größere Arbeit über «Kommunalen Wohnungsbau in Altona während der Weimarer Republik» ab und wird dazu ein Werk vorlegen. Daraus sind neuere Erkenntnisse über die Zusammenhänge des Kommunalen Wohnungsbaus der damaligen Zeit im Kontext der allgemeinen gesellschaftlichen Strömungen im Deutschen Reich zu erwarten, wie über die Besonderheiten der Altonaer Variante, die wesentlich auf Brauer und Oelsner zurückgeht. Altona ist ein bisher wissenschaftlich völlig vernachlässigtes und überaus relevantes Feld der Planungsgeschichte.

nete Arbeit geleistet und während der Nazizeit in der Türkei gearbeitet. Sein Stellvertreter war Strohmeyer[27], ein außergewöhnlich sensibler Architekt, den ich noch
aus den zwanziger Jahren kannte. Er erwartete, daß man ihn zum Direktor der
neugegründeten Kunsthochschule in Hamburg ernennen würde. Oelsner und er
wollten beide, daß ich seine Nachfolge antrete. Ich willigte ein, die Stelle zu übernehmen, sobald sie frei würde. Das Schicksal wollte es, daß ein anderer alter Freund,
Gustav Hassenpflug[28], zum Direktor der Hochschule ernannt wurde und Strohmeyer in seiner Position blieb.

Einer der Gründe, weshalb ich so gern nach Europa wollte, war mein Wunsch, mich
mit meinen kommunistischen Freunden über den stalinistischen Terror zu unterhalten. Ich hatte selbstverständlich mitbekommen, daß viele Leute, von deren Unschuld
ich überzeugt war, ins Gefängnis geworfen oder umgebracht wurden, aber lange Zeit
konnte ich die Geschichten über Mißhandlungen und Folter nicht glauben; sie waren
mit allem, was ich in der Sowjetunion gesehen und erlebt hatte, unvereinbar. Erst nach
dem Krieg, als sie mir von Leuten bestätigt wurden, die ich persönlich kannte und
denen ich vertraute, mußte ich mir ihre Wahrheit eingestehen. Wie konnten Kommunisten eine solche grundlegende Verletzung alles dessen, wofür sie eintraten, hinneh-
men?

Durch Zufall hatte ich erfahren, daß Sebald Ruetgers, der von mir so hochgeachtete
niederländische Kommunist, den Krieg in Holland überlebt hatte. Ich warf die Frage
in einem Brief an ihn auf. Seine Antwort lautete, ja, es würden viele Fehler gemacht,
aber wir könnten am sowjetischen Volk niemals wiedergutmachen, was wir ihnen für
die Befreiung der Welt vom Faschismus schuldeten. Das war zwar wahr, aber eine
Anwort auf meine Frage war das nicht.

Ich unterhielt mich lange mit dem Schweizer Architekten Hans Schmidt[29], mit dem
ich mich in Moskau angefreundet hatte und der jetzt in seiner Heimatstadt Basel
an der Spitze der Kommunistischen Partei stand. Er sagte: «Wenn das, was du sagst,

---

27 Dipl.Ing. Heinrich Strohmeyer war Oberbaurat im Landesplanungsamt und im Handbuch der Freien
und Hansestadt Hamburg rubriziert unter Sonderaufgaben; außerdem war er Leiter des Bauseminars –
unter Schulbehörde vermerkt – der Freien und Hansestadt Hamburg, welches unter derselben Adresse
firmierte wie die Hochschule für bildende Künste, vormals Landeskunstschule. Das Bauseminar definierte
sich selbst als «Abendschule, die den Bautechnikern der freien Wirtschaft und der Behörden eine
Vertiefung und Weiterentwicklung ihres bautechnischen Wissens vermittelt».

28 Gustav Hassenpflug, 1907–1977, war 1927–28 Bauhausstudent und 1929–31 Mitarbeiter im Büro des
Bauhausmeisters Marcel Breuer. Von 1931–34 war er mit der Gruppe um Ernst May in der UdSSR tätig.
Danach arbeitete er als freier Mitarbeiter bei Ernst Neufert an dessen Normenwerk (Bauentwurfslehre)
und war 1939 in London erneut mit Marcel Breuer zusammen. 1940–45 arbeitete er mit Egon Eiermann
an Kriegsschäden und Behelfskrankenhäusern. 1945/46 leitete er die «Seuchen- und Krankenbettenak-
tion» in Berlin und wurde 1946 auf den Lehrstuhl für Städtebau an der Hochschule für Baukunst und
bildende Künste in Weimar berufen. 1950–1956 war er dann, wie Hans Blumenfeld hier beschreibt,
Direktor der Landeskunstschule, die unter seiner Leitung zur Hochschule wurde. Jedoch bereits 1956
ging er nach München an die Technische Hochschule.

29 Hans Schmidt, 1893–1972, studierte in München und an der ETH Zürich bei Karl Moser und war danach
selbständig tätig, in der Schweiz und von 1921–23 in Holland. Gab 1924–28 mit Mart Stam und Hannes
Meyer die Zeitschrift «ABC – Beiträge zum Bauen» heraus. Er war Mitbegründer der CIAM 1928 in La
Sarraz und war 1930–37 in der UdSSR tätig, von wo aus er in die Schweiz zurückkehrte. Seit 1956 war er
in der DDR tätig, zuletzt (1963–69) als Professor an der Deutschen Bauakademie. 1969 kehrte er in die
Schweiz zurück.

wirklich wahr ist, bin ich natürlich dagegen.» Aber er zögerte, es zu glauben. Andere alte Freunde in Berlin und Wien behaupteten, daß diese Dinge geschehen seien, weil Feinde den Sicherheitsapparat unterwandert hätten; das sei jetzt jedoch Vergangenheit. Es war interessant – und ermutigend – daß ausgerechnet der einzige, der eine Machtposition innehatte, derjenige war, der eingestand, daß irgendetwas grundsätzlich verkehrt war. Albert Norden war, wie man mir sagte, der engste Vertraute von Walter Ulbricht, dem ostdeutschen Parteivorsitzenden. Als ich ihm gegenüber erklärte, daß viele Leute ohne Gerichtsverfahren in Lagern interniert seien, antwortete er: «Jetzt wo wir unsere Republik haben,» – die DDR war zwei Wochen zuvor gegründet worden – «erwarten wir, daß die Sowjets uns bald die Lager übergeben werden; dann werden wir sie selbstverständlich» – selbstverständlich! – «augenblicklich auflösen und die Insassen entweder entlassen oder vor ein ordentliches Gericht stellen.» Er fügte hinzu: «Übrigens kann ich dir versichern, daß viele Sowjetoffiziere über die Methoden der GPU (Geheimpolizei) genauso denken wie du und ich.»

Ich hatte Norden in Hamburg kennengelernt, wo er in den zwanziger Jahren eine Zeitung herausgegeben hatte. Später wurde er Chefredakteur des Zentralorgans der Partei, der «Roten Fahne». Nachdem er einige Monate im Untergrund gegen die Nazis gearbeitet hatte, mußte er aus Deutschland fliehen. Während des Krieges hatte ich ihn in New York wiedergefunden, wo er in einer Fabrik arbeitete und außerdem Beiträge für eine deutschsprachige nazifeindliche Zeitung schrieb. Gemeinsam erörterten wir ausgiebig die Zukunft Deutschlands. Als die Alliierten beschlossen, alle Volksdeutschen – über zwölf Millionen Menschen – aus den deutschen Provinzen östlich der Oder und Neiße und aus der Tschechoslowakei zu vertreiben, war ich zutiefst schockiert. Ich meinte, daß die deutschen Kommunisten, als die einzige Partei, die sich konsequent gegen alle Übergriffe deutscher Imperialisten auf das Selbstbestimmungsrecht anderer Länder gestellt hatte, nicht nur das Recht, sondern die Pflicht hatten, sich für das gleiche Recht ihres eigenen Volkes einzusetzen. Norden war anderer Meinung. Er sagte, daß nichts und niemand die Beschlüsse ändern, sondern nur die Rachsucht nähren könne. Er hatte wohl recht. Die Flüchtlinge sind in Ost- und Westdeutschland erstaunlich gut integriert worden, und mit den Veränderungen hat man sich abgefunden.

Als die Kommunisten und die Sozialdemokraten in Ostdeutschland sich zur Sozialistischen Einheitspartei zusammenschlossen, erwartete Norden, daß dies einen mächtigen Anreiz für die Einheit der Parteien in Westdeutschland bieten würde. Ich befürchtete die umgekehrte Wirkung. In dieser Hinsicht behielt ich leider recht. Norden war ein vollkommen ehrlicher, engagierter Mann, der unerschütterlich an eine leuchtende sozialistische Zukunft glaubte. Als ich ihn 1949 in Berlin sah, sagte er voraus, daß die Bevölkerung der neugeborenen Republik in fünf Jahren einen höheren Lebensstandard erreichen werde als in den besten Vorkriegsjahren. Ich blieb jahrelang skeptisch; ihr großes Experiment hatte keine rechte Chance. Aber trotz aller Widrigkeiten haben sie alle Erwartungen übertroffen.

Eine weitere Begegnung in Ostberlin hat mich sehr beeindruckt. Beim Reitunterricht in meinen Jugendjahren war Irmgard Woermann, Sproß einer wohlhabenden

Reederfamilie, mit Abstand die beste Reiterin gewesen. Wir hatten uns später aus den Augen verloren, aber ein gemeinsamer Freund, Jack Oldenburg, der nach New York emigriert war, hielt einen Briefwechsel mit ihr aufrecht und erzählte mir ihre Geschichte. Sie hatte in Mecklenburg einen Gutsbesitzer namens Rosen geheiratet. Im Krieg waren ihre beiden Söhne, die bei der Luftwaffe gedient hatten, in Rußland umgekommen. Als die Russen bei Kriegsende Mecklenburg besetzten, wurde ihr Mann verhaftet, und sie erfuhr nie, was mit ihm geschah. Sie floh mit ihrer Mutter und Tochter nach Schwerin; die Mutter überlebte die Flucht nicht. Schwerin war voller Kinder, die ihre Heimat und ihre Eltern verloren hatten. Irmgard nahm die Arbeit für eine Organisation auf, die sich um diese Kinder kümmerte. Ihre Mitarbeiter waren Arbeiterinnen, Kommunistinnen oder Sozialdemokratinnen. Sie begann die Welt allmählich mit ihren Augen zu sehen, schloß sich der SED an und machte eine Ausbildung als Lehrerin. Als ich sie fragte, wie sie zu ihrer Einstellung gelangt sei, sagte sie: «Eigentlich ist es nicht anders als auf dem Gut: Alle arbeiten auf ein gemeinsames Ziel hin, aber hier gibt es keinen Unterschied mehr zwischen Herr und Knecht. Im Grunde ist es eine humanere Gesellschaft.» Sie fügte hinzu, daß sie bei einem Besuch bei ihrer Familie in Hamburg festgestellt hatte, daß sie nicht mehr viel gemeinsam hatten. Als ich sie besuchte, machte sie gerade mit Metallarbeitern einer früheren Siemens-Fabrik eine kommunistische Schulung. Dort erwähnte sie meinen Besuch, und die Arbeiter baten mich, ihnen von der Friedensbewegung in Amerika zu berichten. Ich war von der Gruppe beeindruckt; es waren immer noch die gleichen ernsten, engagierten deutschen Arbeiter, wie jene, die einst im Widerstand gegen Bismarcks Sozialistengesetze die Arbeiterbewegung aufgebaut hatten. Ihnen fiel es schwer zu begreifen, daß ich in erster Linie von religiösen Gruppen zu erzählen hatte; engagierte sich die amerikanische Arbeiterbewegung denn nicht für den Frieden?

Der Kalte Krieg

Die amerikanische Arbeiterbewegung trat nicht für den Frieden ein. Nach einer kurzen Zeit der Verbrüderung mit den sowjetischen Gewerkschaften am Ende des Krieges hatte sie wieder mit ihnen gebrochen und sich dem Kalten Krieg verschrieben. Warum und wann fing dieser Krieg an? 1941 hatte Harry Truman gesagt: «Wenn Rußland gewinnt, sollten wir Deutschland beistehen.» 1945 waren die Russen stärker – und Truman war Präsident der Vereinigten Staaten.
Gewiß, Stalins Paranoia und die dadurch inspirierten Greueltaten waren Wasser auf den Mühlen der Kalten Krieger. In Deutschland herrschten weitverbreitete Angst vor den Russen und der Wunsch nach Schutz durch die USA, und das galt in geringerem Maße auch für das restliche Europa. Dabei brauchte und wollte die Sowjetunion, die durch den Krieg vollkommen ausgeblutet war, dringend Frieden. Die Furcht war also unbegründet, aber echt. Ich bin nicht der Ansicht, daß die Geschichte von «großen Männern» gemacht wird. Aber ich kann nicht umhin, mich zu fragen, was geschehen wäre, wenn Stalin anstelle von Roosevelt 1945 gestorben wäre und Roosevelt erst wie Stalin 1953. Kürzlich behaupteten zwei Söhne Roosevelts, daß ihr Vater keine Atom-

bomben auf die japanischen Städte abgeworfen hätte.[30] Womöglich wären wir gar nicht erst in unsere derzeitige Zwangslage geraten.

In Teheran hatten die drei «Supermächte», USA, UdSSR und Großbritannien, sich nach dem Krieg geeinigt, auch weiterhin zu kooperieren. Sie würden versuchen, Einigkeit darüber herzustellen, wie in der Welt Frieden durchzusetzen sei; sie waren sich einig, daß sie im Falle der Nichteinigung von gegenseitiger Einmischung absehen würden. Das war der Ursprung der Forderung nach «Einstimmigkeit» der «ständigen Mitglieder» des Sicherheitsrates in der UNO-Charta.

Die drei Mächte waren sich auch über die Zusammensetzung der Nachkriegsregierungen in Europa einig geworden: Faschisten sollten ausgeschlossen bleiben, aber alle «demokratischen» Kräfte zulässig sein, und das hieß auch Koalitionsregierungen mit den Kommunisten. Solche Regierungen kamen in der Tat vielerorts zustande. Aber von 1947 an wurden die Kommunisten in einem Land nach dem andern aus der Regierung gestoßen. In den sowjetisch besetzten Gebieten war es anders: Die nicht-kommunistischen Parteien blieben in der Regierung, wurden aber zu abhängigen Partnern in einer von Kommunisten beherrschten «Nationalen Front». Auf beiden Seiten gingen die Veränderungen langsam vor sich. Als ich 1949 in Deutschland war, saßen in einigen westdeutschen Landesregierungen noch Kommunisten, und ein Bericht, den ich in der Bibliothek der US-Militärregierung in Frankfurt las, bestätigte, daß die Entscheidungen der nicht-kommunistischen Parteien in den ostdeutschen Ländern, dort wo sie über eine Mehrheit im Parlament verfügten, den Ausschlag gaben.

Und doch gibt es, trotz des allmählichen Umschwungs von Kooperation zu Konfrontation zwischen Ost und West, Grund zur Annahme, daß es so bereits vor Kriegsende beschlossen war. Ich erinnere mich, daß mich einer meiner Freunde in Philadelphia, der in der Führungsspitze der Demokratischen Partei war, im Frühjahr 1945 zu einem Glas Bier einlud und über eine Stunde lang versuchte, mich davon zu überzeugen, daß wir uns gegen die Sowjetunion zur Wehr setzen müßten. Man darf wohl davon ausgehen, daß Truman seinen Ton in Potsdam geändert hat, sobald er wußte, daß die Atombombe funktionierte.[31]

Ich muß zugeben, daß mir damals nicht klar war, was die Bomben auf Hiroshima und Nagasaki bedeuteten. Ich hatte widerstrebend und – wie ich heute weiß – zu Unrecht die Flächenbombardierungen deutscher und japanischer Städte als geringeres Übel akzeptiert, um einen Sieg der Achsenmächte zu verhindern. Erst später begriff ich

30 Elliot Roosevelt and James Brough, A Rendezvous With Destiny: The Roosevelts of the White House, New York 1975, p. 421–22
    James Roosevelt with Bill Libby, My Parents: A Differing View, Chicago 1976, p. 169–70 (Anmerkung von Hans Blumenfeld)
31 Hans Blumenfeld spielt auf die Potsdamer Konferenz (17. Juli – 2. August 1945) an, auf der die Regierungschefs der USA (Truman), der UdSSR (Stalin) und Großbritanniens (erst Churchill und dann Attlee) das Potsdamer Abkommen schlossen. Darin wurde geregelt, wie weiter mit dem besiegten Deutschland zu verfahren sei.
    Die Anspielung Blumenfelds bezieht sich jedoch speziell darauf, daß Truman hier in Potsdam benachrichtigt wurde, daß die Atombombe der USA funktioniere und einsatzbereit sei. So hat er von hier aus den Einsatzbefehl zum Abwurf der Atombomben auf Hiroshima und Nagasaki am 6. und 9. August 1945 gegeben, obwohl die Niederlage des mit Deutschland im Zweiten Weltkrieg verbündeten Japan bereits feststand. Dies hatte vor allem die Funktion, gegenüber der Sowjetunion militärische Stärke zu beweisen.

wirklich, was Einstein mit seiner Warnung sagen wollte, daß das Atom alles verändert habe, außer dem Denken des Menschen, und daß wir deshalb auf eine Katastrophe ohnegleichen zusteuern.

Ein gleich zu Beginn ausgehandeltes internationales Abkommen zum Verbot der Produktion und Verwendung von Atomwaffen hätte den Prozeß möglicherweise aufhalten können. Die Sowjetunion unterbreitete einen Vorschlag dazu in den Vereinten Nationen – und ich hoffte, daß er angenommen werde. Die USA brachten den Vorschlag zum Scheitern, indem sie mit dem Baruch-Plan konterten. Dieser sah vor, daß die damals vollkommen von den Vereinigten Staaten dominierte UNO die ausschließliche Aufsicht über die Herstellung aller Arten von Atomenergie, einschließlich aller friedlichen Nutzungen übernahm, ohne ein bindendes Verbot von Atomwaffen vorzusehen. Das konnte die Sowjetunion nicht akzeptieren. Und so begann der tödliche Rüstungswettlauf.[32]

Harry Truman sagte: «Ein Land, und nur ein Land, verstellt den Weg in den Frieden.» Er meinte natürlich die Sowjetunion, und der Friede, den er im Sinn hatte, war eine «Pax Americana», der «Pax Romana» vergleichbar, die die alten Römer ihren Untertanen aufgezwungen hatten. Diese immer noch von vielen Amerikanern geteilte Mentalität ist vielleicht in Analogie zu dem Multimillionär zu verstehen, der aus eigener Kraft aufgestiegen und überzeugt ist, daß er seine Stellung ausschließlich den eigenen Verdiensten zu verdanken hat, und dabei vergißt, welche Rolle beispielsweise Glück in seiner Laufbahn gespielt hat. Bei Kriegsende waren die Amerikaner einer vollkommenen Weltherrschaft näher, als jegliche Nation zuvor. Es ist verständlich, daß sie es für normal und richtig hielten, daß «God's Own Country» (das Gelobte Land[33]) ein «amerikanisches Jahrhundert» einzuläuten habe. Wenn die gottlosen Russen sich diesem offenkundigen Geschick, der «manifest destiny»[34], in den Weg stellten, mußte man ihnen zeigen, wer der Herr im Haus war.

Es war viel von einer Machtprobe die Rede. Darunter verstand man offensichtlich ein Ultimatum, das die Russen aufforderte, ihre Truppen aus den Nachbarländern abzuziehen, weil es andernfalls Atombomben auf ihre Städte regnen würde. Die Sowjets besaßen keine Möglichkeiten zur Vergeltung; es fehlten ihnen nicht nur die Atombomben – sie besaßen auch kein einziges Flugzeug mit einer Reichweite über den Atlantik und wieder zurück. Dem angenommenen Szenario nach würden sie versuchen, die Territorien der europäischen Alliierten der USA zu besetzen, bis die nukleare Zerstörung sie zur Kapitulation zwang.

Aber die Europäer hatten gar keine Sehnsucht danach, ein zweites Mal «befreit» zu werden, sie wollten Schutz. Großbritannien bestand darauf, daß es notwendig sei, seine Verteidigungslinie vom Kanal an den Rhein zu verlegen; Frankreich wollte seine vom Rhein an die Elbe verlegen; und Schuhmacher, der sozialdemokratische Spitzenpolitiker, sagte, Deutschland müsse nicht an der Elbe, sondern an der Weichsel verteidigt werden. Also mußte das «Schwert» der Atombombe zunächst einmal durch

32 Vgl. Walter La Feber, America, Russia, and the Cold War, 1945–1980, New York, p. 42 and 43 (Anmerkung von Hans Blumenfeld)
33 gemeint sind die USA
34 zu deutsch etwa: die «Vorsehung»

ein «Schild» zur Verteidigung Westeuropas am Boden ergänzt werden. Der Marschall-Plan ermöglichte es den Europäern, dieses Schild zu errichten.

Zu dieser Interpretation der Sicht der US-Regierung gelangte ich durch sorgfältige Analyse der amerikanischen Presse. Ich halte sie immer noch für richtig. Aber zur «Machtprobe» kam es nicht.

1949 geschahen zwei Dinge. Erstens entwickelten die Sowjets ebenfalls eine Atombombe, und zwar viele Jahre früher, als das Pentagon dies erwartet hatte. Zweitens ging China an die Kommunisten «verloren». Die Aufmerksamkeit verlagerte sich auf den Fernen Osten. Es ist interessant zu lesen, was General MacArthur vor dem US-Senat über den Koreakrieg sagte. In seinen Augen war China eher eine nationale Bedrohung als eine kommunistische, denn er interpretierte die Politik Mao Tse-tungs zu Recht als Fortsetzung der Politik der Kuomintang. Es ist kein Geheimnis, daß er China schlagen wollte, bevor es Gelegenheit hatte, seine Macht zu festigen. Es ist ebenfalls kein Geheimnis, daß General Omar Bradley, der damalige Stabschef, dagegen war. Truman schickte seinen Verteidigungsminister Louis Johnson, General Omar Bradley und John Foster Dulles nach Tokio, um zu einer Entscheidung zu kommen. Alsbald konnten die Amerikaner sehen, wie Dulles mit dem Fernglas auf nordkoreanische Schützengräben stierte und den Südkoreanern die volle Unterstützung der Amerikaner zusicherte. Bedeutete das nicht grünes Licht für Syngman Rhee, der nicht müde geworden war, seine Absicht zu verkünden, Nord- und Südkorea durch die Eroberung des Nordens zu vereinigen?

Es wird im Westen weithin angenommen, daß der Krieg «auf Befehl des Kremls» durch einen Angriff Nordkoreas ausgelöst wurde. Dafür gibt es keinerlei Beweise.[35] Die UNO-Mission gab einfach einen Bericht Südkoreas über den Angriff des Nordens kommentarlos an den Sicherheitsrat weiter. Nordkorea behauptete, der Süden habe angegriffen. Indien schlug vor, beide Seiten sollten ihren Fall vor den Sicherheitsrat bringen, wie es dem üblichen Verfahren entsprach. Die USA legten ihr Veto ein; wozu, wenn ihr Klient Südkorea doch einen gerechten Fall vertrat?

Zwei Tage nach Kriegsausbruch brachte die Prawda anläßlich des «Tags der Luftfahrt» einen Leitartikel, der betonte, daß der Sieg in einem modernen Krieg von der Luftüberlegenheit abhänge. Für mich, der ich gelernt hatte, die Prawda zu lesen, war das eine Warnung der Sowjetregierung an Nordkorea, daß es den Krieg nicht gewinnen könne und sich deshalb damit zufrieden geben solle, sein Territorium zu verteidigen. Aber als die südkoreanischen Streitkräfte zusammenbrachen, konnte Nordkorea offensichtlich nicht widerstehen, in einem Ansturm über die gesamte Halbinsel zu marschieren, bis sie in Pusan aufgehalten wurden. Es fiel mir auch auf, daß die Amerikaner auf ihrem Marsch nach Norden auf südkoreanischem Gebiet fast nirgends auf Widerstand stießen, nicht einmal bei der Landung bei Inchon, während sich die

---

35 «Ich glaube nicht, um damit zu beginnen, daß die Russen sehr viel mit dem Ausbruch des Koreakrieges zu tun hatten. Ich weiß es nicht genau, aber ich habe den begründeten Verdacht, daß die Nordkoreaner unter starken Angriffen der Südkoreaner gestanden haben, bevor sie jemals nach Südkorea vordrangen.» Rear Admiral Jeffrey Brock, Commander of Canadian Forces, Far East, 1950–1951, in: «Defence of Canada», Gwynne Dyer TV Series, No. 2, Keeping the Elephant Away, February 19, 1986, (Anmerkung von Hans Blumenfeld).

Nordkoreaner am anderen Arm der Zange, wo die Amerikaner versuchten, an der Ostküste Nordkoreas zu landen, erbittert und erfolgreich widersetzten.

Offensichtlich wäre der Krieg an dem Punkt durch eine Einigung auf die frühere Grenzlinie zu beenden gewesen. Aber MacArthur bestand darauf, über nordkoreanisches Territorium bis an die chinesische Grenze zu marschieren. Die Chinesen reagierten, indem sie die US-Truppen bis an die Grenzlinie zurücktrieben. Diese Niederlage scheint auf die Falken eine ernüchternde Wirkung gehabt zu haben. Nach längeren Verhandlungen wurde die Landesteilung wieder in Kraft gesetzt.

Die Eskalation der Ost-West-Konfrontation durch den Koreakrieg zeigte auch in Europa Auswirkungen und führte in Westdeutschland zur Wiederbewaffnung wie zum Eintritt in die NATO, worauf die unvermeidliche Gründung des Warschauer Paktes mit einer wiederbewaffneten DDR erfolgte.[36] Damit waren meine letzten Hoffnungen auf eine deutsche Wiedervereinigung zerschlagen.

Die Westmächte hatten ein vereinigtes Deutschland nie gewollt. Die Engländer bevorzugten die Nord-Süd-Zweiteilung von 1866; der amerikanische Morgenthau-Plan sah drei Teile vor, und die Franzosen sprachen von einer Fünfteilung. Möglicherweise nahmen die USA und Großbritannien aufgrund dieser Unterschiede den Potsdamer Vorschlag der Sowjets an, in Berlin eine gesamtdeutsche Verwaltung unter der Aufsicht des Alliierten Kontrollrats einzusetzen. Das war die «österreichische» Lösung für Deutschland: ein neutraler Staat ohne größere Streitmacht. Die überwältigende Mehrheit der Deutschen in Ost und West wäre auf jeden Fall dafür gewesen. Aber als die Franzosen, die am Potsdamer Abkommen nicht beteiligt gewesen waren, protestierten, stiegen die USA und Großbritannien wieder aus und weigerten sich, eine gesamtdeutsche Verwaltung einzusetzen. 1948, nach langem, unergiebigem Feilschen über eine notwendige Währungsreform, führten die drei Westmächte plötzlich in ihren drei Zonen und in ihren Berliner Sektoren eine neue «D-Mark» im Wert von zehn ehemaligen Reichsmark ein. Natürlich flossen hunderte Millionen alte Mark nach Ostdeutschland und Ostberlin, und es wurde alles aufgekauft, was nach Westen abzutransportieren war. Die Sowjets reagierten mit einer verschärften Kontrolle der Bewegungen zwischen West-Berlin und Westdeutschland, der sogenannten Blockade; aber sie unternahmen nichts gegen die Luftbrücke der Alliierten. Nachdem auch in Ostdeutschland eine neue Währung eingeführt war und diese sich gefestigt hatte, wurde die «Blockade» aufgehoben. Man konnte sich wieder ungehindert zwischen den beiden Teilen Berlins bewegen, aber es gab jetzt zwei Stadtregierungen. In der Folge setzten die drei Westzonen eine gemeinsame Verwaltung ein, die bald durch die Bundesrepublik Deutschland abgelöst wurde. Im Osten zog man mit der Gründung der «Deutschen Demokratischen Republik» nach. So sah die deutsche Situation

---

36 «Im State Department berichtete ihm [Mike Pearson] Dean Acheson über die geheime amerikanische Strategie [im Juni 1950]. Es war überraschend. Die USA würden Korea gar nicht als strategisch bedeutsam ansehen, sagte Acheson ihm. Es war lediglich so, daß der Koreakrieg es politisch ermöglichte, eine schnelle Erhöhung des Rüstungshaushaltes zu erlangen. Was die Amerikaner wirklich wollten, war, die militärische Stärke der NATO in Europa auszubauen, Korea war eine Nebensache.» In: «Defence of Canada», Gwynne Dyer TV Series, No. 2, Keeping the Elephant Away, February 19, 1986, (Anmerkung von Hans Blumenfeld).

aus, als ich aus Deutschland abreiste, um meine Arbeit in Philadelphia wieder aufzunehmen.

Der Kalte Krieg wurde schlimmer. Ich opponierte, so gut es ging. Ich publizierte weitere Artikel über Wohnungsbau und den Wiederaufbau der Städte in der Sowjetunion. Ich schloß mich der «International Federation of Scientific Workers» an. Ich nahm in meiner Gewerkschaft an Diskussionen zwischen Befürwortern und Gegnern des Kalten Krieges teil. Ich arbeitete vor den Präsidentschaftswahlen von 1948 mit der «Progressive Party» für Henry Wallace, und ich unterstützte den Kampf um Wohnungen, soziale Sicherheit, die Gleichheit der Rassen und Bürgerrechte und gegen die zunehmende Kommunistenhatz. Natürlich sah man mich als «Sympathisanten» an. In meiner Post fand ich immer wieder Bitten um finanzielle und moralische Unterstützung vom «Civil Rights Congress», der allgemein als «kommunistische Tarnorganisation» galt. Da ich nicht damit einverstanden war, daß die amerikanische KP sich weigerte, den Terror Stalins einzugestehen, und da ich längst die «Civil Liberties Union» unterstützte, ignorierte ich diese Aufrufe. Aber da der «Civil Rights Congress» sich einiger Fälle angenommen hatte, die mir gerecht erschienen und bei denen die Gewerkschaft ihre Unterstützung versagt hatte, schickte ich etwas Geld. Als sie an mich herantraten und mich baten, eine Bittschrift zu unterzeichnen, und bald darauf, ihrem Ausschuß in Pennsylvania beizutreten, mußte ich mir eingestehen, daß mein Zögern lediglich auf Feigheit beruhte, und ich beschloß beizutreten.

Ich wurde nie vor den McCarthy-Ausschuß oder einen der anderen Ausschüsse für «unamerikanische Umtriebe» gerufen, aber natürlich fragte ich mich, wie ich am besten mit dem infamen «Trilemma» umginge, mit dem sie ihre Opfer jeweils empfingen: «Sind Sie jetzt, oder waren Sie jemals Mitglied der Kommunistischen Partei?» Darauf gab es drei mögliche Reaktionen. Erstens konnte man sich auf den fünften Verfassungszusatz berufen, damit wäre man als «Fifth Amendment»-Kommunist abgestempelt. Zweitens konnte man darauf verzichten, sich unter den Schutz des fünften Verfassungszusatzes zu stellen, und die eigene Vergangenheit auf den Tisch legen. Hatte man aber einmal verzichtet, wurde die Weigerung, über Freunde auszusagen, als Mißachtung des Gerichts gewertet, was mit einer gesetzlich nicht befristeten Gefängnisstrafe belegt war. Die dritte Option, unschuldige Freunde der Verfolgung auszuliefern, hätte ich nie und nimmer gewählt. Auch unter den Schutz des fünften Verfassungszusatzes wollte ich mich nicht stellen, und ich habe Glück gehabt, daß ich nicht wirklich ins Gefängnis gekommen bin, denn wenn ich vorgeladen worden wäre, hätte meine Entscheidung das leicht zur Folge haben können.

Einige Leute, die in Philadelphia mit Wohnungsbau und Stadtplanung zu tun hatten, bildeten eine informelle Gruppe zur Diskussion gemeinsamer Sorgen. Als der Koreakrieg ausbrach und die Regierung ein Kriegswohnungsbauprogramm einleitete, schlug ein Teilnehmer vor, daß wir unsere Unterstützung anbieten sollten. Ich protestierte, indem ich vorschlug, wir sollten uns fragen, ob dieser Krieg in irgendeiner Form unsere Unterstützung verdiene. Nach einer intensiven Diskussion entwarf ich eine Erklärung, die Planer aufrief, soziale Verantwortung für das «know why», das Wissen warum, statt nur für das pragmatische «know how» ihrer Arbeit zu übernehmen. Mit den Unterschriften einiger weiterer Mitglieder des American Institute of Planners (AIP) nahm ich diese Resolution mit zur Jahresversammlung in Chicago.

In Chicago sagte Ed Bacon mir, daß die Philadelphia Planning Commission mich entlassen würde, wenn ich die Resolution zur Abstimmung brächte, und bat mich um das Versprechen, sie gar nicht erst vorzulegen. Ich weigerte mich. Als jedoch der Vorsitzende des AIP, Paul Opperman, für den ich große Hochachtung empfand, mich anflehte, die Resolution nicht öffentlich vorzulegen, sondern nur beim AIP-Vorstand einzureichen, gab ich klein bei.

Der Vorstand brachte meinen Sorgen Verständnis entgegen und ging daran, eine Erklärung über die soziale Verantwortung von Planern zu entwerfen, die in mancher Hinsicht über meinen Vorschlag hinausging. Sie wurde von den Ortsvereinen des Instituts ausgiebig und ernsthaft diskutiert, so daß meiner Absicht entsprochen war, auch wenn sie nicht übernommen wurde.

1951 brachten einige Mitglieder des Staatsparlaments von Pennsylvania voller Eifer, die antikommunistische Hysterie durch eigene Aktionen anzuheizen, ein Gesetz ein, das allen Staatsdienern einen Treueeid abverlangte. Das erregte vielerseits Protest – auch von mir. Das Gesetz wurde lange in Kommissionen beraten, und man muß zugunsten der Mitglieder beider Parteien sagen, daß das Ergebnis schließlich ziemlich harmlos war. Ursprünglich hatte ich die Absicht gehabt, den Eid nicht abzulegen. Aber da er nichts enthielt, was ich nicht schon geschworen hatte, als ich zunächst Staatbürger und dann Staatsdiener geworden war, entschied ich mich für eine andere Taktik: Ich unterschrieb den Eid und kündigte meine Stellung mit der Begründung, daß ich mich weigerte, zum Staatsbürger zweiter Klasse gemacht zu werden. Ich schickte eine Erklärung über meine Einstellung an die Zeitungen.

Nach meiner Kündigung fuhr ich nach New York, wo ich bei Olga Solmitz wohnte. Nach ein paar Tagen, als ich von einigen Besorgungen zurückkam, empfing mich Olga voller Sorge: Es war ein Brief der Staatsanwaltschaft von Philadelphia eingetroffen. Verfasser des Briefes war Richard Dilworth, der das Gesetz ablehnte und sich geweigert hatte, den Eid abzulegen. Als gewählter Funktionär war er nicht zum Eid verpflichtet, aber die meisten seiner Kollegen hatten ihn freiwillig abgelegt. Jetzt gratulierte er mir zu meinem Mut, wie viele andere auch.

Dieses Lob hatte ich nicht wirklich verdient. Die Motive für meine Kündigung waren gemischt. Nach sieben Jahren bei der Stadtplanungsbehörde war ich unruhig geworden; die alte Wanderlust meldete sich wieder. Das Außenministerium hatte begonnen, Leuten, die als «Sympathisanten» angesehen wurden, keinen Paß zu geben, und ich vermutete, daß man sich weigern würde, meinen zu verlängern. Also war dies vielleicht meine letzte Chance, meinen immer wieder aufgeschobenen Traum einer Reise nach Griechenland und Ägypten zu erfüllen. Als ein Kollege, der seinen sechzigsten Geburtstag feierte, von seinen Mitarbeitern als «der Alte» bezeichnet wurde, gab mir das einen Stich; ich stand in meinem sechzigsten Jahr. Ich hatte keine Zeit zu verlieren.

Vor meiner Abreise besuchte ich auf Einladung von Christopher Tunnard einen Kongreß der Yale Universität. Ich hielt einen Vortrag über «Scale and Civic Design»[37], ein Thema, das mich interessiert hatte, seitdem ich A. E. Brinckmanns Vorlesungen dazu während meines Studiums gehört hatte. Der Vortrag wurde später im «Town Planning Review» in England gedruckt. Wenn mir in den Jahren darauf Kollegen in Budapest und Peking erzählten, daß sie ihn in ihre Sprachen hatten übersetzen lassen und zur Pflichtlektüre für ihre Studenten gemacht hatten, fühlte ich mich sehr ge- schmeichelt.

Wieder einmal auf Wanderschaft

Ägypten

Olga und ich gingen in New York an Bord und trafen im schönsten Frühling in England ein. Wir sahen uns Bath an, ein einmaliges, unübertroffenes Beispiel einer als Stadtland- schaft gestalteten Stadt. Dann fuhren wir weiter nach Leamington bei Bristol, um Cecil Powell, den bekannten Physiker, und seine Frau, die Tochter einer guten Freundin von Olga, zu besuchen. Mir war Powell in erster Linie als Führer der Friedensbewegung bekannt; er war ein äußerst bewunderswerter, liebenswürdiger Mann.

In London traf ich meine Cousine zweiten Grades aus Hamburg, Gertrud Bing, die Sekretärin des Warburg-Courtauld Instituts war. Wir hatten uns dreiundzwanzig Jahre nicht gesehen, und trotzdem war es, als führten wir eine Unterhaltung fort, die wir erst gestern unterbrochen hatten. Ich begegnete auch anderen alten Freunden und gewann einen neuen, Percy Johnson-Marshall, dessen Arbeit am Wiederaufbau eines zerstörten Bezirks von East London ich sehr bewunderte.

Wir genossen unseren Aufenthalt in London und in den alten und neuen Städten der Umgebung und fuhren dann über den Kanal weiter nach Paris, wo Olga bei Verwand- ten wohnte, während ich Lotte besuchte. Olga fuhr nach Hamburg weiter, während ich mich in Marseille nach Alexandria einschiffte. Ich teilte eine Kabine mit zwei Studenten: einem Ägypter und einem Syrer armenischer Abstammung. Wir unterhiel- ten uns angeregt über die Zukunft ihrer Länder.

Ein paar Wochen vor meiner Ankunft in Ägypten hatte es in Kairo einen Aufruhr gegeben, und dabei war das Shepherd Hotel abgebrannt. Ich mußte feststellen, daß die Zerstörungen meine Erwartungen übertrafen. Die Lage war angespannt; überall waren Soldaten und Stacheldraht. Auf einer Taxifahrt zur Pyramide von Saqqarah wurde ich ein halbes Dutzend Mal zur Ausweiskontrolle angehalten. Die Touristen blieben weg; ich war einer von wenigen Gästen in einem kleinen Hotel eines griechischen Besitzers, und später in Luxor war ich sogar der einzige.

Mein ägyptischer Reisebegleiter lud mich zu seiner Familie ein, es waren prosperie- rende Geschäftsleute. Wir aßen unter einer Laube im hübschen Garten. Während ich mich mit jedem der Gäste entweder auf Englisch, Französisch oder Deutsch unterhal- ten konnte, war ich nicht in der Lage, der lebhaften Diskussion auf Arabisch zu folgen.

---

37 1953 veröffentlicht; auf deutsch: «Maßstäblichkeit in der Stadtgestaltung», vgl. Literaturliste zu Hans Blumenfeld.

Doch den herumfliegenden Wörtern – demokrassija, Amerika, Rossija, Germania – entnahm ich, daß sie leidenschaftlich nach einem neuen Weg für ihr Land suchten. Am anderen Ende der sozialen Skala fand ich große Bitterkeit über die erdrückende Armut. Es war deutlich, daß Ägypten reif war für eine Revolution, aber wer sie durchführen sollte, sah ich nicht. Vier Wochen später griff eine Gruppe junger Offiziere durch. Wieviel sie verändert haben, bleibt eine offene Frage.

Die Armut und menschliche Erniedrigung, die Schwärme von Bettlern und anderen verzweifelten Menschen, die mir ihre Dienste aufdrängten, deprimierten mich. Auf allen früheren Reisen wäre ich gern länger geblieben. Hier hatte ich das Gefühl, nur so lange bleiben zu wollen, bis ich das Erbe der Vergangenheit gesehen hatte, was der Grund meiner Reise war. Und dieses übertraf alle meine Erwartungen.

Kein Bauwerk kann sich mit der ehrfurchtgebietenden Großartigkeit der Pyramiden messen. Auf seltsame Weise ergänzt das Kalte, Abstrakte, Abweisende ihrer Ausstrahlung die strotzende Lebendigkeit, die sich in den Schätzen des Kairoer Museums spiegelt. Auch das moslemische Kairo machte großen Eindruck auf mich, und zwar gleichermaßen der Alltag wie die Vielfalt der schönen Moscheen. Aber am eindringlichsten prägten sich mir Bilder aus Oberägypten ein: die Tempel von Luxor und Karnak, und mehr noch die Königsgräber in der Westlichen Wüste, wo die Farben der Basreliefs noch so frisch leuchteten, als wären sie erst gestern gemalt worden; dann der großartige Tempel der Hatschepsut und weiter oben am Nil in Idfu der einzige sehr späte ägyptische Tempel, dessen Decken erhalten sind und einen einmaligen räumlichen Eindruck schaffen.

Israel

Von Alexandria brachte mich ein Schiff über Nacht nach Limassol auf Zypern. Das war ein ziemlicher Gegensatz. Die Leute waren ebenfalls arm – wenn auch vielleicht etwas weniger als in Ägypten –, aber ihre menschliche Würde hatten sie sich vollkommen erhalten.

Nach einer Nacht in einem Erholungsort in den Bergen brachte mich ein Bus nach Nikosia. Ich begab mich ins israelische Konsulat, um mein Visum zu holen. Sie fragten mich, wann ich fahren wolle. Ich sagte: «So bald wie möglich», und sie setzten mich ins nächste Flugzeug. Bei meiner Ankunft in dem Land, das den Anspruch stellte, meine Heimat zu sein, wurde ich feindseliger empfangen als in jedem anderen Land, das ich je besucht habe. Offensichtlich wegen meines ägyptischen Visums unterzog man mich einer Leibesvisitation.

Bald nach meiner Ankunft in Tel Aviv rief ich Alexander Klein in Haifa an. Ich kannte ihn aus New York. Kleins Werdegang war außergewöhnlich. Er war vor dem Ersten Weltkrieg in Petersburg ein wohlsituierter Architekt gewesen. Nach der Oktoberrevolution ging er nach Berlin, wo er zu einem der führenden Architekten Deutschlands wurde. Als Hitler an die Macht kam, begann er seine dritte Karriere als der führende Stadtplaner Israels und wurde zum einzigen Inhaber eines Lehrstuhls in dieser Disziplin am Technion in Haifa.

Als ich fragte, wann ich ihn im Laufe der folgenden Woche besuchen könne, sagte er: «Kommen Sie nicht erst nächste Woche, kommen Sie morgen.» Das tat ich. Wir hatten uns kaum begrüßt, als er sagte: «Ich will mich zur Ruhe setzen, und ich möchte, daß Sie mein Nachfolger werden.» – Einfach so. Auf meinen Einwand, ich könne kein Hebräisch, entgegnete er auf Deutsch: «Ach, das macht nichts, ich mache meine Lehre auch auf Deutsch.» In Gesprächen mit dem Dekan der Architekturfakultät – einem Kommilitonen aus Karlsruhe, Ratner – und mit dem Präsidenten des Technion wurde deutlich, daß es doch wichtig war. Sie wollten, daß ich meine Lehre auf Hebräisch machte, sahen darin aber keinen Anlaß zur Sorge. Sie wollten mich einfach vor meinem Antritt an der Fakultät in einen Intensivkurs schicken. Man konnte nicht gleich eine endgültige Entscheidung treffen, aber im Prinzip waren wir uns über meine Berufung einig.

Das wie ein Amphitheater an einer Bucht angelegte Haifa ist eine schöne Stadt. Auf dem Höhenzug Carmel, mehrere hundert Meter über Meereshöhe, hatten sich viele betuchte Geschäftsleute, Ärzte und Rechtsanwälte aus Mitteleuropa ihre Häuser gebaut. Hier fanden sich schönere Beispiele der modernen Architektur der zwanziger Jahre als in Berlin.

Ich fuhr nach Tiberias, Safed, Akko und in andere Städte und Dörfer. Dort, wie in Haifa und Jaffa, gefielen mir die von den arabischen Palästinensern gebauten Häuser viel besser als die der jüdischen Siedler. Außerdem sah man an den vielen arabischen Mittelklasse-Häusern, daß das vermittelte Bild einer Bevölkerung, die nur aus feudalen Beys und elenden Fellahin bestehe, nicht stimmte.

In Jerusalem besuchte ich meine Cousine Emmy Melchior-Braun. Sie lebte dort im Haus einer Cousine, einer uralten Zionistin, die eine beeindruckende Frau war. Emmy, eine ehemalige Rechtsanwältin, hatte die deutsche Besatzungszeit in Frankreich unter falschem Namen als Bauernmagd in den Obstplantagen und Gemüsefeldern bei Perpignan überstanden. Ihr Mann war von den Deutschen aufgegriffen worden; ihr Sohn, der damals knapp fünfzehn war, hatte in der Maquis gekämpft und ist heute Juraprofessor in Frankreich. Emmy kehrte nicht in ihren ursprünglichen Beruf zurück, sondern blieb bei der Gärtnerei. Sie unterrichtete an einer Schule in Ein Karem, einem hübschen Dorf am Stadtrand von Jerusalem, wo wir zusammen im alten Garten eines russisch-orthodoxen Nonnenklosters spazierengingen.

Ich sah mir zwei Kibbuzim an. Sie machten Eindruck auf mich, ebenso wie die Architekten und Planer, deren Bureaus ich aufsuchte und die mir ihre Projekte zeigten, darunter auch die Anfänge der neuen Stadt Beersheba. Alle versuchten, mich zu überreden, nach Israel zu ziehen. Auf meinen Einwand, daß ich kein Zionist sei, entgegneten sie, das mache nichts. Ein Mann ging sogar so weit zu sagen: «Hier ist niemand Zionist.»

Es dürfte kaum ein Zufall sein, daß Herzl[38] seine Vorstellungen in Wien in den letzten Jahren der Habsburger Monarchie entwickelte. Leute auf der Suche nach einer nationalen Identität waren geneigt, sich einem «Blut und Boden»-Mythos zu verschreiben:

---

38 Theodor Herzl, 1860–1904, war der Begründer des politischen Zionismus, dessen Ziele er in seiner Schrift «Der Judenstaat» (1896) niederlegte. Von 1891–95 war er Korrespondent in Paris, wo ihm die sog. Dreyfus-Affäre zum prägenden Erlebnis jüdischer Selbstbesinnung wurde. Er berief 1897 den Ersten Zionistischen Weltkongreß nach Basel ein, wo er zum ersten Präsidenten der Zionistischen Weltorganisation gewählt wurde. Die Idee eines eigenen jüdischen Nationalstaates ließ ihn nicht mehr los, und er forderte auf der Basis einer jüdischen Massenbewegung in Osteuropa die Errichtung dieses Staates, den er in seinem Roman «Altneuland» (1902) beschrieb.

dem Glauben, daß es eine dauerhafte, gottgegebene Einheit zwischen einem «Volk» und einem «Land» gebe, die «zusammengehören».

Ich war mit der Vorstellung großgeworden, daß mein Jüdischsein nicht hieß, daß ich weniger deutsch war, und ich war nicht willens, mich von einem dahergelaufenen Hitler eines Besseren belehren zu lassen. In Moskau änderten einige deutsche Juden 1933 die in ihren sowjetischen Ausweispapieren vermerkte Volkszugehörigkeit von «deutsch» in «jüdisch» – ich nicht. Offensichtlich war ich nicht bloß ein «deutscher Bürger jüdischen Glaubens»; ich teilte nicht einmal den Glauben. Anscheinend ist vielen Juden nicht wohl bei der Erkenntnis, daß sie in keine der derzeit vorgegebenen Schubladen von «Volks-» oder «Religionszugehörigkeit» passen, sondern zu einer Gruppe oder «Gemeinschaft» anderer Art gehören; die einzige bestehende Parallele, die mir einfällt, sind die Parsi.

Wenn man überhaupt davon ausgehen will, daß die einigermaßen einzigartige Gruppe der Juden gemeinsame Charakteristika hat, so fallen mir drei ein, die ich schätze: die Wertschätzung von Bildung, die aus der Tradition des «Volkes der Heiligen Schrift» stammt; ein Streben nach sozialer Gerechtigkeit, das Erbe der Propheten; und Weltgewandtheit, die aus 2000 Jahren in der Diaspora erwachsen ist. In Israel schwächen sich die ersten beiden ab, und die dritte wird erbittert abgelehnt; ich neige dazu zu sagen, daß die Israelis, dadurch daß sie eine Nation gebildet haben, aufgehört haben, Juden zu sein.

Natürlich kann ich den leidenschaftlichen Wunsch der Überlebenden des Holocaust nach einer eigenen Heimat verstehen, waren sie doch in den Ländern, in denen sie zu Hause waren, schutzlose Minderheiten gewesen. Aber Palästina war kein «menschenleeres Land». So etwas gibt es normalerweise nicht, aber unter den außergewöhnlichen Umständen von 1945 entstand so etwas, und zwar in den östlichen Provinzen Deutschlands, aus denen die Deutschen evakuiert wurden, ohne daß andere Volksgruppen exklusive Rechte beanspruchen konnten. Damals machte ich den Vorschlag, ein jüdisches Heimatland in einem dieser Länder zu gründen, vorzugsweise in Pommern. Aber niemand hörte auf mich; man war emotional zu stark auf das «Land unserer Väter» fixiert.

Die Besten unter den Zionisten, wie Martin Buber und Judah Magnes, erkannten das Anrecht der arabischen Palästinenser auf Land an und hofften, wie ich, auf einen binationalen Staat. Als der Krieg von 1948 und die daraus resultierende gegenseitige Feindschaft diese Möglichkeit zunichte machten, erschien die von der UNO vorgeschlagene Teilung als die einzige mögliche Lösung. Es war nicht überraschend, daß die Palästinenser sich dagegen auflehnten, den besten Teil ihres Landes mit ihren einzigen Städten, Jerusalem, Haifa und Jaffa-Tel Aviv aufzugeben. Das trug ihnen jedoch nur mehr Verluste ein.

Aber sie existieren weiter innerhalb und außerhalb der Grenzen, die Israel 1948 festsetzte; Israel muß einen Weg finden, mit ihnen und mit seinen arabischen Nachbarn zu leben. Bei meinem ersten Besuch sagte ich deutlich: «Israel hat nur als Mitglied der Arabischen Liga eine Zukunft.»

Meine Freunde in Israel sahen das anders. So sehr ich ihre engagierte Arbeit bewunderte, so sehr verstörte mich ihre Einstellung zu den Arabern. Als ich meine

201

Kollegen im Nationalen Planungsbüro nach einer Präsentation ihrer ehrgeizigen Pläne für große Teile des Landes fragte, was sie für die von den Arabern bewohnten Landesteile planten, lautete die Antwort: «Nichts.» Als ich mir in Akko eine Moschee anschaute, kamen israelische Soldaten, ohne ihre Schuhe auszuziehen, unter lautem Reden und Lachen herein, während einige Araber in einer Ecke still ins Gebet vertieft waren. Nun mag es stimmen, daß die Araber in Israel wohlhabender sind und sogar mehr politische und menschliche Rechte, z. B. das Wahlrecht, besitzen als in den Nachbarländern, in ihrem Heimatland sind sie jedenfalls Bürger zweiter Klasse. Allerdings machen sich viele Israelis im Gegensatz zu den herzlosen Chauvinisten, die unter den Zionisten Nordamerikas so bestimmend wirken, Sorgen um das Schicksal der Palästinenser.

Wegen meiner Ablehnung der zionistischen Ideologie wollte ich kein Bürger Israels werden, aber ich war bereit, dort zu leben und zu arbeiten.

Griechenland

Von Haifa brachte mich ein italienisches Schiff nach Piräus. Endlich, nach vierzehn Jahren, war ich in Griechenland. Es erfüllte alle meine Erwartungen und mehr. Ich hatte mich danach gesehnt, die Landschaft zu sehen, die Berge und das Meer, die Inseln und die Buchten und die großen Kunstwerke des antiken Griechenland. Aber hinzu kamen noch zwei Quellen der Freude: die Griechen selbst und alles was sie in den Zeiten des Christentums geschaffen hatten, bis auf den heutigen Tag.

Mit ihren «klassischen» Vorfahren haben die Griechen das Interesse am Menschen gemein, eine offene Neugier, frei von indiskreter Schnüffelei. Weil sie mich kennenlernen wollten, bekamen wir Unterhaltungen hin, obwohl ich kaum griechisch konnte und viele von ihnen nur die eigene Sprache beherrschten; eine ganze Reihe konnte auch eine Fremdsprache, englisch, französisch oder deutsch, meistens aber italienisch. Sie haßten die Italiener, nicht aber, wie ich überrascht feststellte, die Deutschen, die sie eher bewunderten. Dieses Lob hörte ich gern, zum Beispiel von einem Archäologen, der von deutschen Arbeiten auf seinem Gebiet erzählte; aber ziemlich verblüfft war ich, als ein Kerl damit prahlte, wie er mit der Gestapo kollaboriert hatte, um Kommunisten zu jagen!

Er war jedoch eine Ausnahme. Im allgemeinen fand ich würdige und ehrliche Menschen vor. In Korinth bestieg ich eines glühend heißen Tages mit einem amerikanischen Studenten, dem ich begegnet war, den Akro-Korinth. Unterwegs stieß ein barfüßiger Junge zu uns und brachte ungefähr eine Stunde damit zu, uns die Sehenswürdigkeiten zu zeigen und zu erklären, was die Griechen und was die Türken gebaut hatten. Als er uns verließ, um nach seinen Ziegen zu sehen, wollte ich ihm Geld geben. Er lehnte ab; wir waren seine Gäste.

Es gibt natürlich einige berühmte Werke byzantinischer Baukunst, wie die großartige Kirche in Daphni mit ihren phantastischen Mosaiken. Was mich überraschte, waren die vielen Kirchen und Kapellen mit ihren unzähligen Ikonen; ich konnte nicht erkennen, ob die Gebäude oder die Gemälde aus dem 12. oder dem 20. Jahrhundert stammten. Noch überraschender war die Schönheit der Häuser, die noch in der Gegenwart in den Dörfern gebaut wurden, vor allem auf den Inseln. Griechenland ist

– oder war zumindest 1952 – das einzige Land Europas, in dem die Architektur als lebendige Volkskunst fortlebte.

An meinem ersten Tag in Athen spazierte ich zur Akropolis hinauf. Es war ein heißer Tag, und ich hatte Durst. Ich sah zwei Jungen in einem Garten an einem Tisch sitzen und Wein trinken. Ohne sicher zu sein, ob es sich um ein Privathaus oder ein Gasthaus handelte, trat ich ein. Es war ein Gasthaus, und die Jungen luden mich ein, mit ihnen den Wein zu teilen. Sie waren Oberschüler und sprachen französisch. Sie begleiteten mich anschließend, um mir das antike Theater am anderen Abhang der Akropolis zu zeigen, und zeigten mir auch eine Kapelle, die über die Kastalia-Quelle gebaut war. Sie war im Altertum eine heilige Quelle gewesen, und war immer noch heilig, jetzt mit christlichen Konnotationen. Sie tranken von dem Wasser und boten mir nach einigem Zögern auch einen Becher an. Beim Abstieg lasen sie laut die Inschriften auf den alten Grabsteinen vor. Gibt es ein anderes Land, in dem das Volk einfach Inschriften lesen kann, die vor zweieinhalbtausend Jahren eingemeißelt worden sind?

Ich setzte meinen Weg zur Akropolis fort. 1952 gab es dort noch keine Menschenmengen, und die Umweltverschmutzung hatte den Stein noch nicht angegriffen. Ich blieb viele Stunden dort, verbrachte aber auch viel Zeit in der Agora, bei den Denkmälern außerhalb des Dypilon-Tores und in den Museen. Ich fuhr mit einem kleinen Boot über den Saronischen Golf nach Ägina, um den Aphaia-Tempel auf der Bergspitze zu besichtigen.

Ich erkundete weitere Teile Griechenlands. Ein überfüllter Bus brachte mich nach Delphi, wo die Überreste der heiligen Stätte, draußen wie drinnen im Museum, vor der Kulisse der steil aufragenden Felsen des Parnassus umso eindrucksvoller wirkten. Ich kenne viele Berge, die viel höher sind als die griechischen, aber keine, die überwältigender wären als die steilen Klippen des Parnassus und des Taygetos. Ein Teil der Schönheit der Landschaft Griechenlands, die Schroffheit der Berge, ist durch die tragische Geschichte entstanden, die Hybris, die zur Abholzung der Wälder führte.

Lange Busfahrten über löcherige, unbefestigte Straßen durch wilde Berglandschaften, eine Fähre über die schmalste Stelle am Golf von Korinth und weitere lange Busfahrten brachten mich nach Pyrgos und früh, am darauffolgenden Morgen, nach Olympia. Noch eindrücklicher als die ausgedehnten Ruinen auf dem heiligen Gelände waren für mich die Skulpturen im Museum in ihrer unerreichten Perfektion. Nach einem Besuch in Sparta und den mittelalterlichen Klöstern von Mistra im Vorgebirge des Taygetos erforschte ich die Argolis mit dem reizenden Hafen Nauplion und den eindrucksvollen Ruinen von Tyrins und Mykenae, und vor allem das einzigartige Theater und Heiligtum von Epidaurus.

Bald nach meiner Rückkehr nach Athen nahm ich ein Schiff nach Mykonos und Delos, die damals noch vollkommen unverdorben waren. Auf der Rückfahrt nach Piräus lernte ich zwei belgische Studenten kennen, die auf dem Weg nach Thira (auch bekannt unter dem Namen Santorin) waren. Ich sagte überrascht, daß auch ich die Insel habe sehen wollen, aber nicht wisse, wie dorthin zu kommen. Sie berichteten, daß um Mitternacht ein Schiff von Syros auslaufen werde, wo wir

Station machen würden. Also änderte ich meine Pläne. Meinem kleinen alten deutschen Reiseführer nach würden wir in eine kleine kreisrunde Bucht einfahren, dem Krater eines ehemaligen Vulkans, und das weiße Dorf Thira oben auf dem Rand liegen sehen. Ich ging im Morgengrauen an Deck; das Boot fuhr in eine runde Bucht ein. Oben auf dem Hügel sah ich ein weißes Dorf, also kletterte ich die Schiffsleiter hinab in ein Ruderboot, das mich an den Kai brachte. Ich ließ mich nieder, um eine Tasse Kaffee zu trinken, und fragte mich, ob die anderen Passagiere noch schliefen. Zu meiner Überraschung fuhr das Schiff weiter, und ich fragte: «Wo fährt es hin?» – «Nach Thira.» – «Und wo bin ich?» – «Auf Ios.» – «Wann geht das nächste Schiff nach Thira?» – «Übermorgen.»

Die zwei Tage auf Ios zähle ich zu den schönsten meines Lebens. Ich fand ein sehr einfaches, sauberes Zimmer in einem kleinen Gasthof am Kai und durchstromerte die ganze Insel. Sie ist nicht klein und war von mehreren hundert Menschen bewohnt, aber es gab auf der ganzen Insel kein einziges Gefährt auf Rädern; sämtlicher Verkehr ging zu Fuß oder per Maulesel vonstatten. Im Dorf oben auf dem Hügel weißten die Menschen mehrmals im Jahr nicht nur ihre Häuser, sondern die Kanten der großen grauen Pflastersteine.

Ich war der einzige «xenos» auf der Insel, und man begegnete mir mit freundlicher Neugierde. Ich stellte fest, daß viele der Terrassen, die jahrtausendelang immer wieder geduldig aus- und aufgebaut worden waren, vom Verfall bedroht waren. Ich entdeckte eine glatte, kreisrunde, von Abhängen umschlossene Fläche und zog den Schluß, daß es sich um das Orchester des antiken Theaters handeln müsse. Aber dann entdeckte ich noch zwei dieser runden Flächen. Es konnte keine drei Theater gegeben haben; mir ging auf, daß es sich bei diesen Flächen um Dreschplätze handeln mußte. Was war natürlicher für die Bauern, als nach dem Dreschen auf dem Dreschplatz zu tanzen? Es ist bekannt, daß das griechische Theater seinen Ursprung im Fest des Dionysos hat, des Gottes der Fruchtbarkeit und der Ernte. Mir erscheint es offensichtlich, daß das «Orchester» des griechischen Theaters nichts anderes ist als der Dreschplatz; aber in der Literatur habe ich nichts dergleichen entdeckt.

Wie überall auf meiner Reise genoß ich es, in den klaren Wassern des Mittelmeeres zu schwimmen und in der südlichen Sonne zu liegen.

Nach zwei Tagen fuhr ich nach Thira weiter. Für mich ist Europa der schönste Kontinent, Griechenland das schönste Land Europas, die Kykladen sind das Schönste in Griechenland, und Thira ist die schönste der Kykladeninseln. Das war vor dem Erdbeben. Ich blieb mehrere Tage dort und wanderte auch zu den Ruinen des archaischen alten Thira, hoch auf einem schroffen Berg.

Eine weitere Schiffsreise führte mich von Athen nach Kreta. Ich war von dem großen Palast von Knossos fasziniert, auch wenn mich die Frage «Was ist hier Minos, und was ist Evans» ein wenig verunsicherte. Solche Fragen trübten meinen Kunstgenuß im Museum von Heraklion, wo die Schätze der minoischen Kultur liegen, nicht.

Das Schiff blieb nur vierundzwanzig Stunden in Heraklion. Ich bedaure, nicht mehr von Kreta gesehen zu haben, es war das eigentliche Griechenland, die Wiege der griechischen Zivilisation, wie Griechenland die Wiege unserer Zivilisation ist. Auch heute noch werden wir vom Homerischen Drang geleitet, stets der erste sein zu wollen und die anderen auszustechen, jenem Streben, das dem Ruhm Griechenlands wie seiner Selbstzerstörung zugrundelag.

Ich verließ Griechenland auf einem Schiff, das durch den Isthmus und den Golf von Korinth und an den hübschen Ionischen Inseln vorbei nach Brindisi am «Absatz» des italienischen Stiefels fuhr – mein letzter der vielen Tage und Nächte, die ich in jenem Sommer an Bord eines Schiffes verbrachte und die ich samt und sonders ausgiebig genoß.

Ich erinnere mich an ein amüsantes Erlebnis auf der langen Bahnfahrt von Brindisi nach Zürich. Ein deutsches Mädchen, das bei mir im Abteil saß, schaute aus dem Fenster und fragte: «Ist das erlaubt?» Ein Italiener, dem ich die Frage übersetzte, warf die Arme hoch und rief: «Tutto è proibito, e tutto si fa» (alles ist verboten, und alles tut man) – Italien auf eine Formel gebracht.

In Zürich traf ich Olga wieder, und wir besuchten Freunde und Verwandte in Deutschland, Dänemark und Schweden. In Hamburg hatte Werner Hebebrand[39] Oelsner als Leiter der Planungs- und Baubehörde abgelöst, den ich aus Moskau gut kannte. Er wollte mir eine neue Aufgabe geben: die Koordinierung der Pläne des Stadtstaates Hamburg mit denen der Nachbarländer. In meinem Gespräch über diesen Vorschlag mit dem zweiten Bürgermeister Nevermann bemerkte dieser, daß nur deutsche Staatsbürger Beamte werden durften, und da er von mir nicht erwartete, daß ich meine amerikanische Staatsbürgerschaft aufgeben wolle, schlug er vor, daß ich als ihr Berater fungiere. In der irrigen Annahme, dies würde bedeuten, daß ich ein Büro und Mitarbeiter bräuchte, schlug ich eine andere Form vor, die es, wie ich wußte, früher in Deutschland gegeben hatte: einen «Vertrag für besondere Dienste». Nevermann gab zu bedenken, daß man diese Vertragsform seit vielen Jahren nicht angewandt habe, brachte den Vorschlag aber vor den Senat, und dieser lehnte ab.

Im Oktober fuhren Olga und ich nach Italien und feierten in Florenz meinen sechzigsten Geburtstag. Zum ersten Mal sah ich Urbino, eine der schönsten der zahllosen schönen Städte Italiens, mit seinem die Renaissance aufs vollkommenste verkörpernden Herzogspalast. In Mailand hörte ich in der Scala ein Vivaldi-Konzert von einem römischen Kammerorchester. Es war eine Offenbarung; Vivaldi war mir bloß ein Name gewesen, der mit Bach im Zusammenhang stand; er wurde zu einer späten, aber dauerhaften Liebe. Auf der Rückreise nach Deutschland machte ich kurz in Ticino Aufenthalt, um Anna Maria Derleth in ihrem alten Haus in den Bergen zu besuchen, und besuchte auch Hannes Meier in Lugano – beide zum letzten Mal.

Mein letztes Jahr in den USA

Im Herbst kehrte ich in die USA zurück, in eine einigermaßen unsichere Zukunft. Ich fuhr zuerst nach Topeka, wo mein Schwager Alfred Plaut Chefpathologe in einem

---

39 Werner Hebebrand, 1899–1966, war 1925–29 Mitarbeiter bei Ernst May in Frankfurt und 1930–38 Planer in der UdSSR. Zurück in Deutschland arbeitete er bis 1945 im Wohnungs- und Krankenhausbau an einer der beiden Neuen Städte des Reichs, Salzgitter (Stadt der Hermann-Göring-Werke). Über Marburg an der Lahn, Frankfurt/M. und eine Professur an der TU Hannover kam er 1952 nach Hamburg und war hier bis 1964 Oberbaudirektor.

großen Veteranenkrankenhaus geworden war, während Margaret den Psychologen der Menninger Klinik Freudsches Deutsch beibrachte.

Als ich wieder in Philadelphia ankam, hörte ich, daß Franklin C. Wood, der mit mir bei der Philadelphia Planning Commission gearbeitet hatte und jetzt der Chef der Planungsbehörde im benachbarten Bucks County war, mich gesucht hatte, weil er wollte, daß ich eine Studie über Lower Bucks County in die Hand nehme. Da er mich nicht auftreiben konnte, hatte er Carl W. Wild als Berater engagiert. Ich wurde Carls Partner, und wir arbeiteten sehr gut zusammen.

Die Studie war erforderlich, weil «United States Steel» in Lower Bucks County eine riesige neue Fabrikanlage gebaut hatte, mit der Folge, daß ein großes neues Wohngebiet, Levittown[40], und ein kleineres, Fairless Hills, entstanden waren. Unser Büro lag in Doylestown, dem Sitz der County-Verwaltung, einer landschaftlich schön gelegenen Kleinstadt, in die ich täglich aus Philadelphia mit dem Zug anreiste.

Bob Mitchell wollte mich für seinen Lehrstuhl an der University of Pennsylvania engagieren, wo ich in der Planungsforschung arbeiten sollte. Es herrschte gerade ein Interregnum zwischen zwei Universitätspräsidenten, und die Berufung mußte vom Senat der Universität beschlossen werden; nach einer langen Debatte, bei der Bob Mitchell und der Dekan der Architekturabteilung, Holmes Perkins, sich sehr für mich einsetzten, lehnte der Senat meine Berufung aus politischen Gründen ab.

Die erste Aufgabe, für die Bob Mitchell mich vorgesehen hatte, war eine Studie von Levittown. Die Bundesregierung war in der «New Town» Oakridge auf soziale Probleme gestoßen und wollte wissen, ob sich in Levittown ähnliche Probleme ergeben hätten und wie mit ihnen umzugehen wäre. Die Stelle ging an Gerald Breese, der mich sogleich als seinen Partner engagierte. «Viele Wege führen nach Rom», sagte Bob Mitchell, als er die Sache so eingefädelt hatte. Wir stellten fest, daß die meisten Bewohner von Levittown gar nicht bei den Stahlwerken arbeiteten, sondern in Philadelphia oder Trenton, wo seinerseits der größte Teil der Stahlarbeiter wohnte. In Levittown auftretende Probleme glichen denen in jedem neuen Vorort, zum Beispiel die abnorme Altersverteilung: junge Paare mit Kindern, praktisch keine alten Leute und keine älteren Kinder – folglich keine Babysitter.

Als mein Paß auslief, beantragte ich eine Verlängerung, und die wurde abgelehnt. Ich legte beim Außenministerium Protest ein und erklärte, daß ich im Moment den Paß nicht brauche, aber mir ein Einspruchsrecht vorbehielte. Etwas später teilte mir das Technion in Haifa mit, daß man mich zum Leiter der Planungsschule berufen habe. Ich bat um einen Termin im Außenministerium. Zwei Herren empfingen uns sehr höflich und befragten mich dann über meine Mitgliedschaft in einer Reihe von Organisationen, die laut Liste der Staatsanwaltschaft als «subversiv» galten. In man-

---

40 1969 erscheint in Deutschland von Herbert J. Gans die Studie «Die Levittowner, Soziographie einer ‹Schlafstadt›» (Gütersloh/Berlin) als Band 26 der «Bauweltfundamente».
Sie findet in der damaligen deutschen «Stadtsoziologie», die sich noch nicht unbedingt sicher war, ob sie eigentlich «Siedlungssoziologie» heißen sollte, Beachtung und Nachahmung. Die Übertragbarkeit der Ansätze und Aussagen der US-Studien fanden in den Hauptströmungen der Soziologie eher wenig Beachtung. Zu den «Schlafstädten» fiel den Planern damals lediglich die Diskussion über «Urbanität durch Dichte» ein, die offensichtlich bei den heutigen, verstärkten Flächenansprüchen eine eher merkwürdige Wiederbelebung erfährt.

chen Fällen lautete meine Antwort «ja»; in anderen sagte ich: «Ich weiß nicht, ob ich Mitglied bin, aber wenn nicht, ist das ein Versehen.» Nach einer ziemlich langen Anhörung dankten sie mir für meine Offenheit. Meinen Paß bekam ich nicht. Die Israelis rieten mir, nach Kanada zu fahren, und von dort ein Schiff nach Israel zu nehmen; aber ich wollte nicht israelischer Staatsbürger werden und lehnte ab.

Es war in Amerika eine Zeit lebhafter Planungsarbeiten. Charles Blessing, der leitende Planer in Detroit, wollte mir die Leitung der Stadterneuerungsarbeiten übertragen. Ich warnte ihn, daß er auf politische Probleme stoßen werde, aber er war zuversichtlich. Eine Dame der «Detroit Civil Service Commission» (Behörde für öffentlich Bedienstete) kam nach Philadelphia, um mir eine schriftliche Prüfung abzunehmen, die einen ganzen Tag dauerte. Kurze Zeit später bat Charlie mich, nach Detroit zu kommen. Bei meiner Ankunft fragte ich ihn nach dem politischen Aspekt; er sagte, ich müsse im Laufe des Tages jemanden bei der Civil Service Commission aufsuchen; aber er sei sicher, es würde da keine Probleme geben. Bei dem Interview stellte mir der Beamte Fragen zum Koreakrieg, der noch andauerte, und es folgte ein recht hitziger Wortwechsel. Ich durfte nicht eingestellt werden. Ich war nicht überrascht, aber Charlie war vollkommen verblüfft. Während wir noch im Vorzimmer standen und die Lage besprachen, rief mich der Beamte wieder hinein. Er war jetzt allein; eine Dame, die still in einer Ecke gesessen hatte und vermutlich vom FBI war, war gegangen. Er sagte: «Ich kann Ihnen gar nicht sagen, wie leid mir das tut, aber ich habe Frau und Kinder zu versorgen.»

Das war die Haltung allzu vieler Amerikaner während der McCarthy-Zeit. Auch Liberale, die die Deutschen vollen Herzens verachtet hatten, weil sie keinen Widerstand gegen Hitler geleistet hatten, handelten so. Verglichen mit den Folter- und Todesstrafen, die den Deutschen drohten, waren die Risiken für die Amerikaner gering; sie hätten womöglich ihre Stellung verlieren können, was im reichen Amerika keineswegs bedeutete, daß sie am Hungertuch nagen mußten. Viele meiner politisch linksstehenden Freunde – die protestierten – meinten, die USA sei auf dem besten Wege, faschistisch zu werden. Ich hegte Zweifel an ihrer pessimistischen Sicht. In der Tat erschöpfte sich der McCarthyismus erstaunlich schnell; und der eigentliche Glaube der Amerikaner an die freie Meinungsäußerung setzte sich wieder durch.

In Philadelphia stieß ich nicht auf Schwierigkeiten. Ich arbeitete eng mit Dr. Ernest Jurkat, einem sehr fähigen Ökonomen, zusammen an einer großen regionalen Verkehrsstudie zur Vorhersage künftiger Bevölkerungsverteilung. Er hatte früher in Berlin die Forschungsabteilung der Handelskammer geleitet. Nach Hitler Machtergreifung war er der Chef der Untergrundorganisation der Sozialdemokraten in Berlin gewesen. Er wohnte mir gegenüber, und wir wurden recht gute Freunde.

Henry Churchill hatte ich es zu verdanken, daß die New Yorker Ortsgruppe des «American Institute of Architects» mir den Auftrag gab, eine Studie über «Riverside» anzufertigen, den Abschnitt von Manhattan zwischen dem Central Park und dem Riverside Park von der 58. bis zur 110. Straße. Ich entdeckte mehrere interessante Dinge. Weil die Gegend durch die Umwandlung und Aufteilung praktisch aller Einfamilienhäuser in kleine Wohnungen oder möblierte Zimmer ihren ehemals wohlsituierten Status eingebüßt hatte, war man von der Annahme ausgegangen, die Einwohnerdichte müsse sich erheblich gesteigert haben. Während es in der Tat einige schrecklich überfüllte Häuser gab, verfügten die Menschen jedoch im Durchschnitt praktisch über genauso viele Quadratmeter Wohnfläche wie zu Anfang des Jahrhunderts. Außerdem fand ich die gleiche enge Korrelation zwischen Höhenlage und Mietniveau vor wie in Philadelphia – was mich überraschte in einer Gegend, wo der Höhenunterschied zwischen Erd- und Dachgeschoß so viel größer ist als die Höhenunterschiede im Gelände. Ebenso überraschend war die Feststellung, daß die Mieter, die in neue, vielgeschossige Luxuswohnungen eingezogen waren, von denen man annahm, sie gehörten einer sehr mobilen kosmopolitanen Bevölkerungsgruppe an, vornehmlich aus der unmittelbaren Nachbarschaft stammten.

Meine Schlußfolgerung lautete, daß die Gegend einer verbesserten Instandhaltung und Pflege bedürfe, daß es aber weder wünschenswert noch sinnvoll sei, großräumig abzureißen und neu zu bauen. Das war wahrscheinlich nicht das, was die Architekten sich erhofft hatten; die Studie wurde nie veröffentlicht.

Während der Arbeit an diesem Projekt wohnte ich bei Olga in New York. Damals hatte die Regional Plan Association (RPAA) eine monumentale Studie des Großraums New York in Gang gesetzt, und ich führte angeregte Gespräche mit dem Leiter der Association, Henry Fagin, und mit Raymond Vernon, einem hochintelligenten Ökonomen aus Harvard, der für die Studie verantwortlich zeichnete.

Da ich 1924 und dann wieder 1939/40 in New York gelebt hatte, fiel mir der soziale Verfall natürlich auf. Trotzdem schockierte mich ein zufälliges Ereignis. Ich wartete an einer Ampel, um die 96. Straße, Ecke Lexington Avenue, zu überqueren, als ich auf der gegenüberliegenden Straßenseite etwas beobachtete, was ich für eine Schlägerei zwischen zwei Jugendlichen hielt, um die sich eine große Zuschauermenge versammelt hatte. Im Näherkommen sah ich, daß es eine Schlägerei zwischen zwei schweren ausgewachsenen Männern war. Einer war zu Boden gesunken, er blutete und war nur noch halb bei Bewußtsein, hielt sich aber am Hosenbein seines Gegners fest, der weiter auf ihn einschlug. Ich nahm erst einmal die Hand vom Hosenbein und zupfte dann den anderen am Ärmel und brüllte: «Hören Sie auf, Sie bringen ihn ja um.» Ein Junge zog am anderen Ärmel und sagte: «Komm mit, Dad, wir hauen ab.» Der Mann wandte sich zum Gehen, drehte sich aber wieder um und wollte mich bedrohen. Zum Glück zog der Junge ihn fort. Ich bat, jemand möge einen Krankenwagen rufen; niemand rührte sich. Ich rief die Polizei. Ein Krankenwagen brachte den bewußtlosen Mann ins Krankenhaus; ob er dort tot oder lebendig ankam, weiß ich nicht.

Ungefähr hundert erwachsene Männer hatten dort herumgestanden, ungefähr zur Hälfte weiß und zur Hälfte schwarz, und nicht einer von ihnen hatte die leiseste Verantwortung für das gespürt, was sich vor ihren Augen, in ihrer Stadt abspielte. Was war das für eine Gesellschaft? In Moskau hätte so etwas nie passieren können; dort betrachteten sich die Menschen als die Behüter ihrer Nächsten – vielleicht manchmal mehr als diesen Nächsten lieb gewesen wäre.

Kanada
1955–1988

Metropolitan Toronto Planning Board

1953 schuf die Provinz Ontario aus der Stadt Toronto und zwölf Vororten die Verwaltungseinheit «Metropolitan Toronto». Das Gesetz, das am 1. Januar 1954 in Kraft trat, sah auch eine Planungsbehörde vor – «Metropolitan Toronto Planning Board» -, deren Zuständigkeit sich auch über dreizehn angrenzende Gemeinden, also ein Gesamtgebiet von etwa 720 Quadratmeilen erstreckte.

Die Planungsbehörde bestimmte Murray V. Jones, einen jungen Politologen und Stadtplaner, zum Leiter und engagierte Walter H. Blucher, den sehr kenntnisreichen, erfahrenen Leiter der American Society of Planning Officials, als Berater. Blucher empfahl mich[1] für die Position des stellvertretenden Leiters.[2] Nach einem Bewerbungsgespräch bot man mir die Stelle an, und ich nahm sie gern.

Die Stelle sagte mir aus zwei Gründen sehr zu. Erstens hatte ich seit vielen Jahren metropolitanes Planen propagiert, da einzelne Gemeinden in meinen Augen ungeeignete Objekte einer umfassenden Planung waren, und zweitens würde ich als kanadischer Staatsbürger wieder die Reisefreiheit genießen, die mir das US-Außenministerium durch die Verweigerung eines Passes geraubt hatte. Ein paar Jahre später allerdings erklärte das Oberste Gericht der Vereinigten Staaten diese Praxis für verfassungswidrig, und ich erhielt vom US-Konsulat in Toronto einen Paß. Aber zu dem Zeitpunkt hatte ich bereits entschieden, daß ich Kanada eindeutig dem großen Bruder im Süden vorzog. Zumindest war es – von seinem Territorium abgesehen – als kleines Land von der Versuchung frei, für den Rest der Welt den «Großen Bruder»

---

1   Blucher soll dem Gremium gesagt haben: «Ich betrachte ihn (Hans Blumenfeld) als einen der drei besten Planer von Nordamerika, es fällt mir jedoch schwer, die anderen beiden zu nennen.»

2   Die Besetzung der Stelle war so verlaufen, daß die Auswahlkommission sich niemanden anderes für die Stelle des Planungleiters hatte vorstellen können als Hans Blumenfeld. Albert Rose, der als Vorsitzender der «Ontario Division of the Community Planning Association of Canada» an der Auswahl teilnahm, berichtet: «Am Schluß der Sitzung waren wir übereingekommen, daß das Metro Toronto Planning Board zwei Spitzenkräfte mit sehr unterschiedlichen Talenten benötigte: einen technischen Planer und einen außergewöhnlich befähigten Kommunikator, der die Idee der Planung an verschiedene Gremien, Kommunen und die Öffentlichkeit verkauft. ... wir sahen als den verantwortlichen Amtsinhaber den professionellen Planer wie Praktiker und Chef, den hochgeachteten und sehr erfahrenen Hans Blumenfeld aus Philadelphia, als «Front Man», der die Planung dem Verwaltungschef und der Kommune verkaufen würde... Wir wußten zu der Zeit nicht, daß Dr. Blumenfeld niemals der Chef einer solchen Organisation, in welcher er auch gearbeitet hat, sein wollte. Er zieht es vor, zurückgezogen auf einer hohen sachkundigen Ebene seine Beiträge als Theoretiker und Praktiker zu erarbeiten und nicht als Öffentlichkeitsarbeits-Spezialist.» vgl. Albert Rose, Hans Blumenfeld the Man, in: Hitchcock, McMasters, The Metropolis, Proceedings of a Conference in Honour of Hans Blumenfeld, University of Toronto 1985, vgl. Literaturliste über Hans Blumenfeld.

zu spielen. Man ist dort bis heute auf gesunde Weise von Chauvinismus frei. Als ich nach Kanada kam, gab es nicht einmal eine Nationalfahne. Angesichts der zahllosen, im Namen von Nationalfahnen begangenen Verbrechen gefiel mir das. Kanada hat von England einen Respekt für faires Verhalten und eine Ablehnung gegen Gewalt und hysterischen Extremismus geerbt, der sich angenehm vom McCarthyismus abhob, den ich in den USA erlebt hatte.

Sicher, das Klima in Kanada war nicht gerade das, was ich mir gewünscht hatte. Aber es mag schon stimmen, daß es «gesund» ist – jedenfalls war ich in den rund dreißig Jahren meines Lebens in Toronto nicht einen einzigen Tag krank. Eine andere mögliche Erklärung für meine überraschend gute Gesundheit wäre, daß ich so voller Bosheit stecke, daß bei mir kein Virus überlebt.

Oberster Chef von Metropolitan Toronto war Frederick G. Gardiner, ein erfolgreicher, durch und durch konservativer Jurist, der zunächst von der Provinz eingesetzt und dann jährlich vom Rat wiedergewählt wurde. Mit der Zeit bewunderte ich ihn sehr, weil er, wie ich zu sagen pflegte, alle guten Eigenschaften von Robert Moses in sich vereinte, aber nur wenige der schlechten, und vor allem fähig war, Fehler einzugestehen und zu korrigieren. Als ein Mann von stürmischer Tatkraft, der es kaum abwarten konnte, «den Dampfhammer anzusetzen», stand er Planern höchst skeptisch gegenüber und behandelte Murray Jones zunächst einmal mit Verachtung; später lernte er aber seine Fähigkeiten schätzen und machte ihn zu einem seiner bewährten Berater. Durch seine starke Persönlichkeit gelang es Gardiner, die Arbeit der professionellen Planer relativ von den üblichen Frustrationen durch politische Entscheidungsprozesse freizuhalten. Er nutzte die Tatsache aus, daß die gewählten Vertreter im Rat der Metropole sich in erster Linie für die Angelegenheiten ihrer Gemeinden interessierten, und ließ eigentlich alle Entscheidungen durch das sehr kompetente, von ihm selbst zusammengestellte Beauftragtenkabinett fällen; es war ein sehr effizientes und effektives, technokratisches Regiment.

Der Mitarbeiterstab der Planungsbehörde war klein, aber hoch qualifiziert. Wir arbeiteten in drei Abteilungen: Landesplanung unter Ely Comay, Forschung unter Don Paterson und Verkehrsplanung unter Raymond Desjardins. Daß wir eine eigene Abteilung für Verkehrsplanung hatten, war anderen Planungsbehörden gegenüber ein besonderer Vorzug.

Alle Probleme wurden von allen fünf leitenden Mitarbeitern erörtert und gewöhnlich auch entschieden. Ich trug vor allem die Verantwortung für die Erstellung eines «Official Plan» für das Planungsgebiet. Gesetzgeberisch war festgelegt, daß dieser Plan die Flächennutzung und die Verteilung von Bevölkerung und Arbeitsplätzen, den Straßenverkehr und den öffentlichen Nahverkehr sowie die größeren öffentlichen Bauvorhaben umfassen sollte. Detaillierte Gebietseinteilungen und öffentliche Bauvorhaben von lokaler Größenordnung blieben unter der Verantwortung der 26 Gemeinden des Gebietes.

Als ich am 1. August 1955 in Toronto eintraf, war es glühend heiß; deshalb zog ich nach zwei Tagen in ein kleines Hotel, das damals auf den Toronto-Inseln lag. Dort wohnte ich sechs Wochen und genoß es, allmorgendlich im Ontariosee zu schwimmen und dann über die Bucht zur Arbeit zu fahren. Toronto hatte wie die meisten amerikanischen Städte ihr Seeufer an die Eisenbahn und die Industrie abgetreten. Doch hatte Gott in seiner Gnade hier den Bürgern eine zweite, offene Wasserseite geschenkt, indem er etwa eine Meile vor dem Ufer eine Inselgruppe von ungefähr einer Quadratmeile Größe hatte entstehen lassen. Im 19. Jahrhundert hatten viele Städter auf den Inseln Sommerhäuser errichtet, von denen die meisten nach und nach winterfest gemacht worden waren. Ich wußte von den Inseln, weil Jaqueline Tyrrwhitt mir Kopien von Studienarbeiten ihrer Studenten geschickt hatte.

Jackie, wie sie von allen genannt wurde, war eine englische Planerin, die ich aus New York und Philadelphia kannte. In dem akademischen Jahr vor meiner Ankunft hatte sie den ersten Stadtplanungskurs an der Universität von Toronto eingerichtet. Außerdem arbeitete sie mit Marshall McLuhan zusammen an einer Zeitschrift, deren Inhalte ich nicht recht verstand.

Der City of Toronto war es lästig gewesen, die Häuser auf den Inseln zu versorgen, und sie hatte sie deshalb zur Nutzung als Park an die Verwaltung der übergeordneten Großgemeinde, Metro Toronto, abgegeben. Ich meinte, daß diese Form der Nutzung ohne weiteres mit der weiteren Nutzung als Wohngebiet vereinbar sei. Ja, das Vorhandensein von bewohnten Häusern, Gärten, Geschäften, Restaurants und Menschen machte sie nur attraktiver und sorgte außerdem für eine bessere Auslastung der Fähren und anderer Dienstleistungen für die Parkbenutzer. Die Besucher des Parkes benutzten vornehmlich die Strände, die ungehindert zugänglich waren, oder wanderten oder fuhren Rad, beides Aktivitäten, die in einer von Häusern und Gärten bereicherten Gegend interessanter waren. Ich schrieb ein Gutachten, in dem ich die Erhaltung und die Stärkung der Wohnnutzung begleitend zur Entwicklung als Park empfahl.

Das Gutachten hatte ich Tom Thompson, dem Leiter des Gartenbauamts, vorgelegt, und er war mit mir einer Meinung gewesen, daß die Häuser eher einen Vorzug als eine Belastung darstellten. Als mein Gutachten jedoch von der Behörde beraten wurde, bemerkte Gardiner, daß es der seit einigen Jahren gepflegten Praxis widersprach, und fragte den Gartenbauamtsleiter, ob er es nicht vorzöge, die gesamte Fläche für den Park zur Verfügung zu haben. Thompson bejahte das, und ich fühlte mich betrogen. Die meisten Häuser sind abgerissen worden, aber ungefähr zweihundert sind geblieben und zum Objekt eines erbitterten Krieges gegen Stadt, Metro-Behörden und Provinzregierung geworden, der seit dreißig Jahren die Gerichte beschäftigt.

Meine erste Schlacht bei der Metro hatte ich verloren. Aber mit der zweiten erreichte ich weit mehr als erwartet.

Wie damals alle Städte in Nordamerika, betrachtete die Stadt Toronto es als ihre dringlichste Aufgabe, Stadtautobahnen zu bauen. Gleichzeitig war es allerdings auch die einzige Stadt Nordamerikas gewesen, die sich in den letzten fünfundzwanzig Jahren entschlossen hatte, eine U-Bahn zu bauen. Sie war 1954 eröffnet worden und war ein Riesenerfolg. Die Einwohner von Toronto unterstützten daher das von mir beharrlich verfolgte Ziel, den Anteil des «öffentlichen» Nahverkehrs – der eigentlich richtiger «kollektiver» heißen müßte – zu maximieren.

Bei der Erforschung des Gebiets anhand von Karten und Betrachtungen vorort mir aufgefallen, daß eine Reihe von Eisenbahnlinien vom Stadtzentrum aus in alle Richtungen führten, und ich hatte deshalb die Einrichtung eines Vorortzugdienstes angeregt. Der innere Vorortsring mit einer geplanten oder vollendeten Bebauung mittlerer Dichte konnte und sollte durch ein U-Bahnsystem versorgt werden, aber es wäre meiner Meinung nach aus zwei Gründen ein Fehler gewesen, ein solches System über etwa fünfzehn Kilometer hinaus auszudehnen. Erstens wäre es wegen der vielen Haltestellen von der Reisezeit her nicht mit dem Privatfahrzeug konkurrenzfähig gewesen; und zweitens wären die Züge auf den Außenstrecken fast leer gefahren. Für die Versorgung dieser entfernteren Gebiete mußte ein anderes System her, mit weniger Zügen entsprechend der geringeren Auslastung, viel weniger Stationen und entsprechend höherer Reisegeschwindigkeit.

Murray Jones verstand sofort, worauf ich hinauswollte, und wir führten ein Gespräch mit dem für unsere Region zuständigen Leiter der Canadian National Railroad (CNR). Seine erste Reaktion lautete – wie von einem Eisenbahner kaum anders zu erwarten: «Unmöglich.» Als wir fragten, wieso, gab er als Grund die Überlastung des Bahnhofs Union Station an. Als ich bemerkte, daß andere Bahnhöfe mit der gleichen Anzahl von Gleisen eine weitaus größere Zahl von Personenzügen abfertigten, entgegnete er, daß der Engpaß nicht im Bahnhof selbst liege, sondern in den dahin führenden Strecken, die auch durch den Güterverkehr stark ausgelastet seien. Nachdem er sich von uns hatte versprechen lassen, daß wir Stillschweigen bewahren würden, fügte er allerdings hinzu, daß unser Vorschlag in ein paar Jahren vielleicht durchführbar wäre. Die CNR plante den Bau einer Umgehungsstrecke für den Güterverkehr und einen Verschiebebahnhof eben nördlich der Grenze unseres Planungsgebiets. Nach dessen Fertigstellung würden Güterzüge Ziele in der Gegend von der Peripherie nach innen, anstatt wie jetzt vom Zentrum nach außen, ansteuern können und würden nicht mehr über Union Station fahren müssen. Murray reagierte unverzüglich mit dem Angebot, den Landerwerb für die Umgehungsstrecke zu erleichtern, indem er keine Wohngebiete für die Gegend plante. Auf dieser Basis ergaben sich zwischen den beiden Stäben ausgezeichnete Arbeitsbeziehungen. Wir erreichten einige Verbesserungen für die genaue Streckenführung der Umgehung und konnten unter anderem einige Bahnübergänge vermeiden.

Mit den Eisenbahningenieuren führten wir ebenfalls informelle Gespräche über die zukünftige Nahverkehrsversorgung der Vororte entlang des Seeufers östlich und westlich der Stadt. Ich meinte, die Bahnlinie solle elektrifiziert sein und bis in die Nachbarstädte Hamilton und Oshawa reichen. Die Eisenbahner stimmten zwar zu, daß dies wünschenswert sei, schlugen aber Züge mit Dieselantrieb vor, die nur den zentralen Teil der Linie bedienten, bis an die beiden Kreuzungen mit der Umgehungsstrecke. Einen solchen Bahndienst hat die Provinz Ontario mittlerweile seit einigen Jahren eingeführt. Vor kurzem beschloß die Provinz die Elektrifizierung der Anlagen und die Ausdehnung der Strecke nach Hamilton und Oshawa.

Auch ohne unsere Initiative hätte man wohl früher oder später einen Vorortzugsdienst eingerichtet. Unser wertvollster Beitrag war die Verlegung des geplanten ein-mal-vier-Kilometer-großen Verschiebebahnhofs aus den Wohngebieten, wo er eine Barriere für Straßen in einem Korridor mit stark wachsender Verkehrsdichte gewesen wäre, in offenes Feld außerhalb der sich entwickelnden Gebiete. Es war dies das Resultat eines informellen, nirgendwo dokumentierten Vorschlags, den ich den Eisenbahningenieuren unterbreitete.

Ein paar Tage nach meiner Arbeitsaufnahme in Toronto traf Gordon Stephenson ein. Ich hatte Gordon fünfundzwanzig Jahre zuvor kennengelernt, als er bei Giprogor in Moskau zu Besuch war, und hatte ihn später ab und zu in den USA und England wiedergesehen. Wir waren Freunde geworden. Gordon war an der Universität Liverpool Leiter der Planungsschule gewesen, hatte aber eine Berufung zum Leiter des angesehenen Planungsinstituts des MIT in Cambridge, Mass. angenommen. Als er sein Haus verkauft und seine Habe eingepackt hatte, wurde ihm in den Vereinigten Staaten die Einreise verweigert, weil der FBI behauptete, er sei ein «Sympathisant». In Wirklichkeit teilte er die politischen Ansichten des gemäßigten Flügels der britischen Labour-Partei.

Jaqueline Tyrrwhitt und Anthony Adamson, ein ungewöhnlich scharfsinniger Architekt und Planer, hatten die University of Toronto aufgefordert, die Gelegenheit zu ergreifen und Gordon Stephenson zum Aufbau einer Stadtplanungsschule an der Universität einzuladen; ich beteiligte mich sporadisch an der Arbeit dort. Leider verloren wir Gordon ein paar Jahre später wieder durch die Blindheit der Universitätsverwaltung. Sie weigerte sich, Stadtplanung vom Fachhochschul- (Diploma) auf Hochschulniveau (Masters) anzuheben, und sie wandten sich nicht an Gordon Stephenson, als es um einen beträchtlichen Ausbau des Campus ging, der damals initiiert wurde. Die Folge war, daß Gordon einem Ruf der Universität von Perth in Australien folgte, die es verstanden hat, sich beim Ausbau des Campus seiner Talente zu bedienen. Der Campus von Toronto hat sich zu einem Sammelsurium unzusammenhängender Gebäude entwickelt. Die Teile, die am besten zu erreichen sind, weil sie in der Nähe der an drei von vier Ecken liegenden U-Bahnstationen gelegen sind, dienen Nutzungsformen geringer Intensität. Die intensiv genutzten Gebäude liegen an zwei Hauptverkehrsadern, und die Verwaltung hat jede Gelegenheit verstreichen lassen, bei etwaigen Neubauten auch Fußgängerbrücken für die zahlreichen Übergänge zu errichten.

Mathew Lawson bat Gordon und mich, ihn bei der Ausweisung künftiger Wohngebiete in Toronto City zu beraten. Irgendwann erwähnte Mathew mir gegenüber, daß er beauftragt worden sei, den Beitrag der Stadt für die Royal Commission zu verfassen, die sich unter dem Vorsitz von Walter Gordon mit den Wirtschaftsaussichten Kanadas befaßte. Als ich Murray Jones fragte, ob er für Metro einen ähnlichen Auftrag habe, erkundigte er sich bei Gardiner, der die Aufgabe seinem Finanzbeauftragten übertragen hatte, und der war seinerseits froh, die Sache den Planern überlassen zu können. Der Abgabetermin für den Bericht zwang uns, unsere Schätzungen für Bevölkerungswachstum, Arbeitsplätze, Flächennutzung für verschiedene Zwecke und alle wichtigen Dienstleistungen mitsamt den Kapitalkosten für einen Planungszeitraum bis 1981 schnellstens zu erarbeiten. Wir setzten die Kapitalkosten in Beziehung zum geschätzten Regionaleinkommen, nicht aber zu den Steuern, weil wir erwarteten, daß sich bei der Finanzierung städtischer Ausgaben Veränderungen ergeben würden.

Bei der Einschätzung des künftigen Bevölkerungswachstums ging ich davon aus, daß es sich bei dem Kindersegen der Nachkriegszeit, obgleich die hohe Geburtenrate länger anhielt als erwartet, um eine vorübergehende Abweichung vom langfristigen Trend einer abnehmenden Fruchtbarkeitsrate handelte. Meine Kollegen waren skeptisch und akzeptierten erst nach längerer Diskussion meine relativ niedrige Schätzung, die für 1981 von einer Bevölkerung von 2,8 Millionen Menschen im Gesamtplanungsgebiet ausging, von denen 2,3 Millionen im Gebiet von Metro Toronto wohnen würden. Die Volkszählung von 1981 zeigt 2,63 Einwohner im Gebiet, von denen 2,11 im Stadtgebiet wohnten.

Meine Freunde standen auch meiner Annahme skeptisch gegenüber, daß der Anteil des Produktionssektors an der Zahl der Gesamtbeschäftigten von 38 auf 30 Prozent sinken würde; tatsächlich ist er auf 26 Prozent gesunken.

Die theoretisch wünschenswerte «Fingerplan»-Struktur der Metropole machte eine erhebliche Reduktion auf drei «Finger» durch, und zwar in Richtung Osten und Westen am Seeufer entlang und nach Norden über die Yonge Street, wobei das Wachstum des letzteren eingeschränkt werden sollte, um Probleme der Wasserver- und -entsorgung und des Oberflächenwassers zu verringern und dafür zu sorgen, daß möglichst große landwirtschaftliche Flächen in Stadtnähe erhalten blieben. Wir sprachen uns für allmähliches Wachstum durch Ausdehnung aus, weil das aus ökonomischen und sozialen Gesichtspunkten der Schaffung von losgelösten, «fertigen» neuen Städten oder Stadtvierteln vorzuziehen war. Ein weiteres Leitprinzip war die Minimierung der Notwendigkeit Pendeln zwischen Wohnort und Arbeitsplatz bei gleichzeitiger Maximierung der entsprechenden Möglichkeiten. Die Minimierung sollte durch ein ungefähres Gleichgewicht zwischen Arbeitsplätzen und Arbeitskräften am Wohnort in jedem größeren Bereich des Gebietes mit 100 000 bis 200 000 Einwohnern erreicht werden. Zu diesem Zweck wiesen wir große Flächen als Gewerbegebiete aus. Es war uns natürlich klar, daß es immer viele Gründe geben würde, weshalb die Bewohner in anderen Teilen der Region arbeiteten. Anhand späterer Untersuchungen bin ich zu dem Ergebnis gelangt, daß auch die ausgewogenste Verteilung von Arbeitsplätzen nicht in der Lage ist, das Pendeln aus einem größeren Bereich um mehr als ein Viertel zu reduzieren.

Ein gutes Nahverkehrssystem ist also unverzichtbar, sowohl zur Maximierung der Möglichkeiten des Pendelns als auch für andere Reisezwecke. Welche Verkehrsmittel geeignet sind, hängt, wie ich beharrlich betonte, von der Konzentration der Nachfrage nach Fahrtmöglichkeiten in Raum und Zeit ab. Nur die höchste Konzentration der Nachfrage, betreffs Fahrt zur Arbeit im Stadtzentrum und wieder nach Hause, kann die hohe Kapitalinvestition eines vollkommen straßenunabhängigen Streckennetzes für U-Bahnen oder Vorortzüge rechtfertigen. Ist dies einmal ausgebaut, kann es auch dazu dienen, viele geringer konzentrierte Ziele zu erreichen. Die meisten wird man allerdings mit Hilfe eines extensiveren Netzes von Straßenfahrzeugen, Straßenbahnen und Bussen, vorzugsweise auf getrennten Schienen und Spuren, bedienen müssen. Auf noch seltener befahrenen Strecken wären Busse praktisch leer; hier kann nur der individuelle Nahverkehr, unter derzeitigen Bedingungen also das Auto, entsprechende Dienste leisten. Mit wachsenden Entfernungen zwischen Wohnorten, und wichtiger noch, zwischen Arbeitsplätzen, Dienstleistungen und Freizeiteinrichtungen, sowie einem wachsenden Anteil von nicht arbeitsbezogenen Fahrten wird der Autover-

214

kehr ansteigen, gleichgültig wie attraktiv die Angebote des öffentlichen Nahverkehrs sind. Privatfahrzeuge und Nahverkehr decken unterschiedliche Bedürfnisse und können einander nur bis zu einem gewissen Grad ersetzen. Es ist daher absurd die Frage zu stellen: Nahverkehrsadern oder Straßen? Straßen werden natürlich nicht nur für Personenfahrzeuge gebraucht, sondern auch für den Güterverkehr (Last- und Lieferwagen) und für Dienstleistungen (Feuerwehr, Polizei, Krankenwagen, Instandhaltung von Wasser-, Strom- und Telephonleitungen) sowie für Straßenbahnen oder Busse des öffentlichen Nahverkehrs.

In der unmittelbaren Nachkriegszeit beging die USA in dem absurden Glauben, daß das Automobil allen Transportbedürfnissen gerecht werden könne, die kriminelle Torheit, Straßenbahnschienen herauszureißen und erhöhte Eisenbahnstrecken niederzureißen. Später schlug das Pendel kräftig zur anderen Seite aus, und die Leute gaben sich der noch größeren Torheit hin, alle Stadtautobahnen abzulehnen und dadurch den gesamten Kraftverkehr durch die Straßen der Städte zu zwängen. Straßen braucht man als Zugang zu Gebäuden etc. und als öffentliches Wohnzimmer; diese Funktionen sind im Grunde nicht mit Durchgangsverkehr vereinbar. Es ist schlimm genug, daß wir aus dem Zeitalter der Pferdefuhrwerke «Adern» geerbt haben, die diesen beiden schlecht zu vereinbarenden Zwecken dienen sollen. U-Bahnen sind ein unentbehrliches Mittel zur Verringerung des Kraftverkehrs auf Stadtstraßen, aber sie können den Fahrzeugverkehr zur Güterversorgung oder für Dienstleistungen – auch dafür sind zahllose Pkws unterwegs – nicht ersetzen, ebensowenig wie die vielen Fahrzeuge, die weit verstreute Fahrziele ansteuern. Für diese werden kreuzungsfreie Schnellstraßen benötigt, die die Auswirkungen von Unruhe, Lärm und Luftverschmutzung und vor allem die Zahl der Unfälle durch Autos auf Stadtstraßen beträchtlich reduzieren. Kreuzungsfreie Schnellstraßen ablehnen heißt Leib und Leben opfern. Nur ihre weitaus größere Sicherheit hat Stadtverwaltungen dazu bewogen, die Höchstgeschwindigkeit heraufzusetzen und dadurch Schnellstraßen in Stadtautobahnen umzuwandeln. Ich bin für eine Höchstgeschwindigkeit von 60 bis 70 Kilometern auf Stadtautobahnen.

Der Dogmatismus des «Stoppt die Stadtautobahnen» weist die gleiche Pseudologik auf wie die Doktrin des «Reißt die Elendsquartiere ab». Menschen nehmen wahr, daß in Slums Krankheiten, Verbrechen und Straftaten konzentriert auftreten, und schließen daraus, daß man diese Quartiere nur abreißen müsse, um das Übel aus der Welt zu schaffen. Menschen nehmen die Lärm- und Luftverschmutzungskonzentration auf Stadtautobahnen wahr und schließen daraus, man müsse diese nur schließen und schon seien Lärm und Schmutz beseitigt. In beiden Fällen werden die wahrgenommenen Übel durch die beabsichtigte Kur verschlimmert.

Es ist natürlich schwierig und kostspielig, eine Stadtautobahn in ein bereits entwickeltes Gebiet einzufügen, und Straßenbauingenieure haben viel vermeidbaren Schaden angerichtet, indem sie unvorsichtig die Entwürfe, die sie für Überlandautobahnen entwickelt hatten, auf städtische Umgebungen angewandt haben. Stadtautobahnen sollten immer ein geschlossenes System bilden, so daß jede Autobahn in eine andere mündet und niemals in einer Stadtstraße endet. Außer in reinen Gewerbegebieten oder direkt an schon vorhandenen Eisenbahndämmen sollten Stadtautobahnen immer ins

Gelände eingelassen, nie aber aufgeständert werden. Ihre Aus- und Einfahrten in den Stadtverkehr sollten über gestreckte Rampen anstatt über Kleeblätter verlaufen. Es sollte tunlichst vermieden werden, daß sie Bezirke durchtrennen; sie sollten so verlaufen, daß sie Bezirksgrenzen bilden. Wo nur eine Streckenführung durch ein Wohngebiet oder durch einen Park zur Wahl steht, ist der Park normalerweise vorzuziehen, weil durch eine Abdeckung der Autobahn einiges an Parkland wiedergewonnen werden kann.

Die unterschiedlichen Arten von Fahrten, die entweder über die Autobahnen oder den öffentlichen Nahverkehr erfolgen, erfordern jeweils unterschiedliche Grundmuster: ein radiales für U-Bahnen und ein großräumiges Gitter für Autobahnen. Als die Arbeit am offiziellen Plan begann, hatte die Provinz gerade einen Abschnitt des Highway 401 von Detroit nach Montreal in Form einer Umgehung um Toronto fertiggestellt, die etwa zwölf Kilometer nördlich parallel zum Seeufer verlief. Pläne für eine Autobahn am Seeufer entlang, den späteren «F. G. Gardiner Expressway», waren schon recht weit fortgeschritten. Wir schlugen eine weitere Strecke vor, der wir den Namen «Crosstown» gaben und die in Ost-West-Richtung auf halber Strecke zwischen diesen beiden verlaufen sollte. Später sollte etwa zehn Kilometer nördlich der 401 am Rand des verstädterten Gebiets dann noch eine weitere folgen. Die Provinz hatte beschlossen, etwa sechzehn Kilometer westlich des Stadtzentrums in Nord-Süd-Richtung die Autobahn 427 zu bauen, während Metro Toronto sich zum Bau einer Autobahn im Tal des Don-Flusses, zwei bis sechs Kilometer östlich des Stadtzentrums, entschloß. Zur Versorgung des zwanzig Kilometer breiten Streifens dazwischen wurden zwei weitere Autobahnen in Nord-Süd-Richtung vorgeschlagen: erstens von der Provinz eine südliche Verlängerung der 400, und zweitens eine Verlängerung von der Spadina Avenue nach Nordwesten. Dabei handelte es sich um eine der wenigen breiten Straßen mit Nord-Süd-Verlauf, und eine Verlängerung hatte schon Jahrzehnte lang zur Debatte gestanden. Um die dicht bebauten Innenstadtbereiche entlang des Seeufers möglichst wenig in Mitleidenschaft zu ziehen, schlugen wir vor, diese beiden Nord-Süd-Autobahnen an der «Crosstown» enden zu lassen.

Schon bald nach meinem Eintritt in die Behörde bat mich Murray Jones, den Vorschlag für die Spadina-Autobahn zu untersuchen. Meine unmittelbare Reaktion war: «Warum eine Autobahn bauen? Warum nicht eine U-Bahn-Strecke?» Bei näheren Untersuchungen stellte ich fest, daß der steile Hang, der den Nordteil der Stadt vom südlichen trennt, auf diesem Fünf-Kilometer-Abschnitt nur von zwei durchgehenden Straßen in Nord-Süd-Richtung durchzogen war, und die waren jeweils nur vierspurig. Deshalb machte ich den Vorschlag zum Bau einer kombinierten Anlage, bei der eine U-Bahnstrecke auf dem Mittelstreifen der Autobahn verlaufen sollte. Eine solche Kombination bedeutet natürlich eine beträchtliche Reduzierung von Baukosten und Zerstörung bestehender Gebiete.

Mein Grundkonzept eines radialen Aufbaus des U-Bahnsystems stieß beim obersten Berater der Toronto Transit Commission (TTC) Norman Wilson nicht auf Gegenliebe. Wilsons Vorbild waren die gitterförmigen U-Bahnnetze von Paris und Manhattan. Er übersah die Tatsache, daß sie gebaut worden waren, als diese Städte eine Wohn- und Arbeitsplatzdichte von durchschnittlich 100 000 Menschen pro Quadratmeile hatten. In Toronto beträgt die durchschnittliche Wohndichte weniger als ein Zehntel davon, und eine vergleichbare Arbeitsplatzdichte herrscht nur im Hauptgeschäftszentrum (CBD). Mit einem häßlichen Witz titulierte ich Mr. Wilson als «einen der fortschrittlichsten Köpfe des 19. Jahrhunderts».

TTC schlug, da nun die Vorzüge einer U-Bahnlinie anhand der in Nord-Süd-Richtung verlaufenden Yonge-Street-Strecke deutlich demonstriert waren, den Bau einer längeren Ost-West-Strecke entlang Bloor Street vor, um die am stärksten befahrene Straßenbahnlinie zu ersetzen. In meinem Gutachten für die Planungsbehörde befürwortete ich den Vorschlag für eine in Ost-West-Richtung verlaufende U-Bahnstrecke sehr und betonte, daß die U-Bahn das «Arbeitspferd» des Personentransportsystems sei. Ich bezweifelte jedoch, ob die geplante Streckenführung optimal sei, weil Bloor Street etwa zweieinhalb Kilometer nördlich vom Hauptgeschäftszentrum liegt. Wilson schlug vor, die Yonge-Street-Linie von der südlichen Endstation aus durch eine Linie entlang der 650 Meter westlich parallel zur Yonge Street verlaufenden University Avenue nach Norden fortzusetzen und sie auf diese Weise nach Osten und Westen hin mit der Bloor-Strecke zu verbinden. Er hatte eine komplizierte Operation im Sinn, bei der Bloor-Street-Bahnen im Wechsel entweder von Osten nach Westen (und umgekehrt) durchfahren oder nach Süden in das Hauptgeschäftszentrum abbiegen und ihren Weg über Yonge Street nach Norden fortsetzen sollten. Die Betreiber der TTC brachten energisch den Einwand vor, daß eine so komplizierte Operation es unmöglich machen würde, in den Stoßzeiten einen regelmäßigen Betrieb aufrechtzuerhalten. Nach gründlicher Diskussion stellte ich fest, daß ihre Bedenken wohl begründet waren. Die Betreiber des TTC akzeptierten die vorgeschlagenen Strecken entlang Bloor Street und University Avenue, bestanden aber darauf, die Bloor-Linie und die Yonge-University-Linie getrennt zu handhaben. Das war zufriedenstellend, soweit es den Betrieb betraf, barg aber den offensichtlichen Nachteil, daß alle Fahrgäste der Bloor-Linie, die in das CBD (Geschäftszentrum) wollten, umsteigen mußten und daß die Treppen und Rolltreppen an den Umsteigestationen in den Stoßzeiten hoffnungslos überfüllt sein würden. Ich sagte außerdem – und zwar, wie sich herausstellte, ganz richtig – voraus, daß die University-Linie selbst in den Stoßzeiten nicht ausgelastet und abends und an den Wochenenden praktisch leer sein würde.

Deshalb schlug ich eine andere Streckenführung vor, die sich eher an einen radialen Aufbau annäherte. Die äußeren Teile der Bloor-Linie würden bleiben, aber dann in einer Entfernung von drei bis vier Kilometern östlich und westlich von Yonge Street nach Süden schwenken und über Queen Street in Ost-West-Richtung weiter durch das am dichtesten besiedelte Gebiet der Stadt bis in die Mitte des Geschäftszentrums verkehren. TTC stellte sich hartnäckig gegen meinen Vorschlag, weil er es notwendig machte, die Straßenbahnlinie auf Bloor Street zu erhalten.

Mein Vorschlag wurde «U-Line» getauft, der Vorschlag von TTC «T-Line». Die Planungsbehörde genehmigte eine Studie, die mit Hilfe von Computern die erwarteten Fahrgastmengen auf den beiden alternativen Strecken simulierte. Die Studie wurde von der Beraterfirma unter der Leitung von Joseph Kates durchgeführt, einem hervorragenden Mathematiker, der später Leiter des «National Science Council» wurde. Die Simulation zeigte, daß die U-Linie im ganzen nur unerheblich mehr Fahrgastmeilen vorsah, aber etwa ein Drittel mehr Menschen ins CBD (und wieder hinaus) befördern würde.

Als die Frage im Metro-Rat diskutiert wurde, wurde Mr. Duncan, der sehr verständige Generalmanager von TTC, der starke Einwände gegen die komplizierten, von Norman Wilson vorgeschlagenen Operationen vorgebracht hatte, gefragt, ob diese Operation überhaupt durchführbar sei. Seine Antwort lautete «ja». Auch auf die folgende Frage: «Wird sie ausgeführt werden?» gab er «ja» zur Antwort. So geschah es auch – sechs Monate lang. Seitdem werden die beiden Strecken getrennt geführt; die Überbelastung der Station Bloor-Yonge ist mittlerweile zu einem ernsten Problem geworden.

Als die Frage «U» gegen «T» vor die Planungsbehörde kam, sagte Frederick Gardiner: «TTC muß sie betreiben; wir sollten ihren Vorschlag annehmen.» Offensichtlich hatte er seinen Entschluß längst in der Tasche, hatte aber die Kontroverse über die Strekkenführung benutzt, um die Entscheidung – die der Innenstadt diente – aufzuschieben, bis andere Entscheidungen zugunsten der Vororte durchgesetzt waren. Aber ich habe Zweifel, ob selbst Gardiner eine andere, wichtigere Auswirkung der Kontroverse über die Streckenführung vorhergesehen hatte: Da die Aufmerksamkeit aller von der Schlacht zwischen «T »und «U» gefesselt war, kam kein Mensch darauf, die grundlegendere Frage aufzuwerfen, ob die Ausgabe von $ 200 Millionen für eine zweite U-Bahn überhaupt gerechtfertigt sei. Die erste Strecke hatte weniger als $ 50 Millionen gekostet.

Sobald die Entscheidung über die Bloor-Linie festlag, stimmte TTC unserem Vorschlag zu, die University-Linie bis zu einem Anschluß an die Spadina-Linie auszubauen, und sorgte so für eine angemessene, der Yonge-Linie vergleichbare Auslastung einer durchgehenden Nord-Süd-Strecke.

Auf diese Weise ist das U-Bahnnetz nach und nach gemäß dem von uns 1959 fertiggestellten «Draft Official Plan» ausgebaut worden. Im Falle des vorgeschlagenen verbundenen Stadtautobahnnetzes ist die Sache allerdings anders verlaufen.

Obwohl die geplanten Autobahnen vornehmlich entweder an bestehenden Eisenbahndämmen oder in Tälern und offenem Gelände verlaufen sollten, waren auch einige Wohnhäuser bedroht. Über eine kurze Strecke sollte die «Crosstown» durch eine exklusive Gegend namens Rosedale führen. Den bedrohten Bewohnern gelang es, im Metropolitan Rat den Plan für die Crosstown-Autobahn ohne Diskussion vom Tisch zu fegen. Als ich den Aufsichtsbeamten William Archer, den ich als Mitglied unserer Behörde kannte, drängte, sich für eine Wiederaufnahme einzusetzen, lautete seine Antwort: «Hans, du weißt doch, daß kein Rat sich mit einem kontroversen Thema auseinandersetzt, wenn er das dem nächsten überlassen kann; man wird die ‹Crosstown› schon irgendwann bauen, selbst wenn wir sie unterirdisch verlaufen lassen müssen.» Die Beobachtung im ersten Teil seiner Antwort mochte klug sein, aber mit seiner Vorhersage lag er falsch.

Ohne Crosstown kam kein geschlossenes System zustande, sondern bloß eine Ansammlung isolierter Autobahnen ohne Endpunkt. Als die Provinz die Entscheidung faßte, den Highway 401 von vier auf zwölf Spuren auszubauen, baten wir darum, eine Kreuzung mit dem zukünftigen Spadina Freeway vorzusehen. Die Provinz stimmte nur unter der Bedingung zu, daß die Autobahn sechsspurig zwei Kilometer weiter nach Süden führen würde, als ursprünglich geplant. Im Gegensatz zum Hauptteil der Autobahn, die nur ein paar Häuser berührte, führten diese zwei Kilometer durch ein Prestigeviertel und das Gelände der Universität von Toronto.

Selbstverständlich führte das zu Protesten. Mittlerweile war das Pendel zu extremer Gegnerschaft gegen Autobahnen ausgeschlagen. Es gab eine Kampagne unter dem Motto «Stop Spadina». Die manichäische Stimmung wurde noch durch ein Pamphlet mit dem Titel «The Bad Trip» angeheizt, in dem die Verfasser David und Nadine Nowlan in einem Meisterwerk der Entstellung behaupteten, daß der «Report on Transportation» (Verkehrsstudie) der Metropolitan-Planungsbehörde – für den ich in erster Linie verantwortlich zeichnete – seine Ergebnisse absichtlich zugunsten des Privatverkehrs manipuliert hätte! Es standen Wahlen bevor. Also machte dieselbe Regierung von Ontario, die für den Versuch, eine Autobahn durch ein Wohngebiet zu bauen, ausschließlich verantwortlich war, die Entscheidung für die Autobahn rückgängig, und zwar unter dem Motto «Städte sind für Menschen, nicht für Autos da!» – die reinste Demagogie, besonders wenn man bedenkt, daß sich kein Auto ohne Mensch hinter dem Steuer bewegt. So endet die «Spadina» jetzt vier Kilometer vor dem eigentlich vorgesehenen Endpunkt und ergießt ihren gesamten Verkehr auf die bereits überlastete Eglington Avenue. Unterdessen verlängert die Provinz ihren Highway 400, um noch mehr Autos durch dieselbe Avenue zu schleusen.

Diese Dinge geschahen, als ich längst die Planungsbehörde verlassen hatte. Stadtplanung ist eine langfristige Angelegenheit – und der Zeithorizont der Politiker erstreckt sich nur bis zu den nächsten Wahlen. In vergangenen Zeiten kümmerten sich Dynastien auch um die entferntere Zukunft. Heute sind die einzigen, die sich solchen Luxus leisten können, Beamte, die vielgeschmähten Bürokraten und Technokraten.

Man kann, wie auch geschehen, die Frage aufwerfen, ob es sinnvoll ist, langfristige, umfassende Pläne – auch Flächennutzungs- oder Bebauungsplan («Official» oder «Master Plan») geheißen – zu entwerfen, die versuchen ein Bild der physischen Gegebenheiten einer Gegend in zwanzig oder dreißig Jahre auszuarbeiten. Manche Planer lehnen so etwas als «statische Endzustandspläne» ab. Ich war mir dieses Problems bewußt. Schon früh während meiner Zeit in Philadelphia hatte ich es folgendermaßen ausgedrückt: «Beim Entwurf eines solchen Planes gehen wir von drei Annahmen aus: erstens, daß wir wissen, worauf die Menschen ihre Hoffnung setzen werden; zweitens, daß wir wissen, welche technischen Möglichkeiten ihnen zur Verfügung stehen werden; und drittens, daß sie diese Mittel vernünftig nutzen werden, um das, was sie anstreben, zu erreichen. Wir wissen natürlich, daß alle drei Annahmen – und vor allem die dritte – ganz und gar unrealistisch sind.» Und dennoch müssen wir den Versuch machen, denn ohne ein «Leitbild» für die Zukunft, wie die deutschen Planer es nennen, ist es unmöglich, die Auswirkungen gegenwärtiger Entscheidungen in einem Teilbereich auf alle anderen Teilbereiche vorauszuberechnen. Der Plan bietet eine mögliche, wünschenswerte Balance zwischen allen Elementen – Bevölkerung, Arbeitsplätze, Dienstleistungen etc. Wenn die Entwicklung in einem Teilbereich anders verläuft als angenommen dient der Plan als Bezugsrahmen, um anzuzeigen, welche Anpassungen in den anderen Teilbereichen fällig sind. Der Plan ist keine statische Blaupause, sondern eine dynamische Leitlinie.

Die Grundlage für ein solches Bild ist natürlich die Verteilung von Bevölkerung und Arbeitsplätzen auf die verschiedenen Gebiete und Unterbezirke der Planungsregion. Dieser Prozeß erfordert eine Mischung aus Vorhersage und Vorschriften – wie Planung überhaupt. Wir nahmen an, daß die Bevölkerungsdichte in der Innenstadt so bleiben würde und sollte, wie sie war, und daß sie in den Vororten zunehmen sollte. Letzteres ist erreicht worden, aber die Stadt ist mittlerweile viel weniger dicht besiedelt.

Da Bevölkerungsdichte zum großen Teil von der «Zonierung» (der zulässigen Art und Dichte der Ausnutzung des Stadtgebiets) abhängt – eine Aufgabe, für die die Gemeindeverwaltungen der einzelnen Gebietskörperschaften Torontos zuständig sind –, kam die Frage auf, wie unser Plan durchzusetzen sei. Ich schlug eine Klausel vor, die eine Zonierung verbot, von der man mit einiger Wahrscheinlichkeit annehmen konnte, daß sie eine Einwohnerzahl zur Folge haben würde, die mehr als 50 Prozent höher oder 30 Prozent niedriger lag als die im Plan vorgesehene. Murray Jones war dagegen, weil er meinte, daß Politiker so etwas niemals akzeptieren würden. Wie recht er hatte, wurde deutlich, als wir unseren vorläufigen Plan vorstellten. Er wurde feindselig aufgenommen, die Ratsmitglieder empfanden ihn als Einschränkung ihres Handlungsspielraums im Umgang mit Immobilienleuten.

Ein weiterer, vor allem von den Justizbeamten vorgebrachter Einwand bestand darin, daß der Plan keinen deutlichen Unterschied zwischen Vorhersage und Vorschrift mache; sie wollten klar formulierte, rechtsverbindliche Klauseln. Bis zur Annahme eines neuen Entwurfes gab es keinen gültigen «Official Plan». Der Entwurf von 1959 fungierte jedoch eine ganze Reihe von Jahren als praktische Leitlinie. Das endgültige, rechtsverbindliche Dokument war größtenteils eine Zusammenstellung der offiziellen Pläne der Gemeinden des Gebiets von Metropolitan Toronto, die in der Zwischenzeit erlassen worden waren.

Unser «Draft Official Plan» war im wesentlichen ein Produkt von Erfahrungswerten, Augenmaß und Intuition. Ich bin nicht der Ansicht, daß Vernunft und Intuition unvereinbare Gegensätze sind, wie etwa in der Philosophie Henri Bergsons, zu der ich mich in meinen Jugendjahren hingezogen gefühlt habe. Meiner Meinung nach ist ein intuitives Urteil die Synthese einer großen Zahl von weitgehend unterbewußten rationalen Vorgängen.

Es gab freilich einen Aspekt des Plans, der mit ausdrücklich rationalen Methoden zu überprüfen war. Die vorgeschlagenen Verkehrsanlagen erforderten eine Kapitalinvestition von etwa einer Milliarde Dollar. War die Verteilung auf Straßen und Bahnlinien optimal, oder konnten die Einwohner einer Gegend besser versorgt werden, indem man entweder mehr Straßen oder mehr Schienenstrecken baute? Dies war durch eine Simulation der zu erwartenden Bewegungen unter drei Alternativen zu überprüfen: der vorgeschlagenen «ausgewogenen» und je einer, die sich in erster Linie auf Straße oder Bahnlinien konzentrierte. Der Hauptteil dieser Studie wurde gemacht, nachdem ich als stellvertretender Direktor zurückgetreten war. Ich arbeitete in meiner Eigenschaft als Berater der Behörde daran mit und lernte eine Menge von Joseph Kates und seinen kompetenten Partnern, Neil Irwin und Hans von Kube, die die komplexen Computerprogramme für die Simulationen entwickelten.

Ein wichtiges Resultat, mit dem ich hätte rechnen müssen, was ich nicht tat, war der natürliche Prozeß der Ausbalancierung. Wenn eine neue U-Bahnlinie die Leute bewog, ihr Auto stehenzulassen, machte die geringere Überfüllung der Straßen das Autofahren wieder konkurrenzfähiger. Die Folge war, daß die Unterschiede der modalen Verteilung zwischen den drei Varianten viel geringer waren als erwartet.

Die Ergebnisse bestätigten im wesentlichen die Effizienz des von uns vorgeschlagenen ausgewogenen Systems. Berechnungen für eine U-Bahnlinie in Queen Street zeigten, daß die zu erwartenden Fahrgastzahlen nur einen verbesserten Straßenbahnservice rechtfertigten.

Ich hatte an meiner Arbeit mit der Planungsbehörde viel Freude und glaube, daß dabei einiges herausgekommen ist. Aber da ich die Altersgrenze von siebzig Jahren erreichte, nahm ich 1961, nach sechs Jahren, meinen Abschied.

Das Leben in Kanada

Während ich nach meiner Ankunft in Toronto auf den Inseln lebte, war ich auf Wohnungssuche. Die meisten Wohnungen hatten zwei schwerwiegende Mängel: Ihre Fenster ließen sich überhaupt nicht oder nur einen Spalt weit öffnen, und sie hatten keine durchgehenden Wandflächen für meine Bücherregale. Schließlich fand ich eine gut geschnittene Wohnung im achten Stock der neuen Anndore Apartments, die den weiteren Vorzug besaß, daß man von ihr aus einen Blick über das ganze östliche Stadtgebiet, damals hauptsächlich Baumwipfel über niedrigen Häusern, und über einen Arm des Sees hatte. Erst später wurde mir klar, daß sie auch sonst sehr günstig lag. Nach ein paar Jahren wurde das Anndore in ein Hotel umgewandelt, und ich mußte umziehen. Ich fand eine andere Junggesellenwohnung im zwölften Stock eines Wohnhauses, das ungefähr eine Minute entfernt lag. Als mir der Blick von einem höheren Gebäude verstellt wurde, zog ich über die Straße in meine jetzige Bleibe, eine Zwei-Zimmer-Wohnung im fünfundzwanzigsten Stock, hoch genug, um über die meisten der vielen hundert Hochhäuser hinauszuragen, die mittlerweile östlich von unserem Block, in dem auch das Anndore liegt, entstanden sind. Diese Ein-Mann-Stichprobe bestätigt meine Erfahrung aus der Studie von der Westseite Manhattans, daß Menschen dazu neigen, innerhalb ihrer unmittelbaren Nachbarschaft umzuziehen.

Ich benutzte weiterhin das Fahrrad, hatte aber auch den Wunsch, mein Kanada als mein Planungsgebiet und den europäischen Kontinent mit dem Auto zu erkunden. Also machte ich den Führerschein und kaufte einen Volkswagen. Da ich erst mit 64 wieder angefangen hatte zu fahren, wurde ich kein guter Fahrer mehr und hörte vor einigen Jahren auch wieder auf. Aber während der dreiundzwanzig Jahre, in denen ich Auto fuhr, habe ich viel Freude dran gehabt, da es mir nach und nach anstrengendere Fortbewegungsarten wie Schlittschuhlaufen, Reiten, Kanufahren, Skilaufen, Wandern und Radfahren ersetzte.

Die beiden so grundsätzlich verschiedenen Landschaftsformen von Süd-Ontario gefielen mir sehr: am Lake Ontario das fruchtbare Bauernland mit seinen sanften Hügeln, und kaum hundert Kilometer nördlich die Wälder, Seen und Felsen des Granit-«Schildes». Meine Ferienreisen machte Olga mit mir – nach Quebec, in die maritimen Provinzen und um die Großen Seen herum, und auch eine, ohne Auto, nach Vancouver und Victoria, mit dem Schiff nach Prince Rupert Island und nach Jasper und Banff. Zwei Jahre später fuhren wir mit dem Auto nach Vancouver, wo das Town Planning Institute seine Jahresversammlung abhielt, und fuhren auf dem Rückweg über die Kootenays, Jasper, Edmonton, Saskatoon und Regina. In Saskatchewan war es so drückend heiß, daß ich auf der schnurgeraden Strecke durch die baumlose Prärie am Steuer einschlief, und das Auto in einen Graben fuhr. Ich kam mit einem Schlüsselbeinbruch davon, aber Olga erlitt einen Armbruch und mußte operiert werden. Ich blieb in Regina, solange sie im Krankenhaus lag. Als sie wieder kräftig genug war, flog sie in Begleitung einer Krankenschwester nach Los Angeles, wo ihr Bruder und seine Frau sie gesund pflegten.

Bei meinem ersten Besuch in Montreal war ich überrascht, wie ähnlich die Franzosen aus Quebec ihren Landsleuten aus Europa waren. Das war vor der «stillen Revolution», als Quebec noch sorgsam die Tradition des autoritären, klerikalen «ancien régime» von 1760 bewahrte; Voltaire war Tabu, und mit ihm alle Traditionen der Aufklärung, die Frankreichs Geschichte in den letzten zweihundert Jahren geprägt haben. Offensichtlich hatten alle Revolutionen und anderen welterschütternden Ereignisse nicht vermocht, dieses merkwürdige Wesen, das wir «Nationalcharakter» zu nennen pflegen, anzutasten.

1956 oder 1957 hielt das Town Planning Institute seine Jahresversammlung in Lac Beauport ab, mitten im Herzen von Quebec. Obwohl mindestens die Hälfte der Anwesenden frankophon waren, wurde während der drei Tage kein Wort Französisch gesprochen. Zufällig mußte ich nach dem Abschlußdiner ein Referat halten. Ich hielt es auf Englisch, sagte aber einleitend ein paar französische Sätze, in denen ich unseren Gastgebern in Quebec dankte und mich entschuldigte, daß ich gleich in der anderen Nationalsprache fortfahren würde. Noch jahrelang begrüßten mich französischsprechende Kollegen mit den Worten: «Was Sie in Lac Beauport gemacht haben, war wundervoll.» Die arrogante Geringschätzung, die die meisten englischsprechenden Kanadier der Sprache und Kultur ihrer französischsprechenden Landsleute entgegenbrachten, gab reichlich Anlaß zu Ärger. Da hat sich in den letzten dreißig Jahren etwas getan, und ich hoffe, daß die Einwohner von Quebec niemals ihr natürliches Recht auf einen eigenen Staat in die Wirklichkeit umsetzen werden. Ich glaube, eine Abtrennung würde zu drei wenig wünschenswerten Ergebnissen führen: die englischsprechende Minderheit in Quebec würde der Illoyalität verdächtigt, ebenso die französischsprechenden Gruppen im übrigen Kanada, und die Fähigkeit, sich der US-amerikanischen Vorherrschaft zu widersetzen, wäre noch geringer als jetzt.

1959 nahm ich einen Monat unbezahlten Urlaub und hängte diesen an meinen Jahresurlaub an, um eine ausgedehnte Europareise unternehmen zu können. In Kopenhagen besuchten Olga und ich meinen Freund Gregersen. Ich mietete einen Volkswagen und besuchte in der Nähe von Schleswig meinen alten Kameraden aus dem Ersten Weltkrieg, Hannes Clausen, und seinen Sohn, mein Patenkind, der selbst auch schon Vater eines Sohnes war. Das unterdessen größtenteils wieder aufgebaute Hamburg und meine Geburtsstadt Osnabrück weckten alte Erinnerungen. Wir fuhren weiter durch das Rheinland, Belgien und Frankreich nach Spanien. Ich hatte lange

222

gezögert, dorthin zu fahren, weil Franco noch an der Macht war, hatte aber schließlich beschlossen, nicht länger zu versuchen, ihn zu überleben. Das reiche, wunderschöne Erbe des Landes zu erleben, war ein Genuß, und die Würde und Freundlichkeit der Menschen beeindruckten mich sehr. Wir überquerten die Grenze bei Hendaye und fuhren durch das alte Kastilien nach Salamanca. Mich beeindruckte zugleich die überreiche – im Plateresken-Stil – und einfache Reinheit der kleinen «Mozarabe»-Kirchen; außerdem die Schönheit der Städte Avila, Segovia und Toledo, die beinahe ägyptische Strenge des Escorial und die Schätze im Prado, vor allem Goya; aber noch viel mehr beeindruckten mich der Südwesten und der Nordosten des Landes, Andalusien und Katalonien, jedes auf seine Weise. Man befürchtet immer, daß so berühmte Sehenswürdigkeiten wie Sevilla, Cordoba und Granada sich als Enttäuschung herausstellen könnten, aber sie sind es nicht. Auf der Fahrt von Tarragona zum berühmten Kloster von Poblet war ich von der Lieblichkeit der katalanischen Landschaft bezaubert, und auch die einzigartige kleine Stadt Peniscola auf ihrem Fels über dem Mittelmeer war eine Überraschung.

Wir fuhren weiter nach Bonnieux[3], wo Olga Lotte kennenlernte; sie freundeten sich sogleich an. Nach einigen Tagen kehrten wir nach München zurück, wo ich das Auto abgab. Olga blieb noch in Deutschland, und ich fuhr über Prag weiter nach Moskau.

Wiedersehen mit Moskau

Ich kam abends an; auf der Fahrt vom Flughafen war das erste, was man sah, die Silhouette der Universität. Gibt es noch eine Stadt auf der Welt, in der das alles beherrschende und in höchstem Maße symbolische Gebäude eine Stätte des Lernens ist und kein Symbol staatlicher oder kirchlicher Macht?

Ich hatte Moskau vor zweiundzwanzig Jahren verlassen; jetzt war es eine Stadt mit fünf Millionen Einwohnern. Aber als ich am ersten Morgen durch die Hauptstraße spazierte, rief jemand meinen Namen. Es war Krayevsky, ein polnischer Architekt, der mit Gropius am Bauhaus gearbeitet hatte und in den frühen dreißiger Jahren nach Moskau gegangen war. Über ihn kam auch die Begegnung mit Rosenberg zustande, der jetzt die Gärten der Akademie für Agrarwirtschaft unter sich hatte. Da sie beide Juden waren, fragte ich sie nach Antisemitismus. Beide sagte, es hätte ihn gegeben, aber das wäre jetzt vorbei. Es war auch interessant, daß sie beide gerade eine neue, bessere Wohnung bekommen hatten. Der eine war schon umgezogen, beim anderen stand der Umzug noch bevor. Eine dritte Bekannte, Margaret Kurella, die ich auch besuchte, war gerade vor zwei Monaten umgezogen. Die Vielzahl der neuen Wohnungen überall war beeindruckend und, nach Kurellas Wohnung zu urteilen, recht gut geplant. Leider fehlte den neuen Wohnblocks jeder menschliche Maßstab. Immerhin waren sie gut ausgerüstet und versorgt: In den Geschäften gab es keine Schlangen wie im Stadtzentrum.

Ich spürte einige meiner alten Kollegen von Giprogor auf und über diese auch meinen ehemaligen «Brigadeleiter» Alexander Muchin, der jetzt Mitglied der Akademie der

---

3 im Luberon (Provence) in Südfrankreich

Architektur war. Er war Berater in China gewesen und erzählte mir, daß er jetzt oft Vorträge über seine dortigen Erfahrungen halten mußte. Ich besuchte auch das Planungsbüro der Stadt Moskau. Dort fragte ich den sehr intelligenten Direktor, ob er wirklich glaube, sie könnten die geplante Bevölkerungszahl von fünf Millionen halten – die bereits unwesentlich überschritten war. Er vertraute darauf, daß es gelingen würde, und gab mir eine wohlfundierte Darstellung der Maßnahmen, die sie zu diesem Zweck trafen. Ich war von ihrer Durchführbarkeit nicht überzeugt. Heute, fünfundzwanzig Jahre später, liegt die Bevölkerung im Großraum Moskau bei fast zehn Millionen.

Ich besuchte Obrastsows phantastisches Puppentheater, ging in ein Rostropowitsch-Konzert und sah mir noch einmal das Gebäude an, in dem früher der Klub der ausländischen Arbeiter gesessen hatte. Auch in meiner alten Wohnung war ich; meine Mitbewohner, der Ingenieur Schabadin und seine Frau, lebten immer noch dort, in einem Zimmer. Als ich an der Tür stand, starrten sie mich an, als wäre ich ein Gespenst, aber dann waren sie überglücklich. Ihre Tochter, die ich als kleines Mädchen mit blonden Zöpfen kannte, war mit einem Ingenieur in Riga verheiratet und unterrichtete dort am Musik-Konservatorium; außerdem war sie die beste Reiterin der Sowjetunion. Mein Versuch, ihnen mein Zimmer zu überlassen, war fehlgeschlagen, und mit meinen Nachmietern kamen sie nicht aus. Sie hofften, innerhalb der nächsten Monate eine Zwei-Zimmer-Wohnung zu bekommen. Ich fragte Schabadin, ob in dem Wohnkomplex noch andere Bekannte von mir wohnten, und er erwähnte die Bauers, ein Architektenehepaar aus Budapest, die beide Parteimitglieder waren. Beide waren gegen Ende der dreißiger Jahre verhaftet worden und hatten viele Jahre in Gefängnissen und Lagern zugebracht. Aber Bauers Schwester, eine Lehrerin, und sein Sohn waren in der Wohnung geblieben, und der Junge hatte seine Ausbildung abgeschlossen und war jetzt Physiker. Die Schwester lag mit Grippe im Bett, und ich sah sie nur kurz, aber ich unterhielt mich ausgiebig mit dem Sohn, den ich als kleinen Jungen gekannt hatte. Seine Eltern waren nach Budapest zurückgegangen, wo sein Vater zum Leiter einer Bezirksverwaltung gewählt worden war. Als er meine Frage, ob er noch als Architekt arbeite, mit Nein beantwortete und ich fragte: «Was macht er denn?» sagte er lächelnd: «Er repräsentiert das Volk.» Einige Jahre später besuchte ich die Bauers in Budapest. Er war unverändert, immer noch der alte unerschütterliche Kommunist, der mit dem gleichen großartigen Sinn für Humor wie immer voller Witze über die Schwächen von Partei und Regierung steckte.

Der Albtraum des Stalinschen Terrors war vorüber. Als ich Rosenberg fragte, wie die Leute jetzt von ihm dachten, sagte er: «Sie versuchen, ihn zu vergessen.» Als ich Schabadin fragte, was er von Chruschtschow halte, sagte er: «Er ist in Ordnung – bis jetzt.» Das sowjetische Volk hat seine Lektion gelernt; die Despotie wird nicht zurückkehren.

Aber wie war es dazu gekommen? Die offizielle Erklärung «Personenkult» hört sich lächerlich an; aber sie könnte eine gute Portion Wahrheit enthalten. Die allgemeine Reaktion auf den Tod Lenins: «Wir haben unseren Vater verloren», hatte den Führern, und jedenfalls Stalin – wenn sie es nicht ohnehin schon wußten – gezeigt, wie tief das Bedürfnis nach einer Vaterfigur in einem Volk saß, das in patriarchalen Familien aufgewachsen war. Sie bauten Stalin bewußt als den starken, allwissenden Landesvater auf, und man muß zugeben, daß sich dies in der Art auszahlte, wie es dem sowjetischen Volk half, den schrecklichen Schlag der ersten Siege Hitlers zu überstehen.

Als andere Führer bemerkten, wie Stalins Paranoia wuchs, und sie versuchten, ihn auszuschalten, war es zu spät, und sie fielen ihm zum Opfer. Aber es ist ein schwerer Irrtum anzunehmen, daß sich der Terror gegen tatsächliche oder vermutliche Dissidenten richtete. Die Sache war viel planloser; ein großer Teil der Opfer glaubte weiter blind an Stalin. Der Apparat hatte sich in Bewegung gesetzt, und die Mitarbeiter mußten ihre Quoten erfüllen. Wie das zuging, begriff ich erst richtig, als ich meinem alten Freund Perfanoff 1949 in Westberlin begegnete. Er war 1938 verhaftet und ein Jahr später anläßlich des Molotow-Ribbentrop-Austausches an Deutschland ausgeliefert worden. Man hatte ihn endlos verhört und der Spionage angeklagt. An einem Punkt hatte er die Geduld verloren, mit der Faust auf den Tisch geschlagen und zurückgebrüllt: «Es ist Lüge, alles Lüge, ich bin kein Spion.» Daraufhin war der Vernehmungsbeamte aufgestanden, hatte zur Tür hinausgeschaut und sie zugemacht, aus dem Fenster geschaut und es geschlossen, sich hingesetzt und gesagt: «Bürger Perfanoff, regen Sie sich nicht auf. Ich weiß nicht, wer Sie sind, und Sie wissen nicht, wer ich bin.» Woraufhin er Tür und Fenster wieder öffnete und Perfanoff weiter anbrüllte.

Der Terror ist vorbei. Aber das heißt natürlich nicht, daß Opposition nun legal wäre. Als die sowjetische Verfassung 1935/36 diskutiert wurde, war mir aufgefallen, daß die darin proklamierten Rechte – auf Arbeit, Bildung, Gesundheitsversorgung etc. – auf jeden Fall lebenswichtig waren und auch praktiziert wurden, daß aber ein Recht fehlte, das Recht auf Abweichung. Damals kannte ich das bessere englische Wort «right of dissent» noch nicht, das so viel heißt wie «Recht auf Widerspruch». Aus dem Blickwinkel derjenigen, die es nicht gewähren, verwahren sie sich gegen Irrtümer. Ja, die meisten Regimes im Laufe der Geschichte haben es nicht nur als ihr Recht, sondern als ihre heilige Pflicht angesehen, ihre Untertanen vor dem Gift der falschen Doktrinen zu schützen. Sie haben selbstverständlich angenommen, daß es eine wahre Doktrin gebe, eine «Orthodoxie» oder ewige und absolute Wahrheit. Erst in den letzten paar Jahrhunderten sind die Menschen in Westeuropa allmählich zu einer kritischen Einstellung dieser Ansicht gegenüber gelangt und erkennen mittlerweile, daß man sich der Wahrheit nur über einen Wettstreit der Fehler nähern kann.

Ich neige dazu zu glauben, daß diese einmalige Entwicklung durch den Konflikt zwischen Kaiser und Papst ermöglicht wurde, der sowohl die weltliche als auch die kirchliche Autorität untergrub und dadurch dem unabhängigen Denken einen Weg bahnte. Die Menschen in der Sowjetunion haben diese Erfahrung nicht durchgemacht; deshalb ersetzten sie christliche – oder jüdische oder islamische – Orthodoxie durch eine neue. Niemand hat die Vorstellung von absoluter Wahrheit heftiger abgelehnt als Karl Marx; «marxistische Orthodoxie» ist ein Widerspruch in sich. Daß hunderte Millionen daran glauben, zeigt, wie tief das menschliche Bedürfnis nach Sicherheit und absoluter Wahrheit sitzt. Doch das Ferment des Marxschen kritischen Denkens arbeitet im Verein mit dem ganzen Ansatz der modernen Naturwissenschaften daran, jede Orthodoxie zu untergraben. Die Veränderung hat länger auf sich warten lassen, als ich gehofft habe, aber sie geht unaufhaltsam vonstatten.

Im ganzen gesehen war mein Besuch in Moskau nach zweiundzwanzig Jahren ein positives Erlebnis. Die beiden negativen Aspekte waren schlechtes Wetter und das sowjetische Reiseinstitut Intourist. Da ich nicht mit einer Gruppe reiste, war ich ein «Luxustourist», dem ein Dolmetscher und ein Auto zustanden. Ich brauchte weder das eine noch das andere; nur zweimal bat ich Intourist um Hilfe, einmal wegen Karten für das Puppentheater und einmal, weil ich die Universität besuchen wollte. In beiden Fällen versagten sie, nachdem sie mich viel Zeit durch Warten gekostet hatten. In beiden Fällen versuchte ich selbständig mein Glück und bekam ohne Schwierigkeiten, was ich wollte. Aber ich kann mir vorstellen, wie ein Tourist ohne Russischkenntnisse sich vorgekommen wäre. Ich hatte ursprünglich vorgehabt, nach Stalingrad und Kiew zu fahren, beschloß dann aber, auf Stalingrad zu verzichten. Als ich bei Intourist Bescheid sagte, sagten sie, nein, ich müsse am nächsten Morgen nach Stalingrad abreisen. Ich war verärgert und sagte es der Frau, die für meine Etage im Hotel zuständig war. Sie sagte: «Wenn Sie bleiben wollen, dann fahren Sie nicht.» Ich nahm ihren Rat an, und Intourist besorgte mir zwei Tage später einen Flug nach Kiew.

In Kiew holte ein Wagen von Intourist mich und zwei andere Touristen vom Flughafen ab. Meine Führerin war eine charmante junge Ukrainierin; sie studierte Englisch und wollte von mir auf Fehler hingewiesen werden. Wir besichtigten die schönen historischen Denkmäler aus dem Mittelalter. Die Kathedrale mit ihren Mosaiken ist schon großartig, aber auch das moderne Kiew ist wunderhübsch. Es hat das Beste aus seiner Lage auf der Hochebene über dem Dnjepr und einer weiten Tiefebene gemacht. Auf einem Felsvorsprung hatte man ein sehr würdiges Kriegerdenkmal errichtet: eine gepflasterte Plattform mit einer ewigen Flamme am Ende, an beiden Seiten flankiert mit flachen Steinen, die der Opfer aus allen Völkern der Sowjetunion groß und klein, einschließlich des jüdischen Volkes, gedachten.

Die Hauptstraße der Stadt, die Krestschatik, ist trotz der Tatsache, daß die meisten Gebäude im stalinistischen Baustil gehalten sind, dank ihres geschwungenen Verlaufs, ihres außerordentlich gut geplanten Querschnitts und der Gesamtanlage sehr schön. Auch in anderen Teilen der Stadt fand ich eine ähnliche Empfindsamkeit für Straßenplanung vor. Ich suchte das Planungsbüro der Stadt auf – wieder einmal durch einfaches Vorbeigehen, nachdem es Intourist nicht gelungen war, ein Gespräch zu organisieren. Wieder einmal meldete ich Zweifel daran an, daß sie das Wachstum auf 1,4 Millionen Einwohner begrenzen könnten; jetzt liegt die Einwohnerzahl bereits über zwei Millionen. Auf meine Bitte hin gaben sie mir die Anschrift einer neuen Wohnanlage. Die viergeschossigen Backsteingebäude gefielen mir recht gut, und meine Führerin von Intourist bedankte sich bei mir dafür, daß ich ihr Teile der Stadt gezeigt hatte, die ihr bislang unbekannt gewesen waren.

Als ich an den Plänen für meine Reise in die Sowjetunion gesessen hatte, hatte ich Elena Syrkus, einer der führenden polnischen Architektinnen, geschrieben, daß ich vorhätte, für ein bis zwei Tage in Warschau vorbeizuschauen. In ihrer Antwort schrieb sie: «Kommen Sie nicht für ein bis zwei Tage; bleiben Sie auf ihrer Rückreise eine Woche hier. In der Woche findet hier ein internationaler Architektenkongreß statt; Ihre Anmeldung finden Sie anbei.» Also fuhr ich über Nacht von Kiew nach Warschau. Morgens fanden sich an jedem Bahnhof in den kleinen weißrussischen Städten Bauern ein, die den Reisenden etwas zu essen verkauften. Im Zug von der russischen Grenze nach Warschau begegnete ich einer Gruppe junger Ostdeutscher, die ich schon in der Kathedrale in Kiew gesehen hatte. Interessanterweise war eine der jungen Frauen eine Theologiestudentin, die, was ich noch interessanter fand, nicht zögerte, das DDR-Regime dafür zu kritisieren, daß sie sich ausschließlich um die Nazi-Verbrechen kümmerten und kein Wort über das schlimme Verhalten von Sowjetsoldaten in Deutschland verloren.

Auf dem Kongreß in Warschau kamen interessante Leute aus Ost und West zusammen, aber ich war der einzige Vertreter aus der westlichen Hemisphäre. Als ich fragte, ob ich mein Referat lieber auf Englisch oder auf Deutsch halten solle, lautete die Antwort: «Auf Deutsch oder Französisch, aber nicht auf Englisch.» Die Gründe waren rein sprachlich und nicht politisch; aber ich fand es bemerkenswert, daß die Polen nur fünfzehn Jahre nach der brutalen Unterdrückung durch die Deutschen bereit waren, deren Sprache zu akzeptieren.

Warschau war schlimmer zerstört als alle anderen Städte, aber die Polen haben beim originalgetreuen Wiederaufbau der historischen Straßen und Plätze, Kirchen und Palais ihrer Hauptstadt wahrhaft bemerkenswerte Arbeit geleistet. Die Kongreßteilnehmer erhielten auch Gelegenheit, nach Gdansk und Krakau zu fahren. In Gdansk hatte man die Häuser und Kirchen der hanseatischen Kaufleute liebevoll restauriert. Die Straßen und Plätze sind wunderschön; wenn man sich jedoch beim Betreten eines Patrizierhauses in einem Kino oder einem Arbeitsamt wiederfindet, ist das ein wenig schockierend. Krakau ist wie durch ein Wunder im Krieg unbeschädigt geblieben und hat sein wunderschönes Stadtbild bewahrt.

Auf meiner Rückreise machte ich Aufenthalt in Berlin und fuhr nach Leipzig, um Ernst Bloch, den marxistischen Philosophen, zu besuchen, den ich in Amerika kennengelernt hatte. Er war wegen seiner positiven Haltung zum Aufstand in Ungarn 1956 in Ungnade gefallen. Er lehrte nicht mehr an der Universität, und seine Schriften wurden im Osten nicht mehr veröffentlicht. Aber der Veröffentlichung seiner Werke im Westen legte man nichts in den Weg, ebensowenig wie zwei Jahre später seiner Ausreise in die Bundesrepublik, wo ich ihn in Tübingen dann wieder besuchte.

In Leipzig lebte er in einem großen, ansehnlichen Haus mit seiner großen Bibliothek, einer Hausangestellten und einem Auto. Seine Frau, eine Architektin, hatte man aus der Partei ausgeschlossen (er war nie Mitglied gewesen). Sie zögerte, mir das Kinderheim zu zeigen, in dem sie gearbeitet hatte; aber als wir dort ankamen, wurde sie von ihren früheren Kollegen sehr herzlich begrüßt.

Bloch zählte Fälle von Unterdrückung geistiger Freiheit auf und fragte immer wieder: «Ich frage Sie, ist das Marxismus?» Außerdem sagte er: «Die Sozialisierung der Produktionsmittel ist die notwendige, nicht aber die hinreichende Voraussetzung für den Sozialismus.»

In Berlin stritt ich mit meinem alten Moskauer und Hamburger Freund, dem Schauspieler und Schriftsteller Gustav von Wangenheim, über den Teufelskreis, in den die DDR zu geraten drohte. Das Land hatte anfangs mit einem beispiellos schlechten Verhältnis von männlichen Arbeitskräften zu Abhängigen, Alten und Kranken, Witwen und Waisen, dagestanden. Während der Westen Milliarden nach Westdeutschland fließen ließ und die DDR Reparationen in Milliardenhöhe an die Sowjetunion und Polen zahlte, lockte der wachsende Unterschied im Lebensstandard immer mehr junge Facharbeiter in den «goldenen Westen», und die Alten, die Invaliden und die Kinder blieben zurück. Als Folge davon mußte eine sinkende Zahl von Arbeitskräften eine wachsende Zahl von Abhängigen ernähren. Die DDR hatte strenge Gesetze gegen eine Auswanderung erlassen, konnte diese aber nicht durchsetzen, weil es zwischen Ost- und Westberlin keine Grenze gab. Ich bemerkte zu Wangenheim, daß sie auf diese Weise mit der schlechtesten der beiden Welten dasaßen: Wegen der Gesetze wurden sie angefeindet, und die Arbeitskräfte wanderten unvermindert weiter ab. Während ich eigentlich für Freizügigkeit eintrat, war mir klar, daß der dauernde Aderlaß das Überleben der DDR gefährdete. Warum hinderten sie ihre Einwohner nicht daran, nach Westberlin zu fahren? Wangenheim war empört. Wie konnte ich so etwas sagen; Berlin war eine Stadt! Aber zwei Jahre später taten sie es doch, und seitdem ist es nicht nur mit dem Lebensstandard in der DDR beständig bergauf gegangen, sondern auch mit dem Verhältnis der beiden deutschen Staaten zueinander. Nie war die Wahrheit des alten Sprichworts «Gute Zäune machen gute Nachbarn!» so deutlich.

Damit will ich nicht leugnen, wie schrecklich die Berliner Mauer ist. Aber die schreckliche Tatsache, die sie dokumentiert, ist nicht die Niederträchtigkeit des ostdeutschen Regimes, sondern die selbstmörderische Teilung der Menschheit in zwei feindliche bewaffnete Lager.

Ich war immer mehr zu der Überzeugung gelangt, daß die Fortsetzung des Rüstungswettlaufs zur Auslöschung der Menschheit führen würde und daß alle Hoffnung oder Mühe vergebens bleiben würde, wenn es uns nicht gelänge, ihn zu stoppen und weltweit abzurüsten. Als ich aus Philadelphia weggegangen war, hatte mir ein Geistlicher der Episkopalkirche, mit dem ich im Civil Rights Congress zusammengearbeitet hatte, Namen und Anschrift von Reverend Dr. James Endicott in Toronto gegeben. Ich besuchte Jim und wurde Mitglied im «Canadian Peace Congress» und der Ortsgruppe in Toronto, «Toronto Association for Peace». Später wählte man mich in den Vorstand beider Organisationen; aber in jenen Jahren relativer Ruhe und allgemeiner Selbstgefälligkeit waren wir nur beschränkt aktiv.

Kampf um die Staatsbürgerschaft

Ich hatte mich entschlossen, mich den Gesetzen entsprechend nach fünf Jahren Aufenthalt, die am 1. August 1960 abgelaufen waren, um die kanadische Staatsbürgerschaft zu bewerben. Am gleichen Tag lief meine amerikanische Staatsbürgerschaft automatisch aus. Ich hatte eine Einladung des Verbandes öffentlicher Verkehrsbetriebe (VÖV) in Deutschland angenommen, auf dessen Jahresversammlung ich Ende September in Bremen als der Hauptredner sprechen sollte. Ich erzählte dem Richter bei meiner Anhörung für die Staatsbürgerschaft von dieser Einladung, und er versicherte mir, daß ich meine Papiere rechtzeitig bekäme.

Die Wochen vergingen. Mitte September kamen zwei höfliche Männer in Zivil von der Royal Canadian Mounted Police (RCMP) bei mir zu Besuch. Sie interessierten sich für die Aktivitäten des Peace Congress und baten mich um die Namen der

Vorstandsmitglieder. Als ich erwiderte, daß wir uns mit dem Vornamen riefen, sagten sie: «Irgendeinen Namen müssen Sie doch kennen.» Ich antwortete: «Mary Endicott»; sie stellten keine weiteren Fragen.

Es gab also Schwierigkeiten. Ich bat Murray Jones, mir einen Rechtsanwalt zu empfehlen, und suchte dann Richard Rohmer auf, der seitdem als Autor mehrerer Bestseller bekannt geworden ist. Rohmer nahm sofort Kontakt mit dem Ministerium auf und war zuversichtlich, daß sie ihn informieren würden, ehe sie weitere Schritte unternähmen. Trotzdem erhielt ich wenige Tage später die Mitteilung, daß mein Antrag abgelehnt worden sei. Auch Rohmers Bemühungen, ein vorläufiges Reisedokument für mich zu bekommen, blieben erfolglos. Ich mußte dem Sekretär des VÖV also mitteilen, daß ich nicht kommen könne. Zum Glück hatte ich ihm mein Referat und einige Dias geschickt. Die Dias gingen irgendwo im Bremer Zollamt verloren und wurden erst später wiedergefunden; aber der Sekretär entschuldigte sich für meine plötzliche Erkrankung und las mein Referat vor, das für lebhafte Diskussion sorgte. Anschließend veröffentlichte der VÖV meinen Beitrag mit Abzügen von einigen Dias, der Diskussion und meinen Erwiderungen.[4]

Die Verweigerung der kanadischen Staatsbürgerschaft war ein unerwarteter Rückschlag. Ich war wieder einmal staatenlos. Ich konnte nicht nach Europa reisen und durfte als ehemaliges Mitglied der Kommunistischen Partei aufgrund des Walter Mac Carran-Gesetzes auch nicht in die USA einreisen. Doch wieder einmal siegte mein Glück.

Martin Meyerson war zum Direktor des angesehenen «Joint Center for Urban Research» von Harvard und MIT berufen worden. Er lud mich zu einer vom Center vorbereiteten Konferenz über Metropolen ein. Ich antwortete, daß ich nur kommen könne, wenn er eine Sondererlaubnis erwirke. Martin ging zum Auswärtigen Amt. Damals war Kennedy gerade Präsident geworden und hatte eine Menge Akademiker aus Harvard in hohe Positionen nach Washington geholt, so daß man Martin mit großem Respekt entgegenkam. Allerdings meinten die Beamten, daß es sich hier um eine besonders schwierige Situation handle und daß die Erlaubnis auf keinen Fall bis zur Konferenz vorliegen könne. «Dann vertagen wir die Konferenz», sagte Martin. ... Ich bekam die Erlaubnis.

Damit war ein Präzedenzfall geschaffen. Im darauffolgenden Studienjahr nahm Kevin Lynch Forschungsurlaub und wollte, daß ich ihn in seinem Kurs über die Planung von Ballungszentren vertrat. MIT verschaffte mir die Erlaubnis, einmal die Woche nach Cambridge zu kommen. Später erhielt ich wiederholt die Genehmigung, für berufliche Zwecke in die USA einzureisen.

Mein Leben in Kanada war durch meinen Status als Staatenloser in keinerlei Weise beeinträchtigt. Durch die Vermittlung eines Professors an der Universität von Toronto war ich zu einem Gespräch mit dem stellvertretenden Minister eingeladen worden.

---

4 Die bibliographischen Daten sind unvollständig, und ein Manuskript ist nicht mehr vorhanden. Es läßt sich feststellen, daß es sich um die Jahrestagung (1960) des «Verbandes öffentlicher Verkehrsbetriebe» (VÖV) handelt, was wir auch stillschweigend in den Text eingefügt haben. In der Schriftenreihe des VÖV, im Band Nr. 8, soll der Aufsatz erschienen sein. Die Schriftenreihe ist später möglicherweise in «Schriftenreihe für Verkehr und Technik» umbenannt worden. Als Verlag ist der Erich Schmidt Verlag möglich.

Auf meine Frage nach den Gründen für die Ablehnung entgegnete er: «Gründe werden nie angegeben; da werden Sie Ihre eigenen Schlüsse ziehen müssen. Sie können in zwei Jahren wieder einen Antrag stellen.» Aufmunternd fügte er hinzu: «Vielleicht haben wir bis dahin einen anderen Minister.» So kam es. Ron Haggard, den ich kennengelernt hatte, als er für den «Toronto Star» über die Arbeit der Planungsbehörde berichtet hatte, lenkte seine Aufmerksamkeit auf meinen Fall. Aber bald darauf fanden Wahlen statt, und die Liberalen lösten die Konservativen ab. Ich hatte mit Andrew Brewin, der jetzt mein Anwalt war und außerdem im Parlament saß, verabredet, daß wir es mit «stiller Diplomatie» versuchen würden, und hatte mich bemüht, Haggard davon abzubringen, meinen Fall zu veröffentlichen. Als jedoch auch nach meinem zweiten Antrag ein Jahr vergangen war, ohne daß etwas geschah, kamen wir überein, daß Publizität nicht schaden könne. Ron Haggard beschrieb meinen Fall in zwei aufeinanderfolgenden Ausgaben des Star und ließ einen kurzen Kommentar zu meinen Gunsten folgen. Offensichtlich gibt sich keine Regierung gern den Anschein, sie lasse sich von der Presse in die Enge treiben; aber drei Monate später war ich kanadischer Staatsbürger. Die Entscheidung muß Guy Favreau getroffen haben; infolge seines plötzlichen Todes bekam ich den Bescheid von seinem Nachfolger – vier Minister und dreieinhalb Jahre nach meinem ersten Antrag.

Im Konsulat der USA sagte man mir, daß ich nunmehr meine Einreiseerlaubnis für die USA im Einwanderungsamt in Buffalo zu beantragen habe. Als ich dort anrief, sagte der Mann am Apparat: «Ich kenne Ihren Fall; warum beantragen Sie nicht eine ständige Befreiung für berufliche Zwecke?» Das tat ich und habe seit der Zeit nie wieder Probleme gehabt.

Meine wissenschaftliche Karriere beginnt mit Siebzig

Als ich mich dem Rentenalter näherte, fragte ich bei Thomas Howarth, dem Dekan für Architektur an der Universität von Toronto an, wie es mit Arbeit im Fachbereich für «Urban and Regional Planning» aussehe. Howarth erteilte mir den Auftrag, ein Forschungsprogramm auszuarbeiten. Ich entwarf ein ziemlich detailliertes Programm, das allerdings weitgehend Papier blieb, weil keiner da war, der es hätte ausführen können. Aber im Laufe der Jahre hielt ich dort einige Lehrveranstaltungen ab, am häufigsten einen Kurs über die Geschichte der Stadtentwicklung und Stadtplanung, eine Art Reiseführer durch fünf Kontinente und fünf Jahrtausende, und einen Kurs über Verkehrsplanung, wo ich Fern- und Nahverkehr gleichermaßen abhandelte und die Notwendigkeit der Interaktion mit anderen Planungsaspekten betonte. Weiterhin arbeitete ich Kurse aus, die sich mit Großstadtplanung, Wohnungsbau und Stadterneuerung befaßten, und hielt in einem Semester ein Seminar über Versuche, die Systemtheorie auf Stadtplanung anzuwenden.

Da ich in meinem siebzigsten Jahr mit meiner wissenschaftlichen Laufbahn begonnen hatte, anstatt sie, wie man von ordentlichen Akademikern erwartet, mit fünfundsechzig abzuschließen, hatte ich natürlich weder ein Anrecht auf eine Daueranstellung oder eine Pension, noch paßte ich in eine der vorgefertigten Schubladen der Universitätshierarchie.

Als ich noch nicht lange vom Metropolitan Toronto Planning Board fort war, besuchten mich Guy Legault und Paul Laliberté, beides Angestellte der Stadtplanungsbehörde von Montreal, um mich einzuladen, stellvertretender Direktor ihrer Behörde zu werden. Ich wollte nicht aus Toronto fort und mochte auch meine Arbeit an der Universität und als Berater der Planungsbehörde nicht aufgeben. Also kamen wir überein, daß ich bei ihnen als ständiger Berater fungieren und mindestens zweimal im Monat drei bis vier Tage in Montreal sein sollte.

Die Arbeit in Montreal war reizvoll, weil die Stadt sich für die Weltausstellung von 1967 vorbereitete. Wir machten uns auf die Suche nach einem passenden Gelände und schlugen ein Grundstück am Ufer des St. Lawrence vor. Die bessere Idee, die Ausstellung auf größtenteils künstlichen Inseln anzusiedeln, geht auf das Konto des Bürgermeisters und seiner Assistenten; das von uns vorgeschlagene Gelände wurde zu dem riesigen Parkplatz für die Besucher.

Die Stadt nutzte die Weltausstellung als Anlaß zur Durchführung ehrgeiziger Bauvorhaben für U- und Autobahnen. Ich lernte eine Menge aus den Diskussionen mit den sehr versierten Ingenieuren der Pariser Metro. Montreal hatte insofern Glück, als das tieferliegende Gestein eine besonders preiswerte Konstruktion ermöglichte. Bei der Erörterung alternativer Streckenführungen fiel mir auf, daß die Ingenieure dazu neigten, sich eher danach zu richten, wo Gestein als wo Leute waren.

Ich unterstützte Guy Leraults Vorschlag, jede Station von einem anderen Architekten entwerfen zu lassen, und wies auf das erfolgreiche Beispiel Moskaus hin. Guy war es auch, der die brillante Idee hatte, das übliche Zwischengeschoß durch ein paar Brücken zu ersetzen und somit einen hohen Raum über den Bahnsteigen zu schaffen.

Interessante Probleme ergaben sich auch beim Entwurf der Autobahnen, vor allem bei der Strecke entlang des Südufers von Montreal Island. Der Ingenieur hatte vorgeschlagen, entlang des Wasserrands eine erhöhte Straße zu bauen. Wir schlugen eine Strecke vor, die weiter landeinwärts und näher zu den meisten Zielen der Gegend lag und die Wasserseite nicht ruinieren würde. Im Herzen der Stadt liegt ein ehemaliges Flußtal, das wegen schlechter Bodenbedingungen keine hochwertigen Gebäude angelockt hatte. Die Stadtautobahn folgt diesem Tal, indem es den Wasserstrom durch einen Fahrzeugstrom ersetzt; weil er unterhalb des Straßenniveaus fließt, stören die Fahrzeuge das Auge nicht, die Lärmbelästigung ist geringer als bei schwerem Verkehr auf normalen Stadtstraßen. Weiter westlich konnten wir die beiden Fahrtrichtungen der Autobahn auf verschiedenen Höhen in einem Steilhang unterbringen – die einzige Lage, die einen schönen Ausblick von der Straße herab und von weitem auf eine Straße bietet. Auf einem Stück noch weiter westlich verlaufen die beiden Fahrtrichtungen der Autobahn auf beiden Seiten der Eisenbahnschienen. Auf jeder Seite wurde außerdem eine Zufahrtsstraße für beide Fahrtrichtungen benötigt. Bei «normalen» Einrichtungen verliefe die rechte Spur der Autobahn neben der rechten Spur der Zufahrtsstraße, die in die entgegengesetzte Richtung führt. Aus- und Auffahrten zur Autobahn hätten großflächige Halbkreise bilden müssen. Die Entfernung war allerdings auf ein paar Meter zu reduzieren, wenn die zusammenhängenden Spuren in die gleiche Richtung verliefen. Um das zu erreichen, schlug ich vor, auf diesem Teilstück die Fahrtrichtungen auf der

Autobahn umzukehren. Ich war angenehm überrascht, als die Autobahnbauer meinen Vorschlag übernahmen, und die Sache funktioniert sehr gut.

Verkehrsplanung war natürlich nicht unsere einzige Sorge. Wie die meisten Städte der Zeit hatte Montreal einen Plan für großräumigen Abriß und Neubebauung, der nach seinem Verfasser «Plan Dozois» hieß. Ich taufte ihn «Plan Bulldozois». Mein Alternativprogramm sah die Instandsetzung existierender Häuser und den Bau kleiner Wohnprojekte vor, in erster Linie in «Baulücken». Im großen und ganzen ist man in Montreal dieser Politik gefolgt.[5]

Des weiteren bestand eine meiner Aufgaben darin, den Mitarbeiterstab der Behörde aufzubauen, mich also selbst nach und nach um meine Arbeit zu bringen. Es gelang mir, Harry Lash zu überreden, stellvertretender Direktor zu werden, und eine Zeitlang arbeiteten wir zusammen an «Montreal 2000», einem Versuch, in die Regionalplanung einzusteigen, dem nur bescheidener Erfolg zuteil wurde.

Mit wenigen Ausnahmen waren die Mitarbeiter französischsprechende Québecois. In ihrer Einstellung zur Planung unterschieden sie sich in zweierlei Hinsicht von den Anglo-Amerikanern: sie legten mehr Gewicht auf die Rolle des Staates und mehr Wert auf Ästhetik.

Als De Gaulle vom Balkon des Rathauses neben unserem Büro sein berühmtes «Vive le Québec libre!» (Es lebe das freie Quebec) rief, waren die meisten meiner Kollegen begeistert. In meinen Augen war es ein historischer Moment: Zum ersten Mal in 175 Jahren hatte ein Präsident der französischen Republik den Bourbonenlilien Reverenz erwiesen! (Vier Bourbonenlilien zieren die offizielle Flagge von Quebec.)

Mitte der sechziger Jahre startete die Provinz Ontario eine Verkehrsstudie des Metropolitan Toronto und der umliegenden Region (MTARTS). Auf Wunsch mehrerer Berater für MTARTS sollten einige unterschiedliche Entwicklungsalternativen untersucht werden. Eine davon, sie projektierte parallel zum Ontario-See eine Entwicklung auf zwei Ebenen, die durch einen Grüngürtel mit Verkehrskorridor voneinander getrennt waren, war meiner Ansicht nach weder durchführbar noch wünschenswert. Nach MTARTS wurde von der Provinz ein Gutachten über die Entwicklung der Region erstellt, das leider die «Zwei-Ebenen»-Alternative übernahm. Einige Jahre später wurde dieser Plan durch eine Studie mit der Bezeichnung «COLUC» revidiert, mit der ich am Rande zu tun hatte. Die zweite Ebene ist abgeschafft worden, aber der Grüngürtel ist weiter ein unglückseliges Erbe und gibt ständig Anlaß zu Konflikten.

In meinem achtzigsten Jahr fingen meine Altersgenossen an, von mir zu gehen. Kurz vor meinem Geburtstag starb mein Schwager Alfred Plaut an einem Schlaganfall. Gertrud Bing starb im gleichen Jahr in London an Krebs. Ein Jahr später erlag meine Schwester einem Arterienleiden. Im Herbst des folgenden Jahres, 1974, erlitt Olga einen Herzschlag. Als ich ihren Arzt in New York anrief, sagte er, es sei nicht dringend. Als ich mit ihrem Bruder telefonierte, der am Tag danach, einem Sonnabend, aus Los Angeles angereist war, meinte er, es könne besser sein, wenn Olga nicht zu viel Besuch auf einmal bekäme. Sie freue sich aber darauf, mich am Montag zu sehen. Aber am

---

5   Vgl. dazu auch den posthum veröffentlichten Aufsatz von Hans Blumenfeld, Vom Kampf gegen den Kahlschlag, in: Deutsches Architektenblatt 10/89, S. 1461 f

232

Sonntag starb sie und hinterließ mir einen außerordentlich bewegenden Brief. Ich hatte sie im Tod, wie meistens in ihrem Leben, alleingelassen. Besonders traurig macht es mich, daß sie meine «Erfolge» und «Ehren» nicht mehr miterlebte, die sich in den darauffolgenden Jahren häuften und ihr so viel mehr bedeutet hätten als mir.

Als ich noch bei der Planungsbehörde von Montreal beschäftigt war, bat mich die Universität von Montreal, für Benoit Bégin, der sein Forschungsjahr hatte, ein Stadtplanungsseminar zu übernehmen. Ich versuchte, meinen Unterricht auf französisch zu halten, und es glückte mir besser als erwartet.

Im Frühjahr 1968 beschloß die Universität, mir zusammen mit drei anderen Männern einen Ehrendoktortitel zu verleihen. Einer der andern, der Chef der französischen Eisenbahn, sollte die Dankesrede halten, war dann aber wegen der Unruhen des Mais 1968 verhindert, und ich mußte im letzten Moment für ihn einspringen. In meiner Rede drückte ich meine besondere Freude darüber aus, daß eine französische, katholische Universität mich als Deutschen, Juden und Marxisten in dieser Form ehrte. In späteren Jahren verlieh mir die Universität von Waterloo den Titel eines «Doctor of the Environment», und die Technische Universität von Nova Scotia in Halifax machte mich zum «Doctor of Engineering». Ich sagte den Studenten in Waterloo, daß sie alle Doctores für Umweltschutz werden sollten, und denen in Halifax, daß sie sich bewußt machen sollten, wozu sie ihr «know-how» benutzten – zur Verbesserung des Lebens und nicht zu dessen Zerstörung durch immer ausgeklügeltere Waffen.

Mehrere Jahre lang lebte ich zur Hälfte in Toronto und zur Hälfte in Montreal, aber als die Stundenzahl in Montreal sich verringerte, beschloß ich, daß das Hin- und Herpendeln die Zeit und die Mühe nicht mehr lohne. Trotzdem übernahm ich in einem Studienjahr noch einen Kurs in Guelph und einen anderen in Waterloo, beides Städte in der Nähe von Toronto, in beiden Fällen als Ersatz für Kollegen, die ein Urlaubsjahr machten.

Von Zeit zu Zeit erhielt ich auch von anderen Universitäten oder Berufsverbänden in Kanada und den USA eine Einladung, einen einzelnen Vortrag zu halten oder ein paar Tage lang zu unterrichten. Einladungen dieser Art führten mich auch nach Edinburgh, Paris und Kopenhagen.

Berufliche Aktivitäten

Ich engagierte mich beruflich in mehreren Verbänden, vor allem bei der Gründung des «Canadian Council on Urban and Regional Research» (CCURR), wobei das «Regional» auf mein Drängen in den Titel aufgenommen wurde. CCURR ging aus einer Initiative der bundesstaatlichen «Central Mortgage and Housing Corporation» (CMHC) hervor, was vor allem die Wissenschaftler an den Universitäten argwöhnisch machte. Während einer stürmischen Versammlung in Ottawa ging das Wortspiel um: «CMHC ist der Schwanz, der mit dem CCURR wedelt.» Als Mitglied einer kleinen Kommission, die auf dieser Versammlung gegründet wurde, fand ich ein einfaches Mittel zur Auflösung der Spannungen. Weil im Rat zehn Vertreter der Provinzen sitzen sollten, hatte man selbstverständlich angenommen, daß auch die Städte und die

Bundeszentrale je zehn Leute abordnen sollten. Ich schlug vor, die Zahl der Bundes-
abgeordneten auf fünf zu begrenzen – und damit wurden alle froh.

In den nächsten Jahren war ich Mitglied der Kommission von CCURR, die damit
befaßt war, Forschungsprojekte zu bewerten und Forschungsprogramme zu entwerfen, eine Aufgabe, durch die sich interessante Kontakte zu anderen Kanadiern entwickelten, die sich forschend mit Städten auseinandersetzten.

Die Forschungsarbeiten von CCURR wurden häufig von der Ford Foundation
getragen, wo Paul Ylvisaker für die Verwaltung der Gelder für Stadtplanung zuständig
war. Ich kannte Paul noch aus Philadelphia und bat ihn gelegentlich, Geld für Projekte
zur Verfügung zu stellen, die ich als lohnend empfand. Einmal sagte er: «Hans, du
bittest mich immer um fünf bis zehntausend Dollar; komm mit der Bitte um eine halbe
Million, die kann ich dir besorgen.» Das war mir eine Lehre über die Unzulänglichkeit
der üblichen Größenordnungen. Da ich selbst klein war, hatte ich nie Zweifel an der
Formel «klein ist schön» gehabt und mich oft gegen Megalomanie gewehrt. Aber auch
hier ist das Pendel jetzt ins andere Extrem ausgeschlagen, und es scheint mir heute
notwendig, zu betonen, wie wichtig und real «economies of scale» sind, und daß es
bedeutende Probleme gibt, die zentrale Entscheidungsstrukturen erfordern.

1965 kam irgendwann ein Anruf des «Journal of Liberal Thought». Man bat mich,
über die Rolle der Bundesregierung in städtischen Entscheidungen zu schreiben. Ich
hatte die Zeitschrift bis dahin nicht wahrgenommen, aber ich wußte, daß es bei der
Regierung Überlegungen gab, nach dem Vorbild der USA ein Ministerium zu gründen, das sich mit Wohnungsproblemen und Stadtentwicklung befaßte. Ich warnte die
Redakteure, daß ich das neue Ministerium für eine Totgeburt hielte; sie wollten den
Artikel trotzdem und veröffentlichten ihn auch.[6] Die Regierung richtete ein solches
Ministerium ein; nach wenigen Jahren starb es einen ruhmlosen Tod. Aber während
der Zeit seines Bestehens wurde CCURR die Regierungsförderung für Stadtforschung
entzogen, und CCURR verschwand von der Bildfläche. Ich hatte gelegentlich mit
Forschungsprojekten des Ministeriums zu tun und stellte fest, daß sie weit weniger
kosteneffektiv arbeiteten als von CCURR geförderte Projekte.

Ich nahm an den Versammlungen des Kanadischen und des US-amerikanischen
«Institute of Planners» teil, sowie an denen des Internationalen Verbandes für Städtebau, Wohnungswesen und Raumplanung. Auf die Versammlung des Verbandes in
Puerto Rico kam ein einziges Mal auch eine sowjetische Delegation. Paul Ylvisaker
fragte, wie die Sowjets mit den Problemen ländlicher Migranten bei der Anpassung
ans Stadtleben umgingen. Den Russen war das kein Problem. «Es gibt Schulen in den
Dörfern, es gibt da Maschinen, wo liegt das Problem?» fragten sie. Nach einer langen
Diskussion rief der Leiter der sowjetischen Delegation schließlich aus: «Der Mensch
ist keine Kuh, er ist lernfähig!» Dies war ein typisches Beispiel dafür, wie die Sowjets
an die Vervollkommnungsfähigkeit des Menschen glaubten, und ein starker Kontrast
zur zunehmend pessimistischen Stimmung im Westen.

Zu einem späteren Zeitpunkt lud mich das Ekistics Institut in Athen ein, an einer
kleinen Arbeitsgruppe zu Fragen städtischer Dichte teilzunehmen. Anschließend

---

6 «The Role of the Federal Government in Urban Affairs», 1966, vgl. Literaturliste zu Hans Blumenfeld.

nahm ich ein Boot über Kreta nach Rhodos. Es wehte eine starke Bora, und Sonne, Wellen und Wind waren so schön, daß ich vor Freude tanzte. Die Stadt Rhodos zu besichtigen war mir ein Genuß. Danach mietete ich ein Auto und fuhr durch die Berge des Inselinnern nach Líndos. Ich durchwanderte die hübschen Straßen zur phantastischen hellenistischen Akropolis.

Ehe ich wieder aus Athen abfuhr, führte ich ein interessantes Gespräch mit dem Gründer von Ekistics, Konstantinos Doxiadis. Er meinte, es gebe für einen Berater eigentlich nur zwei Möglichkeiten: entweder baue er eine riesengroße Organisation auf, wie er, oder er beschränke sich auf Aufgaben, die er allein, ohne Mitarbeiter bewältigen könne, wie ich. Allerdings arbeitete ich häufig mit Ingenieurbureaus und einigen der führenden Architekten Kanadas zusammen: Arthur Erikson, Ron Thom, John C. Parkin und Eberhard Zeidler. Die Zusammenarbeit machte mir Spaß, und ich lernte eine Menge daraus. Einmal sagte mein Partner, als wir auf dem Weg ins Büro ein Problem erörterten: «Hans, du redest wie ein Ingenieur, und ich rede wie ein Planer.» Ich betrachte das als ein sehr positives Ergebnis meiner Arbeit in multidisziplinären Teams.

Eines Tages, als ich noch im Montreal City Planning Department arbeitete, besuchten mich zwei Herren vom staatlichen zivilen Luftfahrtamt Kanadas und wollten einen Rat von mir, wie ihre Flugstrecken vor Entwicklungskonflikten zu schützen seien. Sie überreichten mir mehrere Gutachten über andere große Flughäfen, darunter auch London und New York. Nach längerer Überlegung kam ich zu dem Schluß, daß unser derzeitiger Ansatz für die Planung von Flughäfen grundsätzlich falsch ist: Wir wiederholen hier in noch größerem Maßstab den gleichen Konflikt zwischen einem sich ausdehnenden städtischen Gefüge und einem wachsenden internationalen Hafen, der sich historisch in Hafenstädten entwickelt und dort letztendlich teure Umsiedlungen von Hafenanlagen notwendig gemacht hat. Ich formulierte das Problem so: «Eine Metropole kann weder ohne internationalen Flughafen leben – noch mit einem.» Das kann sie aus vier Gründen nicht: Lärm, Gefahr, Geländeverlust für Stadtland, Unterbrechung des städtischen Straßensystems. Der Flughafen leidet seinerseits unter mangelnden Wachstums- und eingeschränkten Operationsmöglichkeiten. Es gibt einen zweiten, nicht so gravierenden Konflikt: Flugzeuge sind schnell und groß und werden immer größer, und Fußgänger bleiben klein und langsam; die beiden können nur über zeit- und kostenintensive Bewegungen der Flugzeuge zwischen Rollbahnen und Terminal und zeitintensive, unbequeme Fußwege der Passagiere zwischen Abfertigung und Einstiegsgates zueinanderkommen.

In vielen Flughäfen gibt es für die Fußgänger ein Zubringerfahrzeug mittlerer Größe und Geschwindigkeit, einen Bus. In manchen Städten bringen Busse die Passagiere auch von einem innerstädtischen Terminal, wo ihr Gepäck abgefertigt wird, zu einem Flughafenterminal, wo sie einsteigen. In London kann ein Passagier zum Beispiel mit einem Bus vom Stadtzentrum nach Heathrow gebracht werden, wo er aussteigen muß und mit einem anderen Bus zu seinem Flugzeug gebracht wird. Warum nicht direkt vom City-Terminal zum Flugzeug fahren?

Wenn der Bus auf einer reservierten Vorfahrtsstrecke mit höherem Tempo direkt zur Rollbahn fahren könnte, wäre der Grundwiderspruch gleichzeitig mit dem sekundären gelöst – der Flughafen könnte zeitlich nahe an der Stadt, räumlich aber weit entfernt liegen. Als ich bei General Motors anrief, um mich nach Hochgeschwindigkeitsbussen zu erkundigen, lautete die Antwort: «Wenn Sie so hohe Geschwindigkeiten wünschen, sollten Sie Schienenfahrzeuge nehmen.» Das Fahrzeug sollte für den Schienenverkehr wohl mit Stahlreifen, Luftkissen oder Magnetschwebevorrichtungen ausgestattet sein, aber wie ein Bus fahren können, um die Passagiere an beiden Enden der Strecke aufnehmen und abliefern zu können.

Das war und bleibt der Kern meines Vorschlags, der auch andere Änderungen vorsieht, die viel längere Rollbahnen erfordern, was wiederum nur in größerer Entfernung von Städten möglich ist. Mein Vorschlag erregte Interesse und Diskussionen bei den zivilen Luftfahrtämtern in Kanada und den USA. Das einzige, was je zur Durchführung gelangte, war allerdings der Ankauf eines großen Geländes für den Mirabel-Flughafen in Montreal. Da man nicht für einen schnellen Verkehrsanschluß gesorgt hat, ist daraus eine Fehlinvestition geworden, und ein Teil des Geländes wird wieder an die ursprünglichen Besitzer abgetreten.

Das zivile Luftfahrtamt berief mich anschließend in eine Kommission mit dem Auftrag, ein Gelände für einen neuen Flughafen in Toronto zu finden, der es ermöglichen würde, den Betrieb auf dem stadtnahen Malton-Flughafen allmählich auslaufen zu lassen. Nach langem Hickhack zwischen der Bundes- und der Provinzregierung wurde der Vorschlag auf unbestimmte Zeit vertagt, und man investierte Hunderte von Millionen in neue Rollbahnen und Terminals für den Malton-Flughafen, was für eine Million Leute mehr Lärm und größere Gefahren bedeutete.

Eine weitere Aufgabe, die häufige Besuche in der Hauptstadt erforderte, war meine Mitgliedschaft in einem Komitee mit der Aufgabe, für den «Science Council of Canada» (den kanadischen Wissenschaftsrat) einen Bericht über städtische Probleme zu verfassen. Die Gruppe hatte eine sehr interessante Zusammensetzung, und unsere Diskussionen waren lebhaft. Am Ende schrieb ich einen von zwei anderen Mitgliedern mitunterzeichneten Minderheitsbericht, der in einigen wesentlichen Punkten abwich. Meine engsten Bindungen an Ottawa entstanden aus meiner Berufung in das Planungskomitee der «National Capital Commission». Ich war vierzehn Jahre lang in diesem Komitee, länger als jeder andere; deshalb verbrachte ich normalerweise einen Tag im Monat in Ottawa, manchmal mehr. Der Ideenaustausch mit den Mitgliedern des Komitees, den Vorsitzenden der Kommission, den Mitarbeitern und Beratern war sehr ergiebig. Aber ob ich viel zur Verbesserung der Anlage des nationalen Hauptstadtgeländes beitrug, ist fraglich. Auf jeden Fall mißlangen mir zwei meiner wichtigsten Anliegen.

Einige Jahre vor meiner Mitarbeit hatte die National Capital Commission einen «Grüngürtel» erworben, der die Stadt Ottawa umschloß. Als Anthony Adamson, der damalige Vorsitzende der Kommission mich fragte, was ich davon hielte, lautete meine Antwort: «Das Grün ist richtig, aber der Gürtel ist falsch.» Die Vorstellung von einem Gürtel, der das Wachstum einer Stadt aufhalten soll, ist in zweifacher Hinsicht absurd: Das Ziel widerspricht dem Anspruch einer attraktiven Stadt, und das Mittel ist wirkungslos, wie die Erfahrung seit dem ersten Versuch von Elizabeth I in London immer wieder gezeigt hat. Am Ende sind die Grundstückskosten für diejenigen höher, die innerhalb des Grüngürtels wohnen, und diejenigen, die außerhalb wohnen, müssen für Fahrten von und zur Arbeit mehr Zeit und Geld aufwenden. Da große Teile des Grüngürtels von Ottawa weder als Freizeitfläche gebraucht werden, noch reizvoll sind, benutzt die Regierung ihn zur Ansiedlung ihrer Ämter; da das Land «nichts» kostet, gehen sie verschwenderisch damit um.

Ich machte den Vorschlag, den Grüngürtel in ein System von grünen Keilen aus landschaftlich hübschem Gelände umzuwandeln; dieses System wäre durch Tausch mit Immobilienmaklern und An- und Verkauf von Land nach und nach auszubauen. Mein Vorschlag wurde wiederholt erörtert, aber die Stadt Ottawa trägt noch immer ihren Keuschheitsgürtel.

Das zweite Problem betraf die Richtung, die die regionale Entwicklung nehmen sollte. Die Bundesregierung wollte eine binationale und biprovinzielle nationale Hauptstadt. Die Provinzen Ontario und Quebec hatten jedoch je eine regionale Planungsorganisation zur Steuerung der Entwicklung jeweils auf ihrer Seite des Ottawa River eingerichtet. Übereinstimmend mit den üblichen Trends plante die Ontario-Seite eine Ausdehnung stromaufwärts nach Westen und die Quebec-Seite flußabwärts nach Osten. Auf diese Weise wird die nationale Hauptstadt immer weiter auseinanderwachsen, anstatt, wie gewünscht, zusammenzuwachsen.

Pierre Allard, ein Berater der Kommission, machte einen Vorschlag zur Umkehrung dieses Trends. Die Schnellnahverkehrsbahn von Ottawa nach Hull, die damals im Vorplanungsstadium war, sollte auf der Ontario-Seite nach Osten und auf der Quebec-Seite nach Westen fortgeführt werden. Da das Gelände dafür auf beiden Seiten weitgehend unentwickelt war, würde man wenig abreißen müssen. Allard ging mich um Unterstützung an. Mir war klar, daß eine so radikale Umkehrung von Trends über die allgemein in Kanada akzeptierte Planungsmacht hinausging. Wenn aber – und nur wenn – die Bundesregierung bereit war, ihre dreifache Macht als Landeigentümerin, Bauherrin und Kreditgeberin für dieses Ziel einzusetzen, wäre die Sache durchzuziehen. Wie kaum anders zu erwarten war, war die Bundesregierung nicht dazu bereit, und die beiden Teile der nationalen Hauptstadt gehen ihre getrennten Wege.

Auch nach Vancouver rief man mich immer mal wieder. Die Stadtplaner holten meinen Rat zu einer vorgeschlagenen zweiten Straßenüberquerung des Burrard-Armes ein. Ich schlug statt dessen den Bau einer U-Bahnlinie vor, die unter Anwendung der Montrealer Technik von Tunneln in Felsgestein wahrscheinlich recht preiswert zu bauen gewesen wäre. Nach der Anfahrt von drei Stationen im Hauptgeschäftszentrum sollte die Linie unter False Creek hindurch ins Rathausviertel geführt werden. In dieser Umgebung sollte eine intensive kommerzielle Entwicklung gefördert werden, weil sie viel besser zu erreichen ist als das außerhalb gelegene historische Zentrum.

Die Stadt bestand jedoch darauf, ein Gutachten für eine Straßenüberquerung erstellen zu lassen. An einem Punkt mußte die vorgeschlagene Route mit einem großen neuen Wohngebiet koordiniert werden, das von dem kanadischen Zweig des Grosvenor Estate, Eigentum der Herzöge von Westminster, entwickelt worden war. Ich war überrascht, daß der Leiter des Bureaus, Mr. John Hardman, sich auf ein Gespräch mit mir einließ. Es stellte sich heraus, daß ein junger Architekt aus seinem Büro ihm mein Buch über «The Modern Metropolis» gegeben hatte, und es hatte ihm gefallen. Er gab mir den Auftrag, Empfehlungen für die Entwicklung eines großen Grundstücks des Grosvenor Estate in der Gegend von Vancouver auszuarbeiten. Dies war der Anfang einer sehr erfreulichen Verbindung.

Anschließend hatte ich im Zusammenhang mit mehreren Verkehrsgutachten für den Großraum Vancouver mit einigen Ingenieurbureaus zu tun; und außerdem arbeitete ich mit Architekten zusammen Gutachten für die Sanierung des Stadtzentrums und der Gegend von False Creek aus. Zu meinem Bedauern ist mein Vorschlag zur Umwandlung des Beckens in einen Frischwassersee mit konstantem Wasserniveau nicht übernommen worden.

Am intensivsten beschäftigte ich mich jedoch mit Vancouver, als Harry Lash zum Leiter der Regionalplanung ernannt wurde und mich einlud, ihm bei der Entwicklung seiner Vorschläge für ein «lebenswertes Gebiet» zu helfen. Trotz oder vielleicht gerade wegen unserer Meinungsverschiedenheiten in einigen Fragen war es eine sehr wertvolle Erfahrung.

Der Krieg in Vietnam

Die kanadische Friedensbewegung, «Canadian Peace Movement», die neben dem Peace Congress in erster Linie aus kirchennahen Organisationen bestand, konzentrierte sich darauf, atomare Abrüstung zu propagieren, der beizeiten allgemeine Abrüstung und die Ablösung von Kriegen durch die Herrschaft von Gesetzen zur Regelung internationaler Konflikte folgen sollten. Als der Vietnamkrieg ausbrach, erörterten Friedensaktivisten von verschiedenen Organisationen bei einer informellen Zusammenkunft ihre Einstellungen. Ich sagte: «Wir können nicht theoretisch für Frieden in der Zukunft eintreten und einen Krieg in der Gegenwart ignorieren.» Es herrschte Übereinstimmung darüber, daß wir aktiv gegen die militärische Intervention der USA in Indochina und für das Selbstbestimmungsrecht von Vietnam, Kambodscha und Laos eintreten mußten.

Wir nahmen regen Anteil an den Demonstrationen, Delegationen und anderen Aktivitäten der wachsenden Anti-Kriegsbewegung und bemühten uns, manchmal unter großen Schwierigkeiten, ihre Einigkeit zu stärken. Der entstehende Konflikt zwischen der Sowjetunion und China bedeutete damals eine ernste Gefährdung der Einigkeit innerhalb des Canadian Peace Congress. Jim Endicott, der Begründer und Führer des Congress, war in China geboren und aufgewachsen. Nach dem Krieg war er dorthin zurückgekehrt und hatte sich eng mit Tschou En-lai und anderen Führern der chinesischen Revolution verbündet. Es war für ihn offensichtlich emotional nicht zu ertragen, diese Verbindung zu kappen. Deshalb überredete er sich selbst, wie es uns allen in solchen Situationen nicht fremd ist, daß sie in jeder Frage Recht hatten. Als Bangladesch um seine Unabhängigkeit von Pakistan kämpfte, unterstützte das «World Peace Council» den Kampf. Endicott übernahm die chinesische These, daß es sich dabei um eine indische Aggression gegen Pakistan handle. Die Mehrheit des geschäftsführenden Komitees, zu der auch ich gehörte, verwarf diese Interpretation als absurd. Endicott verließ den Peace Congress. Zum Glück fanden wir einen fähigen, aufopfernden neuen Präsidenten in der Person von Reverend John Morgan.

238

Der Vietnamkrieg zog sich in die Länge, und wir waren auf der Suche nach weiteren Methoden des Widerstands. Frank Cunningham, ein Philosophieprofessor, schlug vor, eine große Anzeige in die «Toronto Globe and Mail» zu setzen. Ich war einverstanden, merkte aber an, daß wir mit Bedacht den rechten Augenblick wählen müßten. Als die USA die weihnachtlichen Bombardierungen auf Hanoi entfesselte, rief ich Frank an. Wir formulierten über das Telephon einen einzigen Satz als Aufruf zum Stop der Bombardierungen und fingen über ein Netzwerk von Leuten an, Unterschriften und Spenden für die Anzeige zu sammeln. Die Bewegung hatte einen Schneeballeffekt, der unsere sämtlichen Erwartungen übertraf. Innerhalb von zwei Tagen erhielten wir Hunderte von Unterschriften, darunter solche von angesehenen Persönlichkeiten und Führern bedeutender Organisationen, sowie genügend Spenden, um eine ganzseitige Anzeige zu bezahlen. Ja, wir wären gar nicht in der Lage gewesen, mit der Flut fertigzuwerden, wenn der Leiter einer großen Werbeagentur sich nicht von sich aus bereit erklärt hätte, seine Mitarbeiter zum Sortieren und Alphabetisieren der Unterschriften zu mobilisieren.

Nach der Veröffentlichung lud John Morgan alle Unterzeichner, die Leiter von Firmen und Verbänden waren, zu einem Treffen ein. Man organisierte eine Delegation von Vertretern nach Ottawa. Diese bekam eine positive Reaktion von den beiden Oppositionsparteien, den Konservativen und den «New Democrats», und wurde aufmerksam vom Außenminister, dem Honorable Mitchell Sharp, und anderen Mitgliedern des liberalen Kabinetts angehört. Im Anschluß daran brachte die Regierung einen Aufruf zur Einstellung der Bombardierungen an die US-Regierung vor das Parlament, das ihn einstimmig billigte.

Dies bestätigte meine Erfahrung aus dem Bereich der Planung, daß es keine Proportionalität zwischen Aufwand und Ergebnis gibt. Große Anstrengungen können fruchtlos bleiben; und dann kann plötzlich eine Sache von geringem Aufwand über jede Erwartung hinaus erfolgreich sein.

Im Laufe des Krieges kamen viele, die sich dem Kriegsdienst widersetzten, und viele Deserteure nach Kanada, und man baute eine Organisation zu ihrer Hilfe auf. Ich erhielt einen Brief von der Tochter meines alten Freundes Robert Solmitz, daß einer ihrer Neffen Richard Riewer am Abend vor der Einschiffung nach Vietnam desertiert sei und sich nun in Toronto aufhalte. Er besuchte mich, und als er bei einem Ehepaar, das ihn vorübergehend untergebracht hatte, ausziehen mußte, nahm ich ihn bei mir auf. Richard war wie die meisten der amerikanischen Flüchtlinge als Besucher nach Kanada eingereist. Um eine Arbeitserlaubnis für Kanada zu erhalten, mußten die Flüchtlinge erst einmal offiziell als Immigranten gemeldet sein. Die kanadische Hilfsorganisation hatte festgestellt, daß dies am einfachsten zu bewerkstelligen war, wenn die Flüchtlinge in die USA zurückkehrten und dann erneut nach Kanada einreisten, indem sie diesmal an der Grenze einen offizielle Einreiseantrag für Immigranten stellten. Aber als Richard zum Flughafen von Toronto ging, wo die USA ihr Büro zur Einreisekontrolle in ihr Land hatten, wurde er angehalten. Er verließ das Büro einfach wieder und kehrte in meine Wohnung zurück. Die Hilfsorganisation erklärte mir, daß am Grenzübergang Thousand Islands Bridge ein beträchtlicher Abstand zwischen dem kanadischen und dem US-Kontrollpunkt liege, so daß ich dazwischen wenden und wieder nach

Kanada fahren könne, als käme ich aus den USA. Also machte ich mich an einem eiskalten Sonntagmorgen im Winter im Auto auf den vierstündigen Weg zu der Brücke und ging wie beschrieben vor. Aber die kanadischen Beamten bei der Einreise nahmen mir nicht ab, daß ich mich auf der Rückreise von der Cornell University befände und diesen jungen Mann zufällig mitgenommen hätte. Schließlich gelang es mir per Ferngespräch einen Anwalt zu erreichen, aber der konnte mir nur den Rat geben, Richard in die USA zu fahren. Natürlich wurden wir an der Grenze aufgehalten, und die Beamten verhörten Richard im Gebäude, während ich in einem anderen Zimmer wartete.

Ich war sehr bekümmert. Ich sah schon vor mir, wie Richards Leben durch viele Jahre im Gefängnis ruiniert werden würde. Warum hatte ich nicht die Alternative gewählt, für ihn den Status eines «landed immigrant» zu erwirken, während er in Kanada blieb? Ich wußte, daß es eine schwierige, zeitraubende und teure Prozedur ohne garantiert erfolgreichen Ausgang war, aber ich hätte damit die gefährliche Situation umgangen, in die ich ihn jetzt gebracht hatte.

Zu meiner großen Überraschung und ungeheuren Erleichterung wurde Richard nach einem Verhör von etwa einer halben Stunde entlassen. Offenbar gibt es beim FBI Lücken; sein Name stand nicht auf ihrer Liste. Der Alptraum war vorüber. Ich beschloß auf der Stelle, daß ich alles tun würde, um ihn durch das Studium zu bringen und ihm beim Start in Kanada behilflich zu sein. Schließlich hätte ich unter normalen Umständen eigene Kinder großziehen müssen. Ich konnte es mir ohne weiteres leisten, ihn zu unterstützen, bis er auf eigenen Füßen stehen konnte.

Ich brachte Richard in ein Motel in der Nähe des Flughafens von Rochester und fuhr wieder nach Kanada. Er flog von Rochester nach Ottawa, wo Freunde ihn aufnahmen. Es dauerte Monate, bis es Andrew Brewin gelang, für ihn den Status eines «landed immigrant» zu erwirken. Inzwischen lebt er als kanadischer Staatsbürger in Montreal.

Gedanken zu einem langen Leben

Auslandsreisen – West und Ost

Durch meine Teilzeitlehrtätigkeit an der Universität mit den langen Sommerferien und mit mehr Geld, als ich für meinen Lebensstil brauchte, konnte ich mich mehr denn je meiner Reiseliebe hingeben und meinem Drang, die Welt zu sehen. Manchmal war ich auch beruflich unterwegs, oder ich fuhr zu Treffen der Friedensbewegung. Einige der Reisen machte ich mit Lotte, ein paar auch mit anderen Freunden.

Einer der schönsten Anlässe war eine Einladung an die «Università dell'Arte» in Venedig, einer kleinen kanadisch-italienischen Institution, die ein Jahr zuvor eingerichtet worden war, wo ich ein zweiwöchiges Seminar auf Englisch abhielt. Ich wurde gebeten, die Eröffnungsansprache für das zweite Jahr zu halten. Ich schrieb sie auf Englisch und verlas die italienische Fassung, die von der Sekretärin der Universität angefertigt worden war. Die Zeremonie fand an keinem geringeren Ort als dem Dogenpalast statt. Zu der Zeit hatte Präsident Kennedy gerade seinen berühmten Ausspruch getan: «Ich bin ein Berliner!» Deshalb konnte ich mich nicht enthalten, auszurufen: «Anch'io sono Veneziano!» (auch ich bin Venezianer) und auf die Familiengeschichten der Blumenfelds und der Warburgs einzugehen. In Wirklichkeit war mein Anspruch so fragwürdig wie Kennedys; neuere Nachforschungen über die Warburg-Familie zeigen, daß unsere Vorfahren sich bis ins Mittelalter in Deutschland zurückverfolgen lassen.

Lotte schloß sich mir später in Venedig an, und wir erlebten die Schönheit der einzigartigen Stadt gemeinsam. Eines Abends erhielten wir eine Einladung von einem Mitglied des Universitätsausschusses, einem Grafen, der in einem wunderschönen kleinen Palais wohnte. Da er von einer deutschen Gouvernante erzogen worden war, sprach er ein fehlerloses Deutsch. Während der Besetzung durch die Nazis hatte er sich als deutscher Offizier ausgegeben und war dadurch in der Lage gewesen, wertvolle Informationen an den antifaschistischen Widerstand weiterzugeben – eine sehr gefährliche Aufgabe, die äußerste Selbstkontrolle und außerordentlichen Mut verlangte.

Da der Ruf eines «Experten» exponential zur Entfernung von seinem Zuhause wächst, wurde ich von der Presse interviewt und gebeten, meine Ansichten niederzuschreiben. Die Venezianer machten sich Sorgen darum, daß die Inselstadt Einwohner verlor, weil immer mehr Familien auf das Festland zogen, wo sie ihr Auto vor der Tür parken konnten. Ich betonte, daß aus allen historischen Stadtkernen Einwohner abwanderten, da Familien mit Kindern dazu neigten, an den Stadtrand zu ziehen, und daß die übrigbleibenden Haushalte mehr Platz pro Person beanspruchten. Da diese Bewohner

– Angestellte der kulturellen, kommerziellen oder Verwaltungsinstitutionen Venedigs oder aber Pensionäre – größtenteils sozioökonomisch besser gestellt waren als diejenigen, die abwanderten, konnte ich an dieser Art rein quantitativer Abnahme keinen Grund zur Sorge erkennen.

Während der sechziger Jahre wurde ich von verschiedenen Organisationen nach Israel eingeladen, vor allem als Berater in Verkehrsfragen. In Israel wird eine Menge auf nationaler Ebene geplant. Das für die Planung der Siedlungsstruktur zuständige Innenministerium lehnte sich ideologisch eng an das europäische Muster hierarchischer Größenverteilung an, auch in Bezug auf kleinere Städte. Aber ihre traditionelle Funktion als Marktzentren für das Umland haben diese Städte im motorisierten Israel nicht mehr, wo landschaftliche Produzenten – «kibbuzim» oder «moshavim» – direkt mit den Großstädten Handel treiben. Verschiedene Ministerien – für Verkehr, Wohnungsbau etc. – verfolgen unterschiedliche Strategien und sind gegenseitiger Abstimmung eher abgeneigt, vor allem wenn die jeweiligen Minister unterschiedlichen Parteien angehören.

Meine erste Mission nach Israel unternahm ich mit Richard Sobermann, einem (damals) jungen Professor der Ingenieurswissenschaften an der Universität von Toronto, mit dem ich bis heute befreundet bin. Ein großer Teil seiner Arbeit befaßte sich mit der Entwicklung von Straßensystemen für Haifa und Tel Aviv. Ich drängte darauf, dem öffentlichen Nahverkehr Priorität einzuräumen. Die Reaktion erfolgte primär in Gestalt von U-Bahnplänen für Tel Aviv und Jerusalem, die weit über die zur Verfügung stehenden Mittel und die unmittelbaren Bedürfnisse hinausgingen. Während meiner Beteiligung an der Ausarbeitung der besten Streckenführung für ein U-Bahnsystem machte ich eine Reihe von Vorschlägen zur Verbesserung des Bussystems. Nur wenige meiner Empfehlungen wurden umgesetzt.

In Haifa wies ich meine Gastgeber darauf hin, daß sie sich immer größere, fast unlösbare Verkehrsprobleme schufen, indem sie zuließen, daß sich die meisten Wohngebiete am Berg Carmel ansiedelten, während die Arbeitsplätze sich weiterhin 300 Meter tiefer am Fuß des Berges ausbreiteten.

Ich bezweifle, daß meine Arbeit in Israel von großem Nutzen war. Meine dortigen Kollegen waren außerordentlich kompetent. Es hat mir Spaß gemacht, mit ihnen zusammenzuarbeiten, und einige von ihnen sind Freunde geblieben. Außerdem war es schön, das Land zu sehen und Verwandte zu besuchen.

Meinen letzten Besuch machte ich 1969 oder 1970. «Wir haben jetzt ein großes Land; merkwürdig, wie schnell man sich daran gewöhnt», sagte einer meiner alten Kollegen in Tel Aviv. Man hatte mich als Berater für Verkehrsprobleme in Tel Aviv, Haifa und Jerusalem eingeladen. Ich hatte geantwortet, daß ich mich freuen würde, für Tel Aviv und Haifa zu arbeiten, aber das Gefühl hätte, die Israelis hätten kein Recht, für Ost-Jerusalem zu planen. Als man mich dem Bürgermeister von Jerusalem vorstellte, sagte er: «Wie die politische Zukunft von Jerusalem auch aussehen mag – und natürlich hoffe ich, daß es eine israelische Stadt sein wird – es sollte als eine zusammenhängende Stadt funktionieren können.» Es war schwer, dagegen etwas vorzubringen, und meine Kollegen in Jerusalem waren so nett und aufgeschlossen, daß ich mich dann doch daran beteiligte, Überlegungen zu einem verbesserten Bussystem für die ganze Stadt anzustellen.

Zum ersten Mal konnte ich die faszinierende alte, von einer Ringmauer umschlossene Stadt und den Tempelberg besichtigen. Er ist wirklich einzigartig, ebenso wie die beiden großen Moscheen, der «Felsendom» und Al Aksa, die in ihrer Architektur so unterschiedlich und doch gleichermaßen schön sind.

Ich wurde zusammen mit zwei amerikanischen Gastexperten auf die Golanhöhen geführt. Die chauvinistische Einstellung unseres Fahrers schockierte mich, ebenso wie die Nachricht, daß alle Einwohner außer den Drusen vertrieben und durch jüdische Siedler ersetzt worden waren. Mir scheint, die Israelis sind ihre eigenen schlimmsten Feinde.

Angenehmer war ein Besuch bei meiner Cousine Emmy Melchior. Als sie mir auf meine Frage hin ihre Tätigkeiten nach der Pensionierung beschrieb, bemerkte sie: «Ich helfe Menschen eben gern.» Darauf entgegnete ich: «Ja, es ist die erfreulichste Form der Machtausübung.» Die Bemerkung gefiel ihr.

Es ist seltsam und beunruhigend, daß «Macht» immer als verdächtig, wenn nicht als ausgesprochen böse gilt («Macht korrumpiert»), während «Freiheit» als höchstes Ideal gefeiert wird. Dabei hat Hobbes eine selbstverständliche Wahrheit ausgesprochen, als er sagte, daß Freiheit und Macht identisch seien. Obwohl die rationale Bedeutung der beiden Begriffe identisch ist, wenden wir sie mit entgegengesetzten emotionalen Konnotationen an. Ich halte das für äußerst gefährlich, weil es an der Frage vorbeigeht, die gestellt werden sollte: «Freiheit für wen und was? Freiheit von wem und was?»

Während meines Aufenthaltes in Israel im Sommer 1967 schloß sich Lotte mir an. Einige der obdachlosen Kinder, die sie im und nach dem Krieg in Heimschulen in Frankreich großgezogen hatte, waren nach Israel gegangen und hatten sich dort ein zufriedenes Leben aufgebaut. Es war für mich interessant, sie kennenzulernen. Zwei Tage nachdem wir aus Israel nach Ankara abgereist waren, brach der Krieg von 1967 aus.

In Ankara holten uns Ernest Jurkat und seine Frau ab. Auf der Fahrt vom Flughafen in die Stadt fiel mir eine Siedlung an einem Hang auf, und ich rief: «Was ist das? Das sieht ja gut aus.» Ernest entgegnete: «Wie schön, das aus deinem Munde zu hören. Es ist eine illegale Siedlung. Ich liege im Clinch mit den türkischen Behörden, die die Bewohner vertreiben und die Häuser abreißen wollen. Ich sage ihnen, daß diese Leute die Zukunft des Landes sind und daß ihre Kinder an den Hebeln der Macht sitzen werden, die jetzt noch in ihren Händen liegt.» Auf türkisch heißen diese Siedlungen «gésché kondo», «in der Nacht gebaute». Unter dem türkischen Gesetz darf niemand, der unter einem Dach wohnt, vertrieben werden. Wenn eine Familie also beschließt, in die Stadt umzusiedeln, ziehen ihre Freunde und Verwandte aus dem Dorf über Nacht die Wände und das Dach hoch; anschließend baut der Besitzer das Haus fertig. Später hatte ich Gelegenheit, in Begleitung türkischer Kollegen einige dieser Siedlungen zu besichtigen. Ich war beeindruckt, wie munter und kraftvoll die Siedler waren, die unermüdlich ihre Häuser ausbauten und Gemüse und Obstbäume drumherum anbauten.

Ernest Jurkat, der in Ankara für die UNO arbeitete, war sehr hilfsbereit. Er verschaffte uns ein Auto mit einem Fahrer, der gut englisch sprach und einen wunderbaren türkischen Sinn für Humor hatte, und wir erkundeten das Innere Anatoliens mit seiner grandiosen Landschaft und den Zeugen einer langen, bewegten und oft tragischen

Geschichte. Wir sahen das Labyrinth der Höhlen, in denen sich die Bewohner immer wieder vor Eindringlingen versteckt gehalten hatten, und die unglaubliche Szenerie von Göreme mit den vielen hundert Felshöhlen, von denen viele als Behausungen und Kapellen mit Wandmalereien ausgebaut sind. Wir besichtigten die mittelalterlichen Städte, in denen das Leben noch traditionell islamisch verläuft, vor allem in Konya, einst Hauptstadt des mächtigen Seldschukenreiches und Heimat des großen Mystikers und Dichters Mevlana. Sein Grab ist heute in ein Kunstmuseum eingeschlossen, aber die Frommen kommen immer noch, um an dieser Stätte zu beten.

Von Ankara flogen wir nach Izmir (Smyrna) und sahen uns die großartigen Überreste der antiken griechischen und hellenistischen Städte entlang der ägäischen Küste an. Wir hatten ursprünglich vor, auch Zeit in Griechenland zu verbringen, aber als die Obristen am Tag vor unserer Abreise aus Izmir putschten, beschlossen wir, direkt nach Italien zu fahren. Am Flughafen von Athen, wo die Atmosphäre angespannt war, stellte sich dann allerdings heraus, daß Lottes Flugschein nach Rom ungültig war, und wir mußten unseren Weiterflug bis zum nächsten Morgen aufschieben. Wir wollten das militärisch besetzte Athen eigentlich nicht betreten, konnten dann aber doch nicht widerstehen, uns die Akropolis noch einmal anzusehen. Ich war überrascht, wie normal das Leben in der Stadt zu verlaufen schien. Es war kaum ein Soldat oder Polizist zu sehen. Ein oberflächlicher Blick auf das Leben unter einer Diktatur kann sehr irreführend sein.

Wir verbrachten eine Woche in Rom, mieteten einen kleinen Fiat und fuhren zunächst nach Tivoli und ins Albaner Gebirge und dann weiter nach Norden, um uns an der Landschaft und den Städten von Latien und Umbrien zu erfreuen. Am eindrucksvollsten war die alljährliche Fiesta in Gubbio. Das Hauptereignis, ein Wettrennen zwischen drei Mannschaften – die ursprünglich einmal die Gilden repräsentierten, sich heute aber nur noch durch die Farben unterscheiden –, bei dem es darum ging, Marienbilder zu einem Heiligtum auf einem Hügel zu bringen, wurde gemeinsam vom sozialistischen Bürgermeister und dem Bischof von Gubbio eröffnet. Alle versuchten ihrer Mannschaft beim Tragen unter die Arme zu greifen. Abends war die ganze Stadt mit Fackeln erleuchtet, die vor jedem Fenster brannten. Planer reden so viel über «städtische Gemeinschaft». An diesem Tag in Gubbio habe ich sie als Realität erfahren. Ich machte in Lottes Begleitung noch weitere Italienreisen. Bei der letzten fuhren wir bis nach Sizilien. Später bereiste ich mit meinem Freund Bent Gregersen aus Kopenhagen den Norden und die Mitte Italiens. Meine Liebe zu Land und Leuten in Italien, vor allem in der Toskana, und Umbrien, hat mich nie verlassen.

Lotte und ich bereisten zusammen auch andere europäische Länder: die Niederlande, Schottland, Norwegen, Jugoslawien, Ungarn. In Budapest unterhielten wir uns sehr interessant mit einem Ökonomen, der mit Lotte zusammen in Wien studiert hatte und jetzt einer der obersten Ratgeber Kadars war. Wir besuchten auch Noël Field, den Bruder meines Freundes Hermann, und seine Frau, die Lotte aus Genf kannte. Noël hatte, sehr gegen seine Absicht, eine tragische Rolle in der Geschichte gespielt. Er hatte beim Völkerbund gedient und war dort Leiter der Kommission zur Evakuierung der Internationalen Brigaden aus Spanien nach Frankreich gewesen, als Franco in Spanien die Macht ergriff. Als der Krieg kam, arbeitete er auf gleiche Weise für antifaschistische

244

Flüchtlinge in den französischen Internierungslagern weiter, mittlerweile für das «Unitarian Service Committee». Ähnlich hatte Hermann in den Vorkriegsmonaten eine Fluchtroute über Polen für Antifaschisten betreut, die durch Hitlers Besetzung der Tschechoslowakei gefangen waren. Während des Krieges arbeitete Noël für das US-«Office of Strategic Services» (OSS)[1] und benutzte seine Kontakte über das Büro zur Herstellung einer Verbindung zwischen den amerikanischen Streitkräften und dem Anti-Nazi-Untergrund in den Ländern Osteuropas.

Mit der Entwicklung des Kalten Krieges wuchs in Stalins paranoidem Gehirn, genährt durch Mißinformationen, mit denen der CIA die Geheimdienste der östlichen Länder fütterte, der Argwohn, daß Noël Field im Mittelpunkt einer riesigen anti-sowjetischen Verschwörung aller kommunistischen Spitzenkräfte stehe, mit denen er Umgang pflege. Das Resultat war die Exekution der besten Führer der kommunistischen Parteien der Tschechoslowakei, Ungarns und Bulgariens und langjährige Gefängnis-aufenthalte und Folter für Kadar, Gomulka und andere.

Während eines Besuchs in Polen, bei dem es nur um Architektur ging, geriet Hermann 1949 ähnlich wie Noël in Ungarn in Stalins Netz und verschwand spurlos.

Mit der «Entstalinisierung» wurden die Opfer dieses Wahnsinns rehabilitiert. Nach fünf Jahren im Gefängnis wurden die Gebrüder Field entlassen. Hermann kehrte zu seiner Familie zurück, aber Noël blieb in Ungarn. Ich konnte nicht anders, als seine Haltung bewundern. Er entschuldigte seine Verfolger noch gleichsam, indem er erklärte, daß seine frühere Verbindung mit Alan Dulles, mit dem er beim OSS ein Büro geteilt hatte, ein berechtigter Verdachtsgrund sei. Auf meine Frage, warum er nicht nach Hause zurückgekehrt sei, erwiderte er: «Ich wollte immer helfen, den Sozialismus aufzubauen; das Schicksal hat mich in dieses Land verschlagen, also versuche ich, hier meinen Beitrag zu leisten.» Er arbeitete bei einer englischen Zeitung, die in Budapest veröffentlicht wurde.

1969 begleitete Lotte mich zu einer Versammlung des Internationalen Verbandes für Stadtplanung, Wohnungswesen und Raumplanung nach Orebrö in Schweden. Nach einem kurzen Aufenthalt in Stockholm nahmen wir ein Schiff nach Helsinki und fuhren im zauberhaften Licht der Mitternachtssonne durch die Schären. In Finnland hielt, während wir auf den Bus warteten, der uns von Otaniemi nach Tapiola – beides Werke Alvar Aaltos[2] – bringen sollte, ein junger Mann sein Auto an, um uns zu fragen, wo wir hinwollten. Er hatte in den USA Forstwirtschaft studiert und sagte, er sei «Sommerwitwer» und habe deshalb Zeit, uns herumzuführen. Er zeigte uns außer Tapiola noch andere Sehenswürdigkeiten von Groß-Helsinki, darunter auch das Haus seiner Mutter.

In ihrer Herzlichkeit und Gastfreundschaft – wie in ihrer Liebe zum Alkohol – sind die Finnen ihren russischen Nachbarn sehr ähnlich, zu denen sie mittlerweile gutnach-

---

1 Vorläufer der CIA
2 Alvar Aalto, 1898–1976, Gründungsmitglied der CIAM 1928 in La Sarras, gehörte zu den ganz großen Architekten des 20. Jahrhunderts. Er war u.a. Professor am Massachusetts Institute of Technology (MIT), College of Architecture in Cambridge, Mass., USA. Danach hat er wieder in seiner Heimat Finnland gewirkt. Nach dem Durchschreiten der Moderne hat er zu einem eigenen, mit Finnland sehr verbundenen Stil gefunden.

barliche Beziehungen haben. In diesem kleinen Land, das näher als jedes andere an der Sowjetunion liegt, herrscht weit weniger Angst davor, daß «die Russen kommen!», als in den USA und den Ländern, die unter dem nuklearen «Schutzschirm» leben. Könnte es sein, daß die Sonne des Friedens auf Finnland scheinen kann, gerade weil dieser Schirm fehlt?

Von Helsinki nahmen wir den Zug nach Leningrad, mit einem Abstecher ins alte Nowgorod. Im Mittelalter war Nowgorod ein mächtiger Stadtstaat gewesen, Rußlands «Fenster nach Westen», und viele herausragende Werke der Architektur und der Malerei sind bis heute erhalten geblieben.

Leningrad war so schön wie immer. Auch die U-Bahn beeindruckte mich durch einige geniale technische Neuerungen. Die Stationen waren weniger überladen und deshalb schöner als die in Moskau. Doch wegen der Bodenbedingungen liegen sie sehr tief unter der Erde. Ich stoppte die Länge meiner Fahrt auf der Rolltreppe: drei Minuten! Zum Glück wußten einige junge Paare diese Minuten bestens auszunutzen.

Manches hatte sich seit meinem letzten Besuch in Moskau und Kiew vor zehn Jahren geändert. Niemand wollte mit mir Schwarzmarktgeschäfte machen. Eine Kirche, die ich besichtigte, war so voll von Gläubigen, darunter auch viele junge Leute, daß ich mich kaum zur Tür hineinquetschen konnte. Intourist war effizient geworden.

In unserem Intourist-Hotel wurde man allerdings immer noch endlos langsam bedient. Die Restaurants, die der Allgemeinheit offenstanden, waren viel schneller.

Auf der Fahrt nach Nowgorod und zurück sah ich mir die Kolchosfelder und die Privatgärten der Bauern an. Bei beiden gab es himmelweite Unterschiede zwischen sehr gepflegt und vollkommen vernachlässigt, wobei die Extreme bei den privaten noch deutlicher waren als bei den kommunalen Feldern.

Von Leningrad fuhr Lotte nach Moskau, zum ersten und letzten Besuch der Stadt, in der sie zehn Jahre gelebt hatte. Ich nahm ein Boot nach Helsinki, um einem Kongreß des Weltfriedensrates (World Peace Council) beizuwohnen.

Die Debatten waren interessant und oft leidenschaftlich. Es war der letzte Kongreß, an dem die Chinesen teilnahmen. Sie bezichtigten den Weltfriedensrat der unzulänglichen Unterstützung der Befreiungskämpfe der Länder der Dritten Welt und der Furcht vor der Atombombe. In der Diskussionsgruppe, an der ich teilnahm, sagte ich: «Ich habe keine Angst zu sagen, daß ich vor der Atombombe Angst habe.» Im Anschluß an die Versammlung versuchten einige junge Chinesen mich eifrig, aber mit großer Freundlichkeit zu überzeugen, daß ich ihre Position mißverstanden hätte. Ich unterhielt mich auch ausführlich mit dem albanischen Delegierten, der ausgezeichnet französisch sprach. Auf meine Bemerkung, daß es für sie schwierig sein müßte, mit allen Nachbarn schlechte Beziehungen zu haben, erwiderte er: «Wir haben uns in den letzten tausend Jahren daran gewöhnt.»

Ein paar Jahre später fuhren Lotte und ich nach Marokko. Ich war erstaunt, in einem relativ kleinen Land eine derartige kulturelle Vielfalt vorzufinden. Nördlich des Hohen Atlas befindet man sich in einem mediterranen Land, südlich davon in einem afrikanischen. Die Landschaften sind sehr abwechslungsreich: im Norden der Hohe Atlas, der Mittlere Atlas, das Rif und die Ebenen; in Süden die Wüsten, fruchtbare

Täler und Oasen. Aber überall waren die alten Städte und Dörfer wunderschön und voll traditionellen islamischen Lebens.

Ich war überrascht, keinerlei Groll gegen die Franzosen vorzufinden. Französisch wird in allen Schulen unterrichtet und überall verstanden. Wir waren in abgelegenen Bergdörfern, wo die Leute Grundkenntnisse in drei Sprachen hatten: berberisch, arabisch und französisch. Kanadier, bitte merken!

Die Bergbauern berichteten uns stolz, daß ihr Kampf um nationale Unabhängigkeit sie auch von der despotischen Herrschaft der lokalen Beys befreit habe, die die Säulen des französischen Regimes gewesen waren. Aber im großen und ganzen herrschte schreckliche Ausbeutung, auch Kinderarbeit. Es konnte keinen Zweifel geben, daß wir uns in einem Polizeistaat befanden; in den meisten Orten war das auffälligste Gebäude die Kaserne der Königlichen Gendarmerie. Wir fuhren gemächlich über das von Francos Herrschaft befreite Spanien zurück nach Bonnieux.

1967 holte ich Lotte nach Kanada zur Weltausstellung in Montreal, um ihr von dort aus ein bißchen von meiner Wahlheimat zu zeigen. Wir fuhren auf einem der letzten Schiffe von Liverpool nach Montreal. Ich freue mich immer, wenn ich Schiffsplanken unter den Füßen spüre. Weit über meine Jugendjahre hinaus behielt ich den Traum, Seemann zu werden.

Ein paar Jahre später lud mich die «Inter-American Planning Society» ein, auf ihrem Kongreß in Panama ein Referat zu halten. Das war ein guter Vorwand für eine Lateinamerikareise mit Lotte.

Wir flogen von Paris nach Lima. Zu der Zeit war General Velasquez Präsident von Peru geworden und hatte, anders als die meisten Militärdiktatoren, ein weitreichendes Programm sozialer Reformen initiiert. Lotte kannte einige französische Journalisten in Lima, die flammende Befürworter von Velasquez waren, und eine Wiener Ärztin und ihre Familie, die ebenso flammende Gegner waren. Also bekamen wir Einblicke in beide Seiten. Ich habe keine Basis für ein eigenes Urteil, aber ich war beeindruckt, auf welch hohem Niveau die Zeitungen die Politik diskutierten. Noch mehr beeindruckte mich die Tatsache, daß nirgends Bilder des Präsidenten hingen. Ich wurde neugierig, wie der Mann aussah; aber ich bekam sein Gesicht nur einmal auf einem Gruppenphoto zu sehen, das anläßlich seines Besuches in einem kleinen Ort in den Hochanden aufgenommen worden war und nun im Rathaus, das gleichzeitig Stadtmuseum war, an der Wand hing.

Aber der eigentliche Anlaß unseres Besuchs in Peru war der Wunsch, die natürlichen und von Menschenhand geschaffenen Schönheiten des Landes zu sehen, darunter die Schätze in den Museen von Lima, Cuzco und Arequipa. Den Höhepunkt bildete Machu Picchu. Ich kenne keine andere Stadt, die so schön aus ihrer natürlichen Umgebung emporwächst. Die hohen, steilen Berge, auf denen Machu Picchu erbaut ist, sind durch die unermüdliche Arbeit der Indios in schmale, steile Terrassen verwandelt worden. Auf den Terrassen stehen in vielen Schichten übereinander die Häuser, und die Gipfel sind von den Heiligtümern gekrönt.

Wir fuhren nach Quito weiter, das uns als besonders angenehm in Erinnerung bleiben sollte. Ein Kollege in Lima hatte uns an einen Architekten in Lima verwiesen. Als wir in sein Haus kamen, hingen die Wände voller Stadtansichten von Prag. Er stammte aus Lottes Heimatstadt, und sie stellten fest, daß sie viele gemeinsame Bekannte besaßen. Diesem Mann haben wir es auch zu verdanken, daß wir eine Reihe von Dörfern im Hochgebirge von Ecuador zu sehen bekamen. Es war seltsam, mitten im Sommer einen Schneesturm zu erleben.

Nach zwei interessanten Tagen in Bogota fuhren wir nach Panama weiter. Der Kongreß war merkwürdig. Obwohl die Society in den englischsprachigen Ländern der Karibik und in den USA und Kanada zahlreiche Mitglieder hat, war Spanisch die einzige Kongreßsprache. Das Ganze war so schlecht organisiert, daß ich den Registrationstisch überhaupt nicht und den Raum, in dem ich sprechen sollte, nur unter größten Schwierigkeiten fand. Dann sprach ich auch nicht, sondern ein Argentinier übersetzte mein Papier mündlich und ließ am Ende nur wenige Minuten für eine Diskussion übrig.

Der Groll gegen den «Koloß im Norden» sitzt überall in Lateinamerika tief, gleichgültig an welchem Ende des politischen Spektrums man steht. Als ich 1947 in Mexico City war, lud man mich ein, vor der Gesellschaft für US-mexikanische Freundschaft zu sprechen, deren Mitglieder per Definition den «gringos» freundlicher gesinnt sind als die meisten ihrer Landsleute. Ich hörte zufällig ein Gespräch zwischen den Mexikanern am Vorstandstisch mit an, bei dem es um eine Reform ging, die sie für wünschenswert hielten, die aber aufgrund des Widerstands von «usted save quien» (Sie wissen schon, wer) nicht durchzuführen war. Der bittere Ton dieses «usted save quien» klingt mir noch im Ohr.

Von Panama flogen wir nach Caracas, wo wir von Gertrud Goldschmidt, der Schwägerin meines alten Freundes Robert Solmitz, herzlich aufgenommen wurden. Nach ihrer Ausbildung zur Architektin war sie eine erfolgreiche Bildhauerin mit dem Künstlernamen GEGO geworden. Sie und ihr Lebensgefährte, ebenfalls ein talentierter Künstler deutscher Abstammung, halfen uns sehr, Caracas zu sehen und zu begreifen. Es ist eine seltsame Stadt, ein lateinamerikanisches Los Angeles. Neben vielem, was erschreckend ist, finden sich dort zwei bedeutende Errungenschaften moderner Architektur, die Universität und das Museum für moderne Kunst.

In Caracas besichtigten wir, wie in Bogota und Lima, die illegalen Wohngebiete der Armen. In Peru hatte man sie schließlich anerkannt und sie in «pueblos jovenes» (junge Dörfer) umbenannt. Sie sind in der Tat jung, sowohl von ihrem Entstehungsalter her als auch vom Alter ihrer Bewohner. Die peruanischen Behörden haben sie an das Strom- und Busnetz angeschlossen, Schulen gebaut und Wasser mit Tanklastwagen geliefert. In allen drei Ländern zeigten die Einwohner eine Menge Initiative, nicht nur bei der Verbesserung ihrer eigenen Häuser, sondern auch in der Entwicklung einer blühenden «informellen Infrastruktur» aus Werkstätten, Einzelhandelsgeschäften und sogar Restaurants. In einem davon servierte man uns in einem blitzsauberen Raum ein durchaus anständiges Essen.

Neben diesen Reisen mit Lotte war ich auch viel allein unterwegs. Seit einigen Jahren verbringe ich mindestens zwei Monate im Jahr in Europa, reise umher und ruhe mich dann einen Monat lang bei Lotte in Bonnieux aus, in ihrem Haus am Hang des Berges Luberon in der Provence. Lotte hat die verfallenden Überreste eines riesigen, weitläufigen Bauernhauses in ein ansehnliches und wohnliches Zuhause verwandelt. Dort im Schatten einer hundertjährigen Linde habe ich diese Zeilen geschrieben. Ich habe

Lottes zahlreiche Freunde dort kennengelernt, darunter auch viele junge Leute, die auch zu meinen Freunden geworden sind.[3]

Diese hübsche Gegend ist für mich zu einer zweiten Heimat geworden. Sie bietet unendlich viele visuelle Freuden. Jedes der alten Dörfer hat seinen eigenen Charakter, eins schöner als das andere. Die Landschaft der Weinberge, Obstgärten und der bewaldeten Haine, deren Grün durch kleine ockerfarbene Flecken aufgelockert ist, ist unglaublich vielfältig; das Landschaftsbild verändert sich alle hundert Schritte. Wenige Monate nachdem ich diese Zeilen schrieb, erreichte mich die Nachricht, daß Lotte in Paris verstorben war. Ihr Tod hinterläßt eine große Leere in meinem Leben.

Während der sechziger und siebziger Jahre machte ich meine Reisen mit dem Auto. Mit fünfundachtzig gab ich das Autofahren auf. Da ich erst mit vierundsechzig den Führerschein gemacht hatte, war ich immer ein schlechter Fahrer und ein Verkehrsrisiko. Die Zeit war gekommen, diese Gefahr für mich und andere zu beseitigen. Seitdem verreise ich mit einem Eurorail-Paß. Die Züge in Europa sind sehr schnell, komfortabel und verkehren vor allem in kurzen Abständen. Ich schaue immer noch so gern aus dem Fenster wie vor über achtzig Jahren.

Mit dem Älterwerden reizt es mich weniger, Neues zu entdecken, als Leute und Orte wiederzusehen, die ich in meiner Jugend lieben gelernt habe – vor allem in Süddeutschland, Österreich und Italien.

Reisen in Asien

Das heißt nicht, daß ich kein Interesse an Orten hätte, die ich noch nicht kenne. Seit meiner Jugend hatte es zwei Länder und zwei Städte gegeben, auf die ich besonders neugierig war: Peking in China und Isfahan im Iran.

1979 schloß ich mich einer Gruppe gleichgesinnter kanadischer Architekten und Planer zu einer achttägigen Chinareise an. Von Hongkong aus reisten wir nach Kanton, Schanghai, Nanking, Sian, Peking und an die Chinesische Mauer; auf unseren Wunsch organisierten unsere Gastgeber auch noch einen Abstecher in die Gärten von Sutchou und Gespräche mit Kollegen in Schanghai und Sian.

Am meisten beeindruckte mich in China der ungeheure menschliche Arbeitsaufwand zur Bodenkultivierung. Die Leute waren fröhlich, freundlich und beobachteten uns exotische Tiere ausnehmend neugierig, vor allem in Sian, bis wohin damals noch nicht viele Ausländer vorgedrungen waren. Sie sahen gesund aus und wirkten angemessen ernährt und bekleidet, aber die Wohnverhältnisse waren extrem beengt, und es gab in alten wie in neuen Wohnungen keine Heizung, nicht einmal in Peking und Sian, wo die Winter streng sein können.

Die Kaiserstadt in Peking übertraf alle meine Erwartungen. Entlang der großen Achse wandelt sich der Eindruck von Pracht zu Prunk. Man steigt die Stufen in die drei großen Hallen hinauf, mit dem Kaiserthron in der mittleren. Dahinter betritt man die entspanntere Umgebung der Wohngemächer. Meiner Ansicht nach ist in diesem Komplex der höchste Gipfel der Stadtbaukunst erreicht.

---

3   vgl. Lotte Schwarz, Die Tode des Johannes, vgl. Literaturliste über Hans Blumenfeld

Nachdem ich über achtzig Jahre auf meinen ersten Chinabesuch gewartet hatte, dachte ich, ich würde wiederum achtzig Jahre auf meinen zweiten warten müssen. Aber im Januar 1980 erhielt ich eine Einladung des chinesischen Architektenverbandes. Ein Freund von mir, ein begabter, junger kanadischer Chinese, Bing Thom, der in Vancouver als Architekt arbeitete, hatte die chinesischen Behörden überzeugt, daß sie gut beraten wären, mich und Fritz Gutheim aus Washington DC zu Stadtplanungsfragen und Arthur Ericson aus Vancouver und einen weiteren Experten zu Hotelbauten zu hören. Diese «Viererbande»[4] wurde also eingeladen.

Ich hielt Vorträge und führte interessante Gespräche mit Gruppen, die sich aus Mitgliedern der Stadtverwaltungen, Architekten und Planern in Peking, Schanghai und Tsientsin zusammensetzten. Das Ganze wäre eine komplette Katastrophe gewesen, wenn ich von den offiziellen Dolmetschern abhängig gewesen wäre. Zum Glück erklärte sich Professor Chen Zhan-kiang, ein führender chinesischer Architekt und Planer, der einige Jahre bei Sir William Holford in London gearbeitet hatte, zum Übersetzen bereit. Im letzten Jahr hatte ich die Freude, ihn anläßlich seines Besuchs in Toronto wiederzusehen. In den sieben Monaten zwischen meinen Chinabesuchen hatte es einige Veränderungen gegeben. Beim ersten Mal war die «Viererbande», beim zweiten Mal die «Kulturrevolution» an allem Bösen Schuld.

Auf beiden Reisen machte ich einen kurzen Zwischenhalt in Japan. Meine Eindrücke waren viel positiver als erwartet. Im Gegensatz zu China ist die traditionelle, ästhetische Hochkultur noch sehr lebendig und findet ihren Ausdruck in der Umwelt wie in den Gegenständen des täglichen Gebrauchs – zugegebenermaßen Hand in Hand mit massenproduziertem Kitsch. Außerdem empfand ich die Japaner, entgegen den Geschichten über ihre penetrante Art, als außerordentlich freundlich und hilfsbereit. Jedesmal wenn ich auf der Straße stehenblieb und unsicher war, welche Richtung ich einschlagen wollte, half mir jemand und begleitete mich oft ein ganzes Stück.

Bei meinem ersten Besuch in China war ich nicht über den Pazifik zurückgeflogen, sondern hatte meine Reise über Indien, Iran und Frankreich als Weltrundfahrt vollendet. Einer der angenehmen Nebeneffekte des Dozentenlebens ist, daß man überall auf der Welt ehemalige Studenten hat. In Hongkong holte mich einer dieser Ehemaligen am Flughafen ab und stellte mich seiner großen Familie vor, die mich herzlich aufnahm. Mein Freund in Isfahan war schon vor seinem Studienaufenthalt in Toronto, wo er sich mit Stadtplanung beschäftigte, ein bekannter Architekt gewesen. Einige Zeit nach seiner Rückkehr in seine Heimatstadt Isfahan war er dort stellvertretender Bürgermeister geworden. Erst drei Wochen vor meiner Ankunft war er aus Protest gegen die ständigen Einmischungen aus Teheran in die Angelegenheiten der Stadt und der Provinz von diesem Posten zuückgetreten. Dadurch hatte er Zeit,

---

4 Hans Blumenfeld spielt an auf die Gruppe um Mao Tse-tungs Frau, Chiang Ching, die später als linksradikale Opposition für Ausschreitungen während der «Kulturrevolution» verantwortlich gemacht wurde. (Die Kulturrevolution begann im Herbst 1965 und war ein Versuch Maos, die verkrustete Staats- und Parteibürokratie durch die Mobilisierung eines revolutionären Bewußtseins, vor allem in der Jugend, aufzubrechen.) Es war zu bürgerkriegsähnlichen Zuständen gekommen, in denen vor allem auch ein innenpolitischer Machtkampf ausgetragen wurde. Die Volksbefreiungsarmee (VBA) beendete 1969 die Kämpfe und stellte einen trügerischen Frieden her.

mir Isfahan und Umgebung zu zeigen. Isfahan hat wunderschöne Moscheen, Paläste und Gärten. Der große Basar und das Labyrinth der Gassen sind typisch für eine islamische Stadt. Völlig untypisch sind dagegen die stadtplanerischen Werke von Schah Abbas, dem Gründer der Sefevid-Dynastie im 17. Jahrhundert, der vierten großen schöpferischen Epoche der iranischen Geschichte. Seine langen, baumbestandenen Straßen und der große, rechteckige, von gleichmäßigen zweigeschossigen Arkaden umgebene zentrale Platz ist wohl europäisch oder eher noch indisch beeinflußt. Ganz und gar originell sind aber die großartigen zweigeschossigen Brücken, die gleichzeitig den Bedürfnissen von Verkehr und Erholung dienen, indem sie mit Plattformen und Pavillons ausgestattet sind, damit sich die Menschen dort über dem kühlen Fluß aufhalten können.

Mein Freund stellte mich auch seinem Vater vor, einem Meisterhandwerker, dem besten Goldschmied im Iran. Er war sehr sympathisch und ebenso seine Tochter, die mit ihm zusammen in einem einfachen, aber komfortablen Haus mit Garten wohnte. Derselbe Freund vermittelte mich weiter an einen Architekten in Schiras, eine für ihre Gärten berühmte Stadt. Auch er zeigte mir sehr freundlich die Stadt und fuhr mich zu den großartigen Ruinen von Persepolis. Als ich sah, wie viele Iraner zum Mausoleum des großen mittelalterlichen Dichters Hafiz pilgerten, fragte ich: «Nimmt man das islamische Alkoholverbot nicht mehr ernst?» Als er bekräftigte, wie ernst man es noch nehme, fragte ich verwundert, wie sie einen Dichter verehren könnten, der die Trunkenheit verherrlicht habe. Er entgegnete, bei Hafiz sei die Trunkenheit eine Allegorie für die überwältigende Freude bei der Andacht Gottes. Diese Interpretation war mir neu.

Wenige Monate nach meinem Aufenthalt im Iran brach dort die Revolution aus. Anders als 1952 in Ägypten kam sie für mich überraschend. Im Land herrschte relativer Wohlstand; mehrere hunderttausend Arbeiter aus Pakistan und Afghanistan waren eingewandert, um an diesem Wohlstand teilzuhaben. Sicher gab es Armut, aber ich war keinem ausgesprochenen Elend begegnet; mein Freund bestätigte, daß niemand im Land hungern müsse. Die einzige Klage, die ich immer wieder hörte, richtete sich gegen die Vernachlässigung der Landwirtschaft; man betrachtete es als Schande, daß der Iran, der Jahrtausende lang für seine riesigen Schafherden berühmt war, gefrorenes Lammfleisch aus Australien importieren mußte. Aber die Revolution brach nicht auf dem Land, sondern in den Städten aus. Die iranische Erfahrung bestätigt die These, daß Revolutionen das Produkt steigender Erwartungen sind und nicht etwa eine Folge lang anhaltenden Elends.

Ich mache mir Sorgen darüber, wie es meinem Freund in Isfahan und seiner Schwester, auch einer Studentin von mir, die ich in Teheran sah, wo sie in eine reiche Familie der Oberklasse eingeheiratet hatte, unter dem neuen Regime ergangen sein mag. Aber ich wage nicht, ihnen zu schreiben, weil ich sie nicht in Gefahr bringen will.

Die DDR und Marx

Über die Jahre war ich auch immer mal wieder für ein bis zwei Wochen in der DDR. Abgesehen von meinem letzten Besuch 1980, als ich nur Ostberlin besuchte, bin ich überall im Lande herumgereist. Als Kanadier brauchte ich kein Visum im voraus zu beantragen, sondern bekam meinen Stempel ohne Schwierigkeiten an der Grenze in den Paß.

Von allen kommunistisch regierten Ländern ist die DDR das nächstliegende, aber den Nordamerikanern wahrscheinlich am wenigsten bekannte. Sie ist dem Westen nicht nur von der geographischen Lage, sondern auch vom Entwicklungsniveau her am nächsten. Während das Durchschnittseinkommen pro Kopf immer noch niedriger liegt als in der BRD, ist es wesentlich gleichmäßiger verteilt und liegt genau so hoch wie oder etwas höher als in Großbritannien. Daß es sich dabei um ein größeres «Wirtschaftswunder» handelt als das zurecht berühmte in Westdeutschland, wird deutlich, wenn man sich klar macht, mit welchen gewaltigen Handicaps die DDR zu kämpfen hatte. Sie stand am Anfang als der etwas ärmere und wesentlich kleinere Teil des geteilten Landes da, der von Westdeutschland für 42 Prozent aller Güter – darunter 99 Prozent des Stahls – abhängig gewesen war, verglichen mit umgekehrt nur 16 Prozent. Zehn Jahre lang flossen Milliardenbeträge als Reparationen in die Sowjetunion und nach Polen, während aus dem Westen die Milliarden in die BRD flossen. Wie schon erwähnt, war das Verhältnis von Abhängigen zu Arbeitskräften nach dem Krieg in der DDR extrem ungünstig. Das Verhältnis verschlimmerte sich durch die Flucht der Kopf- und Handarbeiter in den Westen, die erst 1961 gestoppt wurde. Seitdem ist der Lebensstandard von Jahr zu Jahr um etwa vier Prozent gestiegen, bei Vollbeschäftigung und stabilen Preisen.

Ich war überrascht, wie frei sich meine vielen zufälligen Bekannten, Tramper und Leute, mit denen ich in Gaststätten und an anderen öffentlichen Orten ins Gespräch kam, mir gegenüber äußerten. Einige erzählten von Taten, für die sie hätten ins Gefängnis kommen können, wenn sie bekannt geworden wären.

Mit den Jahren hat es einen allmählichen Wandel in der Einstellung der Bevölkerung gegeben. In den fünfziger Jahren hatte die Mehrheit nichts als Haß und Verachtung für das Regime übrig und identifizierte sich ganz und gar mit Westdeutschland. Heute identifizieren sie sich wahrscheinlich immer noch nicht mit ihrer Regierung, aber sie identifizieren sich stark mit dem unter dieser Führung erwirtschafteten Fortschritt im eigenen Land. Sie lieben die Regierung nicht, aber sie achten sie, und sie nehmen die Arroganz der Westdeutschen übel. Am meisten ärgert man sich natürlich über die Reisebeschränkungen in den Westen. Ebenso verständliche Beschwerden darüber, wie öffentlicher oder organisierter Dissens unterdrückt wird, hörte ich nur von Intellektuellen, darunter nicht wenige Mitglieder der regierenden SED.

Natürlich ärgert man sich immer wieder über die Knappheit bestimmter Waren, aber die dauert zumeist nicht an und ist eher lästig als eine echte Entbehrung. (?) Die «Markt-» und die «zentrale Planwirtschaft» – wie die UNO sie bezeichnet – haben genau entgegengesetzte Probleme. Die große Angst des «Westens» ist, daß die Nachfrage hinter dem Angebot zurückbleiben könnte und dadurch weder der Unternehmer oder Manager seine Waren und Dienstleistungen noch der Arbeiter seine Arbeitskraft verkaufen könnte; im «Osten» ist das vordringlichste Problem, daß das Angebot nicht mit der Nachfrage Schritt hält. Im «Westen» befürchten die Manager, daß ihre Firmen pleite gehen, weil sie keinen Markt finden, und die Arbeiter fürchten sich vor dem Verlust ihrer Arbeitsplätze. Im «Osten» fürchten die Manager, sie könnten den Plan nicht erfüllen, weil ihnen die erforderlichen Güter- und Arbeitskraftinputs fehlen, und die Arbeiter fürchten, sie werden nicht die Waren finden, die sie brauchen oder haben wollen. Im «Osten» stehen die Schlangen vor den Läden; im «Westen» bilden sie sich im Arbeitsamt und am Fabriktor.

Diese Definition des Unterschieds zwischen den beiden Wirtschaftssystemen fand bei allen von mir damit konfrontierten Menschen Anklang, die zumeist als Emigranten sowohl im «Westen» wie im «Osten» gearbeitet hatten. Aber in der öffentlichen Diskussion auf beiden Seiten wird sie durch vergebliche semantische Streitereien darüber verdeckt, ob das «östliche» System mit «Sozialismus» oder «Staatskapitalismus» zu benennen sei, oder mit anderen komplizierten Begriffen, die sich die Wortkünstler ausdenken.

Ich habe kein Interesse an derlei semantischen Übungen. Für mich ist der Kapitalismus aus moralischen Gründen inakzeptabel. Er ist auf das Prinzip gebaut, auf dem ärmsten Markt einzukaufen und auf dem teuersten zu verkaufen – womit angelegt ist, daß dem anderen nichts übrig bleibt, als auf dem billigsten Markt zu verkaufen und auf dem teuersten Markt einzukaufen. Das ist das genaue Gegenteil des Prinzips «Was du nicht willst, das man dir tu', das füg' auch keinem andern zu»; des Prinzips, das im Christentum «caritas» und im Sozialismus Solidarität heißt.

In meinen Augen hat die DDR eher einen Anspruch darauf, sich «Arbeiterrepublik» zu nennen als die Sowjetunion, Polen oder Ungarn. Der Abstand zwischen Arbeitern und Intellektuellen erscheint mir geringer, nicht nur im Lebensstandard, sondern auch in Bildungsgrad und Lebensstil.

In Warnemünde, zugleich Seebad und Sitz einer großen Werft, bemühte ich mich am Strand und in den Cafés und Restaurants vergeblich, zu erkennen, wer Urlauber und wer Werftarbeiter war.

Auf der Fahrt von Berlin nach Warnemünde nahm ich einen jungen Mann mit. Wir führten folgendes interessantes Gespräch: «Was sind Sie von Beruf?» – «Ich bin Student.» – «Was studieren Sie?» – «Theaterwissenschaften.» – «Wie hoch ist Ihr Stipendium?» – «115 Mark.» – «Das ist nicht viel.» – «Nicht viel, aber man kann davon leben.» – «Leben sie bei Ihren Eltern?» – «Nein.» – «Sie wohnen im Studentenheim?» – «Nein.» – «Wo wohnen Sie denn?» – «Ich habe eine Wohnung mit einem Freund zusammen.» – «Was zahlen Sie an Miete?» – «Dreißig Mark im Monat.» – «Sie haben sich wohl ein bißchen in den Ferien dazu verdient?» – «Ja.» – «Wieviel denn?» – Er antwortete nicht direkt, sondern sagte: «Wenn man gute Arbeit leistet, kann man 600 Mark verdienen; aber für die schwere Arbeit ist das nicht genug.»

Also reichten seiner Ansicht nach 115 Mark zum Studium eines esoterischen Faches, aber 600 reichten nicht für schwere körperliche Arbeit!

Als ich im darauffolgenden Jahr in der Provence eine junge französische Frau kennenlernte, die mehrere Monate in der DDR in einer Fabrik gearbeitet hatte, und ihr die Geschichte erzählte, sagte sie: «Das überrascht mich gar nicht. Mein deutscher Freund arbeitete tagsüber in der Fabrik und spielte abends in einer Jazzband in einem Restaurant. Er meinte, seine Arbeit in der Fabrik sei härter als das Spielen in der Band und werde trotzdem schlechter bezahlt.»

Diese beiden jungen Männer hatten das Gefühl, daß ihre Einstellung, die ich voll und ganz teile, nicht im Gegensatz zur Parteilinie stand; sie sprachen lediglich einen Punkt an, an dem es etwas zu verbessern gab. Zugegebenermaßen teilen die meisten Angehörigen der Gruppe der «gehobenen» Berufe in der DDR diese Ansicht nicht. Sie widersprechen lautstark, wenn man die substantiellen Vorteile, die sie genießen, als «Privilegien» bezeichnet, und betonen, daß sie ja nicht etwa aus Grundbesitz erwachsen, sondern die gerechte Belohnung sind für die «höhere» Qualität ihrer Arbeit.

Sicher, Besitz war und ist das Hauptinstrument der Ausbeutung, aber es ist nicht das einzige. In meinen Augen handelt es sich um Ausbeutung, wenn ein Mann, gleichgültig mit welchen Mitteln, eine Stunde seiner Arbeit – oder keine – gegen zehn oder hundert Arbeitsstunden eines andern tauscht. Das heißt nicht, daß ich für Gleichheit bin. Menschen unterscheiden sich beträchtlich in ihrer Entwicklung und ihren Fähigkeiten, und folglich in ihren Entwicklungsbedürfnissen. Yehudi Menuhin braucht eine Stradivari-Violine; mir eine zu schenken wäre eine unverzeihliche Verschwendung.

Philosophischer Exkurs[5]

Ich interessiere mich für Versuche des «Aufbaus des Sozialismus» in jedem Land, vor allem in meiner Heimat, weil ich als geborener und wiedergeborener Viktorianer Anhänger der Philosophie des großen viktorianischen Denkers Karl Marx bin. «Dialektischer Materialismus» heißt für mich, daß die «materielle» Welt, wie sie von den Wissenschaften auf der Basis unserer sinnlichen Wahrnehmung definiert wird – in Kants Begrifflichkeit die Welt der «reinen Vernunft» – wirklich ist; daß das Wesen der Realität Bewegung ist; daß Bewegung, wie schon die alten griechischen eliatischen Philosophen erkannten, ein Paradoxon, d.h. in sich widersprüchlich, ist; und daß dieses endlose Hin und Her zwischen Widersprüchen ständig wirklich Neues hervorbringt anstelle einer bloß zyklischen «Wiederkehr des ewig Gleichen».

«Historischer Materialismus» heißt für mich, daß das Dasein, die Lebenserfahrung der Menschen, ihr Bewußtsein bestimmt. Wie könnte sich Bewußtsein sonst jemals ändern? Das menschliche Gehirn als Teil der organischen Natur hat die Tendenz zu Homöostasie, der Erhaltung des Status quo. Alle Menschen sind konservativ, wie die Beobachtung kindlichen Verhaltens bestätigt.

Das Bewußtsein eines Volkes, das sich durch Sammeln und Jagen ernährt, wandelt sich nicht. Aber der Erfolg ihrer Jäger- und Sammlerwirtschaft selbst führt zu einer Vermehrung bis zu dem Punkt, an dem die alte Wirtschaftsform nicht mehr in der Lage ist, alle Mitglieder zu ernähren. Wenn die Gemeinschaft diesem «Malthus'schen» Dilemma entkommen will, hat sie zwei Möglichkeiten: Entweder es werden neue Produktionsformen entwickelt, wie Ackerbau oder Viehzucht, oder man zieht in eine andere natürliche Umgebung, wo das Überleben ebenfalls nur durch eine Änderung der Produktionsformen zu sichern ist. Auch die Begegnung mit anderen Völkern mit anderem Bewußtsein wird verändernd wirken.

---

5 Dieser Zwischtitel wurde vom Herausgeber eingefügt.

Ist dieser Prozeß einmal in Gang gesetzt, wird das Bewußtsein zunehmend auf das Dasein reagieren. Allerdings resultieren die profundesten und dauerhaftesten Veränderungen des Bewußtseins wohl weiterhin aus Veränderungen des gegebenen «materiellen» Daseins.

Wenn die Produktionsmittel sich über das Jäger- und Sammlerstadium hinausentwickeln, erfordern sie in zunehmendem Maße «Produktionsweisen», die den verschiedenen Klassen der Bevölkerung verschiedene Rollen zuweisen. Aus deren unterschiedlichen Lebenserfahrungen ergeben sich unterschiedliche Erwartungen. Der Konflikt zwischen diesen unterschiedlichen Erwartungen, der «Klassenkampf», gibt den Ausschlag für politisches Handeln. Bewußtes politisches Handeln verändert das «Dasein», indem es Produktionsmittel und -weisen verändert. Die Beziehung zwischen Dasein und Bewußtsein kehrt sich immer mehr um. Das logische Ergebnis dieses Prozesses wäre ein gesellschaftlicher Zustand, in dem die Menschen die Produktion so organisieren, daß die Entwicklungsmöglichkeiten jedes Einzelnen optimiert würden. Marx bezeichnete diesen gesellschaftlichen Zustand als «Kommunismus»; ich sehe nicht, daß wir ein anderes Wort bräuchten.

Läßt diese «materialistische» Weltsicht Raum für das moralische Gesetz, Kants «kategorischen Imperativ»?

Kant hatte erkannt, daß die Welt der «reinen Vernunft» streng deterministisch ist und dem «freien Willen» keinen Raum läßt. Aber er erklärte auch, daß die Kausalität, die jene Welt regiert, eine «a priori»-Vorstellung unseres Verstands ist. Er postulierte, daß unsere gleichfalls «a priori»-Vorstellung vom «freien Willen» und der sich logisch daraus ergebenden Verantwortung ein ebenso berechtigter Zugang zur letzten Realität, dem auf ewig unerreichbaren «Ding an sich» sei, und keine Illusion.

Als Materialist glaube ich, daß die Welt der «reinen Vernunft» letzendlich die Realität und folglich der «freie Wille» in der Tat eine Illusion ist. Es handelt sich dabei aber um eine Illusion, die dem Verstand und dem Individuum so innewohnt, daß sie für das Überleben jeder menschlichen Gesellschaft unverzichtbar ist.

Die unbedingte Überzeugung von der Freiheit des eigenen Willens und der Verantwortung für die eigenen Entscheidungen scheint innewohnender Bestandteil unserer genetischen Natur zu sein. Eine sicherlich äußerst komplizierte Kombination und Interaktion der Gene einschließlich jener, die vernünftiges Denken und Verallgemeinerung ermöglichen, dürfte wohl die Grundlage des moralischen Gesetzes bilden. Ich neige zu dem Schluß, daß dies das Ergebnis natürlicher Selektion unter Tausenden von Generationen unserer anthropoiden Vorfahren ist. Die Minderbegabten konnten sich nicht in die Herde einfügen und starben, ehe sie Nachkommen zeugen konnten. Diese Hypothese kann ich natürlich nicht beweisen, aber ich kenne keine bessere.

Max Weber unterschied zwei Formen der Ethik: Verantwortungs- und Gesinnungsethik – pragmatische und dogmatische. Extrem gesagt, bedeutet Verantwortungsethik «der Zweck rechtfertigt die Mittel», während Gesinnungsethik impliziert «N'importe, si le geste est beau» (Macht nichts, Hauptsache, es ist eine schöne Geste) oder schlimmer «Fiat justitia, pereat mundus» (Es walte die Gerechtigkeit, auch wenn die Welt zugrunde geht).

Der berühmte Satz vom Zweck, der die Mittel heiligt, stammt von den Jesuiten. Meine protestantischen Klassenkameraden in Hamburg zitierten ihn, um die Unterdrückung des Jesuitenordens durch das Kaiserreich zu rechtfertigen. Ich brauchte nicht lange, um mitzubekommen, daß es sich bei dem Satz um eine rein analytische Aussage handelt: Sie definiert korrekt die Beziehung zwischen Mitteln und Zielen. Mittel an sich haben keinen Wert (keine «Rechtfertigung» oder «Heiligkeit»); wir setzen sie zur Erfüllung eines gewünschten Zweckes ein. Das ist etwas, was jeder täglich tut. Die meisten von denen, die sich über diesen Satz empören, akzeptieren «gerechte Kriege»; fast keiner von ihnen hat etwas dagegen, daß man Menschen ihrer Freiheit beraubt, indem man sie ins Gefängnis steckt. Alle billigen Arbeit als Mittel zum Lebensunterhalt, selbst wenn sie langweilig, schmerzhaft, gefährlich, ungesund oder entwürdigend ist und nahezu immer die allumfassende Entfaltung der menschlichen Möglichkeiten des Arbeitenden behindert.

Aber bedeutet der Satz auch, daß die, die an ihn glauben, bereit sind, jedes Verbrechen zu begehen, um ihre Ziele zu erreichen, und daß man ihnen deshalb niemals trauen kann? Denn das ist es, wessen man die Jesuiten bezichtigt – und die Kommunisten.

Gewiß, der Satz ist häufig zur Rechtfertigung von Verbrechen benutzt worden. Trotzdem ist er, so gebraucht, zu eng, mechanisch und unvollständig ausgelegt. Jede Ursache hat mehr als eine Wirkung; jede menschliche Handlung erreicht (wenn erfolgreich) nicht nur die beabsichtigte Wirkung, also das erwünschte Ziel, sondern andere daneben. Eine kriminelle Tat korrumpiert stets den Täter; fast immer, abgesehen vom äußerst seltenen und immer unsicheren Fall, daß sie unentdeckt bleibt, korrumpiert sie diejenigen, die davon wissen, und sie untergräbt das Moralgesetz.

Dessen waren sich die Jesuiten bewußt und entwickelten die Doktrin der «Verhältnismäßigkeit der Mittel», die von der katholische Kirche mittlerweile voll übernommen wurde.

Das Verhältnis zwischen Mittel und Zweck ist natürlich von Fall zu Fall verschieden. Deshalb entwickelten die Jesuiten die «Kasuistik». Man hat sie deswegen angeklagt. Statt dessen gebührte ihnen das Lob, daß sie das Moralgesetz ernstgenommen und seine Anwendung auf das tägliche Leben untersucht haben.

Die Verantwortungsethik verpflichtet den Menschen, alle Folgen eigener Handlungen zu untersuchen und abzuwägen. Das ist eine gewaltige geistige Anstrengung. Schwerwiegender aber ist, daß das Abwägen immer unvollständig bleiben und Zweifel hinterlassen wird. Da ist es viel leichter, Gesinnungsmoral in einer dogmatischen Form anzunehmen: «Du sollst nicht...» (lügen, stehlen, töten etc.), ohne Ansehen der Folgen. Aber das ist verantwortungslos – und daher im Grunde unmoralisch.

Selbstverständlich reagiere auch ich emotional auf den Satz «Der Zweck heiligt die Mittel», aber ich mißtraue dieser Reaktion. Heißt das, daß ich Emotionen ablehne? Gewiß nicht; ohne Gemütsregungen käme gar keine Bewegung zustande. Ohne dampferzeugende Hitze läuft keine Dampfmaschine. Aber der Dampf sollte keine Explosion auslösen, und man sollte so wenig wie möglich verbrauchen, um lediglich «Dampf abzulassen». Man sollte sie benutzen, um die Maschine der rational begründeten, zweckgerichteten Handlung anzutreiben.

Marx hat gesagt: «Die Philosophen haben die Welt nur verschieden interpretiert, es kömmt darauf an, sie zu verändern.»[6] Ich muß zugeben, daß mein Temperament anders ist; ich war immer mehr daran interessiert, die Welt zu verstehen, als sie zu verändern; eher am «vita contemplativa» als am «vita activa». Wenn ich dennoch Aktivist geworden bin, dann, weil ich angesichts des derzeitigen Verhaltens der Menschheit meine, daß sie auf die Katastrophe zurast, und deshalb gebietet mir das Moralgesetz einzugreifen.

Im Marxschen Handlungsprogramm nahm das Konzept von der Überwindung des Kapitalismus durch die proletarische Revolution eine zentrale Stellung ein. Doch in den 137 Jahren seit dem Kommunistischen Manifest ist es zu dieser Revolution nicht gekommen. Die einzigen beiden Versuche in Frankreich 1871 und in Mitteleuropa 1918/19 wurden innerhalb weniger Monate niedergeschlagen. Es gibt keinen Grund zur Annahme, daß anderen Versuchen mehr Erfolg beschieden sein sollte oder daß jemals wieder welche stattfinden.

Aber seit 1944 hat es Revolutionen anderer Art gegeben, die den Kapitalismus in mehreren Ländern tatsächlich besiegt haben. In chronologischer Folge sind dies Albanien, Jugoslawien, Vietnam, China und Kuba. Eigentlich handelte es sich samt und sonders um nationale, antikoloniale Bauernaufstände unter der Führung einer kleinen Gruppe von Berufsrevolutionären, die in allen Fällen außer in Kuba gleichzeitig die kommunistische Partei bildeten. Sie alle fanden in Ländern statt, in denen einsetzender Kapitalismus mit früheren Formen von Unterdrückung und Ausbeutung kombiniert war.

Rückblickend erkennt man, daß die russische Revolution nicht, wie Führer und Beobachter, Freund wie Feind, glaubten, die von Marx vorhergesagte proletarische Revolution war, sondern eine Revolution der zweiten Art. Gewiß spielte in Rußland das Industrieproletariat eine größere und die nationale Befreiung eine geringere Rolle als in den späteren Revolutionen. Aber die Masse der Kämpfer kam aus der Armee und der Marine, deren Angehörige zu 80 Prozent Bauern waren, und die Führung setzte sich aus Lenins bolschewistischer Partei zusammen. Die Organisationsformen, Strategien und Taktiken, die Lenin in der Oktoberrevolution anwandte, sind heute wohl noch auf die «Entwicklungsländer» übertragbar, obwohl sie ganz sicher nicht einfach unverändert zu übernehmen sind. Für die sogenannten entwickelten Länder haben sie keine Relevanz.

Welches sind also die Aussichten für den «Westen» – abgesehen von der wahrscheinlichsten, dem atomaren Selbstmord? Ich sehe zwei potentielle Szenarien. Einerseits könnte es aufgrund mangelnder Bereitschaft zur Veränderung zu einer permanenten Stagnation kommen, wie in Spanien nach dem 16. Jahrhundert. Die andere Alternative – auf deren Verwirklichung ich hoffe – ist ein gewaltloser Übergang der politischen Macht an die Arbeiterklasse, gefolgt von einer systematischen Transformation der sozioökonomischen Struktur in eine sozialistische Gesellschaft.

---

6 Thesen «ad Feuerbach», 11. These, Eintragungen ins Notizbuch etwa März 1845 (Brüssel) nach der Lektüre von Ludwig Feuerbach, Das Wesen des Christentums, Leipzig 1841.

Es gibt eine Reihe Anzeichen dafür, daß der späte Marx, nach 1871, seine Theorie der proletarischen Revolution in Frage stellte und eher an die Möglichkeit der Revolution in «protokapitalistischen» Ländern wie Rußland glaubte. Sicher ist, daß er meinte, die Arbeiterklasse könne in demokratischen Ländern mit friedlichen Mitteln an die Macht kommen; in Bezug auf Großbritannien, die USA und die Niederlande sagte er das ausdrücklich.

Das zentrale Problem für jeden Übergang zum Sozialismus ist weder ein politisches noch ein militärisches, sondern eine Frage der ökonomischen Macht des Kapitalismus, die aus seiner internationalen Mobilität resultiert. Die Arbeiterklasse kann eine protokapitalistische Regierung nicht durch einen Generalstreik stürzen, aber die Großbourgeoisie kann eine pro-sozialistische Regierung durch den massiven Entzug von Kapital stürzen. Unausweichliche Folgen sind eine radikale Verschlechterung des Lebensstandards und die damit einhergehende Untergrabung der öffentlichen Unterstützung der pro-sozialistischen Regierung.

Vielleicht ist die einzige Methode zur Vermeidung dieser Gefahr die Anwendung der Taktik der «Fabians», die die Politik der kleinen Schritte propagierten. Jeder solche Schritt wird die Investoren zwar verunsichern, aber nicht so tiefgreifend, daß sie ihre Investition aufgeben. Die politische Gestalt einer solchen langen Übergangzeit ist eine «Volksfront»-Regierung, eine Allianz mit anderen demokratischen Kräften, die für «freie Marktwirtschaft» sein mag, aber entschlossen gegen die Herrschaft der multinationalen Konzerne eintritt. In manchen Ländern kann sich eine solche Volksfront innerhalb einer sozialdemokratischen oder einer Arbeiterpartei bilden; in den meisten wird eine Koalition aus mehreren Parteien erforderlich sein.

Demokratie

Ich kann keinen Widerspruch zwischen Sozialismus und Demokratie erkennen. Im Gegenteil, die Jahre meiner Arbeit in der Sowjetunion haben in mir die Überzeugung wachsen lassen, daß die Unterdrückung abweichender Meinungen und vor allem obsessive Geheimhaltung ernstzunehmende Hindernisse für den Fortschritt sind.

Wir können die Wahrheit niemals eindeutig kennen, weil sowohl die Realität selbst als auch unser Wissen darüber und unser Verständnis davon einem ständigen Wandel unterliegen; wir können uns ihr nur annähern, und das ist am ehesten durch den Widerstreit der Irrtümer möglich. Deshalb betrachte ich jede Einschränkung des Rechts auf Fehler – oder Dissens –, und sei sie noch so gut gemeint, als gefährlich. Das Recht auf abweichende Meinung nennt man derzeit «demokratisch». Richtiger wäre die Bezeichnung «liberal», weil dieses Recht im Laufe der Geschichte ebenso häufig (oder selten) von Monarchien und Aristokratien geachtet worden ist wie von Demokratien.

«Demokratie» ist zu einem der «guten» Wörter geworden, wie «Freiheit» und «Gerechtigkeit», an die alle glauben, weil jeder sie nach seinen Bedürfnissen interpretiert. Im heutigen Nordamerika wird «Demokratie» oft mit «Kapitalismus» gleichgesetzt. Bedenkt man, daß der Kapitalismus von heute den Führungsspitzen der großen Konzerne – die von niemandem gewählt und niemandem verantwortlich sind – das

Recht gibt, das Leben von zahllosen Familien, ganze Gemeinden und selbst ganze Nationen zu zerstören, indem sie «ihre» Fabriken schließen oder verlegen, ist das eine etwas freie Auslegung des Begriffs Demokratie.

Die alten Griechen, die den Begriff erfanden, gaben ihm eine doppelte Bedeutung. Erstens bezeichnete er die Herrschaft der Mehrheit der Bürger (die allerdings nur eine oft kleine Minderheit der volljährigen Bevölkerung ausmachten). Zweitens bezeichnete er die direkten Entscheidungen einer Volksversammlung. Ein System, in dem das Volk dieses Recht an Abgeordnete übertrug, die es für geeignete Entscheidungsträger hielt, bezeichneten die Griechen als «Aristokratie».

Die Begründung für diese Art «direkter Demokratie» oder «Bürgerbeteiligung» gab Julius Caesar vor zweitausend Jahren. Als er in einer gottverlassenen Stadt in Spanien festsaß, sagte er: «Lieber hier der Erste sein, als in Rom der Zweite.» Bürgerbeteiligung schafft viele kleine Teiche, in denen dann viele Einzelne große Fische sein dürfen. Da der Mensch ein politisches Wesen ist, ist er frustriert, wenn er sich nie als ein solches verhalten kann.

Die Begründung für das Mehrheitsrecht gab Friedrich II. von Preußen in seiner Erklärung: «Gott ist immer mit den stärksten Bataillonen.» Die Mehrheit hat gewiß nicht immer recht, aber sie ist immer stark. Es ist viel klüger – und billiger –, durch das Wahlrecht die Stärke von zwei widerstreitenden Parteien auf die Probe zu stellen als durch das Faustrecht.

Der «Mann auf der Straße» würde, nach seiner Definition von Demokratie befragt, wahrscheinlich antworten: «Chancengleichheit.» Nach dieser Definition muß der Anspruch der kommunistisch regierten Länder allgemein und der Deutschen Demokratischen Republik insbesondere ernstgenommen werden. Es ist sehr gut möglich, daß es kein Land gibt, in dem die Chancen eines Einzelnen weniger abhängig sind von Geschlecht, Ethnizität, Geburtsort oder sozioökonomischem Status der Eltern als in der DDR.

Das Leben als «bekannte Persönlichkeit»

Im Russischen sind «snatnje ljudi» (bekannte Persönlichkeiten) Leute, die häufig in den Massenmedien erwähnt werden. Diese Seite des Lebens lernte ich erst mit weit über fünfundsechzig kennen. Ich kann nicht leugnen, daß ich sie genoß; ein Nachteil ist natürlich, daß ich ständig meine Sonntagsmanieren an den Tag legen muß. Mich schaudert es bei dem Gedanken, was wohl geschehen wäre, wenn es mich in jüngeren Jahren getroffen hätte.

1965 bekam ich einen Anruf von dem Architekten Paul Spreiregen. Sein Name war mir bis dahin unbekannt; es stellte sich heraus, daß er ein Neffe von Sam Zisman war, mit dem ich 1949 in Deutschland gearbeitet hatte. Er schlug vor, eine Sammlung meiner Artikel zu einem Buch zusammenzustellen, und ich war einverstanden.

Ich kramte alles, was ich finden konnte, aus meinen Akten-«Unordnern» hervor, darunter auch ein paar bislang unveröffentliche Artikel. Paul kam nach Toronto, und wir verbrachten mehrere Tage mit der Auswahl. Da die Artikel zu verschiedenen Zeiten für verschiedene Zeitschriften verfaßt worden waren, enthielten sie zahlreiche

Wiederholungen. Wir verbrachten noch einmal einige Tage in Washington mit dem Kürzen und Kleben von Texten.

Paul nahm die beiden schwierigsten Arbeiten auf sich. Er übertrug meine zum größten Teil sehr schlechten Skizzen und Photos in brillante Zeichnungen, und er kümmerte sich um alles Geschäftliche. Das Buch kam 1967 unter dem Titel «The Modern Metropolis»[7] bei MIT Press in den USA und bei Harvest House in Kanada heraus. Als mehrere tausend gebundene Bücher verkauft waren, kam es als Taschenbuch auf den Markt. Über die Jahre sind von beiden Ausgaben zusammen insgesamt etwa 15 000 Exemplare verkauft worden. Es ist auch auf Japanisch erschienen. Ich kann die Übersetzung nicht beurteilen und weiß nichts über die Zahl der verkauften Exemplare, aber der Band sieht sehr schön aus.

Ich habe auch erfahren, daß einige Planungsinstitute mein Buch zu einem festen Bestandteil des Lehrplans für ihre armen Studenten gemacht haben. Ich verlange von meinen Studenten nie die Lektüre bestimmter Texte. Ich empfehle eine Liste von Büchern und Aufsätzen mit Angaben über den jeweiligen Inhalt und überlasse die Auswahl ihnen.

1977 schlug Paul Spreiregen vor, eine erweiterte zweite Auflage von «The Modern Metropolis» herauszugeben. Als wir jedoch die Artikel durchgingen, die ich in den letzten Jahren geschrieben hatte, beschlossen wir, daß es angemessener wäre, daraus und aus einigen früheren Aufsätzen, die nicht in «The Modern Metropolis» aufgenommen waren, ein zweites Buch zusammenzustellen. Um die Kosten niedrig zu halten, ließen wir Illustrationen weg.

Ob es an der fehlenden Bebilderung, am hohen Preis oder an schlechter Werbung lag, das Buch, das 1979 bei John Wiley & Sons unter dem Titel «Metropolis – and Beyond»[8] herauskam, wurde kein kommerzieller Erfolg; es wurden nur etwa 1 000 Exemplare verkauft. Das einzige Land, in dem es ein gewisses Echo findet, ist wohl Indien. Von dort erhielt ich zwei lange Briefe mit interessanten und schmeichelhaften Kommentaren von Dozenten aus Delhi und Kalkutta.

Auch danach schrieb ich noch gelegentlich Aufsätze und Rezensionen über verschiedene planungsrelevante Themen. Nichts mit Planung zu tun hatte ein Aufsatz, den ich für das «Journal of Architectural Historians» schrieb; er behandelte das Pantheon in Rom. Bekanntermaßen wandelt sich die Gestaltung der Kassetten in der Kuppel von Schicht zu Schicht. In der Literatur behauptet man, das sei aus perspektivischen Gründen geschehen – ohne etwas über die gewünschte Wirkung zu sagen. Als ich letztes Mal in Rom war, stellte ich mich unten in die Mitte und blickte in die Kuppel hinauf. Nach einer Zeitlang geschah etwas Merkwürdiges, vergleichbar mit dem optischen Wechseleffekt, bei dem Hintergrund und Figur während der Betrachtung zweidimensionaler Muster hin und her springen: Ich sah keine Kuppel mehr, sondern einen riesigen Zylinder, dessen obere Öffnung so groß wirkte wie der Durchmesser des Bauwerks, und die Kassetten sahen alle identisch, quadratisch und streng symmetrisch aus. Das kann kein Zufall, sondern muß im Entwurf angelegt sein. Da das

---

7   vgl. Literaturliste zu Hans Blumenfeld
8   vgl. Literaturliste zu Hans Blumenfeld

Pantheon gewiß eines der am häufigsten beschriebenen Bauwerke der Welt ist, nahm ich an, das Phänomen müsse bekannt sein. Als ich jedoch die kürzlich erschienene, erschöpfende Untersuchung über das Pantheon von Williamson las, fand ich das Phänomen nicht erwähnt; ich erhielt von ihm bald nach Erscheinen meines Artikels einen Brief, in dem er sein Interesse an meiner Beobachtung äußerte. Mein Freund Harry Lash kam mir mit einem Photo zu Hilfe, das vom selben zentralen Punkt aus aufgenommen war; die meisten Leute, die sich das Photo ansahen, entdeckten ebenfalls den Zylinder.

Mein Beitrag für die Zeitschrift nahm außerdem Bezug auf eine frühere Beobachtung, die ich in der Tholos von Mykene gemacht hatte, die den falschen Namen «Schatzhaus des Atreus» trägt. Dieses Gebäude betritt man durch einen Gang mit geneigten Wänden; der Sturz ist kürzer als die Schwelle. Da die Wände der Tholos sich jedoch nach oben hin einwärts neigen, liegt der Sturz näher zur Mitte als die Schwelle und wirkt deshalb länger als er ist. Von der Gebäudemitte aus gesehen, kompensiert der scheinbare Unterschied genau den tatsächlichen Unterschied, so daß die Öffnung genau rechteckig wirkt. Auch hier bin ich überzeugt, daß es sich dabei um das Ergebnis eines absichtlichen «perspektivischen» Entwurfs handelt.

Die Anwendung perspektivischer Entwürfe im Pantheon ist gut dokumentiert. Meine beiden Beobachtungen deuten an, daß die Griechen sie auch vor und nach der «klassischen» Periode über anderthalb Jahrtausende angewandt haben. Vielleicht könnten wir schöner bauen, wenn wir unsere Gebäude nicht ausschließlich nach horizontalen und vertikalen orthogonalen Projektionen, sondern von einem perspektivischen Standpunkt aus planten.

Der Kampf für den Frieden

In den letzten Jahren habe ich mich in erster Linie für den Frieden engagiert. Kurz nachdem ich kanadischer Staatsbürger geworden war, trat ich in die New Democratic Party (NDP) ein, eine der englischen Labour Party vergleichbare Partei. Es ist eine sozialdemokratische, keine sozialistische Partei, bietet aber reichlich Platz für Sozialisten vieler Schattierungen. Alle Parteimitglieder sind sich über drei Aufgaben einig: Kampf um die unmittelbare Verbesserung der Lebensbedingungen der Arbeitnehmer; Aufklärung über die Natur des Kapitalismus und des Sozialismus; Unterstützung der Befreiungsbewegungen der Völker der Dritten Welt. Sie unterscheiden sich in ihrer Bewertung der relativen Bedeutung der jeweiligen Aufgabe. Ich war und bin einverstanden mit der Außenpolitik der NDP, bemängelte aber im nationalen Wahlkampf von 1979, daß sie die Notwendigkeit einer eigenständigen kanadischen Außenpolitik zur Abrüstungsförderung nicht genügend betont hatte. Ich nahm an mehreren Versammlungen von «Kandidaten aller Parteien» teil, um diese Frage zum Thema zu machen. Zu meiner Überraschung beobachtete ich, daß Kandidaten der marginalen Gruppierungen ebensoviel Redezeit bekamen wie die Abgeordneten der großen Parteien. Dies war eine einmalige Möglichkeit, Leute zu erreichen, die sonst nie von der Friedensbewegung zu erreichen gewesen wären. Als es also ein paar Monate später durch den Sturz der Regierung Clark zu Neuwahlen kam, beschloß ich, mich in

meinem Wohnbezirk als unabhängigen Kandidaten für Frieden und Abrüstung aufstellen zu lassen.

Der NDP-Kandidat hatte in dem Bewußtsein, daß er ohnehin keine Chance hatte,
gewählt zu werden, nichts gegen meine Kandidatur. Ich erhielt die Unterstützung der
«Toronto Association for Peace» sowie von einigen meiner derzeitigen und ehemaligen Studenten und anderen freiwilligen Helfern, die ich damals erst kennenlernte. Wir
verteilten Broschüren von Haus zu Haus, und ich sprach auf den Versammlungen aller
Kandidaten.

Eine angenehme Seite dieses Wahlkampfs war die Einstellung der Kandidaten der
beiden großen Parteien. Der amtierende konservative Abgeordnete David Crombie,
ehemaliger Bürgermeister von Toronto, war sich seiner Wiederwahl sicher. Bei einer
Versammlung aller Kandidaten, bei der er in alphabetischer Ordnung nach mir sprach,
lobte er mich als vorbildlichen Staatsbürger. Bei einer anderen Versammlung schüttelte
mir seine liberale Gegnerin die Hand und flüsterte mir ins Ohr: «Wenn ich nicht selbst
Kandidatin wäre, würde ich Sie wählen.» Mir war klar, daß ihre Gefühle nicht von
vielen Menschen in meinem Wahlbezirk geteilt wurden. Ich schätzte im voraus, daß
ich auf 200 Stimmen kommen würde; ich bekam 197.

Einige Jahre saß ich im Vorstand des «Canadian Peace Congress», in dem ich immer
noch als Vorsitzender von Toronto amtiere, so daß ich mich an den üblichen Aktivitäten beteilige, wie der Organisation von Versammlungen, der Verteilung von Flugblät-
tern, der Sammlung von Unterschriften und an Demonstrationen. Ich bin außerdem
der Verfasser ihrer zentralen Erklärung mit dem Titel «A Time for Disarmament» (Die
Zeit ist reif zur Abrüstung) und anderen Schriften. Ich meine jedoch, daß die Friedensbewegung zuviel Zeit damit verbringt, zu bereits Überzeugten zu predigen. Deshalb
schreibe ich oft Briefe an die allgemeinen Zeitungen, und zu meiner Befriedigung habe
ich die meisten in der «Toronto Globe and Mail» auch abgedruckt gesehen.[9]

In den sechziger Jahren sah es nach der Unterzeichnung von SALT I und dem
Helsinki-Abkommen über Sicherheit und Zusammenarbeit in Europa so aus, als
hätten die USA endlich die Notwendigkeit der friedlichen Koexistenz mit der Sowjetunion als die einzige Alternative zur gegenseitigen Vernichtung akzeptiert. «Mutually
Assured Destruction» (MAD – gegenseitig garantierte Vernichtung) hat tatsächlich
den Ausbruch eines Krieges verhindert. Manchmal wird es auch «Gleichgewicht der
Sicherheit» genannt, wobei es sich eigentlich um ein «Gleichgewicht der Unsicherheit»
handelt. Das «Gleichgewicht des Schreckens» ist in sich labil. Ich bin und bleibe
überzeugt davon, daß kein Land auf Dauer Sicherheit erlangen kann, indem es anderen
Unsicherheit aufzwingt – denn das ist die Bedeutung von «Abschreckung» –, sondern
nur, indem allen Sicherheit gewährt wird. MAD taugt höchstens als Notlösung, um
den Teufelskreis der Aufrüstung, der Angst und des Mißtrauens zu durchbrechen. Wir
müssen diesen Teufelskreis durch eine Spirale der Abrüstung und des Vertrauens
ersetzen, die sowohl durch einseitiges Handeln als auch durch Verhandlungen zu
initiieren wäre.

---

9 Eine Zusammenstellung meiner Leserbriefe zur Abrüstungsfrage wird momentan von Stephen Salaff, Ph.
   D., besorgt (Anmerkung von Hans Blumenfeld).

Die USA hatten sich dem Helsinki-Abkommen nur zögernd angeschlossen; von Anfang an haben die Regierungen der USA und Kanadas die Klausel mißachtet, die verlangt, daß der Text des Abkommens öffentlich gemacht wird. Die sich daraus ergebende Unwissenheit hat den «Westen» in die Lage versetzt, zu behaupten, es gebe ein Menschenrechts-«Paket». Dabei ist das Helsinki-Abkommen nicht nach «Paketen» geordnet; es enthält eine Reihe operationaler Abschnitte, denen eine Erklärung über allgemeine Prinzipien vorausgeht. Diese Prinzipien nehmen in der Tat auf die Menschenrechte bezug, aber in den operationalen Abschnitten ist nirgends die Rede vom Recht auf Dissens oder auf Auswanderung. Die Verletzung dieser Rechte durch die Sowjetunion ist zwar zutiefst erschütternd, stellt aber keine Verletzung des Abkommens von Helsinki dar. Indem der «Westen» die Sache aber so behandelt, hat er aus dem Abkommen, das als Instrument der Kooperation gedacht war, ein Instrument der Konfrontation gemacht.

Das hoffnungsvollste Ereignis der siebziger Jahre war die einhellige Zustimmung zum Abschlußdokument der Sondersitzung der Vereinten Nationen zur Abrüstung im Juni 1978, in dem betont wird, daß die Menschheit vor der Wahl stehe, den Rüstungswettlauf zu beenden und zur Abrüstung zu schreiten oder sich der Vernichtung zu stellen. Aber während Trudeau aus Kanada zur UNO-Sitzung in NewYork anreiste und Giscard d'Estaing aus Paris, blieb Präsident Carter in Washington, um einen fatalen Schritt in die umgekehrte Richtung auszuarbeiten: einen NATO-Beschluß zur Erhöhung der Rüstungsetats aller Mitgliedsstaaten um reale drei Prozent jährlich.

Die Ursache für die Wende in der Politik der USA liegt nicht klar zutage, aber sie war der Anfang einer ständigen Verschlechterung. MAD, das Gleichgewicht des Schreckens, ist durch die Doktrin der «Abschreckung» abgelöst worden, ein hübsch klingendes Synonym für «Erstschlag», die Illusion, daß die USA ihre «Überlegenheit» wahren und «siegreich» aus einem Atomkrieg hervorgehen könnten, indem sie die Atomwaffen des Gegners zerstören. Daß diese Doktrin sich nun auf die Phantasien eines «Kriegs der Sterne» stützt, macht sie nicht weniger gefährlich.

Der gefährlichste Schritt auf diesem fatalen Weg zur Vernichtung der Menschheit, vor dem auch die UNO warnte, war die Stationierung der Atomwaffen in Europa durch die USA, vor allem der Abschußrampen für die Pershing II in der Bundesrepublik. Sie reduzieren die «Vorwarnzeit» von zwanzig auf vier Minuten; ihr Ziel ist die Lähmung der sowjetischen Streitkräfte durch die Zerstörung der Kommando- und Kommunikationsstrukturen, noch ehe sie handeln können. Sie haben nichts mit einem «Gegengewicht» zu den SS 20 der Sowjets zu tun – die gegen die gleichen Ziele gerichtet waren, wie ihre schwerfälligeren Vorgänger, die SS 4 und SS 5 –, was der Oberbefehlshaber der NATO General Bernard Rogers auch zugegeben hat. Ein «Gegengewicht» gegen die Pershing II in Europa könnte nur eine Stationierung sowjetischer Atomraketen in Amerika bieten. Das hat die Sowjetunion einmal probiert – während der Kubakrise –, obwohl ihre Raketen weder die Reichweite noch die Zielgenauigkeit der Pershings hatten. Wir wissen, wie die USA auf diese Bedrohung reagiert hat. Im Vergleich dazu war die sowjetische Reaktion – die Aussetzung der Abrüstungsverhandlungen – äußerst milde und beherrscht.

Als das Reagan-Regime sich offen auf einen Konfrontationskurs mit der Sowjetunion begab, begannen endlich zahlreiche Menschen überall auf der Welt, die Realität der globalen Selbstvernichtung zu erkennen. Wir reden immer noch von Verteidigung – aber es gibt keine Verteidigung gegen die thermonuklearen Köpfe der interkontinentalen Trägerraketen. Wir reden von Krieg und Frieden. Nach der klassischen Clausewitzschen Definition ist der Krieg die Fortführung der Politik mit anderen Mitteln. Aber man kann sich keine Politik vorstellen, die durch Atomwaffen durchzusetzen wäre. Selbstmord ist keine Politik. Der Kampf um Frieden und Abrüstung ist der Kampf ums Überleben, das Überleben jedes einzelnen, heute lebenden oder noch nicht geborenen Menschen.

Ich stelle die Ernsthaftigkeit der Abrüstungsgegner nicht in Frage; wie meine Oberschullehrer in Deutschland vor fünfundsiebzig (?) Jahren sind sie und ihre Gegner auf der anderen Seite davon überzeugt, daß nur Waffenstärke den «Feind» vor einem Angriff zurückschrecken läßt. Können wir den Mut aufbringen, aus dem Teufelskreis von Mißtrauen und Angst auszubrechen? «Wir haben nichts zu befürchten außer der Angst», sagte Roosevelt einst in einem anderen Zusammenhang. In der heutigen Situation stimmt das mehr denn je.

Es gibt für die Feindschaft zwischen den USA und der UdSSR wirklich keine andere Basis als gegenseitige Angst. Wenn es eine Frage des wirtschaftlichen Wettbewerbs wäre, stünde die USA eher gegen Japan oder Europa an, als gegen die Sowjetunion. Zuweilen hört man, die Feindschaft sei das Resultat unterschiedlicher «Werte». Doch die «Werte» des China der Kulturrevolution – von denen Saudi-Arabiens ganz zu schweigen – unterscheiden sich ganz sicher stärker von den amerikanischen als die sowjetischen. Konflikt entsteht in der Tat nicht, wenn Staaten unterschiedliche Ziele verfolgen, sondern wenn sie das gleiche verfolgen. Ich erkläre das gern anhand eines historischen Beispiels.

Anfang des 16. Jahrhunderts stand die katholische Kirche durch den Aufstieg der Reformation und des Ottomanischen Reiches unter starkem Druck. Aber die beiden mächtigsten katholischen Herrscher, Karl V., Kaiser von Spanien und dem Heiligen Römischen Reich Deutscher Nation, und Franz I. von Frankreich, bekämpften weder die Protestanten noch die Türken, sondern einander gegenseitig. Deshalb mahnte der Beichtvater Franz: «Karl und du, ihr seid katholische Brüder in Christus und solltet eines Sinnes sein.» «Aber», entgegnete Franz, «aber Vater, der Kummer liegt ja gerade darin, daß mein Bruder Karl und ich eines Sinnes sind: Wir wollen beide Mailand haben.» Die USA und die UdSSR sind eines Sinnes: Beide wollen der Größte sein. Ich muß hier jedoch eine Modifikation anbringen. Es spricht einiges dafür, daß die UdSSR allmählich begreift, daß im Atomzeitalter niemand der Größte sein kann; aber sie akzeptiert keine untergeordnete Rolle, sondern erhebt Anspruch auf Gleichheit und weist den Anspruch auf «Überlegenheit» zurück. Den USA fällt es aus verständlichen historischen Gründen immer noch schwer, eine Welt zu akzeptieren, die sich nicht in Übereinstimmung mit dem «American Way» umgestalten läßt.

Mit wachsender Gefahr haben sich immer mehr Menschen der Bewegung für friedliche Koexistenz und Abrüstung angeschlossen, und es haben sich zahlreiche neue Gruppierungen gebildet. Ich bin einigen beigetreten, zum Beispiel «Science for Peace», und habe auf Kooperation und gemeinsame Aktionen aller Friedensgruppen hingearbeitet. In Toronto und andernorts wurde durchgesetzt, daß man im Stadtparlament über die Forderung abstimmte, Toronto bei den nächsten Wahlen zur atomwaffenfreien Zone zu erklären. Der Stadtrat entschied sich mit zwölf gegen elf Stimmen dafür. Freilich war eine zweite Abstimmung notwendig, um die erforderlichen Mittel zu genehmigen, und die Befürworter des Beschlusses befürchteten, daß der eine oder andere Ratsherr umkippen und mit Nein abstimmen könnte. Die Friedensbewegung mobilisierte Befürworter, um der Abstimmung beizuwohnen. Alle Zuschauerbänke im Ratssaal waren schon eine halbe Stunde vor der Sitzung besetzt, und einige Hundert brachten das Foyer zum Überfließen. Die Wirkung war phantastisch: Ein früherer Gegner nach dem andern einschließlich des Bürgermeisters standen auf und verkündeten, sie hätten ihre frühere Meinung revidiert. Die Abstimmung wurde 22 : 1 entschieden. Die Entscheidung wurde bei den Wahlen mit zur Wahl gestellt und ging mit einer 4 : 1-Mehrheit durch.

Ohne jeden Zweifel hat sich die Einstellung zur Friedensbewegung gewandelt. Frieden, Koexistenz und Abrüstung sind keine Schimpfwörter mehr wie in den fünfziger Jahren, sondern werden auch von Staatsoberhäuptern im Munde geführt. Bis jetzt richten sich die Taten allerdings noch nicht nach den Worten; der Rüstungswettlauf ist noch nicht durch Abrüstung abgelöst. Wie jeder Fahrer weiß, muß ein Auto erst stehen, ehe man in den Rückwärtsgang schalten kann – ein Rüstungsstopp muß an die Stelle des Rüstungswettlaufs treten. Ich glaube, so muß die zentrale Forderung der Weltfriedensbewegung lauten. Man muß nicht unbedingt Verhandlungen abwarten. Die USA oder die UdSSR könnten einseitig beginnen, indem sie ein vorläufiges Moratorium von drei bis sechs Monaten für das Testen, die Herstellung und die Stationierung von Atomwaffen und ihren Trägern verkünden. Darauf will ich die mir verbleibende Kraft verwenden.

1978 machte mich die kanadische Regierung, die mich noch 1960 der Staatsbürgerschaft für unwürdig befunden hatte, zum «Officer of the Order of Canada». Diese Ehre habe ich wohl Pierre Juneau zu verdanken, dem Präsidenten des kanadischen Rundfunks (CBC), der mich während seiner Zeit als Vorsitzender der «National Capital Commission» kennengelernt hatte. Bei der Verleihung war ich angenehm überrascht, daß ein recht breites Spektrum der kanadischen Gesellschaft in den Orden aufgenommen wurde. Meine Friedensarbeit hat auch in den Massenmedien einigen Anklang gefunden und mir einige Lorbeeren eingetragen.

Der «Canadian Peace Congress» wollte zu meinem fünfundachtzigsten Geburtstag 1977 ein Bankett veranstalten. Ich meinte, man solle eine runde Zahl zum Anlaß nehmen, aber sie wollten keine fünf Jahre mehr warten. Da ich einsah, daß das Bankett für den Kongreß eine gute Werbung sein würde, erklärte ich mich einverstanden. Es wurde ein unerwarteter Erfolg; mehrere hundert Menschen trotzten dem schlimmsten Schneesturm des Jahres, um dabei zu sein. Der Bürgermeister von Toronto, David Crombie, der jetzt ein Mitglied des konservativen Kabinetts in Ottawa ist, hielt eine Rede und überreichte mir im Namen der Stadt einen Bildband über Toronto.

Fünf Jahre später, 1982, wiederholte der Peace Congress die Feier in etwas kleinerem

Rahmen. Ich freute mich besonders darüber, daß der Vorstand bereit war, meinen alten Freund James Endicott einzuladen, mit dem man seit seinem Bruch mit dem Weltfriedenskongreß nicht mehr geredet hatte. Ich nutzte die Gelegenheit, um die «Franz Blumenfeld Peace Foundation» ins Leben zu rufen, im Andenken an meinen Bruder, dessen Tod an der Front 1914 ihn daran gehindert hat, sein Leben dem Frieden zu widmen. Die Stiftung kämpft immer noch um die Anerkennung der Gemeinnützigkeit.

Mit der von Akademikern als ihrer Würde angemessen empfundenen Verzögerung feierte die Universität von Toronto meinen neunzigsten Geburtstag ein Jahr darauf. Der Fachbereich Geographie, in dessen Obhut unser Planungsprogramm, nach einem langen erbitterten Kampf ums Überleben im Fachbereich Architektur, übergegangen war, lud gemeinsam mit dem «Centre for Urban and Community Studies» im November zu einem Kongreß über «die Metropole» ein. Man hatte zweihundert Teilnehmer erwartet, es kamen aber über fünfhundert, und die Vorträge und Diskussionen waren von hoher Qualität.[10] Für mich war das Schönste, noch einmal alte, viele Jahre nicht gesehene Freunde zu begrüßen, darunter Edmund Bacon und vor allem Kevin Lynch[11]. Ich hatte mich in Briefen mit Kevin über sein neuestes und bestes Buch «A Theory of Good City Form» (1981) ausgetauscht. Es sollte unsere letzte Begegnung sein; wenige Monate später verlor unsere Zunft, die Planer, durch seinen unerwarteten Tod einen ihrer besten Köpfe und seine Freunde einen außerordentlich liebenswerten Menschen.

1984 verlieh mir die Union Internationale des Architectes (UIA) den «Patrick-Abercrombie-Preis»[12]. Der Weltfriedenskongreß machte mich 1984 zu einem seiner Ehrenpräsidenten. Doch die Ehre, die ich am wenigsten erwartet hätte, wurde mir 1985 in Gestalt der Verleihung des «Lambda Alpha, Land Economics International»-Preises zuteil. Von Richard Ely an der Universität von Wisconsin als Verbindung von Studenten gegründet, ist Lambda Alpha heute überall in den USA und in Toronto vertreten. Sie vereint Leute, die sich für Landesplanung, Ökonomie usw. interessieren, mit jenen, die ein «Interesse»[13] an Grund und Boden haben – Immobilien- und Hypothekenmakler zum Beispiel. Unsere Dependance hält drei bis vier Versammlungen im Jahr ab. Nach einem Abendessen, das sehr viel reichlicher und exquisiter – und teurer – ist als das, was ich für mich zu Hause koche, hält ein Mitglied oder ein Gast

---

10 Dokumentiert wurde der Kongreß in dem Band «The Metropolis, Proceedings of a Conference in Honour of Hans Blumenfeld», University of Toronto, Nov. 4–5, 1983, ed. by John R. Hitchcock and Anne McMasters with the assistance of Judith Kjellberg, University of Toronto 1985.

11 Kevin Lynch, –1984, hat eine Reihe bahnbrechender Bücher und Artikel über die Gestalt der Stadt verfaßt. Es begann mit seinem Werk «The Image of the City», welches in Cambridge, Mass. 1960 erschien. Die internationale Rezeption war groß, und so erschien es 1965 in Deutschland in den «Bauweltfundamenten» als Band 16 unter dem Titel «Das Bild der Stadt». Es folgte eine Welle von Stadtbilduntersuchungen, wie leider auch eine teilweise mißverstandene Planung neuer Gebiete, die auf einmal alle ein Lynchsches «Merkzeichen» haben mußten, was häufig verkürzt mit einem Hochhaus gleichgesetzt wurde.

12 Benannt nach Sir Patrick Abercrombie (1879–1957), dem Verfasser des sog. «Greater London Plan» (1944), eines damals bahnbrechenden Regionalplanes. Die UIA vergibt den Preis seit 1961 für ein bedeutungsvolles Werk auf dem Gebiet des Städtebaus und der Raumplanung.

13 Hans Blumenfeld schreibt auf englisch und in Anführungsstrichen «have ‹an interest›» und betreibt damit jenes Wortspiel – das uns im Deutschen nicht möglich ist – zwischen Interesse an Planung haben und möglichst viel Zins («interest») aus Planungsgewinnen ziehen.

einen Vortrag, auf den eine lebhafte, forschende, gut informierte Diskussion zwischen Leuten der unterschiedlichsten Standpunkte folgt.

Was mich an diesem Preis besonders freute, war das ausdrückliche Lob meiner Friedensarbeit – angesichts der Tatsache, daß die meisten Mitglieder des Vereins wohl Anhänger Reagans sein dürften.[14]

«Berühmtheiten» aus meinem Bekanntenkreis

Im Laufe meines langen Lebens habe ich, neben den in diesem Buch erwähnten, viele angesehene Persönlichkeiten kennengelernt.

Lewis Mumford[15], den ich nicht nur wegen seines enzyklopädischen Wissens und seiner tiefgründigen Arbeiten über die Stadt bewundere, sondern ebensosehr wegen seinem klaren, beharrlichen Widerstand gegen den Wahnsinn des Rüstungswettlaufs und gegen andere Torheiten der heutigen Gesellschaft, lernte ich in Philadelphia kennen. Von seinen Schriften her hatte ich den Eindruck, er könnte ein bißchen aufgeblasen sein; aber er war ein äußerst bescheidener, freundlicher und zugänglicher Mensch. Wir sind in vielem verschiedener Meinung; er ist ein Prophet, ich bin bloß Analytiker und Praktiker.

Mumfords mächtigste Gegenspielerin, Jane Jacobs[16], lernte ich kennen, als sie nach

---

14 Hans Blumenfeld ist noch eine Ehrung zuteil geworden, auf die er lange hat warten müssen und die den stets sehr beherrschten alten Mann schließlich doch zu Gefühlsregungen hinriß. Nachdem er Anerkennung aus aller Welt bekommen hatte, gab es immer noch keine Regung aus Hamburg. Hamburg war immer seine heimliche Wunschheimat geblieben, auch wenn er niemals zurückkehren konnte, so wäre er es doch gern, wie er in Gesprächen durchblicken ließ. Erst am 4. September 1986 verlieh ihm der Bürgermeister seiner Heimatstadt, der Freien und Hansestadt Hamburg (und damit Ministerpräsident des Bundeslandes Hamburg) auf einem Senatsempfang zu Hans Blumenfelds Ehren, die Traditionsmedaille, den Verfassungsportugaleser in Silber, der schon im 16. Jahrhundert ein begehrtes Geschenk war.

15 Lewis Mumford, 1895–, ist quasi der US-amerikanische Vertreter der Sozialökologie oder Humangeographie nach Patrick Geddes' Theorie (siehe Anmerkung zu Geddes). Mumford, dessen Buch «The Culture of the City» (New York 1938) fast so etwas wie eine Bibel der Regionalplanungsbewegung Nordamerikas wurde – in der er selbst sehr engagiert war –, versuchte darin, zwischen denkenden Planern und Verwaltungsbehörden zu vermitteln. 1961 legte er das beinahe enzyklopädische Werk «The City in History» (New York) vor, das in Deutschland unter dem Titel «Die Stadt, Geschichte und Ausblick» (Köln 1963 ff) erschien, in einer riesigen Auflage Verbreitung fand und immer noch findet. Er handelt darin die Geschichte des Städtebaus quasi als Universalgeschichte ab. Die Entwicklung der Stadt und der städtischen Gesellschaft von den Anfängen bis heute wird in allen Bereichen und Aspekten des städtischen Lebens untersucht. Es ist eine umfassende Kultur- und Geistesgeschichte, Sozial- und Wirtschaftsgeschichte am roten Faden des für unsere Kultur zentralen Themas Stadt.

16 Jane Jacobs, 1916–, schrieb mit ihrem Buch «The Death and Life of Great American Cities» (New York 1963), das auf deutsch unter dem Titel «Tod und Leben großer amerikanischer Städte» als Band 4 der «Bauweltfundamente» erschien, quasi einen «Anti-Ebenezer Howard» und meinte gleich die gesamte Regionalplanungsbewegung in einem Zuge mit, besonders die «modischen Dezentralisten», und bezog Front gegen Lewis Mumford, Clarence Stein und Catherine Bauer. Ihre grundlegende Botschaft war, die Stadt sei so, wie sie «wachse», in Ordnung; sie werde erst ge- und zerstört durch die Flächensanierungen. Damit lieferte auch sie der in Deutschland gegen Ende der sechziger Jahre aufkommenden kritischen Bewegung gegenüber dem Modernismus im Städtebau und in der Folge den Flächensanierungen Argumente für einen sozialorientierten Städtebau. Die Rezeption und die abgeleiteten Vorschläge waren meist – wie Hans Blumenfeld uns hier mitteilt – eher plattitüdenhaft, auch waren die gesellschaftlichen Einschätzungen von Jacobs nicht immer so sehr präzise, jedoch hat sie auf ein wichtiges Phänomen aufmerksam gemacht. Viele gesellschaftswissenschaftliche Analysen der Stadt haben jedoch inzwischen das Phänomen erklärt.

Toronto zog. Ich hatte eine recht kritische Rezension ihres bekannten Buches «The Death and Life of Great American Cities» geschrieben, aber sie begegnete mir gnädig. Ich hatte anerkennend geäußert, daß ihr zahlreiche scharfe Beobachtungen gelungen waren, die eigentlich Sache der «Experten» gewesen wären, und daß sie viele falsche oder veraltete Planungstheorien entlarvt hatte. Leider, wenn auch nicht überraschend, sind ihre eigenen Empfehlungen zu ebenso schädlichen Plattitüden geronnen.

Ich arbeitete mit Jane Jacobs zusammen an der «Harbourfront», einem großangelegten, von der Provinz Ontario initiierten Wohnbauprojekt in Toronto, das von Eberhard Zeidler[17] zu einem aufregenden Entwurf für ein «kanadisches Venedig» ausgearbeitet wurde. Als der zuständige Minister wechselte, versank das gesamte Projekt in aller Stille auf dem Grund des Ontario-Sees. Jane und ich machten auch vor dem «Ontario Municipal Board» gegensätzliche Aussagen. Es tut mir leid, daß ich sie so selten sehe.

Auch einem anderen berühmten Bürger Torontos, dem verstorbenen Marshall McLuhan, bin ich ab und zu begegnet. Ich mochte ihn als Mensch, stelle seine Theorien aber in Frage. Er war sicherlich einer der besten Köpfe in der Gegend, aber er benutzte ihn zu oft, um darauf zu stehen. Seine Liebe zum Paradoxen beeinträchtigte seine Einsichten. Die Sprache, nicht die Schrift, ist linear. In ihrer geschriebenen oder gedruckten Form ist sie es etwas weniger, weil man zu früheren Passagen zurückkehren kann. Phonetische Schrift zu lesen ist keine «visuelle» Handlung; man ge- und mißbraucht dazu die Augen als Ohren. Bei Bilderschriften wie im Chinesischen ist das anders, denn diese sind wirklich bildhaft. Es dürfte kaum ein Zufall sein, daß der Anteil der chinesischen und japanischen Namen unter den bekannten Spitzen der bildenden Kunst in Nordamerika mindestens zehnmal so hoch ist wie in der Bevölkerung allgemein.

Unter Umständen ist ein anderer Gesichtspunkt noch wichtiger, nämlich daß die Fähigkeit, chinesische Schriftzeichen zu lesen, die in jeder Sprache, wie Japanisch oder Vietnamesisch, verständlich sind, dem Leser zweierlei Arten zu denken und zu fühlen vermittelt. Ich glaube, daß «Zweisprachigkeit» die beste Methode ist, flexibles und innovatives Denken zu entwickeln. Wo entwickelte sich das griechische Denken? Nicht auf dem Festland. Sämtliche «Vorsokratiker» kamen aus den Kolonien, wo sie wahrscheinlich die Sprache ihrer Nachbarn, mit denen sie Handel trieben, ebenso fließend beherrschten wie ihre eigene.

Wahrscheinlich hatte die spätere Entwicklung des europäischen Denkens auch etwas mit den gründlichen Lateinkenntnissen der gebildeten Schicht zu tun, vor allem als sie nach der Erfindung der Druckerpresse weiter verbreitet wurden. Vertrautheit mit mathematischen und Computersprachen mag ein angemessener Ersatz für die Entwicklung verschiedener Denkmuster sein, aber zum Verständnis anderer Gefühlswelten kann sie nicht beitragen.

Ich will mit dem «Namenspiel» aufhören, kann aber doch nicht umhin, Brian McHarg zu erwähnen, den brillanten, innovativen Landschaftsarchitekten, denn unsere einzige

17 Eberhard Zeidler ist international tätiger, deutsch-kanadischer Architekt.

Begegnung ist mit einer Anekdote verbunden, die für beide darin vorkommenden Menschen so typisch ist. Nach einem Vortrag von McHarg in Philadelphia gingen einige von uns mit ihm ein Bier trinken. Auf dem Weg vom Hörsaal in die Kneipe waren McHarg und Jaqueline Tyrrwhitt in eine erhitzte Debatte verwickelt. Als wir im Lokal ankamen, ließ sich Jackie mit den Worten auf ihren Stuhl fallen: «Ha, das ist das erste Mal, daß mich jemand unter den Tisch geredet hat!»

Den Architekten von Torontos neuem Rathaus, Viljo Revell, lernte ich ebenfalls kennen. Das Rathaus ist ein sehr origineller Bau, und die Einwohner der Stadt haben es ins Herz geschlossen. Es besteht aus zwei eleganten, einander gegenüberstehenden, als Kreissegmente geformten Bureautürmen, die eine riesige kreisförmige Eingangshalle umschließen, in der oben der ebenfalls kreisförmige Ratssaal liegt. Die Türme sind zur Innenseite mit einer durchgehenden Fensterfront ausgestattet und nach außen ganz aus Beton. Da ich immer noch ein Lümmel bin, machte ich einen häßlichen Witz über den funktionalen Symbolismus des Gebäudes: «Die Bürokraten sitzen einander gegenüber und sehen nur ihresgleichen, sie sehen hinab auf die gewählten Vertreter, und sie wenden dem Volk den Rücken zu.»

Mit den Jahren habe ich auch viele der Spitzenkandidaten der drei politischen Parteien Kanadas auf Stadt-, Landes- und Bundesebene kennengelernt und ebenfalls zahlreiche hohe Staatsdiener. Ich habe feststellen können, daß beide Gruppierungen, die «Politiker» wie die «Bürokraten», weitaus qualifizierter sind, als ihnen gemeinhin nachgesagt wird.

Gedanken zur Stadtplanung

Planen ist frustrierend. Das einzig Gute ist, daß es zur Entdeckung neuer Probleme führt.

Neben meinem Kurs an der Universität von Toronto war und bin ich mit gelegentlichen Vorträgen, Beratungen und vor allem mit Forschungsarbeiten und Schreiben beschäftigt.

Im Titel meines zweiten Buches «Metropolis – and Beyond» bezeichnet das Wort «beyond» (darüberhinaus) nicht nur die zeitliche, sondern auch die räumliche Dimension. Die Definition eines Ballungsraumes als Einzugsbereich von Pendlerströmen durch die Volkszählungsbureaus der USA und Kanadas schuf ein sehr wichtiges Konzept, das zwar noch gültig ist, aber allmählich an Bedeutung verliert. Das Konzept basiert auf einem «Modell», in dem die Arbeitsplätze und die Dienstleistungen in der Mitte und die Wohnungen in den Randgebieten liegen. Da Arbeitsplätze und Dienstleistungszentren sich zunehmend an und jenseits der Ränder der Ballungsgebiete ansiedeln, verliert das Konzept seine Gültigkeit. Menschen, die in den Außengebieten zu weit vom Zentrum entfernt wohnen, um täglich zu pendeln, fahren zu den Arbeitsplätzen und Dienstleistungszentren am Rand des von der Volkszählung als Ballungsgebiet definierten Raumes. Der Unterschied zwischen Ballungsgebiet und Randzone verschwimmt zunehmend.

Wichtiger noch: Es gibt in einer sehr großen Randzone, die sich vom Stadtzentrum aus bis zu 100 oder 120 Kilometer Entfernung erstreckt, viele Einwohner, die nicht dort wohnen würden, und Einrichtungen, die sich nicht dort befinden würden, wenn es das Zentrum nicht gäbe. John Friedmann hat diese große Einheit mitsamt Zentrum als «urban field» bezeichnet. Ich wende darauf den Begriff Ballungs-«Region» oder «orbit» an, um sie von ihrem Kern, dem «Ballungsgebiet» oder «commuter shed» (Einzugsbereich), zu unterscheiden.

In diesen Randgebieten finden sich zwei Arten von Menschen und Einrichtungen. Erstens die Bewohner des Ballungszentrums, die die Naturschätze der Randgebiete zeitweilig oder ständig zu ihrem Genuß ausnutzen, und die ansehnliche Zahl der Dauerbewohner, die Dienstleistungen anbietet. Zweitens Einrichtungen, vornehmlich Produktionsbetriebe, die die Geschäftsverbindungen des Ballungsgebiets einschließlich Flughafen und Lagerhäusern zur schnellen Lieferung ihrer Güter ausnutzen, insbesondere Ersatzteile für Maschinen, und ihre Arbeiter, die in einem geringen Ausmaß die Konsumeinrichtungen «höherer Ordnung» des Zentrums ausnutzen.

Ich habe kürzlich eine Studie veröffentlicht, die sich mit den Veränderungen in der Bevölkerung der «orbits» aller Ballungszentren in den USA mit Einwohnerzahlen von einer halben Million oder mehr für den Zeitraum von 1970 bis 1980 beschäftigt, wobei ich die «Randgebiete» für die Ballungszentren mit weniger als zwei Millionen Einwohnern auf einen Umkreis mit einem Radius von 50 Meilen und von 70 Meilen für die größeren festgesetzt habe.[18]

In den zweiundsiebzig so definierten Metropolen wohnten 1970 wie 1980 etwas über zwei Drittel der Gesamtbevölkerung. In den Nordost-Staaten liegt der Prozentsatz weitaus höher; im westlichen Mitteleuropa und in Japan nähert er sich wahrscheinlich 100 Prozent.

Etwa vier Fünftel des vieldiskutierten abnehmenden Anteils der in den USA in den Zensus-Ballungszentren gezählten Bevölkerung wurden von den Randgebieten absorbiert und nur ein Fünftel von wirklich nicht verstädterten Landkreisen. Die Rate des Bevölkerungswachstums in den Randgebieten war fast viermal so hoch wie die in den außerhalb liegenden Gebieten und fast zehnmal so hoch wie die der jeweiligen Stadtzentren. Neue, sehr ernste Probleme entstehen in den Randgebieten und verlangen nach neuen und phantasievollen Planungsansätzen.

Ich bin zu dem Schluß gelangt, daß die gesamte Geschichte der Verteilung menschlicher Siedlungen und ihrer Bevölkerungen seit dem ersten Entstehen von Städten im Grunde genommen von vier Faktoren bestimmt wird, von denen zwei dauerhaften Bestand haben und zwei sich immer schneller wandeln. Die sich wandelnden Faktoren sind die Produktions- und die Verkehrs- und Kommunikationstechniken. Die dauerhaften Faktoren sind die beiden «Magneten» Ebenezer Howards, Stadt und Land. Am ländlichen Pol lockt die Natur, am städtischen andere Menschen und ihre Werke. Die Anziehungskraft liegt in ihren jeweils verschiedenen Rollen als Ressource und als Umgebung. Während der letzten zweihundertfünfzig Jahre

---

18 «Have the Secular Trends of Population Redistribution Been Reversed? An Investigation of the Growth of the Metropolitan Fringe in the United States 1970 to 1980» (1982) (vgl. Literaturliste zu Hans Blumenfeld).

haben revolutionäre Umwälzungen in der Agrartechnik und im Bergbau den Prozentsatz der Arbeitskräfte, die zur Ausbeutung der Boden- und Naturschätze «vor Ort» gebraucht wurden, von 80 Prozent auf 5 Prozent der Arbeitskräfte verringert. Die übrigen 75 Prozent wurden von einer zentripetalen Bewegung in die Ballungszentren gezogen. Deren Wachstum zu Multimillionenstädten wurde durch die Entwicklung effizienter Fernverkehrsmittel, vornehmlich Eisenbahn und Dampfschiff, ermöglicht.

Doch während der ländliche Pol seinen Magnetismus als Natur größtenteils verloren hat, blieb seine Anziehungskraft als Umgebung unvermindert, wenn sie nicht gar gewachsen ist. Daher rührt die Tatsache, daß die in großem Maßstab stattfindende zentripetale Land-Stadt-Bewegung im letzten Jahrhundert von einer räumlich beschränkteren zentrifugalen «Stadt-Vorort-Bewegung» ergänzt wurde, die durch Stromleitungen und Telefon sowie später durch Kraftfahrzeuge und drahtlose Kommunikationsmittel ermöglicht wurde.

In den «am höchsten entwickelten» Gebieten der Erde hat diese jüngere zentrifugale Bewegung die zentripetale fast vollständig aufgehoben. Letztendlich wird die gesamte bewohnte Welt oder Ökumene wohl von kontingenten Ballungs-«orbits» bedeckt sein.

Ein weiteres, lebenswichtigeres Problem, das mich in den letzten Jahren in Gedanken beschäftigt hat, ist das der Ökologie oder der «Grenzen des Wachstums».

Es versteht sich von selbst, daß auf einem Planeten bestimmter Größe unbeschränktes Wachstum jeglicher Art unmöglich ist, gehe es nun um Bevölkerungszahlen oder die Menge des Pro-Kopf-Konsums, ganz zu schweigen vom Produkt aus beiden, dem Waren-Bruttosozialprodukt. (Eine absolute Wachstumsgrenze der Dienstleistungen pro Person, d.h. des Gesamt-Bruttosozialprodukts, gibt es nicht.)

Es kann kein Zweifel herrschen, daß die Fortführung und Ausdehnung unserer derzeitigen verschwenderischen, kurzsichtigen Produktionsmethoden weltweit zur Zerstörung einer Umwelt führen wird, die in der Lage ist, organisches Leben aufrechtzuerhalten. Was mich an einem großen Teil der vor dieser Gefahr warnenden Literatur stört, ist das mechanistische Verständnis der Natur als statisches «Vorrats»-Lager; der menschliche Konsum erschöpft dieses Lager – nichts bleibt übrig, und mit dem Leben ist es aus.

So begreife ich die Natur nicht. Ich verstehe sie als hochkomplexes System untereinander abhängiger Kreise, deren Interaktion dem organischen Leben Bestand verleiht. Wir unterbrechen diese Kreise heutzutage, indem wir der Natur mehr entnehmen, als sie wieder hervorbringen kann, und mehr in sie hineinpumpen, als sie verdauen kann. Das erste ist das geringere Problem, weil eine Ressource fast immer durch eine andere zu ersetzen ist, auch wenn das höhere Kosten mit sich bringt.

Die elementare Antwort auf das zweite Problem ist in einem Satz enthalten, den Paracelsus vor über vierhundert Jahren geäußert hat: «Alles ist ein Gift, nichts ist ein Gift.» In der richtigen Menge, zur rechten Zeit in der richtigen Umgebung, kann jedes «Gift» eine lebensspendende Wirkung haben.

Seit Jahrzehnten predige ich, daß wir das Konzept vom «Müll», den wir «beseitigen» müssen, als veraltet abschaffen und durch die Vorstellung von Nebenprodukten ersetzen sollten, die wiederverwendet und «recycled» werden können. Das ist natürlich leichter gesagt als getan; es verlangt eine Neuorientierung von Wissenschaft und Technik, fort von lebenszerstörenden und hin zu lebenserhaltenden Zielen.

Das «Recycling» ist das wichtigste Mittel zur Minderung der Plünderung und Vergiftung der Natur. Es kann jedoch niemals vollständig gelingen; die Kosten steigen exponential mit dem Prozentsatz jedes Stoffes, der «recycled» wird. «Die wahren Grenzen des Wachstums sind die Grenzen des Recyclings.»

Wo es keine Möglichkeit des Recycling gibt, muß nach Wegen gesucht werden, wie die gegenwärtig verwendeten Stoffe durch reichlich vorhandene und/oder ungiftige Materialien zu ersetzen wären; im allgemeinen wird das zu höheren Produktpreisen führen. Eine Maßnahme, die nichts kostet und deshalb oberste Priorität haben sollte, ist weltweite Abrüstung, die sowohl die Umweltverschmutzung als auch die Erschöpfung knapper Ressourcen um mindestens 10 Prozent verringern würde.

Das Altwerden

Man bedauert alte Menschen, weil sie schwach sind, alt und krank und verloren in einer Welt, die sie nicht mehr verstehen. Mit meinen Erfahrungen habe ich mehr Glück gehabt.

Sicherlich merke ich von Jahr zu Jahr, wie meine Kräfte abnehmen. Wahrscheinlich nehmen parallel dazu auch meine geistigen Kräfte ab, aber wie die meisten Menschen merke ich wohltuend wenig davon. Ich bekomme nur mit, daß meine Unfähigkeit, mir Namen und Telephonnummern zu merken nun von 90 Prozent auf 99 Prozent gestiegen ist.[19]

Als ich eine Sportart nach der anderen aufgeben mußte, weil ich allmählich unbeweglicher wurde, machte ich den Führerschein und genoß meine Reisen mit dem Auto. Nachdem ich das Fahren aufgegeben hatte, schenkte ich mir zum neunzigsten Geburtstag einen Radiorekorder und kann mich jetzt mehr denn je meiner Liebe zur Musik hingeben.

Mit dem Altwerden hat sich meine Gesundheit verbessert. Abgesehen von einem kurzen Krankenhausaufenthalt wegen einer Prostatabehandlung, habe ich in den vierzig Jahren seit meinem Umzug nach Toronto keinen Tag im Bett verbringen müssen. Nach dem Grund für diesen ungewöhnlichen Umstand gefragt, erwidere ich: «Ich bin so voller Bosheit, daß bei mir kein Virus überlebt.» Meine gute Gesundheit hat gewiß nichts mit einem regelmäßigen Leben zu tun, weil ich keins führe, und nichts mit Bewegung, weil ich keine habe. (Die Anmaßung, die mich verführte, die letzten Sätze zu schreiben, hat unausweichlich die Strafe der Götter

---

19 Das ist Koketterie von Hans Blumenfeld, für den diese Aussage richtig erscheinen mochte, relativ zu seinem enormen Gedächtnis. Als er 1986 in Hamburg einen dreiviertelstündigen Vortrag über die «Zukunft der Städte» vor dem BDA hielt und differenzierte, aktuelle statistische Nachweise als Fundierung seiner Thesen vortrug, tat er das alles ohne Manuskript, allein aus dem Kopf. Auch Namen und Orte kamen ihm scheinbar mühelos ins Gedächtnis.

angezogen. Eine Woche nach der Niederschrift erlitt ich einen Schlaganfall. Er hat mich nicht gelähmt, aber geschwächt, und meine Sicht ist ein wenig verschwommen.)

Ich fühle mich nicht einsam. Als meine Freunde und Verwandten einer nach dem andern starben, habe ich neue Freunde aus den beiden nächsten Generationen um die sechzig und um die dreißig gefunden. Zugegebenermaßen stehen sie einem nicht so nahe, wie jene, mit denen man von Kindesbeinen an vertraut war.

Ich habe nicht das Gefühl, die Verbindung zu der Welt, in der ich lebe, verloren zu haben. Das heißt nicht, daß ich sie verstehe; aber das habe ich nie getan. Möglicherweise habe ich das in jüngeren Jahren weniger gemerkt; das Wichtigste, was man im Leben lernt, ist, daß man nichts weiß.

Man hört oft die Vermutung, daß die Menschen einen «Zukunftsschock» erleiden, weil der Wandel sich so rasch beschleunigt. Das gilt sicherlich für den Wandel in Wissenschaft und Technik. Doch im Bereich der Veränderungen, die wirklich anstünden, die Veränderungen der sozialen Beziehungen, der Gedanken, Gefühle und Bewertung der Menschen gilt das nur für die «Dritte Welt», nicht aber für den «Westen» und die Sowjetunion.

Ich habe jetzt einen Überblick auf über achtzig Jahre, in denen ich die Welt, in der ich lebe, mehr oder weniger bewußt wahrgenommen habe. Es kommt mir vor, als wären die Veränderungen, die zwischen 1904 und 1944 stattgefunden haben, fundamentaler als die von 1944 bis 1984. Das mag eine Täuschung sein, die daraus resultiert, daß mit wachsendem Alter die Fähigkeit abnimmt, Veränderungen zu erkennen. Wenn ich allerdings weiter zurückdenke, stelle ich fest, daß das Jahr 1904 sich zumindest in Nordamerika stärker von 1924 unterschied als von 1984.

Gewiß, zu meinen Lebzeiten ist der wissenschaftliche und technische Fortschritt geschwind vorangeschritten. Ich erinnere mich noch an mein Staunen beim Anblick einer Straßenbahn, die nicht von Pferden gezogen, sondern elektrisch angetrieben wurde. Wenig später wurde das erste Telefon in unserem Haus installiert; unsere Nummer war 68. Ich erinnere mich noch daran, wie ich zum ersten Mal die komischen, abgehackten Bewegungen der Menschen auf einer Filmleinwand sah und das Krächzen einer frühen Schallplatte hörte. Das erste Auto, was ich sah, hatte einen Elektromotor. Irgendwann später nahm mich meine Familie mit auf eine Rennbahn, wo wir – zusammen mit Tausenden von anderen Menschen – zuschauten, wie ein Flugzeug von einem Ende zum andern flog.

Es wäre langweilig, die vielen neuen Erfindungen aufzuzählen, die ich seit meiner Kindheit erlebt habe. Aber ich glaube, daß drei neue Bereiche der Naturwissenschaften für Theorie und Praxis von wesentlicher Bedeutung sind: die Atomphysik, die Molekularbiologie und die Kybernetik einschließlich der Computerwissenschaft. Für Raketen und Weltraumforschung interessiere ich mich weniger. Mit Robert Frost sage ich gern: «Ich fürchte, ich bin ein wenig provinziell.»

Ich habe das ungewöhnliche Glück gehabt, von den meisten Leiden des Altwerdens nicht betroffen zu sein. Bis heute genieße ich die Freuden des Denkens, des Sehens und Hörens. Das Leben wird mit dem Abklingen heftiger Gefühle leichter. Mit dem Schwinden der Begierden nimmt auch der Kummer über unerfüllte Wünsche ab. Aber der größte Vorteil des Alters liegt darin, daß man sich keine Sorgen mehr über die Zukunft machen muß, weil sie so zusammengeschrumpft ist. Mir tun die Leute leid, die sich um ein Leben nach dem Tode sorgen. Ich fühle wie Shakespeare:

«We are such stuff
As dreams are made on,
and our little life
Is rounded with a sleep.»[20]

---

20 «Wir sind solches Zeug
   Wie das zu Träumen,
   und dies kleine Leben
   Umfaßt ein Schlaf.» Aus: William Shakespeare, The Tempest.

Erste Manuskriptseite des Artikels «Vom Kampf gegen den Kahlschlag», verfaßt vermutlich 1985 (posthum veröffentlicht 1988).

Studentische Nachrichten

Darmstädter Hochschul=Zeitung

Allgemeines Organ für die Studentenschaft der Technischen Hochschule
herausgegeben und verlegt im Auftrag der Vertretung der Studentenschaft vom Zeitungsamt.

8. Jahrgang.   Darmstadt, den 27. November 1919.   Nummer 12.

Student und Lehrling.

Von Hans Blumenfeld.

Lebenstätigkeit und Tüchtigkeit ist mit ausiangendem Unterricht weit verträglicher, als man denkt.

Goethe, Wilhelm Meisters Wanderjahre.

Seit Jahren macht sich unter der Studentenschaft eine stets wachsende Unzufriedenheit mit der gegenwärtig bestehenden Form der Hochschulbildung bemerkbar. Soviel ich sehe, lassen sich die Wünsche der Kritiker in folgende zwei, anscheinend in entgegengesetzte Richtungen weisende, Forderungen zusammenfassen: Einerseits das Verlangen nach erhöhter und vertiefter Allgemeinbildung, und andererseits das Streben nach besserer Anpassung des Hochschulstudiums an die Erfordernisse der Praxis. Was den ersten Punkt anbelangt, so liegt ihm wohl zum Teil die irrige Auffassung zu Grunde, als solle und könne die Hochschule allein die gesamte Bildung des jungen Menschen leisten, während in Wahrheit doch vieles — und gerade das Beste und Tiefste, die Initiative des Einzelnen, und der sich freiwillig zusammenschließenden Gemeinschaft überlassen bleiben muß. Im Uebrigen zeichnet die Tätigkeit der Allgemeinen Abteilung klar die Richtung vor, in der sich auch die künftige Arbeit wird bewegen müssen — weiter aber erhebt sich die Forderung nach Entlastung vom bloßen Examensstudium, nach „mehr Zeit". Hier kann nur eine Auseinandersetzung mit der zweiten Forderung weiter führen, der ich mich heute zuwenden will; dabei will ich von den Verhältnissen meines Faches, der Architektur, ausgehen; mutatis mutandis wird für andere Berufe ähnliches gelten.

Wie steht es heute? Der Sohn der „besseren Stände" besucht zunächst die Mittelschule, und macht sein Abiturium, sofern nicht besonders ausgeprägte Unfähigkeit — seltener Abneigung — auf andere Wege führen. Zwölf Jahre widmet er ausschließlich der Bildung des begrifflichen Denkens, gleichviel ob auf „realistischem" oder „humanistischem" Wege. Ein stiefmütterlich behandelter Zeichenunterricht ist kaum der Rede wert, zu handwerklicher Tätigkeit wird er nicht erzogen; gilt sie doch, wie alle körperliche Arbeit, nicht für „standesgemäß". Nach bestandenem Abiturientenexamen faßt er den Entschluß, sich zum Architekten zu bilden: die Hochschule nimmt ihn auf. Aufgebaut als eine Parallelorganisation zur alten Universität, setzt sie ihren Stolz darein, „wissenschaftlich" zu sein. Zwar hat die Einsicht der Dozenten mehr und mehr dahin geführt, die Uebermittelung empirischer Handwerkskenntnis, die Ausbildung künstlerischer Tätigkeit in den Vordergrund zu rücken und praktische Arbeit zwischen den

Semestern zu fordern. Aber der innerlich unwahre Anspruch auf Wissenschaftlichkeit, der sich ausspricht in der Verwendung der Vorlesung als vornehmste Lehrform, in der Einstellung des ganzen Unterrichts auf die Abiturientenbildung, die die Entwicklung des anschaulichen Denkens völlig vernachlässigt hatte, bewirken es doch, daß der junge Architekt, wenn er in die Praxis hinaus kommt, sich reich an Theorie, aber der unmittelbar an ihn herantretenden Arbeit nicht gewachsen sieht. Und nun sieht er hier Leute, die diesen Anforderungen weit besser genügen; es sind die Schüler der Baugewerkschulen. In jungen Jahren schon mit der Praxis des Handwerks vertraut geworden, dann, meist in häufigem Wechsel mit Zeiten praktischer Arbeit, auf einer Schule herangebildet, die ganz auf die Forderungen des Tages eingestellt ist, ist ihnen das Gezeichnete erfüllt mit Wirklichkeitsanschauung. Aber ein Anderes fehlt: ungewöhnlichen Fällen gegenüber, wo die Empirie versagt, vermögen sie sich nicht durch Besinnung auf die theoretische Grundlage zu helfen, und künstlerisch selbständig zu schaffen, haben sie nicht gelernt; sie bleiben bestenfalls in der verständnisvollen Anwendung guter, meist schlechter — traditioneller Kunstwerksweisheit stecken. „Die Kunst", so sagt Tolstoi, „ist stets von zwei Gefahren bedroht, der Banalität und der Künstlichkeit." Neigen die Hochschüler zur zweiten, so die Baumeister zur ersten.

Und dennoch hat es lange Zeiten gegeben, die den schmalen Pfad zwischen Scylla und Charybdis zu gehen wußten; unsre wundervollen alten Städte bezeugen es. Wie bildeten jene Zeiten ihre Baumeister aus? — Wir wissen es alle, sie kannten keine Schulen: im Knabenalter begann die Handwerkslehre, ihr folgte die Gesellenzeit, die Wanderschaft vollendete das Können, das stets erworben wurde in Verbindung mit der produktiven Arbeit. Hier im Handwerk mußte sich ein jeder bewähren, von hier aus gebend konnte er es stets so weit zur Kunst steigern, wie seine Kraft reichte. Es sei mir erlaubt, hier noch einmal aus den „Wanderjahren" zu zitieren: „Sich auf ein Handwerk zu beschränken ist das beste. Für den geringsten Kopf wird es immer ein Handwerk, für den besseren eine Kunst, und der beste, wenn er Eins thut, thut er alles, oder, um weniger paradox zu seyn, in dem Einen, was er recht thut, sieht er das Gleichnis von allem, was recht gethan wird."

Ist dieser Weg für uns heute noch gangbar? — Nein; wenn heute ein 14 jähriger Knabe in ein Baugeschäft käme, der Besitzer würde ihn wohl Briefmarken kleben und Bleistifte spitzen lassen. Er könnte auch kaum anders handeln; denn nutzte er die Arbeitskraft seiner Lehrlinge nicht aus, so

---

Erste Veröffentlichung von Hans Blumenfeld: «Student und Lehrling», in Studentische Nachrichten, Darmstadt, 1919.

täte es doch sein Konkurrent und schlüge ihn damit aus dem Felde. Hier liegt der Unterschied zum mittelalterlichen Meister; dessen Betriebsführung bestimmte die Zunft, deren oberstes Gesetz war, ihren Mitgliedern die „Nahrung", der Stadt ihren Bedarf zu liefern. Dem heutigen kapitalistischen Unternehmer legt die Konkurrenz, in der die zum Zweck gewordenen Produktionsmittel ihm gegenüber treten, das Gesetz des Profitstrebens auf. — Es ist die Zerklüftung der Gesellschaft in Klassen, die von zwei Menschen, die denselben Beruf des Baumeisters ergreifen wollen, den einen über die Volksschule auf die Baugewerkschule, den andern über die Mittelschule auf die Technische Hochschule weisen; den einen zum praktisch erfahrenen, aber geistig beschränkten banausischen Handwerker, den andern zum wissenschaftlich gebildeten, aber zum unmittelbaren Angreifen ungeschickten Gehirnmenschen machen, jeden zum halben, keinen zum Vollmenschen. Es ist dieselbe Klassengesellschaft, die auch Lehre und Arbeit auseinanderreißt.

„Vereinigung von körperlicher und geistiger Arbeit, von Erziehung und materieller Produktion" forderte schon vor 70 Jahren das „kommunistische Manifest"; nur in der kommunistischen Gesellschaft ist diese selbstlose Vereinigung möglich; Annäherung aber können wir schon heute erstreben.

Wir gingen von der einseitigen Ausbildung des diskursiven Denkens an unseren Mittelschulen aus, dem Grundübel. Die als Arbeitsschule gestaltete Einheitsschule wird eine bessere Grundlage zur Weiterbildung an der Hochschule geben. Heute aber können wir schon die von verschiedenen Seiten kommenden werdenden Baumeister an der Hochschule gemeinsam weiterbilden, wenn wir jedem in Vorbereitungskursen Gelegenheit geben zu erwerben, was ihm fehlt: dem Mittelschüler die Handwerkskenntnisse, dem Volks- und Baugewerkschüler die wissenschaftlichen. Gemeinsam, sich gegenseitig ergänzend, anregend, mögen sie dann weitergehen.

Dann muß es natürlich fortfallen, daß der „von unten" Kommende die einfachen gewohnheitsmäßigen, der „höhere Sohn" die selbständige persönliche Leistung erfordernden Aufgaben übernimmt. Hier kann nur die Praxis den Befähigungsnachweis erbringen. Ich nehme hier einen Vorschlag von Theodor Fischer in München auf: Die Hochschule entlasse nach etwa fünf Semestern ihre Schüler mit den grundlegenden technischen Fähigkeiten in die Praxis. Viele werden sich dort weiter ihren Weg bahnen, andere werden — aber frühestens nach 1½ Jahren — an die Hochschule zurückkehren. Hier werden sie aber nicht ein neues Examenstudium beginnen, sondern „Meisterateliers" vorfinden, in denen sie bei bedeutenden Architekten lernen können, und zwar nicht an fingierten Aufgaben, sondern durch Mitwirkung an den praktischen Arbeiten, mit denen ihr Meister beauftragt ist. Hier finden sie also wieder die „Vereinigung von Erziehung und materieller Produktion" — hier aber erhebt sich auch wieder der Einwand, daß dieses Verhältnis bei einem kapitalistischen Meister zur Ausbeutung des Lernenden führen muß. Es ist nur möglich in einem wahrhaft sozialisierten Betrieb, d. h. in einem Betrieb, dessen Zweck nicht Gewinn, sondern Befriedigung des Bedarfs seiner Konsumenten einerseits und die persönliche Lebens-

entfaltung seiner Produzenten andererseits ist. Hier ist nicht das Wesentlichste das Eigentumsverhältnis — ob staatlich, städtisch usw. — sondern der Geist. Gerade dort, wo ein Gewerbe oder eine Industrie sich als Produktionsgenossenschaft organisiert, werden sich Wege zu fruchtbarer Wechselwirkung auftun. Die Fachleute dieses Gewerbes können über die Tätigkeit der entsprechenden Hochschulabteilung mitbestimmen, die Hochschule kann dafür Sorge tragen, daß in den Betrieben des Gewerbes den werdenden Fachleuten Gelegenheit zum Lernen geboten wird. Beide Teile werden dabei gewinnen; um mit einem letzten Goethewort zu schließen: „Wer sich zum Gesetz macht, was einem jeden Neugebornen der Genius des Menschenverstandes heimlich ins Ohr flüstert, das Thun am Denken, das Denken am Thun zu prüfen, der kann nicht irren, und irrt er, so wird er sich bald wieder auf den rechten Weg zurückfinden."

Verbindungsstudenten und freie Studenten.

Von Hans Kurt Koeppe.

Es soll hier kein Gegensatz herausgebracht werden, nur auf das große Gemeinsame hingewiesen werden.

Das Korporationswesen als Fortsetzung des in sich zusammengebrochenen Deutschlands, Freideutsche und Gesinnungsgenossen als Vorkämpfer einer neuen Zeit, und die übrigen Nichtinkorporierten — sie alle soll das leuchtende Ziel verbinden, an dem Neubau des deutschen Volkes und seiner Erstarkung nach bestem Vermögen zu arbeiten.

Zeit und bittere Notwendigkeit überbrückten die scharfen Gegensätze, die der Novembersturz ins Extreme getrieben hatte und ließen die verschiedenen Lager zu gemeinsamer Arbeit sich finden. Nun sah man, daß die Verbindungsstudenten in ihrer Gesamtheit mit wenigen Ausnahmen in ihren alten Bahnen weitergingen. Freie Studenten versuchten die unnatürliche Kluft zwischen Hand- und Geistesarbeitern zu überbrücken. Die einen schlossen sich stolz ab, die anderen wollten dem verzweifelten, irregeleiteten und ratlosen Volk helfen. Durch persönliche Fühlungnahme und den guten Willen, einander zu verstehen, zeigte sich bald, wie sinnlos der Zwiespalt im Volk ist, wie wenige der Parteischlagwörter auf den Einzelnen anzuwenden sind.

Muß es denn nicht auch den gegen Geistesarbeiter gereizten Handarbeiter erbittern, wenn er die Studenten mit Mütze und Schmiß stolz an sich vorbeigehen sieht? Schließlich sind das nur Äußerlichkeiten, aber um so mahnender, als man weiß, daß in einem bunten Tuch sich derselbe Geist steckt, der uns 4 schwere Jahre hindurch nach Versailles geführt hat. Hält man denn unser deutsches Volk für so schlecht, daß man nicht einmal mit ihm verwandt fühlt? Unser Volk ist nicht schlechter und nicht besser, wie die besseren Stände, es ist nur verzweifelt an seinen Führern und manche Tat der Verzweiflung kann nicht verantwortet werden. In der Unterhaltung erwiderte ein Arbeiter, als ich ihm vorhielt, der gemeine Mann habe mindestens ebenso alles das getan, was er seinen Offizieren vorwirft: Wer hat es zuerst getan und wofür haben die Herren eine

DR. OSKAR WLACH

Sehr geehrter Herr Blumenfeld!

Ich danke bestens für Ihren freundlichen Brief vom 10. d. M. und für das freundliche Interesse, das Sie unserem Atelier und unseren Arbeiten entgegen bringen.

Ich falle gleich mit der Thüre ins Haus. Wir möchten gerne für unser Büro eine Person, die nebst den technischen etc. Voraussetzungen auch die persönlichen Eigenschaften besitzt, die ein Zusammen- arbeiten in unserer Richtung anregen und fördern.

Aber Sie sind die großen Verhältnisse der großen, vielbeschäftigten Hamburger Büros gewöhnt, von den ameri- kanischen gar nicht zu sprechen, und wir sind leider in Österreich — vielleicht wissen Sie gar nicht, was das bedeutet! Für Wiener Verhältnisse gelten wir als nicht schlecht beschäftigt, aber an deutschen Verhältnissen gemessen ist es wahrschein- lich verschwindend. Das ist nicht unsere

Brief von Dr. Oskar Wlach aus dem Architektenbüro Josef Frank in Wien an Hans Blumenfeld vom 15. Mai 1928.

persönliche Schuld.

Unser Architekturbüro ist zumeist mit Projektierungen für Volkswohnhäuser der Gemeinde Wien beschäftigt. Wir haben unserem Büro auch ein Inneneinrichtungsunternehmen unter dem Titel „Haus & Garten" angegliedert und die Mitarbeiter unseres Büros helfen auch da bei Planungen und Ausführungsüberwachungen mit.

Momentan bereite ich ein Sonderheft der Koch'schen „Innendekoration" mit Arbeiten von „Haus & Garten" vor.

Der bisherige Umfang unserer Arbeiten ist uns nicht genügend abwechslungsreich und befriedigt uns nicht ganz. Wir wollen in unserem Büro eine Stelle schaffen, die sich viel mit Idealprojekten u. dergl. beschäftigt. Es soll eine Angelegenheit für geistige Trainierung od. dergl. werden.

Sie sind die großen deutschen Verhältnisse gewöhnt — und ich habe mich verpflichtet gefühlt, das für uns unzu... herzu-heben, auch den Umstand, daß in Österreich die üblichen Honorare wahrscheinlich nicht das in Deutschland übliche Maß erreichen.

) Andererseits glaube ich selbst daß die Arbeit in unserem Büro vielleicht etwas in menschlicher Hinsicht anzubieten bieten könnte. Zumindest bemühen wir uns sehr, dies hervorzukehren und suchen Personen die hierfür Verständnis haben und den guten ... dabei mit uns zu sehen.

Prof Frank ist gegenwärtig in Palästina, um die Wettbewerbsarbeiten für das künftige jüdische Repräsentations-haus in Jerusalem zu jurieren. Er kommt erst um den 20. August zurück.

Sie haben die Absicht, nach Wien zu kommen. Ich würde Ihnen rathen, nach Ablauf des Wiener Sängerfestes, das um den 25. Juli zu

Ende sein wird, hieherzu schauen.
Früher dürften die Zustände auf
den österreichischen Bühnen nicht
sehr angenehm sein.

Vielleicht können Sie den alten
Kirchthurm einige Tage beurlauben.

Wir würden uns dann hier
kennen lernen und aussprechen.

Wenn alles klappt, hätten wir
noch eine Schwierigkeit, die
zwischen Deutschland u. Österreich
bestehenden Bestimmungen wegen
Anstellung von Ausländern. Auch
dafür müsste eine Form gefunden
werden. Aber da wir gegenwärtig
einige Arbeiten in Köln u. Breslau
haben, stelle ich mir dieses
Hinderniss nicht sehr unüber-
windlich vor.

In der Erwartung Ihrer
freundlichen Nachrichten
begrüße ich Sie bestens.

A. Markwach

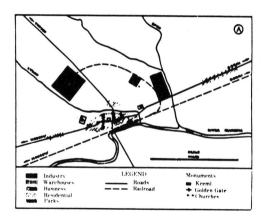

A. Plan von Wladimir 1931
   mit 42 000 Einwohnern.

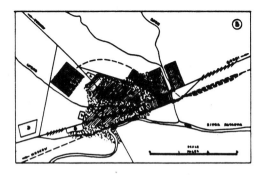

B. Entwurf des zweistufigen Entwicklungs-
   schemas für ca. 109 000 Einwohner
   (15-Jahresperspektive).

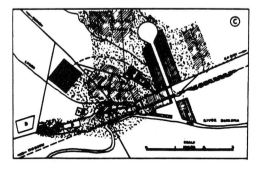

C. Entwicklungsperspektive für schließlich
   ca. 170 000 Einwohner
   (25-Jahresperspektive).

Wladimir.
Schemaskizzen der Entwicklungsplanung für die sowjetische Stadt von Hans Blumenfeld,
entstanden 1931.

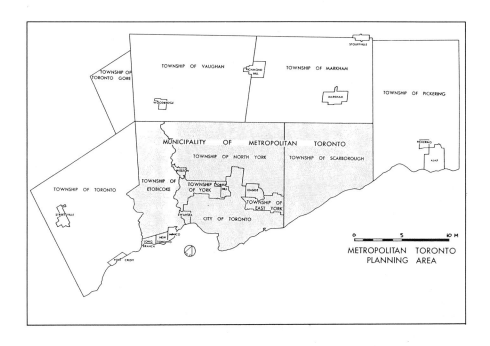

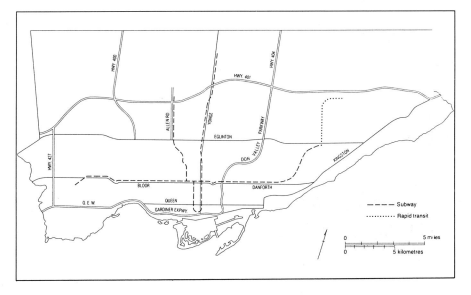

Toronto.
Oben: Offizieller Plan von 1959 des Planungsbereichs «Metropolitan Toronto». (1967 wurde die Gemeinde «Metropolitan Toronto» in die «City of Toronto» und mehrere andere Verwaltungseinheiten aufgeteilt.)
Unten: Das U-Bahn-, Schnellbahn- und Stadtautobahnnetz von Metropolitan Toronto.

283

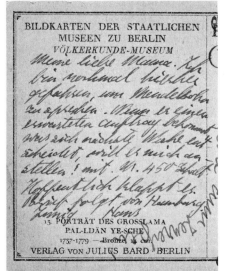

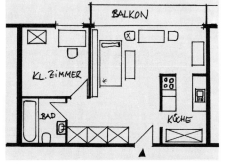

Hans Blumenfeld, 1983. Rechts daneben: Gertel Stamm-Hagemann, Hinterglasmalerei, Ausschnitt aus einem Triptychon; die Künstlerin stellt sich selbst mit Hans Blumenfeld im Paradies dar. Darunter: Lotte Schwarz, 1969, in Wowgorod (UdSSR). Links unten: Postkarte von Hans Blumenfeld an die Mutter in Italien vom 7.3.1928 (Bericht über erhoffte Anstellung bei Mendelsohn). Rechts daneben: Quittung über Blumenfelds Gewerkschaftsbeitrag, New York, Februar 1939, mit der Erläuterung «arbeitslos». Darunter: Rekonstruktion von Blumenfelds Apartment 66 Isabella Street, Toronto, 25. Stock, bis Dez. 1987, gesüdet, Blick downtown und auf den Ontario-See, an der Wand des gro-ßen Zimmers links die Arbeitsliege.

Oben: National Capital Planning Committee, 13. März 1981. Von links nach rechts: Blanche Van Kinkel, Leonard Kestler, Hans Blumenfeld, William Perths, Richard Morency, Alan O'Brian, Benoit Bégin.
Unten: Hans Blumenfeld als Professor an der University of Toronto, ca. 1977.

Portrait Hans Blumenfeld, I. Zollenir, 1977.

Kurzbiographie von Hans Blumenfeld

1892
geboren am 18. Oktober in Osnabrück, weil in der Heimatstadt Hamburg eine große Choleraepidemie herrschte. Herkunftsfamilien: Warburg und Blumenfeld.

ab 1911
Studium der Architektur in München bei Theodor Fischer und in Karlsruhe bei A.E. Brinckmann.

1914–1918
Kriegsdienst.

1921
Studienabschluß in Darmstadt.

1921–1923
Mitarbeit im Architekturbüro der Gebrüder Gerson in Hamburg, wo er mehr durch Zufall das berühmte Treppenhaus entwirft.

1924–1927
USA Aufenthalt, hier Mitarbeit in verschiedenen Architekturbüros.

1927
Mitarbeit im Architekturbüro von Karl Schneider, dem bedeutenden Architekten der Moderne in Hamburg.
Mitarbeit bei dem Universalgenie Hans Henny Jahnn bei der Restaurierung der Schnitger-Orgel in der Jacobi-Kirche in Hamburg.

1928–1930
Mitarbeit im Architekturbüro von Josef Frank in Wien, hier Wettbewerb für Berlin-Haselhorst.
Mitarbeit im Architekturbüro von Adolf Loos in Wien, hier Beiträge zur Werkbund-siedlung Wien-Lainz.

1930–1937
UdSSR Aufenthalt, Wohnungsbau, Industriebau, Stadtplanung in Wiatka, Makejewka und Moskau.

1937
Zwischenaufenthalt in Frankreich

1938–1954
USA
New York, Mitarbeit bei Norman Bel Geddes für General Motors für die Weltausstellung 1939.
Philadelphia, Senior Land Planner, Chief of Planning Analysis und später freier Planning Consultant.

1949
als Städtebauberater («Visiting Expert») der US-Regierung im Wiederaufbau-Deutschland.

1955–1961
Kanada, Chefplaner von Toronto.

1961–1988
Professor für Planung an der University of Toronto, gleichzeitig weltweit tätig als freier Planning Consultant, u.a. für Montreal, die UN und OECD.

1988
am 30. Januar stirbt Hans Blumenfeld in Toronto, Kanada.

Veröffentlichungen von Hans Blumenfeld

Schriften, die in den beiden Aufsatzsammlungen von Hans Blumenfeld erschienen sind, werden gekennzeichnet mit:
(MM) für «The Modern Metropolis», Its Origins, Growth, Characteristics, and Planning, ed. by Paul D. Spreiregen, Cambridge Mass. and London, 1967
und mit
(MB) für «Metropolis ... and Beyond», Selected Essays. ed. by Paul D. Spreiregen, New York, Chichester, Brisbane, Toronto. 1979.

Kanadische Planung

Concluding Observations, in a special issue on «The Golden Age of Planning in Ontario 1966–1975», in Plan Canada, Vol 24, No. 3/4, pp. 165–166.
Valdene Buckley, et al., «An Interview with Hans Blumenfeld», City Magazine, Vol. 6, No. 2, 1983, pp. 12–16.
Canadian Planning Issues, report prepared for the United Nations Conference on Human Settlements, Vancouver, Canada, 1976, and published by the Canadian Institute of Planners, 1976. (MB)
New Communities in Canada, Foreword to special issue of Contact, Vol. 8, No. 3, 1976, pp. v–vii.
The Effects of Public Policy on the Future Urban System, in Urban Futures for Central Canada: Perspectives on Forecasting Urban Form. eds. L. S. Bourne, et. al. Toronto: University of Toronto Press, 1974. (MB)
Hamburg and Toronto: A Comparison, in Plan, Vol. 11, No. 1, 1970. (MB)
Glories and Miseries of a Master Plan, in Architecture Canada, May 1967. (MB)
The Role of the Federal Government in Urban Affairs, in The Journal of Liberal Thought, Spring 1966. (MB)
Toronto and Hamilton, in Planning Opinion, January 1959

Entwurf und Stadtgestalt

The Origin of the Doric Peripteros: Some Puzzling Questions, manuscript submitted for comment, April 1985, revised from a manuscript of 1938.
Review of Aldo Rossi, The Architecture of the City, in Queen's Quarterly, Vol. 89, Winter 1982, pp. 868–870.
Continuity and Change in Urban Form, Journal of Urban History, Vol. 1, No. 2, 1975 (MB)
The Role of Design, in Journal of the American Institute of Planners, Vol. 33, No. 5, 1967. (MB)

Continuity and Change in Urban Form, 1965. (MM)

A Visitor Looks at the Montreal Exposition: 'Expo 1967', an adress in Montreal, January 14, 1964. (MM)

Universal Dilettante, in Newsletter of American Society of Planning Officials, Vol. 30, No. 6, 1964, p. 75. (MM)

Design with the Automobile – the Metropolitan Region, in Canadian Art, No. 77, January–February, 1962, pp. 58–61. (MM)

The Toronto Civic Square, Mosaic, Architectural Society, School of Architecture, University of Toronto, 1957.

Scale in the Metropolis, in The Canadian Architect, Vol. 2, No. 9, 1957, pp. 46–48. (MM)

Review of Leo Grebler, Europe's Reborn Cities in Urban Land, 1956. (MB)

A New Theory of the Ventilation of the City, (auf russisch) Sovietskaya Architekturn. 1955.

Scale in Civic Design, in The Town Planning Review, Vol. 24, 1, 1953, 35–46. (MM)

On a Peculiar Feature of the City Plan of Mohenjo-Daro, in Journal of the Society of Architectural Historians, January, 1942, pp. 24–26.

The Integration of Natural and Artificial Light, in Architectural Record, (1.) December 1940, pp. 49–56, (2.) April 1941, 69–76.

Student und Lehrling, in Studentische Nachrichten, Darmstädter Hochschulzeitung, Nr. 12, 8. Jg., 27. November 1919.

Umwelt

Some Simple Thoughts on the 'Energy Crisis', in Plan Canada, Vol. 20, No. 3/4, 1980, pp. 145–153.

Criteria for Judging the Quality of the Urban Environment, in The Quality of Urban Life, eds. Henry J. Schmandt and Warner Bloomberg. Beverly Hills: Sage Publications, 1969. (MB)

The Changing Urban Environment of North America, in Energy Resources and Development Administration Yearbook, University of Kansas, 1974. (MB)

The Urban Physical Environment, lecture presented at a Gannett Urban Journalism Center Seminar, Northwestern University, Evanston, Ill., March 28, 1968 (MB)

Our Rivers, Today and Tomorrow, speech delivered in Arvida, Quebec to the Community Planning Association of Canada, June 1962.

Planungs- und Stadtgeschichte

Review of George Nader, Cities of Canada, Vol. 1: Theoretical, Historical and Planning Perspective, in Urban Forum, Vol. 1, No. 3, 1975. (MB)

The Cité Ouvrière of Mulhouse, unpubl. essay started 1940, compl. 1965. (MM)

Review of Harold Orlans, Utopia Limited: The Story of the English New Town of Stevenage, 1953.

Review of Pierre George, The City: The Urban Fact Throughout the World (auf französisch), 1952.

Mehico y Filadelphia, in Arquitectura, January, 1949.

Theory of City Form, Past and Present, in Journal of the Society of Architectural Historians, Vol. 8, Nos. 3 and 4, 1949, pp. 7–16. (MM)

Form and Function in Urban Communities, in Journal of the Society of Architectural Historians, Vol. 3, Nos. 1 and 2, 1943, pp. 11–21 (MM)

Wohnen und Wohnentwicklung

Mismatch Between Size of Households and of Dwelling Units, in City Magazine, Vol. 7, April 1984, pp. 28–32.

On prices of Residential Lots and Houses: A Critical Evaluation of the Data and Conclusions of the Greenspan Report. Toronto: Papers on Planning and Design, No. 25, Department of Urban and Regional Planning, University of Toronto, 1980.

Review of James Lorimer, The Developers, in The Last Post, November 1979.

Housing Form in the Metropolis, unpublished essay, December 1977. (MB)

Review of Michael Dennis and Susan Fish, «The Policy CMHC Never Wanted», Programs in Search of a Policy: Low Income Housing in Canada, in City Magazine, Vol. 1, No. 4, May–June 1975 (MB)

Housing of Low-Income Persons in Ontario, report presented to the Ontario Advisory Task Force on Housing Policy, Ottawa, Ontario, March 7, 1973. (MB)

Good Housing for Everyone?, paper originally prepared under the title «Est-ce qu'il est Possible de Loger Convenablement Tout le Monde?» for the conference of the Canadian Institute of Public Affairs, Montreal, 1968. (MB)

The Upper Limits of Residential Density, report to the Montreal City Planning Department, January 1968. (MB)

The Impact of Urban Renewal on Family Life, lecture presented at the Trendsetter Convention, Panel Conference on Family Life, 1966, and published in The Canadian Home Economics Journal, December 1966. (MB)

L'Habitation dans les Metropoles, in Architecture, Batiment, Construction, May 1966.

The Role of Conservation and Rehabilitation in Urban Renewal, report to the Metropolitan Toronto Planning Board, 1963. (MB)

Urban Renewal, an address to the Community Planning Association of Canada, November 6, 1962. (MM)

Review of The Good Neighborhood, in Death and Life of Great American Cities, in Adult Education, May–June, 1962, pp. 264–270. (MM)

Residential Densities, Planning 1957: Yearbook of the American Society of Planning Officials, pp. 119–122. (MM)

Residential Densities, in Task, 1957.

Problems of Urban Renewal, from an unpublished report on the «Riverside» area of Manhattan, New York, 1954. (MM)

Review of Julius Maurizio, Swiss Housing Estates 1940–1950. 1952. (MB)

Review of International Labor Office, Housing and Employment. 1948, (MB)
Comments on the Neighborhood Concept, in Journal of Housing, December 1948, pp. 299–300. (MM)

Großstadt und Agglomeration

Review of John Patten, ed., The Expanding City: Essays in Honour of Professor Jean Gottman, in Plannig History Bulletin, Vol. 6, No. 2, 1984.
Where Did All the Metropolitanites Go? Toronto: Papers on Planning and Design, No. 32, Department of Geography, University of Toronto, 1982.
Have the Secular Trends of Population Redistribution Been Reversed? An Investigation of the Growth of the Metropolitan Fringe in the United States 1970 to 1980. Toronto: Centre for Urban & Community Studies, Research Paper No. 137, University of Toronto, 1982.
Metropolis and Beyond, originally published as «Au delà de la métropole», in Revue Critère, No. 19, Automne 1977; also in Papers on Planning and Design, No. 12, Department of Urban and Regional Planning, University of Toronto, 1977. (MB)
Settlement Problems in North America, in Habitat, Vol. 19, No. 3/4, 1976. (MB)
Megalopolis: Fact or Fiction?, in Lambda Alpha Yearbook and Roster, 1976. (MB)
The Boundaries of Metropolitan Toronto, a comment to the Royal Commission on Metropolitan Toronto, May 1975.
Growth Rate Comparisons: The Soviet Union and German Democratic Republik, in Land Economics, May 1973. (MB)
Review of Boyce Richardson, The Future of Canadian Cities, in Last Post, Vol. 3, No. 5, September 1973. (MB)
Population: Another View, Thoughts, Science Council of Canada, 1972.
The Social and Economic Implications of the Physical Characteristics of Urban Development, paper prepared for the United Nations Seminar in Copenhagen, U.N. Committee on Housing, Building and Planning, May–June 1970. (MB)
Will Metro Continue to Grow?, Toronto Area Research Confenrence, March 1970.
Trend to the Metropolis, The Canadian Council on Urban and Regional Research, Ottawa, Ontario, 1969. (MB)
Some Vexing Questions in Urban an Regional Economics, XXIX World Congress, World Congress of the International Federation for Housing and Planning, Philadelphia, 1968. (MB)
The Meaning of the Inner City in the 20th Century, Focus on Downtown, Manitoba Division of the Communitiy Planning Association and the University of Manitoba, Winnipeg, January 1966.
The Modern Metropolis, in Scientific America, Vol. 213, No. 3, 1965, pp. 64–74. (MM)
The Urban Pattern, in The Annals of the American Academy of Political and Social Science, Vol. 352, March 1964, pp. 74–83. (MM)
Review of Raymond Vernon, et. al., The New York Metropolitan Region Study (9 Volumes), in Journal of the American Instiute of Planners, Vol. 27, No. 1, 1961, pp. 91–93. (MB)

Some lessons for Regional Planning from The Experience of the Metropolitan Toronto Planning Board, unpublished report, dated March 3, 1961. (MM)

Regional Planning, Plan, June 1960, pp. 122–124. (MM)

Review of William H. Whyte, The Exploding Metropolis, in Monthly Review, April 1959, pp. 476–486.

Metropolitan Area Planning, in Journal of the Toronto Board of Trade, Vol. 46, No. 3, March 1956, pp. 16–19. (MM)

The Tidal Wave of Metropolitan Expansion, in Journal of the American Institute of Planners, Winter 1954, pp. 3–14.

The Dominance of the Metropolis, in Land Economics, May 1950, pp. 194–196.

On the Concentric-Circle Theory of Urban Growth, in Land Economics, May 1949, pp. 209–212.

Alternative Solutions for Metropolitan Development, Planning 1948: in Yearbook of the American Society of Planning Officials, pp. 15–24. (MM)

The Old City and the New Metropolis, (MB)

Planungs-Methoden

On Population Prediction, in Plan Canada, Vol. 23, No. 2, 1983, pp. 59–61.

The Most Probable Future is a High Degree of Stability, in Plan Canada, Vol. 2, No. 1, 1981, pp. 26–27.

Review of Charles Beaubien and Ruth Tabacnik, Competition Between Urban and Agricultural Land Use, Perceptions 4: People and Agricultural Land (Science Council of Canada, 1977), in Urban Forum, Vol. 3, No. 5, 1978. (MB)

Review of Harry Lash, The Planner: City Builder or Ombudsman?, Planning in a Human Way, in Contact, Vol. 10, No. 2, 1978, pp. 54–60. (M)

On Land Taxes and Land Banking, in Plan, Vol. 14, No. 1, 1974. (MB)

The Planning of Urban Structure, Tenth Inter-American Planning Congress, Panama, 1974.

Land Control and Land Prices, lecture presented to the Community Planning Association of Canada, June 1973. (MB)

The Role of the Technocrat, in The City: Attacking Modern Myths. ed. Alan Powell. Toronto: McClelland and Stewart, 1971. (MB)

A Hundred-Year Plan: The Example of Copenhagen, in Ekistics, Vol. 17, No. 99, 1964, pp. 75–81. (MM)

Limitation of Simulation of Future Behaviour, in Plan, Vol. 5, No. 1, 1964, pp. 4–9. (MM)

The Conceptual Framework of Land Use, an address to the Annual Meeting of the Canadian Association of Geographers, McMaster University, June 2, 1962. (MM)

Projection and Planning of Transportation and Land Use, a discussion paper for the National Capital Transportation Agency Conference, sponsored by the Washington Center for Metropolitan Studies, Annapolis, Maryland, October 1962. (MM)

Are Land-Use Patterns Predictable?, in Journal of the American Institute of Planners, Vol. 25, No. 2, May 1959, pp. 61–66. (MM)

Science and Planning, unpublished essay, 1956. (MM)

The Economic Base of the Metropolis: Critical Remarks on the 'Basic-Nonbasic' Concept, in Journal of the American Institute of Planners, Vol. 21, No. 4, 1955, pp. 114–132. (MM)

Regional Environment, paper presented to a symposium: Debunk: A Critical Review of Accepted Planning Principles, The Council for Planning Action, Boston, Littauer Center, Harvard, May 7, 1949.

Correlation Between the Value of Dwelling Units and Altitude, in Land Economics, November 1948, pp. 396–402.

A Neglected Factor in Estimating Housing Demand, Land Economics, August 1944, pp. 264–270.

UdSSR und Rußland

Review of M.V. Borshevski and S.V. Ouspenski, «Russia Grapples with Problems of Sprawl», in The City: Methodological Problems of Complex Social and Economic Planning (in russisch), in Planning, Vol. 46, No. 9, 1980.

Review of M.V. Posokhin, Cities to Live In, in Contact, February, 1976. (MB)

Reconstruction U.S.S.R, in Task, Issue No. 7/8, 1948, pp. 25–33.

The Soviet Housing Problem, in The American Review on the Soviet Union, November 1945, pp. 12–25.

Russian City Planning of the 18th and Early 19th Centuries, in Journal of the Society of Architecural Historians, January 1944, pp. 22–23.

Soviet City Planning, in American Review on the Soviet Union, Nov. 1944, pp. 53–65.

Municipal Reconstruction, in The U.S.S.R., in Reconstruction. New York: American Russian Institute, 1944, pp. 72–82.

Regional and City Planning in the Soviet Union, in Task, Issue No. 3, 1942, pp. 33–52.

Verkehr

Cities and Transport Evolution, report to Urban Tranportation Research Branch of the Canadian Surface Transportation Administration, as part of Transport Canada's study of the role of the automobile. Montreal, Quebec, 1977. (MB)

Myths and Realities of the Urban Transit Problem, in Proceedings of the 17th Annual Canadian-American Seminar. ed. J. Alex Murray. Windsor: University of Windsor Press, 1975. (MB)

Urban Freeways, in Canadian Architect, April 1970. (MB)

Environmental Aspects of Transport and Urban Development, report prepared for the Privy Council of Canada, November 25, 1969. (MB)

Criteria for Transportation Planning, Proceedings of Symposium on Urban Transportation Research, Organization or Economic Cooperation and Development, Paris, France, 1968.

Airports and Cities, report to the Civil Aviation Division, Department of Transport, Ottawa, Ontario, July 1968. (MB)

Planning for the City in Motion, in Habitat, Vol. 10, No. 1, 1967. (MB)

Transportation, published as the introduction to a special issue of Architecture Canada, 1966. (MB)

Experiments in Transportation – For What?, Planning 1965: Yearbook of the American Society of Planning Officials, pp. 240–246. (MM)

Transportation in San Francisco, an address at the San Francisco Planning and Urban Renewal Association Tranportation Symposium, June 17, 1965. (MM)

A Factual Evaluation of Toronto's Investment in Mass Transit, Proceedings of the Institute of Traffic Engineers, 1963.

Montreal's Subway, unpublished report, dated December 17, 1963. (MM)

Monorail for Toronto?, in Headlights, the Magazine of Electric Railways, Vol. 25, No. 11, 1963, pp. 5–7. (MM)

Transportation in the Modern Metropolis, in Journal of the Toronto Board of Trade, Part 1: Vol. 53, No. 7, 1962, pp. 4–7, 36; Part 2: Vol. 52, No. 8, 1962, pp. 4–7, 36. (MM)

Transportation in the Modern Metropolis, in Queen's Quarterly, Winter 1961, pp. 640–653.

Why Pay to Ride?, in The Financial Post, August 19, 1961, p. 6. (MM)

Transportation and Land Use, discussion paper for the National Capital Transportation Agency Conference, Annapolis, Maryland, sponsored by the Washington Center for Metropolitan Studies, October 1961. (MB)

Weitere Publikationen
Zweitveröffentlichungen und bisher nicht aufgeführte Veröffentlichungen

American Report on German Planning, in News Sheet of the International Federation for Housing and Town Planning 1952/52, p. 20–21, gleichzeitig in «News Letter» of the American Society of Planning Officials, (Zusammenfassung des Berichtes von Hans Blumenfeld und Sam B. Zisman)

Bemerkungen zu dem neuen Bebauungsplan, Moskauer Rundschau, 5. Jg., 1933, (23)

Brief an die Redaktion der Bauwelt (U.J. Gerfánoff), Bauwelt 1931, Nr. 32

Calculated Refinements of Architectural Design, Some Case Studies, (1985) bisher unveröffentlichtes Manuskript, Veröffentlichung in Vorbereitung

Can the Urb be Planned Anew? (Cassette), Toronto, CBC Learning Systems, 1960–1969, 1 reel

Hamburg und Toronto, Ein Vergleich, in Zwischen Stadtmitte und Stadtregion, Festschrift für Rudolf Hillebrecht, hrsg. von der Deutschen Akademie für Städtebau und Landesplanung, Stuttgart, Bern 1970, S. 47–65

Meine Arbeit bei (Adolf) Loos 1930, in Bauwelt 42/1981, 72. Jg., S. 1881

Meine Arbeit mit Josef Frank 1928/29, in Bauwelt 26/1985, 76. Jg., S. 1042

Metropolis Extended – Secular Changes in Settlement-Patterns, in Journal of the American Planning Association, Vol. 52, 1986 (Chicago)

National Capital Plan (for Ottawa). Architecture Canada (The RAIC Journal) v. 44, April 1967

The Modern Metropolis, in American Urban History, ed. by Alexander B. Callow jr., New York, London, Toronto, 1973

The Rational Use of Urban Space at National Policy, in Ekistics, 27. April 1969, p. 269–273

The Role of Design, in Architects' Year Book v. 13, 1971

The Struggle for Peace, ed. by Stephen Salaff, (Leserbriefe zum Frieden), Toronto (1984 ?)

Transportation in Theory, (Cassette), Toronto, CBC Learning Systems, 1960–1969, 1 reel

Über Ernst May, in Bauwelt 28/1986, 77. Jg., S. 1070 f

Une ville à vivre, un colloque sur l'habitat urbain d'aujourd'hui et demain, (Hans Blumenfeld et. al.), Montreal (Editions du Jour), 1968

Urbanistica cittadina e regionale nell Unione Sovietica, in Metron N. 7 (Febbraio), p. 44–72

Veröffentlichung posthum

Vom Kampf gegen den Kahlschlag, in Die alte Stadt 3/88, S. 57–65 und leicht ergänzt in Deutsches Architektenblatt 10/89, S. 1461 f

Veröffentlichungen über Hans Blumenfeld
ohne Nachrufe, Zeitungsartikel, Rundfunksendungen und Rezensionen seiner Bücher

Hans Blumenfeld 91 Jahre, von Volker Roscher, in Bauwelt 42/1983, S. 1698

Hans Blumenfeld zum 95. Geburtstag, Architekt und Planer mit Karriere aus Versehen, von Volker Roscher, in Deutsches Architektenblatt 10/87, S. HS 141 f

Hans Blumenfeld, Humanist and Urban Planner, von Norman E. P. Pressman, in Plan Canada, March/mars 1976, p. 25–35

Hans Blumenfeld, Planer und Pazifist, von Volker Roscher, in Arch+ 74, 1984, S. 4–6

Hans Blumenfeld, von Norman E. P. Pressman, in the Canadian Encyclopedia, Vol. I, A-For, Edmonton, 1985, S. 197

Honour of Hans Blumenfeld, von Norman E. P. Pressman, in Habitat, Vol. 27, No. 2, 1984, p. 43–45

Lebenslanges Engagement – Der Stadtplaner Hans Blumenfeld, von Helmut Morr, Forschungsprojekt «Exil im Nationalsozialismus», Universität Osnabrück, Fachbereich Sprach- und Literaturwissenschaft, 1987, (unveröffentlichtes Ms.)

Lotte Schwarz, Die Tode des Johannes, Erzählungen, darin die Erzählung Nichts als Alte (Hans Blumenfeld ist darin Thomas), (französisch: Les Morts de Johannes, Arles 1983), Bremen 1986, S. 105–133

The Metropolis, Proceedings of a Conference in Honour of Hans Blumenfeld, University of Toronto Nov. 4–5 1983, ed. by John R. Hitchcock, Anne McMasters with the assistance of Judith Kjellberg, University of Toronto 1985

Über Hans Blumenfeld, von Volker Roscher, in Die alte Stadt 1/1985, S. 57–65

Register der Personen- und Ortsnamen